北方民族大学学术文库

# 广义同义修辞学

聂 焱◎著

如果说，修辞学是研究提高语言表达效果的规律、规则的学问，那么，提高语言的表达效果，是要通过选择同义手段或语言变体才能实现的。所以，修辞学的研究对象就是对同义手段或语言变体的选择问题。因此，以广义的同义手段的选择为纲，建立一个古今汉语兼顾、理论实用兼顾、具有较大覆盖率和较强解释力的修辞学体系，即广义同义修辞学体系，就是应该的，也是可能的。

中国社会科学出版社

**图书在版编目（CIP）数据**

广义同义修辞学／聂焱著．—北京：中国社会科学出版社，2009.10

ISBN 978-7-5004-8148-5

Ⅰ．广…　Ⅱ．聂…　Ⅲ．汉语-修辞学　Ⅳ．H14

中国版本图书馆 CIP 数据核字（2009）第 162840 号

出版策划　任　明
特邀编辑　成　树
责任校对　王应来
技术编辑　李　建

出版发行　中国社会科学出版社
社　　址　北京鼓楼西大街甲 158 号　　邮　编　100720
电　　话　010-84029450（邮购）
网　　址　http://www.csspw.cn
经　　销　新华书店
印　　刷　北京奥隆印刷厂　　装　订　鑫鑫装订厂
版　　次　2009 年 10 月第 1 版　　印　次　2009 年 10 月第 1 次印刷
开　　本　710×1000　1/16
印　　张　29.75　　插　页　2
字　　数　532 千字
定　　价　48.00 元

# 同义手段研究的新开拓

## ——聂焱教授《广义同义修辞学》序言

王希杰

### 一

同义手段问题是修辞学的核心问题。修辞活动就是表达者在自以为是同义的语言材料之间进行的一种选择活动。张志公先生认为，修辞活动是一个选择的过程。我以为，所谓选择其实就是同义手段的选择。

同义手段问题是上个世纪 80 年代中国修辞学的一个热点问题，不仅是因为曾引起广泛的注意，进行过热烈的讨论，而且在于那个时期的修辞学论著大都与同义手段理论多少有点关系。

到了 90 年代，同义手段理论大体定型，所以争论也就相对少了。90 年代中期之后，同义手段理论基本上没有什么大的发展，处于相对停滞的阶段。

进入 21 世纪之后，同义手段的研究并没有进入新阶段。

### 二

我个人一向认为，可以以同义手段为纲领，来写一部修辞学著作。然而，只是一种想法，我没有再更多地思考同义手段问题。需要说明的是——

我的意思并不是只能运用同义手段理论来写修辞学著作。其实，我同样认为，完全可以：

以语言环境理论为纲来写一部修辞学著作。

以得体性原则为纲来写一部修辞学著作。

以语体风格为纲来写一部修辞学著作。

以积极修辞和消极修辞两大分野为纲来写一部修辞学著作。

以修辞格为纲来写一部修辞学著作。

以零度和偏离为纲来写一部修辞学著作。

以显性和潜性为纲来写一部修辞学著作。

以语言和言语为纲来写一部修辞学著作。

……

## 三

这部《广义同义修辞学》的作者，叫做聂焱。

聂焱教授，今年六十岁——退休的年龄。今年初，我在他家，同他的夫人及子女——包括第三代！——一同祝贺老寿星。在这里，我提出他的年龄，目的是说，学问需要长期地积累。

有人吹嘘，他做一次报告就是一篇学术论文；他调查一次，就是一篇学术论文；说自己一年里写了二十四篇论文。人们因此怀疑此人是在制造泡沫学术。

我想到，北京大学的朱德熙教授说过：一个人一年能够写出一篇真正的论文，很了不起了。一年一篇，三十年三十篇，很了不起了。据我所知，聂教授不是多产高产学者。长期以来是“名不见经传”的默默无闻者，这几年才名扬海内外的。

其论著的多起来，也就是这几年的事情。

于是，我想起诗圣杜甫的诗句：“庾信文章老始成。”仿拟一下，就是：“聂焱学问老始成。”

## 四

我在银川期间（2006 年 3 月—2008 年 5 月），北方民族大学的聂焱教授，曾对我说，他想写一部同义修辞学著作。我很高兴，积极支持。他多次拿提纲来同我讨论。我也阅读过他的多种稿本。也随意说过一些想法。

2008 年 11 月末，在无锡，聂教授提出请我写序言，不久就传来最近的最新的文本。其目录如下：

第一章 引论：人类的交际和修辞

第二章 同义手段理论的研究历程

第三章 意义

第四章“义”“形”关系和意义之间的关系

第五章 语音的同义手段

第六章 词语的同义手段

第七章 句子的同义手段

第八章 超句同义手段

第九章 超语言要素的同义手段

第十章 辞格的同义手段

第十一章　语言风格的同义手段

第十二章 方法论角度的同义手段

第十三章 同义手段的选择

第十四章 修辞研究的方法和策略

聂焱教授的这部新作《广义同义修辞学》，四十万字，巨著。这是作者多年的心血的结晶。

这是中外修辞学史上的第一部同义修辞学专著。

这是一种创新，是值得为之呐喊、为之欢呼的。

有人说："如果跟新理论、新方法层出不穷的语法学、语用学相比较，在很多修辞学者那里，修辞学好像老牛破车，几乎连步子都迈不动了。陈望道先生的《修辞学发凡》所建立的'积极修辞'和'消极修辞'两大分野，至今没有得到根本性的突破，修辞学的研究常常是不敢越雷池一步。固步自封、坐吃山空，孤芳自赏，这样说也许刻薄了一点，但是问题确实已经非常严重。特别是修辞学界有些朋友自我感觉还相当好，在那里盲目乐观、甚至自我陶醉，而事实上，修辞学已经大大落后于我国语言学其他分支学科的步伐。"（邵敬敏《探索新的理论方法　重铸中国修辞学的辉煌》，《修辞学习》2008 年第 2 期第 17 页）这种指责决不能用到聂教授身上。

聂教授决不是那种"固步自封、坐吃山空，孤芳自赏……自我感觉还相当好，在那里盲目乐观、甚至自我陶醉"的人，如果是那种人怎么还能够拿出如此全面创新之巨著来呢?

聂教授主编的《三一语言学导论》已经由宁夏人民教育出版社于 2008 年 3 月出版。他的《比喻新论》宁夏人民教育出版社即将出版。这些成果显示，聂教授是一个决不"固步自封、坐吃山空，孤芳自赏……自我感觉还相当好，在那里盲目乐观、甚至自我陶醉"之人，他积极进取，精益求精，勇于更上一层楼。

近来，有人——非修辞学研究者，语法学的研究者——站出来，高声疾呼，全盘否定了中国修辞学。我想，就以聂焱教授为例，他们的言论也是站不住脚的。

# 五

考察同义词，第一要义是，明确同义词之“义”是什么。如果把同义词分为语言同义词和言语同义词，那么，语言同义词的“义”应当是语言义；言语同义词的义则是言语义。

研究同义手段，首先也是必须明确其“义”字的含义。人类是一种意义的动物。人类面前拥有多种多样的意义。每一种意义都有其同义手段。因此同义手段是多种多样的。这多种多样的同义手段，可以大体区分为两种：语言的同义手段和言语的同义手段。或者——

狭义同义手段和广义同义手段

狭义同义手段——语言同义手段。

广义同义手段——语言同义手段＋言语同义手段

聂教授的专著探讨的是广义同义手段，而且还是最广义的同义手段。

如果说：“一加一等于二。人都是要死的。昨天是今天之前的一天。明天是即将来临的一天。爸爸都是男人。妈妈全是女性。”决不会有人反对的。绝对真理也。然而，有啥意思？人人都知道的东西，不是创新，甚至连信息量也没有。

凡是创新，都不能指望个个赞同，人人鼓掌。不久之前在无锡，当老聂宣读反义类聚从更高层次上看，可以构成同义手段的学术论文（还运用了现代化的手段，电脑和投影）之后，就有学者提出质疑。其实，老聂关于这个问题的论文1993年就公开发表了。可并不是心血来潮，信口胡说。当时我很感慨，记得我的《论同义手段》发表之后，有年长于我的学者在当面和文章上表示：反义就是同义，这无法理解。我为老聂理解我的这个观念、并且长期进行研究、加以深化、加以系统化、理论化，是非常高兴的，而且是非常佩服的。

但是，在银川，每次阅读他的提纲与文稿，都非常担心，出版之后，其中的某些地方，也可能、很可能会引来非议的。因为，其中有些观点、说法，我也很是迟疑不决，一时间还很难想得通。我这样说，并非自以为高人一等，非也非也。而是说，即便是我，我向来主张最广义的同义手段，老聂同志是在发展我的观念，而我对于他的论著，尚且还有所保留，其中有些说法，我还没有想明白，甚至也还有怀疑之处——任何新的独创的理论，叫其他人百分之百地赞同，这是不可能的事情。——那么，对于那些反对同义手段论者，就很难接受了，站出来开炮，就是很正常的了。

聂教授的这一著作出版之后，会遭遇到反对意见的。但是，这正是这部书的价值之所在。在对该著作的支持与反对的论战之中，中国修辞学会有大踏步地前进的。这就是该著作对中国修辞学的一个贡献。

## 六

修辞学具有双重性，第一是理论的，第二也是实用的。聂焱教授的《广义同义修辞学》，是一部理论修辞学著作，也是一本实用修辞学著作。

作者大大地扩展了同义手段的视野，给语言的使用者提供了更多的选择可能性，这有利于民族文化素质的提高。言语表达能力是人的文化教养的重要组成部分。民族的交际能力是民族的软实力的重要内容。

## 七

对老朋友聂焱教授的这部创新的专著，我不想再多说什么。

第一，我们既然是老朋友，我赞扬多了，是很不适宜的。

第二，在这部著作中，作者提出了许多新问题，在同义手段问题的广度和深度上，不做专门研究是很难发表意见的。我已经看到有学者在没有弄懂聂教授意思的时候，就加以批评了。我不愿意这样做。

第三，我一再说，对于一种新理论，不能运用与之对立的其他说法来批评它，必须进入这种新理论的内部，去评价它，然而这是很不容易的事情。站在自己的立场上，随口批评他人，否定他人的理论创造，是非常容易的，然而也是没有说服力的。

我，虽然多次阅读过聂教授的这一著作的不同的文本，但是，我不敢说我就完全弄懂了作者的观点，我年近七十，不可以倚老卖老，信口开河，贻笑大方，所以序言只能说到此为止。

2008 年 12 月 28 日
于南京江宁岔路口碧水湾万卷楼

# 目　　录


第一章　引论：人类的交际和修辞 …… (1)

第一节　交际活动与修辞活动 …… (1)

一、交际活动 …… (1)

二、修辞活动 …… (2)

第二节　交际效果与修辞效果 …… (2)

第三节　修辞学的定义 …… (3)

一、“修辞”的含义 …… (3)

二、修辞学的定义 …… (4)

第四节　修辞学的性质 …… (9)

第五节　修辞与同义手段的选择 …… (11)

一、人类的任何行为都是选择的结果 …… (11)

二、修辞是同义手段选择的过程 …… (12)

三、修辞学的研究对象是同义手段的选择 …… (13)

第二章　同义手段理论的研究历程 …… (15)

第一节　同义手段修辞学说的发展 …… (15)

一、理论的萌芽期 …… (15)

二、理论的引进期 …… (16)

三、理论的发展期 …… (17)

四、理论的成熟期 …… (18)

第二节　王希杰的同义手段研究历程 …… (19)

一、积累形成期 …… (19)

二、发展成熟期 …… (22)

三、延伸扩展期 …… (25)

第三章　意义 …… (27)

第一节　意义观 …… (27)

第二节　意义的分类 …… (29)

一、语言义 …… (30)

二、言语义 …… (31)

第三节 语言世界的意义和非语言世界的意义 …………………………… (46)
一、语言世界的意义 …………………………………………………… (46)
二、非语言世界的意义 ………………………………………………… (46)
**第四章 “义”“形”关系和意义之间的关系** ……………………………… (51)
第一节 “义”与“形”的关系 ………………………………………… (51)
一、复杂多样的“义”和“形” ……………………………………… (51)
二、复杂多样的“义”“形”关系 …………………………………… (53)
第二节 意义之间的关系 ……………………………………………… (62)
一、类义 ………………………………………………………………… (62)
二、反义 ………………………………………………………………… (64)
三、上下位义 …………………………………………………………… (76)
四、同义 ………………………………………………………………… (79)
第三节 “转换”与同义手段 …………………………………………… (79)
**第五章 语音的同义手段** …………………………………………………… (81)
第一节 什么是同义手段 ……………………………………………… (81)
第二节 语音的同义手段 ……………………………………………… (83)
一、音韵不同的同义手段 ……………………………………………… (84)
二、音节不同的同义手段 ……………………………………………… (85)
三、叠音与否的同义手段 ……………………………………………… (86)
四、节律不同的同义手段 ……………………………………………… (89)
五、音位变体的同义手段 ……………………………………………… (90)
六、语流音变的同义手段 ……………………………………………… (91)
七、古今音变的同义手段 ……………………………………………… (93)
八、多音符号（词/语素）中的同义手段 ……………………………… (93)
九、方普不同的同义手段 ……………………………………………… (94)
十、有意误读的同义手段 ……………………………………………… (95)
十一、反切与非反切的同义手段 ……………………………………… (95)
**第六章 词语的同义手段** …………………………………………………… (97)
第一节 词汇词语的同义手段 ………………………………………… (97)
一、语素的同义手段 …………………………………………………… (97)
二、词的同义手段 ……………………………………………………… (98)
三、固定短语的同义手段 ……………………………………………… (112)
第二节 语法词和自由短语的同义手段 ……………………………… (120)
一、词的结构类型构成的同义手段 …………………………………… (121)

二、单纯词和合成词构成的同义手段 …… (127)
三、词类的同义手段 …… (130)
四、自由短语的同义手段 …… (131)
**第七章　句子的同义手段** …… (138)
第一节　语言的句子和言语的句子 …… (138)
一、语言的句子 …… (138)
二、言语的句子 …… (139)
第二节　语言的同义句和言语的同义句 …… (139)
一、语言的同义句 …… (139)
二、言语的同义句 …… (142)
第三节　单句的同义手段 …… (143)
一、成分移位构成的同义手段 …… (143)
二、成分转化构成的同义手段 …… (150)
三、成分错位构成的同义手段 …… (153)
四、语法形式不同构成的同义手段 …… (154)
第四节　复句的同义手段 …… (156)
一、条件复句分句位移构成的同义手段 …… (156)
二、因果复句分句位移构成的同义手段 …… (157)
三、转折复句分句位移构成的同义手段 …… (158)
四、目的复句分句位移构成的同义手段 …… (158)
五、承接复句分句位移构成的同义手段 …… (159)
六、并列复句分句位移构成的同义手段 …… (159)
第五节　单、复句互转构成的同义手段 …… (160)
第六节　四种句子的同义手段 …… (162)
一、语音同义句 …… (162)
二、语义同义句 …… (163)
三、语法同义句 …… (164)
四、语用同义句 …… (164)
第七节　各种句式的同义手段 …… (164)
一、主动句和被动句同义 …… (165)
二、把字句与兼语句同义 …… (168)
三、把字句与一般句同义 …… (169)
四、其他特殊句式与一般句同义 …… (170)
五、肯定句和否定句同义 …… (172)

六、长句和短句同义 …………………………………………………………（179）
七、整句和散句同义 …………………………………………………………（189）
八、紧句和松句同义 …………………………………………………………（195）
第八节　各种句类的同义手段 ………………………………………………（197）
一、各种句类及其修辞功能 …………………………………………………（197）
二、句类的同义手段 …………………………………………………………（213）
第九节　各种变体句的同义手段 ……………………………………………（220）
一、口语句和书面语句同义 …………………………………………………（220）
二、共同语句和方言句同义 …………………………………………………（222）
三、文言句和白话句同义 ……………………………………………………（223）
四、方言句和方言句同义 ……………………………………………………（226）
**第八章　超句同义手段** ……………………………………………………（228）
第一节　句群的同义手段 ……………………………………………………（229）
一、句群的基本特征 …………………………………………………………（229）
二、句群与句群的同义手段 …………………………………………………（230）
三、句群、复句互转构成的同义手段 ………………………………………（230）
第二节　语篇的同义手段 ……………………………………………………（233）
一、文本翻译的语篇同义手段 ………………………………………………（233）
二、不同语体、不同风格的文本表达构成的同义手段 ……………………（242）
**第九章　超语言要素的同义手段** …………………………………………（248）
第一节　文字符号的同义手段 ………………………………………………（248）
一、异形字构成的同义手段 …………………………………………………（248）
二、析字同常规用法构成的同义手段 ………………………………………（249）
三、字趣格与常规手法构成的同义手段 ……………………………………（255）
第二节　汉字群体造型的同义手段 …………………………………………（258）
一、小说文字群体造型与常规排列同义 ……………………………………（258）
二、诗歌文字群体造型与常规排列同义 ……………………………………（259）
三、散文文字群体造型与常规排列同义 ……………………………………（268）
第三节　标点变异使用的同义手段 …………………………………………（269）
一、有标点与无标点形式构成同义手段 ……………………………………（269）
二、在不需标点处插入标点与常规用法构成同义手段 ……………………（272）
三、标点的迭用与非迭用构成同义手段 ……………………………………（274）
第四节　停顿与不停顿构成的同义手段 ……………………………………（274）

**第十章　辞格的同义手段** …… (277)

第一节　辞格的定义与本质 …… (277)

一、辞格的定义 …… (277)

二、辞格的本质 …… (280)

第二节　辞格的地位和价值 …… (281)

一、辞格在修辞学中的地位 …… (281)

二、辞格的价值 …… (282)

第三节　辞格的同义手段 …… (283)

一、辞格的语义结构模式与同义手段 …… (283)

二、相同辞格中的小类构成的同义手段 …… (288)

三、不同辞格构成的同义手段 …… (291)

四、辞格和非辞格构成的同义手段 …… (296)

**第十一章　语言风格的同义手段** …… (305)

第一节　风格与同义手段 …… (305)

一、风格概说 …… (305)

二、风格与同义手段 …… (306)

第二节　语体风格及其同义手段 …… (307)

一、语体的类型及其特点 …… (309)

二、语体风格的同义手段 …… (324)

第三节　语言的民族风格、时代风格、地域风格及其同义手段 …… (331)

一、语言的民族风格及其同义手段 …… (331)

二、语言的时代风格及其同义手段 …… (334)

三、语言的地域风格及其同义手段 …… (336)

第四节　言语风格及其同义手段 …… (339)

一、言语的个人风格及其同义手段 …… (339)

二、言语的表现风格及其同义手段 …… (350)

**第十二章　方法论角度的同义手段** …… (362)

第一节　语言的同义手段和言语的同义手段 …… (362)

一、语言的同义手段 …… (362)

二、言语的同义手段 …… (362)

第二节　四个世界的同义手段 …… (364)

一、语言世界的同义手段 …… (365)

二、物理世界的同义手段 …… (367)

三、文化世界的同义手段 …… (368)

四、心理世界的同义手段 …………………………………… (371)
第三节 显性和潜性的同义手段 …………………………………… (372)
一、显性同义手段 …………………………………… (373)
二、潜性同义手段 …………………………………… (374)
第四节 零度和偏离的同义手段 …………………………………… (375)
一、零度同义手段和偏离同义手段 …………………………………… (375)
二、正偏离同义手段和负偏离同义手段 …………………………………… (376)
第五节 历时同义手段和共时同义手段 …………………………………… (377)
一、语音的历时、共时同义手段 …………………………………… (377)
二、词汇的历时、共时同义手段 …………………………………… (378)
三、语法的历时、共时同义手段 …………………………………… (378)
**第十三章 同义手段的选择** …………………………………… (382)
第一节 同义手段的选择和语境 …………………………………… (383)
一、语境概说 …………………………………… (383)
二、语言语境对同义手段选择的制约 …………………………………… (387)
三、非语言语境对同义手段选择的制约 …………………………………… (388)
第二节 同义手段的选择和得体性原则 …………………………………… (405)
一、得体性原则概说 …………………………………… (405)
二、同义手段的选择与得体性原则 …………………………………… (407)
第三节 同义手段选择的单一性和共现性 …………………………………… (437)
一、同义手段选择的单一性 …………………………………… (437)
二、同义手段选择的共现性 …………………………………… (438)
**第十四章 修辞研究的方法和策略** …………………………………… (444)
第一节 修辞研究的方法 …………………………………… (444)
一、方法及其重要性 …………………………………… (444)
二、修辞研究的辩证法 …………………………………… (444)
第二节 修辞研究的策略 …………………………………… (447)
一、修辞研究的联系性策略 …………………………………… (447)
二、修辞研究的分化性策略 …………………………………… (448)
三、修辞研究的转化性策略 …………………………………… (454)
第三节 修辞研究的策略与唯物辩证法的关系 …………………………………… (456)
**主要参考资料** …………………………………… (458)
**后记** …………………………………… (460)

# 第一章　引论：人类的交际和修辞

## 第一节　交际活动与修辞活动

### 一、交际活动

交际活动就是人与人之间的往来接触、传递信息和交流思想感情的活动。交际是人类社会生活的重要组成部分，是人类社会每一个成员通往社会的渠道，也是每一个社会成员相互联系的纽带。任何个人、集体和社会，都需要交际。根据交际时所需要的工具，人类的交际分为两大类：语言交际和非语言交际。

人类的交际以语言交际为主，以非语言交际为辅。因为只有通过语言，生活在一定社会集体中的人们才能相互沟通、彼此协调，从而组织起来以确保共同的生产、生活的进行。

在现实生活中，人们用以沟通思想感情的交际工具并不仅仅只限于语言、文字。人类的交际活动是一种运用多种手段去补充、辅助、加强话语效果的活动，是运用全部感觉器官去分析、理解话语含义的综合性思想信息感情的交流活动。这正是人类的非语言交际得以存在的重要原因。

（一）语言交际

语言交际是以语言文字为工具的交际活动。人们通过语言交际，可以有效地交流思想感情，达到相互了解的目的，从而促进和调整一切范围一切领域的共同社会实践活动。交际性是制约和影响语言生命力的决定因素。

在人类社会生活的每一个角落，每时每刻都有人与人之间的语言交流。世界上任何一个地方的人，都具有自由地运用本民族语言进行交际的能力。在人类长期的进化过程中，直立行走，手脚分工，制造工具等重大的发展步骤，使人类的祖先不但在维持生存的劳动中锻炼了大脑，改造了发音器官，而且也产生了组织协调、交流思想感情的需要。人类的语言交际就这样出现了。

（二）非语言交际

非语言交际是不用语言而用其他工具的交际活动。根据交际工具的性质，非语言交际又可分为两类。

第一类是以语言为基础的辅助性非语言交际，它以建立在语言、文字基础上的旗帜、红绿灯、花卉、电报代码、数学符号、化学公式等为交际工具。

第二类是与语言同时出现的伴随性非语言交际，它以伴随有声语言进行交际的眼神、神态动作、距离等为交际工具。

虽然，非语言交际在人类交际中的重要性远远不能和语言交际相比，但作为人类交际的一种表现形式，也具有一定的现实作用和存在的价值。非语言交际既是人类社会活动的自然过程，也是社会交往的必然产物。

### 二、修辞活动

在以语言为工具进行的交际活动——语言交际活动中，人们要根据交际目的、内容、交际对象、语境等，将语言材料组成相应的言语形式——话语，以获得理想的表达效果。在这一过程中，为着寻求最佳的组合形式所进行的说写活动，就是修辞活动。

人们用语言进行交际，总是要追求最佳的交际效果，于是，交际主体在运用语言时，总不会是消极的，而是有意或无意地调动各种语言因素以达到最佳的交际效果。为达到预期的交际效果而对语言材料和表达手段进行精心选择，这样的选择过程，便是修辞过程，这个过程就成了修辞活动。因此，修辞活动其实是交际活动的表达者一方为提高交际效果而进行的对语言材料和表达手段进行精心选择的活动。由于交际是动态的，所以修辞活动也是动态的。修辞活动总是具体的、复杂多变的，因人、因时、因地、因事而异的，它千差万别，但又是有规律可循的。

## 第二节　交际效果与修辞效果

交际活动的主要目的是传递信息、思想感情。

修辞的目的是提高语言的表达效果。所以，对于交际活动中的语言，修辞学感兴趣的是，在内容确定的前提下，引起交际效果巨大变化的那些语言形式，否则，修辞学是可以不理睬的。但言语交际学（包括社会语言学和语用学）研究的范围却要广得多。

人们的言语交际活动是一个社会文化心理的双向交流活动，其由表达者和接受者共同完成。但交际总是有效果的，或好的，或不好的。交际效果既不是表达效果，也不是接受效果。表达效果是交际活动中表达者一方完成的，接受效果是交际活动中接受者一方在接受到表达者所传递的信息、思想感情后产生的效应，它们都是单向的。交际效果则是表达者和接受者双方共同完成的，它是双向的。

修辞效果，是在言语交际过程中，表达者一方为提高交际效果而进行的对语言材料和表达手段进行精心选择之后组成的话语所产生的效果。修辞是言说主体的活动，所以，修辞效果应当指表达的效果，修辞的目的是提高语言的表达效果，修辞学研究的也是表达效果，而不是接受效果。尽管表达效果与接受效果有联系，但二者还不是一回事。表达效果与接受效果有时是一致的，但有时不一致，甚至是矛盾的。

表达效果和接受效果既然不是一回事，就必然会产生差距，这就是所谓的效果差。效果差有说写者预期的表达效果和实际达到的表达效果之间的差距，说写者自以为达到的表达效果和听读者实际收到的表达效果之间的差距，同一话语与所达到的共时的表达效果和异时表达效果之间的差距，不同的听读者对同一说写者的同一话语的不同的表达效果之间的差距，同一听读者对同一话语在不同时空中所感受到的表达效果之间的差距，等等。效果差的产生有多方面的原因：有的是表达者和话语（文本）本身造成的，这时候，表达者和话语（文本）是要负一定责任的，有时候，接受效果是由接受者自身因素或其他因素造成的，这是表达者和话语（文本）所无法控制的。

## 第三节　修辞学的定义

### 一、“修辞”的含义

早在先秦时期，就有了“修辞”这一概念。《易·乾·文言》中说：“子曰：‘君子进德修业。忠信，所以进德也；修辞立其诚，所以居业也。’”这里，“修辞”是一个动宾短语，意思是修饰辞句，对语言材料进行加工。这段话的意思有三层：第一，修辞的主体是“君子”，不包括“小人”，也就是说，修辞是君子的事情，与小人无关。第二，修辞的目的是“进德修业”，不是炫耀自己语言文字水平的高明。第三，修辞的立足点或出发点是“诚”，而不是“巧”。

“修辞”是一个多义概念，人们对它做过各种各样的解释，但我们认为，它通常有四种含义：修辞活动、修辞规律、修辞现象、修辞学。

#### （一）修辞活动

修辞活动即在说写中，积极调整语言的一种行为，也就是在表达内容、语境确定的前提下，积极调动语言因素、配合非语言因素，以最恰切完美的语言加工形式去获得最佳的语言表达效果的语言实践活动，这种活动其实是对意义相同或相似但表达形式不同的语言材料的选择活动，即对同义手段的选择活动。鲁迅先生说的“正如作文的人，因为不能修辞，于是不能达意”中的“修辞”就指的是“修辞活动”。

（二）修辞规律

修辞规律即选择同义手段以提高语言表达效果的方式、方法、技巧、手段和法则等。总的来说，包括话语与言语目的和交际任务相适应的规律、选择语言成分组成话语的规律、话语形式与语言环境相适应的规律等。如说“你这样写不合修辞”中的“修辞”，就指的是“修辞规律”。修辞规律是从修辞方法和技巧中概括出来的，它是一种客观存在，修辞研究就是要发现它，并使人们能按照这些规律去运用它。

（三）修辞现象

修辞现象指运用语言的过程中所产生的种种语文现象，它是从众多的同义表达形式中选择出来的。如说“我从未见过这样的修辞”中的“修辞”就指的是“修辞现象”。修辞现象总是随着修辞的需要而产生，并为适应一定的语境才存在的。所以，修辞现象产生于修辞过程中。

（四）修辞学

修辞学即研究在交际活动中为提高语言表达效果选择同义手段的规律规则的科学。“我们必须学好修辞”中的“修辞”就指的是“修辞学”。

可见，“修辞”这一概念在不同的语境中有不同的含义。当它指“修辞活动”时，是动词；有其他含义时，是名词。

## 二、修辞学的定义

定义，在科学研究中是十分重要的。然而下定义却是科学研究中非常困难、十分麻烦的事情。没有一个较好的定义，任何科学研究都无法展开。但是在认真地研究之前，又不能不先有一个非常完整的定义。这样，就使科研陷入一个两难的境地。中国科学院院士徐光宪在《我有点搞不懂化学》一文中说：

> 一门科学的内涵和定义至少有三个属性。一是整体性和局部性，二是发展性，三是定义的多维性。一门科学的定义，按照从简单到详细的程度分为一维定义或 X 定义，X 是指研究的对象；二维定义或 XY 定义，Y 是指研究的内容；三维定义或 XYZ 定义，Z 是指研究的方法；四维定义或 WXYZ 定义，W 是指研究的目的。最后还有一个多维定义

或全息定义。一门科学的全息定义还要说明它的发展趋势、与其他科学的交叉、实际难题和突破口等。这样，才能对这门科学有全貌了解。可见一门科学可从不同角度下不同定义。修辞学也是这样，可从不同角度下不同定义。

我们给修辞学下这样一个定义：修辞学是研究在交际活动中为提高语言表达效果选择同义手段的规律规则的动态语言学。这一定义有以下几个主要方面：

第一，修辞学是立足于表达者的表达的学问。这是因为：

（1）从“修辞”这个术语的结构来看，是个动宾式的，意思是修饰、调整文辞或语辞，这只能是表达者的事情，接受者是不参与的。

（2）从东西方修辞学的传统来看，不管是东方“修辞立其诚”中的修辞目的还是西方修辞的“劝说”目的，都是从表达者的立场上看问题的。

（3）修辞不能不研究接受者及其解码过程，因为没有接受者，就没有了表达的活动，没有解码，编码就是无意义的，但是，修辞研究接受者和解码是站在表达者的立场上进行的，目的仍然是表达。

（4）把修辞学定位在“表达者的表达的学问”上，可以成为修辞学的方法论原则。这一原则可以帮助研究者进一步明确修辞学的对象问题。例如对于“双关”问题的辨别，就必须把握是不是表达者本人的有意识的设置：只有表达者本人的有意识设置的，才是双关语，否则，就不是。

表达者——修辞人，是修辞学定义中的一个最重要的概念。没有表达者，就没有了修辞。因为表达活动是表达主体的创造性活动的产物。但怎样的人才算“修辞人”，似乎没有人给以明确界定，王希杰《汉语修辞论》（当代世界出版社 2006 年，以下页码皆为《汉语修辞论》的页码）第一次阐明了这一问题，并将其分为广义和狭义两种。广义的：“修辞人首先是社会的人，文化的人，而不是生物的人。”（22 页）针对有人把“生物功能的表现”也归结为修辞活动的观点，进一步指出：“修辞活动是社会文化的人的一种社会文化行为，绝不是生物人的一种生物本能的活动。其实，语言本身是就是社会的人、文化的人的一种专利品，生物人没有语言，没有文化，没有运用语言的交际行为。作为生物本能的人，不是修辞人，不是修辞学的研究对象。”（22 页）即使是一个社会文化的人，也并不意味着他或者她就是一个修辞人，如醉了酒的人、精神失常的人、刚学会说话的孩子、屠刀架在脖子上的人、在暴力面前只能回答“是”或“不是”的人等等都不能算作修辞人。据此，又给修辞人以狭义的界定：“作为一个修辞人，他或她必须是一个具有自主地运用语言进行交际活动的人。”（22 页）“这意味着：A. 他能够自觉地选择语言材料。B. 他具有对自己的话语的后果负责的能力。否则，他就不能算是一个修辞人。”（23 页）

第二，修辞学关注的是表达效果。

人类的语言交际活动分为表达和接受两方面，交际效果也分为表达效果和接受效果两方面。修辞主要是从语言交际的表达效果方面对语言所进行的研究，它最关心的是表达效果，不是接受效果。表达效果与接受效果有联系也有区别，二者不是一回事。接受效果的产生与表达者有关系，如果表达者表达不清导致接受效果不好，表达者是要负责的，但接受效果不好，责任并不全在表达者，有时候，是由接受者自身或其他因素造成的，表达者是无法控制的。

以上两点，是修辞学同言语交际学的不同——言语交际学既研究“表达”，也研究“接受”，两者同等重要；而修辞学的研究核心是“表达”。

第三，修辞学属于语言表达学。

人类的交际活动有语言的和非语言的，即使在语言的交际活动中，也有非语言的因素存在，修辞学所研究的只是语言的交际活动，即只把研究视角限制在语言交际中的语言运用问题方面。尽管交际活动中的语言运用与社会学、心理学、文学、美学、哲学、逻辑学、狭义语言学、文化学等学科都有关系，但修辞学主要是从语言运用的角度对人类交际活动中的语言问题进行科学的研究，与之有关的其他学科只是研究修辞学问题的参考框架而已。所以修辞学是语言学中的一个部门，即修辞学属于语言学，不是综合学科、交叉学科、边缘学科。

修辞学是关系之学、形式之学。修辞学研究的是语言的表达形式，还是形式内容并重，这关系到修辞学的对象和性质问题，是修辞学的一个重大问题。修辞是“对语言的加工”说，持的是形式内容并重的观点，而“内容和形式的辩证统一”说虽然被很多人接受，但仍稍有“形式内容并重”之嫌。在 20 世纪 60 年代，张弓在《现代汉语修辞学》（天津人民出版社 1963 年）中就明确提出：“修辞学本来就是研究语言的表达形式问题，就是研究怎样结合语境，面对群众很好地选择运用民族语言的表达形式问题。修辞事情的特点，就是讲究语言表达形式的适宜性。”（12 页）可是在那个时候，修辞要“轻视内容，重视形式”的提法是犯忌的，张先生的观点不仅在当时未被接受，就是一直到现在也没有成为修辞学界的共识。鉴于这种状况，王希杰在《汉语修辞论》中明确提出：“修辞学是关系之学、形式之学。”（27 页）他用索绪尔的语言观来推理论证了这一问题：“在索绪尔看来，只有抓住关系，才能把握住语言学的真正的唯一的对象，即语言本身。换句话说，语言学是一种关系之学，而不是关于实体的学问，实体当然重要，但是它是其他科学的研究对象。”“如果把修辞学定义在语言学中，那么它就应当同样把自己定在关系之学上，至少是以关系为主，兼顾实体，而不能把实体当作修辞学的研究对象。”（27 页）“既然修辞学是属于语言学的，那么按理说它也是应当研究形式的学问，而不把内容当作自己研究的对象。”（28 页）“修辞学不关注正确的内容从何而来，如何获得正确的内容。它只是假设已经有了正确的内容，它不研究错误的内容如何表达，也不研究正确的内容和错误的内容如何区别，这不是修辞学的任务。”（28 页）“修辞学把内容仅仅当作表达形式问题的一个参考框架，它所重视的是内容同表达形式之间的关系和关系模式。”（29 页）明确提出修辞是关系之学、形式之学，这是确定修辞学的研究对象和性质的关键，也是使修辞学向科学化迈进的关键。王先生继张弓先生，在四十多年之后坚定地坚持这一观点，这是对索绪尔语言观的继承，是其学术胆识的一种表现。

第四，修辞学的研究对象主要是同义手段的选择或语言变体的选择。

选择同义手段，自然要遵循一定的规律、规则，因此也可以说，修辞学研究的是选择同义手段以提高语言表达效果的规律、规则。修辞学是研究同义手段的选择的，但对同义手段选择的研究，不仅仅是对实例的罗列，而是从实例中归纳抽象出同义手段选择的种种模式，因此，又可以说，修辞学是研究同义手段选择的各种模式的语言学。

第五，修辞学是动态语言学。

语言学从其内部结构和在社会生活中的地位与作用两方面来看，可以分为内部语言学和外部语言学。只研究语言的内部结构的语言学是内部语言学，又可称为微观语言学、静态语言学；研究语言的交际功能的语言学就是修辞学，可称为外部语言学、宏观语言学、动态语言学。语言的交际功能是语言的本质，作为研究语言交际功能的修辞学，就是语言学的核心的一部分，而不是边缘地带，只不过同研究内部结构的语言学相比，它是动态的，而不是静态的，它是语言运动学的重要部分。因此，修辞学不是边缘学科，它是动态语言学。

第六，修辞学是科学，是得体语言学，不是美辞学。

修辞学是研究提高表达效果的学问，而表达效果并不全是由美辞这一因素所决定的。在中国修辞学史上，从美学美感的角度来认识并定义修辞学由来已久。如有人认为：“修辞学是研究文辞之修辞使增美善的学科”①；“修

① 王易：《修辞学》，上海商务印书馆 1926 年版，第 3 页。

辞好比美容术”[①]；“修辞是研究文章上美的发表思想情感的学问”[②]，等等。骆小所《现代修辞学》（云南人民出版社1994年）明确指出：“修辞学不属于纯语言学而属于大语言学”（37页），“修辞学不属于科学部门而属于艺术部门”（49页），“修辞学从根本上来讲，它是以言辞和文辞为审美对象的科学，……修辞学是艺术部门中很重要的一个门类。”（50页）还有人干脆把修辞学说成是“美辞学”。

我们认为：

（1）说修辞学既属于“大语言学”，又“属于艺术部门”，这是矛盾的。因为语言学是科学部门，不是艺术部门，修辞学是语言学的一个分支，所以它是科学部门。

（2）修辞要求讲究语言的艺术美，因为“美”的确是决定话语表达效果的一个重要因素，但并不是唯一因素、全部因素。而且这种美是建立在能准确传情达意、和谐人际关系的基础之上的，是以“得体”为原则的。即使词语本身是美的，也不见得是得体的，本身不美的词语，由于表达的特定需要，用得恰到好处，也是得体的。因此单纯地讲求“美”，不是修辞的终极目的。修辞的最高要求是语言的形式美与得体的和谐统一，其中“得体”是最重要的。“得体”是以善为统帅的真善美的统一，就此而言，修辞学应是语言得体学。

（3）修辞的“真味”、“回味”、“韵味”、“趣味”、“神味”、“兴味”等这些“美”的因素只是侧重于“积极修辞”，而修辞的范围除了积极修辞之外，还有消极修辞，而且消极修辞的使用范围要比积极修辞大得多、广得多，并且是积极修辞的基础，准确、通顺、平匀、稳密是对运用语言的起码要求。强调“美辞”，将导致修辞向文艺语体和名家、名篇、名句过分倾斜，容易忽视大量常见的修辞现象，丢掉实用修辞学领域，排除消极修辞学在修辞学中的地位。

（4）修辞学即美辞学的说法，混淆了美学和修辞学两门不同的学科，不利于修辞学的独立发展。

这些都说明了修辞不是传统意义上的艺术范畴，而属于科学范畴。

---

① 王力：《汉语语法纲要·导言》，《王力文集》第三卷，上海人民出版社1985年版，第156页。

② 陈望道：《修辞学在中国之使命》，《陈望道文集》第三集，上海人民出版社1981年版，第599页。

## 第四节　修辞学的性质

按道理，修辞学的定义本身应能揭示其本质属性，如修辞学是语言学，是科学等，但还嫌太简单，这里我们想多说几句。

从远古到现在，修辞学常常是被攻击的对象，如被说成是玩弄“吹捧”和“谋私”的雕虫小技（苏格拉底），“修辞艺术在诡辩派哲学家手中变为最危险的武器。它变为一切真正哲学和一切纯正道德的敌人”（卡西尔），“修辞学的一切技术和演说中所发明的一切技巧的迂回的文字用法，都只能暗示错误的观念……因此完全是一种欺骗”（英国哲学家洛克）。在今天的日常生活中，我们常常会听到“谁跟你玩弄修辞？”“请不要用修辞来哄我！”的说法。由此可知，对修辞学的性质，人们有误解，修辞学界的认识也不完全一致，还依然是一个很值得认真思考的问题。王希杰在《汉语修辞论》中对修辞学的性质曾作过精到的阐述，概要如下：

修辞学首先是科学，不是艺术。科学应当具有的品格是：客观性、可重复性、精密性。修辞学的客观性、可重复性都似乎没有问题。至于精密性，人们还有怀疑，那是因为常常有人提出，修辞学不能模式化、公式化、精密化。但我们以为，虽然修辞现象不能像数学或语法学那样格式化，但现象背后隐藏着的规则、规律却完全可以模式化的，如果还没有做到，那只是研究者的抽象概括的能力还不到家而已。此外，是否只有精密化、模式化、公式化才是科学，反之，就不是科学了呢？

把修辞学定位为科学，就要求修辞学家加强科学的意识，进一步同艺术划清界限：科学求同，艺术求异；科学追求最简单化，艺术要求复杂性；科学追求可重复性，艺术面对着的是一种不可重复的现象；科学追求模式化和精密化，艺术拒绝模式化和精密化；科学只重视事实，艺术需要幻想。

要将修辞活动和修辞学区分开来：修辞活动是运用修辞规律、规则的行为，它有艺术活动的特色，因为它有追求美感的性质；而修辞学是探索和总结言说中的规律的，它是科学。

科学有自然科学和人文科学，而后者又是多种多样的。

修辞学显然是人文科学，因为修辞学是语言学。语言是人类所特有的，是人类同动物的区别之所在。运用语言的交际行为是一种文化现象，是人类社会的标志，是人类文明的体现。科学精神和人文性是修辞学的两个相互联系的方面，缺一不可，重要的是把两者结合起来。

修辞学是经验科学。修辞学是对人们已经进行过的运用语言的交际活动中的表达效果的规律、规则的一个总结，没有已经发生的交际活动、没有修辞现象、没有修辞事实，就没有修辞学。修辞学研究必须从修辞事实开始。当然，在修辞学研究中，并不是任何一个话语都可以成为修辞学例证，只有非语言的条件相对不变的时候，语言因素的变化所引起的表达效果的变化，才是修辞学中的事实。

修辞学具有伦理性。运用语言的交际活动应当服从伦理道德的约束，只能在社会生活道德规范的范围内进行，因此，从道德伦理角度上来认识修辞学，修辞人——表达者，与接受者都应当是合格的社会的人、文化的人，他们的交际目的是符合社会道德规范的，他们交流的信息是符合社会文化规范的，不含有反社会文化的成分在内。从这一角度而言，修辞人就又是一个有人格、有道德的人。前面我们给修辞人的界说是：修辞人必须是一个具有自主地运用语言进行交际活动的人。如果从伦理道德的角度来认识修辞学，那么，表达者——修辞人就是：必须具有自主地运用语言进行交际活动的、有道德的、社会的、文化的人。这就将修辞人同“以善为统帅的真善美统一”的得体性修辞原则联系在了一起，将修辞学同人类的人格建设、道德文明建设联系在了一起，即修辞学家所提倡的修辞应是以善为统帅的真善美的统一，修辞学应当同人的道德文明、人格建设和谐一致。这样，修辞学就有了伦理性。于是，谣言、谎言、流言、利用他人的生理残疾来自我娱乐的行为都不是修辞文本，都不是修辞学研究的对象。宋代王辟之在《渑水燕谈录》卷十中记载了这样一个故事：

> 贡父苦风疾，鬓发皆落，鼻眉且断。一日，与子瞻数人小酌，各引古人语相戏。子瞻戏贡父云：“大风起兮眉飞扬，安得猛士兮守鼻梁。”座中大噱。贡父恨怅不已。

苏东坡的话语的确是运用了仿拟手法，而且很巧妙，但其出发点是伤害人，违背了修辞立其诚的原则，并且也伤害了自己（他的人际关系受到了伤害）。

修辞学具有描写性、规范性和阐释性。作为一门经验的科学，修辞学本质上是描写性的，它的任务是对已经出现了的、客观存在着的修辞现象后面隐藏着的规律性的东西进行如实描写。但修辞研究者都是具有强烈规范意识的，修辞学本身又负有促进语言规范的重任。作为理论科学，修辞学应当是描写性的，作为实用科学，它又有强烈的规范性。在修辞学中，我们不能只是描写现象，更重要的是阐释现象后面的原因。阐释其实就是把握住事物的内部联系即规律性。传统语言学强调的是规范性，现代语言学强调的是描写性，当代语言学开始重视阐释性。阐释是必要的也是重要的，但描写依然是第一位的，描写是阐释的基础和出发点，只有充分地正确地描写，才有可能进行正确地深刻地阐释，难以想象，错误的描写能引出正确的阐释。

修辞学是创新与保守统一的学问。一方面，修辞学是保守的：修辞学家在总结以往修辞活动的基础上，总是有所主张的，在向读者推荐某种规范的高雅的形式，反对某些不规范的粗俗的低级的形式。修辞学要求读者跟随修辞学家所建立的修辞规范前进，修辞工作者总在努力维护自己所崇尚的或自己所建立起来的规范。另一方面，修辞学是主张创新的：主张努力打破陈规，努力为各种各样的变异形式辩护；修辞学家是语言学家中最有革新思想的人，他们对任何新的创作、超常的形式都能容忍，甚至大加赞美。严格地说，修辞学是一门在保守和创新之间保持某种平衡的学科。

修辞学是一门应用学科。修辞学从它诞生的那天起，就是一门应用学科，它在语言学中有特殊的地位，是其他语言学科所不能代替的：它是语言学同其他学科之间联系的一个纽带，是语言学同社会和千百万使用语言的人之间的一座桥梁。不能因为修辞学是一门应用学科，就否定它在语言学中的地位。有不少人把修辞学排斥在语言学之外，这是毫无道理的。广义的应用语言学中应有修辞学的地位，而狭义的则不包括修辞学为好。

修辞学没有阶级性。在阶级斗争盛行的年代，人们总喜欢把人文学科同阶级性挂上钩。既然语言是载体，是工具，那么语言就是无阶级性的，修辞学是语言学的一个部分，自然，修辞学也是没有阶级性的。

## 第五节　修辞与同义手段的选择

### 一、人类的任何行为都是选择的结果

所谓选择，就是行为主体在具有同等价值的一系列对象中择取自己认为最需要的、最重要的适合自己的事物或行为。选择的前提就是客观存在着众多的但又有优劣好坏的等价对象，如果任何存在物只有唯一的一种，而没有众多的具有细微差别的等价形态或形式，那么就无从选择，也无必要进行选择。

任何有生命的物类都是有选择能力的。植物、动物有选择能力，它选择适合它生存的自然环境或条件，诸如地域、水土、气候以及为维持其生命而须摄取的营养种类等等。人类更是有高超选择能力的物种，不仅能选择同动

植物一样使自己较好生存的自然环境或条件，还能选择社会人文条件，诸如经济方式、社会制度、意识形态、思维方式、审美标准、风俗习惯、物质生活方式、行为方式等等具有文化意义的东西。

要实现一种特定目的，就必须采用一种手段或方式。手段或方式是多种多样的，要达到行为的最佳效果，就必须进行选择。如要从河的此岸到达彼岸，就要在多样的方式中选择一种，或趟水，或架桥，或坐船，这三种“过”法的意义是相同的，但又有差别。人为了躲避风寒雨霜或野兽侵害，要有住处，于是就要在众多的居室形态中选择，或山洞，或平房，或窑洞，或楼房等等。人类要进行交际，交际的方式也是多样的，如有实物交际和符号交际，在符号交际中，又有语言交际和非语言交际，这些交际方式，都是人们在特定境遇中为达成交际目的而选择的对象，在都能实现交际目的这个意义上来说，它们都具有相同的意义，只是形式不同、效果有别而已，其中以语言这种最典型的符号系统作为工具，是人类对交际方式的最佳选择。人类是有民族的物种，不同的民族会选择适合自己的语言系统，包括语音、词汇、语法以及记录语言的工具——文字形式（最重要的一种符号），如汉族人就选择了汉语，并以方块汉字作为记录自己语言的文字，俄罗斯人就选择了俄语，并以斯拉夫字母作为记录自己语言的文字，等等。在交际时，同一个人，在交际目的、交际内容确定的情况下，针对不同的交际对象可以选择不同的语种，即使在用同一语种进行交际时，表达相同或相近的意义可选用不同的表达方式。

总之，可以认为，人类的一切行为都是对同义手段选择的结果。

### 二、修辞是同义手段选择的过程

运用语言是一种行为，自然也要选择表达方式，即选择相同或相近意义的不同的表达形式——同义手段。

同义手段是指意义相同或相近但表达效果有别的不同的语言表达形式。一般所说的同义只指理性意义的相同或相近。其实，“意义”可作较为宽泛的理解，包括理性意义、语法意义、类别义、文化意义、联想意义、韵律“意义”，甚至包括言语目的（也是一种意义）等等。修辞与同义手段的关系可用这样的话来概括：修辞的目的就是选择同义手段以提高表达效果，修辞的过程就是选择同义手段的过程，修辞的结果就是选择同义手段的结果，即话语形式。如果没有同义手段，就不存在对同义手段的选择，如果没有对同义手段的选择，就没有修辞活动，如果没有修辞活动，就没有话语，没有话语，就意味着人类没有言语交际活动，这样一来，就连人类也不存在了，何谈修辞学？因此，修辞活动的主要内容在于如何在具体的语言环境中恰当地选择和运用同义的语言形式，正如吕叔湘先生所说，修辞应该是“在各种可供选择的语言手段之间——各个（多少是同义的）词语之间，各种句式之间，各种篇章结构之间，各种风格（或叫做‘文体’、‘语体’）之间——进行选择，选择那最适合需要的，用以达到当前特定的目的”①。

### 三、修辞学的研究对象是同义手段的选择

“所谓‘同义的语言形式’中的‘同义’只是一个相对概念，‘同义的语言形式’是指一些基本意思相仿而在修辞色彩上各有差别的语言形式。唯其基本意思相仿，才使‘同义的语言形式’的‘选择和运用’成为可能；唯其在修辞色彩上各有差别，才使有‘同义的语言形式’的‘选择和运用’有了必要。这也许是修辞学与‘同义的语言形式’之间一切联系的出发点。”②

修辞学是语言学的一个部门，修辞学的对象存在于运用语言的活动中。在运用语言的活动中，只有同提高表达效果有关的语言问题，才是修辞学的对象，非语言的表达手段、同表达效果无关的语言问题，不是修辞学的对象。提高语言的表达效果，实质上是一个同义手段的选择问题、语言变体的选择问题。所以，修辞学的对象就是同义手段或语言变体的选择问题。

许多人认为，修辞就是“对语言的加工”。这就需要澄清一个问题：“对语言的加工”是否都属于修辞学范畴？这关系到修辞学的研究对象问题。我们认为，修辞活动一定是属于“对语言的加工”范畴，但“对语言的加工”并不都是修辞学的研究对象。“对语言的加工”包括两个方面：一是对语言所表达的内容的加工，即思想的锤炼，一是对话语形式的加工。虽然形式是为内容服务的，二者是统一的，但二者又毕竟不是一回事。修辞活动是在内容确定的前提下为提高表达效果而对语言形式的加工，所以，就修辞而言，思想的锤炼不是其侧重点，而语言的锤炼才是最重要的。因此，思想的锤炼不是修辞学的研究对象，而对语言形式的锤炼、选择才真正是修辞学的研究对象。同一个确定的意义有不同的表达形式，这就是同义形式或手段。这些同义形式有优劣之别，这就需要选择。“语言的锤炼，为提高表达效果而对语言进行的加工，实质上就是一个同义手段的选择问题。……语言

---

① 《我对于“修辞”的看法》，转引自王希杰：《修辞学通论》，南京大学出版社 1996 年，第 257 页。

② 姚殿芳、潘兆明：《修辞与语境》，《语文研究》1984 年第 1 期。

的锤炼总是在各种同义手段之间进行的。”①

任何一个交际者都自觉不自觉地希望提高表达的效果，都自觉不自觉地根据话题、交际目的和语言环境的需要来选择可以达到最佳表达效果的语言形式，选择的对象就是同义手段。只有根据话题、交际目的和语言环境的需要来对同义手段进行选择，才可能有修辞活动，才可能出现修辞现象。修辞活动和修辞现象中就蕴藏着有助于提高表达效果的规律和规则，而修辞学正是研究提高语言表达效果的规律和规则的学问。如果没有同义手段的选择，就没有修辞和修辞现象，也就没有修辞的规律和规则，修辞学就失去了研究的对象，从而修辞学也就不存在了。因而，同义手段选择的有无，决定了修辞学研究对象的有无，也决定了修辞学的有无。这就是同义手段选择的全部意义。

修辞学研究的对象是为了提高语言表达效果而对语言进行的加工，其核心又是对同义手段的选择，而同义语言手段的选择又大都是在语言的各种变体之间进行的。所以说，修辞学的对象主要是各种同义手段的选择，也就是语言变体的选择。语言是抽象的，是全社会成员共有的，而语言的变体则是抽象语言的存在形式，是个人的，它既有语言的共性，又具有个性特色，语言离开了具有个性特色的变体，就不复存在了。语言的变体和语言的原体构成了最高层次的同义手段，而某个角度的一系列变体自身又构成了同义手段。如：地域变体——方言和共同语，言文变体——口语和书面语，社会变体——阶级习惯语、专门术语、行业用语、隐语、俚俗语、禁忌语、委婉语等，风格变体——语体风格、民族风格、时代风格、表现风格等的变体。每种变体个性的存在是对变体进行选择的理由，也是选择这种变体能提高表达效果的理由。因此对语言变体的选择就是对同义手段的选择。

选择同义手段以提高表达效果是有规律、规则可循的，这些规律和规则就蕴藏于修辞活动和修辞现象中。概括来说，选择同义手段以提高表达效果的规律有：同义表达形式与言语目的和交际任务相适应的规律、选择低层次的同义语言成分组成话语的规律、同义形式与特定语言环境相适应的规律等。这些规律与同义手段的选择同命相连，是修辞学的研究对象。因此，我们说，同义手段的选择及其规律是修辞学的研究对象。

---

① 王希杰：《修辞的对象及其他》，载《语文研究》1981 年第 2 期。

# 第二章　同义手段理论的研究历程

本章专门概括介绍同义手段理论的研究历程，包括两个方面的内容：（一）同义手段修辞学说的发展；（二）王希杰对同义手段的研究历程。

## 第一节　同义手段修辞学说的发展

同义手段理论不仅是现代修辞学的一个十分重要的理论问题，而且也是语言学中的一个重要的理论范畴。“同义手段”说的提出、争论、深化、倡扬，近半个世纪以来在我国修辞学界、语言学界产生了很大影响。

“同义手段”是语言和语言运用中的客观存在，中外的语言学者和修辞学者都不同程度地论及了这个问题。虽然这一理论在汉语修辞学界已渐趋成熟，但它的形成和发展却经过了几个不同的时期。

### 一、理论的萌芽期

古代中国，人们不仅在言语交际中大量地选用同义手段，而且还积累了一些分析语言同义形式的经验，在《公羊传》中就有分析同义词和同义结构的例子。

19 世纪法国著名作家福楼拜在指导他的学生莫泊桑如何写作时说：无论你要表达什么样的意思，能表达它的句子只有一个，也只有一个动词、形容词足以说明它，你必须找到这唯一的一句、唯一的动词、唯一的形容词才行。这里，福楼拜实际上已经提出了同义词和同义句的选择问题。

1931 年，薛祥绥在其《修辞学》中就曾说：“将欲神明造句，变化无误，则须识造句之通义。所谓通义。盖有五端。一曰：同一意义，可成数句。意义有定，而造名之法无常；故可以不同之数句，表示一意。例如言‘《春秋》为孔子作’，意止纯一，而可得次例数句：《春秋》孔子作。《春秋》为孔子所作。《春秋》作于孔子。《春秋》者，孔子所作也。《春秋》一书，孔子所作。各句子为意虽同，而实有繁简工拙之别。故造句之初，宜先审度应造何种句法，然后从事造句，必能完善，或先用数句，选用其一，亦可。”这已从理论上提到并分析了同义句式的选择问题。陈望道在 1932 年出版的《修辞学发凡》里说："要根据说写时的实际情况，调动和创造各种表现手法"；"一个内容可以有几种具体的表达手法……它涉及的条项极其多，修辞学就是要研究这些条项的具体情况和相互联系。"这实际上就意味着：修辞者要根据语境选用语言中已有的和个人临时创造的意义虽同、但形式不同的表达方式，修辞研究者要研究同义表达手段。只是当时还没有明确提出"同义手段的选择"这一概念。薛陈二位虽未展开阐述，也没有以此观点建立修辞学体系，但这其实就是同义手段选择理论的萌芽。

**二、理论的引进期**

20世纪50年代初，以维诺格拉多夫、格沃兹节夫为代表的一批苏联语言学家明确提出了同义形式选择理论并进行了研究。维诺格拉多夫说："全民共同语、民族语言的修辞学包括语言的一切方面——它的语音构造、词汇、语法和熟语。然而修辞学并不是把它所探讨的相应的语言现象当作完整的语言结构在其历史发展中的内部联系着的要素来研究，而只是以功能上不同的、近似的、相关的、平行的或多少是同样意义的同义表达手段的相互关系和相互影响的观点来研究的。"① 叶非莫夫则更为明显地指出："言语手段的同义现象是修辞学的中心课题。"② 格沃兹节夫的《俄语修辞学概论》，（向明、赵禹合译，商务印书馆1959年）是一本实践同义手段选择理论的力作。书中谈到了修辞学"从语言现象的意义和表现力方面来考察语言现象，衡量它们在更精确、清楚、鲜明地表达某一思想方面，哪些更为适用"的问题，认为："修辞学主要是从使用的观点来分析意义上的各种细微差别，帮助解决意义相近的语言手段的选择问题。这些语言手段虽然意义相近，但并非完全相等，而是有某种细微区别，这种区别往往是极其微妙，难以察觉的"。"修辞学的基本任务之一，就是要帮助作者从许多同义手段中选择与要求相符的、最合适的，即最鲜明、最精确的语言手段。"我国首先引入这一理论的是高名凯先生。1959年6月4日，高名凯在天津作的《语言风格学的内容和任务》的学术报告中指出："语言要素中有许多同义的系列，不但词汇中有同义词，就是在语法和语音方面也可能有同义成分，这些平行的同义成分可能具有不同的风格色彩。""总而言之，语言各方面的要素及其配合手段都可以具有平行的同义系列，这些同义系列正是各平行的言语风格的构成要素或手段，对这种要素或手段进行分析和研究正是风格学的

① B. B. 维诺格拉多夫：《修辞学问题讨论的总结》，《语言学问题杂志》1955年第1期。

② A. N. 叶非莫夫：《艺术语言的修辞》，莫斯科1961年版，第252页。

主要任务。"[1] 但高先生的这番话并没有引起修辞学界的重视。到了1963年张弓在其修辞专著《现代汉语修辞学》中出现了这一理论的运用以及对具体问题的分析，指出："修辞学本来就是研究语言的表达形式问题，就是研究怎样结合语境，面对群众，很好地选择运用民族语言的表现形式（主要是广义的同义形式）问题。"在这种思想的指导下，张弓在《现代汉语修辞学》第三章"现代汉语语言各因素和现代汉语修辞手段"中专列了"现代汉语词汇同义词和修辞手段"和"现代汉语语法同义形式和修辞手段"两节内容。这些论述在当时虽有新意，但比较粗浅，也欠全面，并且只限于语言系统内部的同义形式，更没有建立起系统的同义手段选择的修辞学理论体系。

### 三、理论的发展期

"到了20世纪80年代，同义手段选择说成了中国修辞学的主流思想。"[2] 1980年，林兴仁在《汉语修辞学研究对象初探》[3] 中提出"汉语修辞学研究的对象是汉语平行的同义结构和非平行的同义结构"的观点；郑远汉也在《关于修辞学的对象和任务》（《华中师范学院学报》1980年第3期）中把修辞学的研究范围概括为同义形式。吕叔湘在《我对"修辞"的看法》中说："修辞学，照我的看法，应该是在各种可供选择的语言手段之间，各个同义词语之间，各种句子之间，各种篇章结构之间，各种风格之间——进行选择，选择那最适合需要的，用以达到当前的特定目的。首先要考虑这样三个因素：一、题材，二、对象，三、表达方式。"以上观点很快受到了反对者的批评，尤其是对林的文章，由此拉开了同义手段理论大讨论的序幕。在这场大讨论中，主张同义手段为修辞学主要研究对象的还有张志公、王希杰、李维琦、刘振举、张德明等。对同义手段理论持有异议的有陈光磊、王维成、刘焕辉、宗廷虎、林文金、陆稼祥等。争论的焦点有二：一是"同义"的标准问题及同义的范围问题；二是同义手段选择是否为修辞学研究的主要对象。有些学者的反对，只是凭着对语言的直觉，认为言语表达中没有那么多的同义手段，也感觉不到表达时的一种选择的过程。李运富、林定川后来曾对这场讨论做过较为中肯的总结："如果我们把'同义现象'的要求放宽松一些，'选择'的对象也不一定是'现成的'，而应该包括'可能出现'或'可能存在'的形式，那么，认为修辞的本质就是对同

---

① 北京大学中文系编：《语言学论丛》第四辑，上海教育出版社1960年版，第204页。

② 王希杰：《汉语修辞论》，当代世界出版社2003年版，第212页。

③ 《南京大学学报》1980年第3期。

义形式的选择并非不可接受，那么，说修辞学的研究对象就是各种同义现象和对同义结构的选择规律以及相关的各种理论，应该也是可以自成一家的。”[①] 这一时期，在同义手段理论指导下出现的修辞学研究专著有王希杰的《汉语修辞学》、林兴仁的《句式的选择与运用》和李维琦等人的《古汉语同义修辞》，还有许多论文。但王希杰的《汉语修辞学》却是研究同义手段理论最为集中的专著，其中形成了不少独到的见解，初步建立了语言系统的同义手段理论框架。并且，林兴仁和王希杰等在论文中还提出了同义手段有语言系统中的和言语表达中的，这一提法是同义手段理论研究的突破性进展。刘焕辉在第十九届国际汉藏语言学会议宣读的论文《中国修辞学的新发展及其他》中指出：“80 年代以来中国修辞学的新发展，就是从改变旧的修辞观念开始的。……这可以王希杰和张志公的意见为代表。……两人都把修辞手段归结为同义形式的选择，这在认识上是一大进步。近年来中国修辞学界涌现出来的一些研究新成果，基本属于这种认识的产物。”[②] 王希杰也说：“同义手段说的出现是 80 年代中国修辞学的重大成就之一，也是 80 年代中国修辞学走向发展和大繁荣的重要原因或推动力之一。”[③] 这些看法是对同义手段理论在当时所产生的影响的客观评价。

### 四、理论的成熟期

20 世纪 90 年代以来，中国修辞学界对同义手段理论的研究进入成熟期。王希杰就是这一时期在同义手段理论研究上最有成就最重要的一位学者，或者说，中国修辞学界同义手段理论研究的成熟期是以王希杰的同义手段理论研究进入成熟期为标志的。这一时期，王希杰除了在一系列的文章中论及同义手段问题之外，还相继出版了《修辞学新论》、《修辞学通论》、《修辞学导论》和《汉语修辞学》（修订本），其中都贯穿着同义手段理论。本时期同义手段理论研究的特点是：

#### （一）革新了研究的角度和方法

王希杰从语言、物理、心理和社会文化的平面、潜和显、零度和偏离等角度来综合考察同义手段现象，运用最新的语言学理论和其他学科的理论及思想，分析同义手段选择的规则和规律，研究方法和研究角度已经有了明显的突破。

---

① 李运富、林定川：《二十世纪汉语修辞学综观》，香港新世纪出版社 1992 年版。

② 刘焕辉：《中国修辞学的新发展及其他》，《修辞学习》1987 年第 2 期。

③ 王希杰：《修辞学新论》，北京语言学院出版社 1993 年版，第 317 页。

（二）理论更趋完整、丰富和系统化

王希杰在《修辞学通论》中，从“意义和同义”、“四个世界的同义手段”、“同义词语和同义句式”、“同义手段的选择”等方面展开了对同义手段理论的充分论述，形成了一个既相对独立，而又与语言运用的其他问题密切相关的理论体系。

（三）理论的覆盖面更广、更具有解释力

王希杰运用同义手段理论解释了许多言语现象和手段，几乎涉及了言语交际的各个层面，其中包括那些过去难以解释的言语事实，如对比喻、双关等修辞格的研究，对显词和潜词问题的研究等，而最终使得同义修辞学的建立成为一种可能。

在我国，最早明确提出这一概念的是高名凯，他将其称为“同义系列”。之后，虽然有许多人都研究过这一理论，但或放一炮即撒手，或零七碎八，浅尝辄止等，而唯有王希杰，一直坚守着这一阵地，不仅将这一理论贯穿于其语言研究的始终，且比任何人都研究得精细、深入，最终建立了一个相对完整的同义手段理论系统，这是王希杰对中国理论语言学的一个贡献。

## 第二节 王希杰的同义手段研究历程

什么是同义手段？“所谓同义手段，就是某一个零度形式和它的一切偏离形式（包括正偏离和负偏离、显偏离和潜偏离）的总和，它们之间的关系模式、关系矩阵、关系网络。这个模式是交际活动中的四个世界的统一体。”① 王希杰如是说。

王希杰在语言研究中始终如一地坚守着“同义手段”说这块阵地，认为：抓住了同义手段问题，也就抓住了修辞学的全部问题，同义手段选择问题网络了修辞学的全部问题，修辞学的全部问题就是同义手段选择问题。王希杰建立了一个独具特色的“同义手段”说系统，这一系统是其创立的“三一”语言学理论大厦的重要构件，它贯穿于这座大厦建构的整个过程。

“同义手段”说是王希杰在语言研究中一贯坚持的思想。这一思想的坚持大约经历了三个阶段。

### 一、积累形成期

早在1960年，大学时代，王希杰就已自觉形成了“同义手段”观念。

① 王希杰：《修辞学通论》，南京大学出版社1996年版，第259—260页。

那时，他就有意识地阅读过《毛泽东选集》的不同版本，对其不同加以比较；对《共产党宣言》和莎士比亚剧本的不同中译本加以比较；对《道德经》、《离骚》、《九歌》等中国古典名著的不同的现代汉语译文作卡片进行比较；对中国现代文学史上的语言学大师作品的不同修改本加以比较。正如他在《汉语修辞学》“后记”中所说：“本书中的某些材料也正是那时收集的，如关于某些外国名著的不同译本的比较，鲁迅、曹禺等语言大师对自己作品的修改等。”这样做的基本指导思想就是“同义手段”说。可见，那时，他已经自觉地意识到了“一样话可以百样说”。1964 年，他写了《略论语言与言语及其相互关系》[①]，参加了语言和言语的大讨论，这时初步形成了同义手段思想，但还未明确提出“同义手段”这一概念。1980 年他在锦州师院《语文教学与研究》的第一、四期上发表了《同义异形漫话》和《同形异义说略》，明确提出了“同义手段”说。1983 年，正式出版了早在 1978 年左右就写成的《汉语修辞学》专著，进一步明确指出：“修辞学研究的对象是为了提高语言表达效果而对语言进行的加工，其核心又是同义语言手段的选择，而同义语言手段的选择又是在语言的各种变体之间进行的。所以我们说，修辞学的研究对象主要是各种同义手段的选择，也就是说是语言变体的选择。”[②] 该著作论述同义手段，一是将语言变体的选择作为同义手段选择中的主要问题；一是将同义手段说分为结构、意义、声音、均衡、变化、侧重、联系七大范畴，将传统的修辞格按同义、等值的原则重新分类。这虽然侧重于语言层面同义手段的分类，但是已经十分自觉地把交际过程中的“对象、自我、语境、前提、视点”等非语言因素纳入了同义手段选择的制约因素，而且其中已经蕴含着得体适宜的观念，这就是他在该书中所说的：“掌握现代汉语的各种变体的特点，适应交际对象、目的、内容、环境等的需要，灵活地运用各种变体，使其各得所宜，求得整体的和谐一致”[③]，以达到最佳的表达效果。“该书将现代汉语变体的主要种类（言文变体——口语和书面语；地域变体——方言和共同语；社会变体——阶级习惯语、术语、黑话、俚俗语、忌禁语、委婉语等；风格变体——语体风格和表现风格）纳入同义系列，把各种修辞格重新归类并入同义等值的范畴。体现了注重修辞手段的联系性和系统性的特点。可以说，在这部修辞学专著中，一个以同义手段为主线的修辞学体系的构建已经初露端倪。”[④] 针对 20 世纪关

① 《南京大学学报》1964 年第 1 期。

② 王希杰：《汉语修辞学》，北京出版社 1983 年版，第 10—11 页。

③ 同上书，第 58 页。

④ 聂焱主编：《王希杰修辞思想研究》，中国文联出版公司 2004 年版，第 384 页。

于同义手段大讨论中的“什么叫同义”问题，1981年王希杰发表了《修辞的对象及其他》（《语文研究》1981年第2期），该文不仅明确指出：“修辞学的对象是同义手段的选择问题”，而且对同义手段进行了语言和言语的区分，他认为：“修辞学上的同义手段可以分为两类：一是语言体系中的同义手段，二是言语表达中的同义手段。”在以后的1981年4月写成、1983年发表的《论同义手段》[①] 中，他又一次阐明了这样的观点。他指出：“本文的基本出发点是区分语言和言语，区分语言体系中的意义和言语表达中的意义。”在修辞研究中，严格区分语言和言语，“必然会推动修辞学向科学化、精密化的方向发展。特别是在‘意义’和‘同义’这些问题上，只有区别语言和言语，才能够向科学性方面迈进一步。”如果说，索绪尔提出区别语言和言语促进了现代语言学在科学化精密化的大道上飞速发展，是对现代语言的重大贡献，那么王希杰把语言和言语的区分引进修辞学，然后进一步区分了语言的词语和言语的词语、语言的句子和言语的句子、语言的意义和言语的意义等等，这是对现代语言学的又一重要贡献。如果说其他人也重视并研究同义手段但只限于具体、感性、笼统的话，那么王希杰对同义手段的研究则显得精密和层次化，将其上升到理论的高度，并将这一理论贯穿到其语言研究的始终，这又是对现代语言学的一大贡献。到了80年代中期，王希杰在一些学术报告中一再指出：同义手段说不够精密，比较粗疏、笼统、含混了一些，他提出了一个修正方案，本计划写一篇《再论同义手段》的论文，最后只写了一篇《什么是同义手段》，编入《语言学百题》（修订本）（上海教育出版社1991年）。他在这篇文章中断定：“同义手段的多样性复杂性是由意义的多样性和复杂性所决定的”，并据此对同义手段进行了层次划分。他在把同义手段划分为语言同义手段和言语同义手段的前提下，又划分为广义同义手段和狭义同义手段；广义的同义手段包括一切的语言同义手段和言语同义手段，而狭义的同义手段则指“词汇同义手段”、“语法同义手段”和“狭义言语同义手段”，把表达相同内容、信息、思想的语言手段叫做“同息手段”，与“狭义同义手段”相区别，同时又区分了同指手段和同代手段。按照王希杰的说法，“同指手段是属于语言的，是社会一切成员所共有的，稳定的，不可以随便改变的，它同理性意义常常是一致的。同代手段则是属于言语的，个人的，临时的，有条件的，可改变的。”[②] 在这篇文章中，他还主张对于意义、同义手段，语言同义手段，言语同义手段进一

① 《丹东师专学报》1983年1期。

② 《语言学百题》（修订本），上海教育出版社1991年版，第342—344页。

步进行分化，并运用义素分析法和语义场对同义手段进行量化的描写分析。这是对同义手段分类的进一步精细化研究，也表明王希杰在此之后将对这一理论进行更为深入的研究。

## 二、发展成熟期

1993年出版的《修辞学新论》体现了王希杰新的语言观和新的修辞观。在本书第五章里，有四节是专论同义问题的，这展示了他在80年代和90年代初对同义手段的研究成果。本阶段他同样坚持在对“意义”分化的基础上，把语言的同义手段和言语的同义手段区分开来，进一步认识、分析同义手段的复杂性，对其进行多层面的切分。

《修辞学新论》对同义手段进一步切分划类：广义的同义手段包括同指、同义、同代、同息四种同义手段。而狭义的同义手段由于其“义”指的是语言系统的意义，这是对全体语言使用者都一律相同而有效的，所以它只包括同指手段（指称同一客观事物的语言材料的集合）和同义手段；同指和同义被看作静态的同义手段，同代和同息被看作动态的同义手段。同时，王希杰还强调说：同代“指在交际的活动中，使用语言的人，临时地有条件地在语言符号和客观事物之间所赋予的一种联系，是说写者和听读者之间的一种默契。即使用语言的人用某一语言符号表示某一客观事物，并不一定是整个社会集团所公认的，还是可以在这一交际活动之前所并不存在的”①。对同代这种同义手段的开掘，突破了以现成的语言材料为同义聚合的局限，扩大了同义手段的外延，这是值得注意的。

对于这些不同范畴的不同层次的同义手段，王希杰更注重言语层面的、动态的同义手段，更注重静态同义手段和动态同义手段之间的关系以及它们之间相互转化的条件。在80年代和90年代的同义手段研究中，他不仅始终坚持并实践着这个主张，而且在《修辞学新论》中，已经涉及到了潜显、偏离、空符号等现象，并将这些现象与同义手段联系起来。他认为：“我们一方面要注意语言体系的静态的同义手段，另一方面又要研究言语活动中有条件的暂时的动态的同义手段，我们不认为语言体系中类聚系统中的同义手段是唯一的同义手段，我们也不把注意力局限于已经出现了的作为经验事实的语言材料，我们的同义手段还包括现在还未出现的但却可能出现的，潜在的手段，还包括语言中的空符号，我们认为常规和偏离（diver gence）与正

① 王希杰：《修辞学新论》，北京语言学院出版社1993年版，第319页。

偏离和负偏离，也同样是同义手段。”[①] 可见，在他的语言学研究中“同义手段”说始终占有举足轻重的地位。

《修辞学新论》在肯定多种多样、丰富复杂的同义手段存在于词语层面、句子层面和句子以上的层面以及修辞格层面的基础上，针对同义手段的选择是否为修辞学的全部问题，明确地提出假设：“如果说全部修辞学的问题都可以归结为同义手段说，同义手段说就是修辞学的全部，这也并没有什么错儿。我们完全可以在同义手段说的基础上建立一个全新的修辞学体系。”[②] 这和他以前在《汉语修辞学》中所认为的同义手段的选择问题只是修辞学的核心问题相比，对同义手段选择的重视又进了一步。

1996 年，王希杰的专著《修辞学通论》（下简称《通论》）问世。这一巨著力求遵循科学的最简单性原则，把语言学体系建立在三组很有限的概念术语（四个世界、零度和偏离、显和潜）之上。这一最简单性原则的确立为同义手段的研究注入了新的生命活力。

在“同义手段”说似乎被冷落了的时候，王希杰在充分肯定“同义手段”说的历史贡献的同时，仍然执著地坚持《修辞学新论》中曾提出的观点：“如果我们区别开语言的同义手段——这还不能包容全部修辞学问题——和言语的同义手段——这是一个广阔的天地，有待开发，又提倡对言语的同义手段的大力研究，那么便可以用同义手段说解开全部修辞学之谜，建立独立完整的修辞学理论大厦。”[③] 在《通论》中，王希杰言之凿凿地断定：“修辞学就是一门选择同义手段的学问。从这个意义上来说，全部修辞学所要研究的就是同义手段的选择问题。”[④]《通论》正是在将同义的“义”分化为多种多样的五光十色的“义”，从而发现有不同层面、不同功能、不同形式的丰富多彩的同义手段系统、同义手段能囊括修辞学的全部内容的基础上建立的一个全新的语言学理论体系的大厦。《通论》首先把意义区分为两种：语言意义和言语意义。语言意义主要是指词汇意义和语法意义。词汇意义又分为理性意义和文化意义。词汇意义和语法意义又都有显性和潜性之分。语言意义也可叫做“字面上的意义”。言语意义主要由话语意义和话语所表达的内容所组成，话语意义是一种“言内的意义”，内容则是“言外的意义”。狭义的意义指的是语言意义。广义的意义，既指语言意义，也指话语意义。最广义的意义，还包括内容。又把同义手段的“义”分化为四种：

---

① 王希杰：《修辞学新论》，北京语言学院出版社 1993 年版，第 323 页。
② 同上。
③ 同上。
④ 王希杰：《修辞学通论》，南京大学出版社 1996 年版，第 34 页。

语言世界的意义、物理世界的意义、文化世界的意义和心理世界的意义；这四种意义又分为两个层面，前一种是语言意义，后三种是言语意义；与此相应，同义手段也就有四个世界的同义手段：语言世界的、物理世界的、文化世界的和心理世界的。从语言具有开放性的实际出发，同义手段被分为显同义手段和潜同义手段。从话语运动的实际出发，同义手段又被分为零度同义手段和偏离同义手段，偏离同义手段又分为正偏离同义手段和负偏离同义手段。在《通论》中，同义手段的研究又扩大了范围，给我们展现了一个异彩纷呈的新天地。

但《通论》并未停留在仅对同义手段自身的“义”进行多层面、多功能、多种形式的分析以及对同义手段类型的开掘和对其外延扩大的层面上。随着三组基本概念的确立，对同义手段的认识也更加深化了。同义手段其实是建立在四个世界、零度和偏离及显性和潜性这三组基本概念上的一个派生概念，是一个二级概念。同时王希杰还认为：“修辞学研究同义手段，主要是研究它的运用，即在特定的语言环境里如何选择才能够达到最佳的表达效果。这个选择的原则就是得体性原则。”① 当《通论》把同义手段与同义手段的选择及选择的原则结合起来的时候，同义手段和得体及得体性之间的辩证关系也就得到了进一步的阐释：“修辞学的最根本的问题就是同义手段问题。这很简单，如果只能有一种表达形式，那么就没有了选择的可能性。既然没有选择的可能性，那么也就没有修辞活动了。只有存在着多种多样的选择可能性，才有修辞活动。但是，同义手段并不是孤立的存在物。因为同义手段本身似乎不需要进行什么选择。手段就是手段，如此而已。这选择的动因在于交际者的提高表达效果的渴望。选择的标准并不在于同义手段自身，而在语言表达手段同语言环境之间的适应度。因为交际活动本是一种社会文化心理的双向活动，检验这种适应度的标准就在于文化心理方面的得体性。因此同义手段只有同语言环境和得体性原则联系起来一同考察，才是真正完整的全面的科学的。”② 可见，在王希杰看来，一方面，得体性以同义手段的存在为前提；另一方面，得体性既是评价同义手段选择结果的标准，又是同义手段选择的最高原则。

“《修辞学通论》以四个世界、零度和偏离及显性和潜性这三个范畴为基础，将同义手段的范围加以拓展，同时以同义手段将三个基本范畴和得体性原则联结了起来。如果说三对相互对立而联系的基本范畴是现代修辞学的

① 王希杰：《修辞学通论》，南京大学出版社1996年版，第307页。

② 聂焱主编：《王希杰修辞思想研究续辑》，中国文联出版公司2005年版，第528页。

最基本的一个出发点，是修辞学大厦的一个最可靠的基础，得体性是这一大厦的验收标准（目标），那么同义手段则是由基础到成品目标的实现手段，它作为一个二级概念将一级概念和三级概念加以贯通，使之成为一个有机的整体。在《修辞学通论》中，‘同义手段说’获得了新的张力。”①

### 三、延伸扩展期

继《通论》之后，20 世纪最后一年，王希杰的《修辞学导论》问世。作为教材，《修辞学导论》虽然没有过多地在理论问题上纠缠，没有在内容上求全，没有过分追求体系的完美，但仍然矢志不渝地坚持同义手段学说，认为："修辞活动之所以能够出现和存在，这就是因为一样话完全可以百样说，不同的表达手段的表达效果显然是不一样的，有好坏之别。" "既然一样话完全可以百样说，这就需要进行选择。这些同义手段的选择就是修辞学的研究对象。如何选择同义手段，于是就产生了修辞和修辞学。同义手段的选择过程就是修辞活动，研究其中存在的规律规则的学问就是修辞学。"②这就是说，修辞学不是别的，它就是研究同义手段选择过程中存在的规律规则的一门学问，同义手段选择就是修辞学研究的全部内容。这里，同义手段学说的重要性又得到了强调。同时在本书中还将同义手段进行了分类，论述了同义手段选择的参考框架——语境、选择的原则——得体性原则。这里要特别强调的是，在《通论》里，王希杰认为同义手段选择的得体性原则受到美质原则的制约，同美质原则相一致，而在《修辞学导论》里则认为："得体性原则应当是真善美的统一。"③ 这就增加了对同义手段选择的新的制约因素——"真"和"善"。真，就是实事求是，就是说真话，就是"修辞立其诚"；善，就是引导人向好处去，做好人好事，说善言善语。言语向善的基础在于思想的健康和对美善的追求，只要有健康的思想、追求美善的愿望，就有健康的言语；只要有美善的心灵，就有美善的语言。同义手段选择的得体性原则要求言语表达、言语交际要有真诚的出发点、向善的愿望和对美的追求，以促进人的积极向上，形成人类社会真善美的氛围。这就更加丰厚了得体性原则的内涵，使修辞从提高语言表达效果升华到了加强人的人格建设的高度。这一思想集中反映了王希杰在修辞学上所体现的人文关怀精神。

当时代的车轮驰进了 21 世纪时，2004 年，《汉语修辞学》修订本又面

---

① 聂焱主编：《王希杰修辞思想研究》，中国文联出版公司 2004 年版，第 388 页。

② 王希杰《修辞学导论》，浙江教育出版社 2000 年版，第 62 页。

③ 同上书，第 73 页。

世了。修订本在许多方面对原本作了重大修改，仅关于“同义手段”方面的内容就增加了五节：同义手段的多样性；语言的同义手段和言语的同义手段；修辞活动就是同义手段的选择活动；语言变体和同义手段的选择；显性同义手段和潜性同义手段。这说明，王希杰仍然没有改变坚守“同义手段”这块阵地的初衷。

综上所述，王希杰的同义手段学说至今经历了大约三个阶段：积累形成期——20 世纪 60 年代到《汉语修辞学》问世；发展成熟期——《汉语修辞学》问世后到《修辞学通论》的出版；延伸扩展期——以《修辞学导论》的印行为标志。可见，王希杰在其语言研究的整个历程中，始终如一地坚持着同义手段学说。

# 第三章　意义

## 第一节　意义观

奥地利阿德勒说：

> 我们所体验的，不是单纯环境，而是环境对人的重要性。……我们一直是以赋予现实的意义来感受它。我们所感受的不是现实本身，而是经过我们解释之后的东西。
>
> 假如有哪一个人想脱离意义的范畴而使自己生活在单纯的环境之中，那么他一定非常不幸——他将自绝于他人。①

凡人，都是生活在一定环境中的，所以无论如何都摆脱不了意义对他/她的纠缠。

可见，意义对人生的重要性。“意义”问题是诸多学科如哲学、逻辑学、心理学、文艺学、语用学、修辞学等都关心的问题，是人文科学研究的交叉点，更是语言学无法回避而必须研究的重大问题。只要涉及到人类的交际活动尤其是语言交际活动，就非得涉及到“意义”。人类认识世界万象的过程，其实就是给世界赋予“意义”的过程，就此而言，人类是能赋予世界“意义”的动物。正如王希杰在谈话和授课时反复强调的那样：

> 人是意义的动物。
> 人赋予世界以意义。
> 人在世界中发现意义。
> 人是追求意义的动物。
> 人是为意义而活着的。
> 当人深深地感受到没有意义的时候，他便选择死亡。

---

① 阿德勒：《让生命超越平凡》，西苑出版社 2003 年版，第 1 页。

有各种各样的意义。
人生之路就是追求意义的历程。
意义的探索之路，就是不断地分析和综合。
人的世界是意义的世界。在无意义中发现意义，给人以惊喜。
面对茫然的毫无意义的世界，人们只有惶恐，焦虑感。
意义给人以享受。

语言符号的“意义”是什么？有多少种类？历来众说纷纭，莫衷一是。学人们从不同的角度给“意义”下过不同的定义，进行过不同的分类。

“意义”有从方法论角度的定义和分类。如指称论（命名论）认为，一个符号的意义就是它所指称或命名的对象；观念论认为，每个符号的意义就是这个符号所表达的存在于人们心中的观念，或符号所代表或引起的人们心中的意念；反映论（行为论、因果论等）认为，一个语句（一组符号或单一符号）的意义就是引起这个语句的刺激和由它所产生的反应；用法论认为，一个符号表达式的意义就是符号持有者使用、运用这种符号的方式；关系论认为，符号的意义是由符号及其相关因素彼此间的关系来确定的，符号的意义体现于关系之中。英国语义学家利奇在《语义学》（杰弗里·利奇著，李瑞华、王彤福、杨自俭、穆国豪译，上海外语教育出版社 1987 年）中把“意义”概括为七种：（1）理性意义，（2）内涵意义，（3）社会意义，（4）情感意义，（5）反映意义，（6）搭配意义，（7）主题意义。中国学者杨喜昌在《句子意义整合描写》（北京外国语大学博士论文 2000 年）中将句子的意义分解为 13 种：（1）述谓意义，（2）模式意义，（3）结构意义，（4）命题意义，（5）指称意义，（6）预设意义，（7）蕴涵意义，（8）断言意义，（9）联想意义，（10）主观情态意义，（11）命题态度，（12）会话含义，（13）焦点意义。

“意义”有从本体论角度的定义。索绪尔把符号看成能指和所指的结合体，意义通过符号所处系统的内部关系而产生，即意义不是物质实体，而是由两个不可分割的成素（音响形象和概念）构成的结构关系，词的意义就产生于这种结构关系之中。皮尔斯认为符号是“某种在某一方面对某人而言代表某事物的东西”，它可以被某人所理解或解释或者对某人具有一定的意义。语义学家奥格登和理查兹在《意义的意义》一书中列出过 22 种有关意义的定义。

“意义”有从认识论角度的定义。就意义而言，认识论注重推演，强调过程，主张从认识中求得意义的阐释。如真值条件论认为，要了解一个句子的意义就要了解在什么条件下使这个语句为真，如“雪是白的”是真的，当且仅当雪是白的；以英国哲学家奥斯汀为代表的言语行为理论认为，言语行为即意义，言语行为不仅是“言有所述”，而且是“言有所为”，甚至“言后有果”，意义只有通过言语行为方能得到阐释，等等。

中国语言学家王铭玉在《语言符号学》（高等教育出版社2004年）中认为，语言符号有三个层级，不同层级的符号体现不同的意义：在物质符号（指语音外壳——所指映象）层级上，体现的是感知意义（联想称谓）；在语言符号（狭义的，指语音词——类别事物）层级上，体现的是认识意义（抽象称谓）；在言语符号层级（语音体——实际事物）上，体现的是情景意义（具体称谓）。他认为：意义是人们社会交往中以语言为载体、依赖于思维传达的有关客体的观念内容或信息，即主体在以语言为中介把握（认知和评价）客体的过程中凝结在语言中的内容或信息，其中既包括关于外部世界的属性、特征和运动规律的客观内容，也包括主体对客体所作出的价值评价。意义和指称是语言符号内容的两个基本方面，它们互相联系、互相制约，共同参与人类知识大厦的建构，但意义可被理解为语言呈现世界的方式，是语言内容的内在方面或语言内容内涵方面的说明，是主体用以把握客体的内涵尺度。当我们建立起世界和认知主体之间的有机联系之后，意义可被看作是思维对语言的贡献；在认知世界的过程中，意义感兴趣的是认知主体通过语言如何将非语言世界结构化、系统化、抽象化。如果把语言作为焦点，我们可以得出结论：在实现意义的过程中，语言寻找通向思维之路，而在实现指称的过程中，语言寻找通向现实之路。

此外人们还提出了各种各样的意义，如：修辞义、风格义、语体义、表层义、深层义、静态义、动态义、显性义、潜性义、模糊义、格式义、位置义、语流义、情景义、语用义、文化义等等。

“意义”是十分复杂的，且越来越多。但只有在搞清“意义”的基础上，才能搞清“同义”；只有在搞清“同义”的前提下，才能谈到“同义手段”和对“同义手段的选择”问题。

## 第二节　意义的分类

如果我们把广义的语言理解为包括语言系统和言语，那么语言系统就是一个结构，它只具有确切的意指功能，它的意义就是语言意义；言语具有表达功能，它的意义就是言语意义。于是，意义首先可区分为两种：语言意义和言语意义，这是对意义的最重要的区分。

意义还可分为狭义的和广义的。狭义的意义指的是语言意义。广义的意义，既指语言意义，也指言语意义。

## 一、语言义

语言意义是客观世界在一个社会集团的集体意识中的概括反映，并且已经和特定的语音形式结合在一起的东西，它是历史地形成的，是抽象的，一般的、相对稳定的、个人无法改变的。如果从语言单位上来分，它就主要指词语意义、句子意义等。语言意义是语言系统的字面上的意义，它是静态的。如果从意义的构成上看，语言意义主要是指词汇意义、语法意义。如下列词的意义：

大地——词汇意义是：①广大的地面。如“大地回春”，“阳光普照大地”。②指有关地球的，如“大地测量”。语法意义是：名词。

诞生——词汇意义是：（人）出生。如“毛泽东诞生于1893年”，还可引申为其他事物的产生，如“1949年10月1日，中华人民共和国诞生了”。语法意义是：动词。

勇敢——词汇意义是：不怕危险和困难；有胆量。如“机智勇敢”，“勇敢作战”。语法意义是：形容词。

而已——虚词，只有语法意义；助词，罢了。如“如此而已，岂有他哉”。

在词法学中，把词根据其语法特征分为不同类别，每一类别就是一种语法意义。根据能否充当句法成分，首先分为实词和虚词：前者是能够充当句法成分的词，后者是不能充当句法成分的词。在实词中，又可分为名词、动词、形容词、区别词、数词、量词、副词、指代词、象声词、感叹词。如名词：“表示人或事物的名称”；动词：“表示人或事物的动作、行为、变化、有无等”；形容词：“表示人或事物的性质、状态等”……这些都是实词的语法意义。在虚词中，又可分为介词、连词、助词、语气词。如介词：“同名词性或谓词性词语组成介词短语修饰限制或补充谓词性词语”，还可分为一些下位意义类：（1）表时间、处所、方向；（2）表方式、方法；（3）表对象、范围；（4）表原因、目的；（5）表处置、被动；（6）表比较、排除等。这些都是虚词的语法意义。

句法学是研究语言符号之间结构关系的学问。依据结构，把句子首先分为单句和复句。单句中有主谓句和非主谓句。主谓句根据充当谓语词语的性质，又可分为动词性的、形容词性的、名词性的等，每一类又有下位分类；非主谓句还可分为短语型的和独词型的，每小类还可有更细的分类，这些不同层级的类别都是单句的语法意义。复句根据逻辑语义关系，首先可分为联合复句和偏正复句。联合复句又可分为：并列、解说、顺承、选择、递进关系的，偏正复句又可分为：转折、条件、因果、目的关系的。复句的每一小类还可有下位分类，这些也是语法意义。此外，句法成分之间的关系意义，如主谓结构之间的被陈述和陈述的关系，动宾之间的支配、关涉和被支配、关涉的关系，偏正结构之间的修饰限制与被修饰限制之间的关系，中补结构之间的被补充说明与补充说明之间的关系等等以及主语、宾语的施事、受事等等，都是语法意义。

语言意义又都有显性和潜性之分。显性义，是语言单位被使用这种语言的社团的成员公认的常规的意义，这是属于语言系统的意义，是已经显现出来的意义。潜性义是语言单位的非常规的意义，是潜藏着而没有显现出来的意义。如“东坡肉”是一种食品，“法人”是一个法律术语，这都是显性义，但从字面意义看，这两个词还可能分别潜藏着“苏东坡身上的肉”和“法国人”的意思。

## 二、言语义

语言学中所说的“意义”是有层次的，语言学家把它们分为语表意义和语里意义。所谓语表意义，即指字面意义，或称语言单位本身的含义，它是不依赖外在因素而自有的，其实这就是前面所说的语言义。所谓语里意义，即指字面意义以外的意义，它依赖于字面以外的因素而又包蕴在字面之内，这就是言语意义。

言语意义有人称之为语言的隐含意义，它有如下几个特征：

言语意义是由语境所赋予的。言语意义隐含在语境里。语境分为语言语境和非语言语境。所谓语言语境即指由上下文构成的一种言语系统。语言是流动的，相临近的语言单位总是像连环套一样，在语义上和语形互相关联、互相影响着，相互呼应连贯，从而赋予某一特定的单位以本单位以外的意义。所谓非语言语境包括主观语境和客观语境，主观语境是指言语主体的各种主观因素，诸如个性、修养、地位、阅历、说话时的心境等，客观语境是指言语行为发生时的自然环境和社会环境。这种主观语境和客观语境共同构成言语交际的非语言语境，它与言语本身发生着这样或那样的千丝万缕的联系，制约和烘托着语句的隐含意义。总之，言语意义是由语境所赋予的，离开了语境，无言语意义可言。

言语意义是语用的产物。言语意义存在于言语活动中，是言语活动的产物。语言意义，不管是词汇义还是语法义，当它在未进入言语交际时，它只是静态的存在，尽管它有功能，但却没有发挥其功能。只有当其进入具体的言语交际过程，或者说是被运用的时候，它才显示出了自己的功能，产生了言语意义。因此，言语意义是语言运用的产物。

言语意义是以语言意义作基础的。言语意义是在具体的语用过程中由语境赋予的，并不意味着一个语句的言语意义与该语句无关。恰好相反，理解言语意义必须从语句的语言意义切入，言语意义的产生是以语言意义为基础的。言语意义或是由语言意义生发而来，或是同语言意义对比而产生。言语意义或是语言意义的预设，或是语言意义的引申等。犹如一个碗，如果没有实的碗壁，就没有碗的虚中。碗之用在于其虚中，但虚中的产生是靠了碗的壁实。所以，言语意义是语言内意义与语言外意义的关系的产物。

言语意义主要由话语意义和话语所表达的内容所组成。话语意义指话语字面的意义，是一种“言内的意义”；话语的内容是指说话人所要表达的思想内容，则是“言外的意义”，是在特定语境中的产物。言语意义是指话语在特定交际环境中的产物，它是说写者所要表达的、听读者所理解的特定的意义，它总是具体的、个别的、复杂多变的、千差万别的，常见的有以下几类：

（一）内容义

内容义是说写者所要表达的内容，即信息源所发出的、话语所传递的信息，如“今天星期六”，可以表示各种各样的语境含义。当一个小孩对他爸爸说这话时，可能意味着孩子希望爸爸实现星期六带他到游乐场玩儿的诺言；当一个妻子对丈夫说这话时，可能意味着提醒丈夫星期六要进行家庭大扫除；当一个爱睡懒觉的学生说这话时，可能意味着今天不上课，可以睡懒觉了……

话语中的“这就是说”、“也就是说”、“换句话说”、“或者说”、“即”等后面的说法所表达的内容其实同其前面的说法构成了同义关系，是对其前面说法内容义的解说。如：

> [1] 所谓得体性，首先是指最高层次而言的，即要求词语的搭配保持最高层次上的统一，保持整体上的和谐。也就是说，作为交际的原则的，作为语言艺术的目的的，正是追求词语搭配在高层次上的统一性与和谐性。[①]

① 王希杰：《论词语搭配的规则和偏离》，《山东师大学报》1995年第1期。

上例中的“即”、“也就是说”分别所导引出的话语就是“所谓得体性，首先是指最高层次而言的”这种说法的内容义。

（二）文化义

文化义是语言形式在一定的社会文化之中多次反复使用而形成的一种社会文化色彩，一种特殊的情韵。如贺知章的《咏柳》中有“碧玉妆成一树高”的句子，其中的“碧玉”是指碧绿的玉，这是比喻柳的枝叶绿如碧玉。但“碧玉”还有文化义，指南朝宋汝南王的小妾名叫碧玉，是个大美人；还有一说：六朝时湘东王同一个名叫碧玉的女子的恋爱故事广为流传，有首民歌开头就有“碧玉谁家子”的句子，这就是成语“小家碧玉”的来源。就此而言，贺知章诗中的“碧玉”还以年轻貌美可爱的女子为喻体，来赞美二月春风中的柳枝。在汉语中，松、柏、梅、菊、竹、兰、龙、凤、鸳鸯、蝴蝶、阿斗、婵娟、关羽、猪八戒等等数不胜数的词语都是某种意象的符号，都有社会文化意义。成语、典故、格言、警句、谚语、歇后语、惯用语、隐语等中都蕴涵着丰富多彩的社会文化意义。中国人的年龄称谓中就蕴涵着浓烈的社会文化意义，如：襁褓（不满周岁）、孩提（2—3 岁）、髫斗/垂髫（女孩 7 岁）、龆年/童年/髫岁（男孩 8 岁/少年）、总角（幼年统称）、黄口（10 岁以下）、舞勺之年（13—15 岁）、舞象之年（15—20 岁）、金钗之年（女孩 12 岁）、豆蔻年华（女孩 13 岁）、及笄之年（女孩 15 岁）、破瓜年华/碧玉年华（女孩 16 岁）、桃李年华（女性 20 岁）、花信年华（女性 24 岁）、标梅之年（女子出嫁）、弱冠（男性 20 岁）、而立之年（30 岁）、不惑之年（40 岁）、知天命之年/知非之年/杖家之年（50 岁）、花甲之年/耳顺之年/杖乡之年（60 岁）、古稀之年/杖国之年/致政之年（70 岁）、杖朝之年（80 岁）、鲐背之年/耄耋之年（80—90 岁）、期颐（100 岁）等。

《后汉书·桓郁传》：“昔成王幼小，越在襁褓”；《文选·嵇康〈忧愤诗〉》：“哀茕靡识，越在襁褓。”李善注引《博物志》：“襁，织缕为之，广八寸，长丈二，以约小儿于背上。”即“襁”为布幅，用以络负；“褓”，小儿的被，用以裹覆，泛指背负小儿所用的东西，以之借代不满周岁的小儿。《后汉书·伏湛传》：“髫发厉志，白首不衰。”潘岳《藉田赋》：“被褐振裾，垂髫总发。”陶潜《桃花源记》：“黄发垂髫，并怡然自乐。”“髫”，古时指小孩下垂的头发，“垂髫”，古时指童子未冠者头发下垂，二者皆以特征代指童年或儿童。刘允济《经庐岳想洛川有作》诗：“礼乐富垂髫，诗书成舞勺。”《礼记·内则》：“十有三年，学乐，诵诗，舞勺。成童舞象学射御。”“勺”，籥也，一种管乐器。“舞勺”，本来是一种乐舞，古代男孩子 13—15 岁期间学习之，后以代童年。当我们了解了“垂髫”、“舞勺”的文化意义后，才能真正理解潘岳、陶潜、刘允济等人诗文的意义。杜牧的《赠别》一诗："娉娉袅袅十三余，豆蔻梢头二月初。春风十里扬州路，卷上珠帘总不如。"豆蔻，本是一种植物，初夏开花，花淡黄色，秋季结实，蒴果卵圆形。二月初的豆蔻正是含苞欲放之时。杜诗以"豆蔻梢头二月初"喻指"娉娉袅袅十三余"的女子。后以"豆蔻年华"代称十三四岁的女子，也有泛指十三岁至二十岁女子者。《通俗编·妇女》：宋谢幼槃词："破瓜年纪小腰身。"旧时文人拆"瓜"字为两个"八"字以纪年，谓十六岁，多用于女子。俗以女子破身为破瓜，非也。谢词的"破瓜年纪"即指十六岁。也有将"破瓜"当八八六十四岁解者，又如《通俗编》："若吕岩赠张洎诗'功成当在破瓜年'，则八八六十四岁。"左思《咏思》诗："弱冠弄柔翰，卓荦观群书。"《礼记·曲礼上》："二十曰弱冠。"弱，年少的意思。古代男子二十岁行冠礼，故"弱冠"指男子二十岁左右的年龄。左思"弱冠弄柔翰"中的"弱冠"正是这个意思。

言语的社会文化意义是由特定的历史文化背景、社会事件以及个人的经历等所创造出来的，它是民族文化的一个组成部分。社会文化义是社会成员集体的、共同的，是任何个人不能随意改变的。社会文化意义逐步渗透到语言中去，是语言的隐含意义。有时候，不知道一个词的社会文化意义，就不能真正地把握一个词的意义，甚至不能真正理解一个句子的意义。了解社会文化义，也是真正理解有些古代诗文的关键。

（三）深层义

深层义是隐藏在字面之后必须深入挖掘才能知道的意义，如李白的诗《早发白帝城》："朝辞白帝彩云间，千里江陵一日还。两岸猿声啼不住，轻舟已过万重山。"字面上反映了李白轻松愉快的心情（遇赦归来），但深层还有惋惜和遗憾的心情，因为上三峡时被流放而心情不好，没有很好欣赏三峡美景；下三峡时船又太快了，也没能很好地欣赏。寄托义其实是一种深层义。诗、词等多有寄托义，以词为甚。周止庵曰："词非寄托不入。"（《宋四家词选·序论》）是说创作词时，必须运用寄托手段，无寄托不足以言词之说。沈约斋（祥龙）道："词贵意藏于内，而迷离其言以出之，令读者郁伊怆快，于言外有所感触。"（《论词随笔》）刘熙载谓："词之妙莫妙于以不言言之。非不言也，寄言也，如寄深于浅，寄厚于轻，寄劲于婉，寄实于虚，寄正于徐皆是。"（《艺概·词概》）诗词之兴、观、群、怨之义，不有寄托，曷由彰载！如岳飞的《小重山》词：

[2] 昨夜寒蛩不住鸣，惊回千里梦，已三更。起来独自绕阶行，

人悄悄，帘外月胧明。

白首为功名。旧山松竹老，阻归程。欲将心事付瑶琴，知音少，弦断有谁听？

詹安泰评论此词说：

则真有寄托之作也。故国怕回首，而托诸惊梦；所愿不得偿，而托诸空阶明月；咎忠贞比见谅于当轴，致坐失机宜，而托诸瑶琴独奏，赏音无人，盖托体比兴也。陈藏一（郁）《话腴》谓"欲将心事付瑶琴，知音少，弦断有谁听？"盖指和义之非。

这都说的是此词有寄托义，即深层义。再如王沂孙《齐天乐·咏蝉》第二首：

［3］一襟余恨宫魂断，年年翠阴庭树。乍咽凉柯，还移暗叶，重把离愁深诉。西窗过雨，怪瑶珮流空，玉筝调柱。镜暗妆残，为谁娇鬓尚如许？

铜仙铅泪似洗，叹移盘去远，难贮零露。病翼惊秋，枯形阅世，消得斜阳几度！余音更苦。甚独抱清商，顿成凄楚？谩想薰风，柳丝千万缕。

张皋文评论说："此伤君臣晏安，不思国耻，天下将亡也。"（《词选》）周止庵说："此家国之感。"（《词辨》）端木子畴对其分析得更为仔细："详味词意，殆亦黍离之感耶？宫魂字点出命意；乍咽、还移，慨播迁也；西窗三句，伤敌暂退燕安如故；镜暗二句，残破满眼，而修养饰貌，侧媚依然，衰世臣主，全无心肝，千古一辙也；铜仙三句，宗器重宝均被迁夺，泽不下究也；病翼二句，更是痛哭流涕，大声疾呼，言海岛栖流，断不能久也；余音三句，遗臣孤愤，哀怨谁论也；谩想二句，责诸臣到此尚安危利灾，市郊若全盛也。"（王幼遐四印斋《花外集跋》引）这三人的分析虽详略不一，但分析出了其寄托义即深层义。

（四）潜层义

潜层义是说写者潜意识中不自觉流露出来无意之间编进代码之中的意义。《三国演义》第七十二回"诸葛亮智取汉中　曹阿瞒兵退斜谷"中有这样一个细节描写：

[4] 操屯兵日久，欲要进攻，又被马超拒守；欲要收兵，又恐被蜀兵耻笑，心中犹豫不决。适庖官进鸡汤。操见碗中有鸡肋，因而有感于怀。正沉吟间，夏侯惇入帐，禀请夜间口号。操随口曰：“鸡肋！鸡肋！”惇传令众官，都称“鸡肋”。

鸡肋者，食之无肉，弃之有味，对于汉中之地，进不能胜，退恐人笑。这是曹操“鸡肋”的潜层义。聪明的杨修把曹操的潜意识当作自觉意识，作为号令在三军中传布，扰乱了军心，这是他日后丢了脑袋瓜儿的原因之一。

(五) 联想义

联想义是从语言材料的声音和意义两个方面可能引起的相似、相近、相关、相反联想所产生的意义。凡是具有联想意义的语言单位都具有联想色彩。联想，有的是从事物或人的名称联想到人或事物的属性，有的是从甲义联想到乙义，有的是从这一事物联想到那一事物，等等。如“英模”从语音方面可联想到“阴谋”、“英雄”、“模特儿”、“模范”等；从意义方面可联想到“光荣”、“奖章”、“牺牲”、“永垂不朽”，等等。

联想义从联想的方式的角度分为两类——直接联想义和间接联想义。

直接联想即从语义上直接联想，如：

狐狸——狡猾；泥鳅——油滑；钢铁——坚硬，坚强；春风——温暖；冰霜——寒冷；红色——吃香，旺盛；毛病——失误，缺点；棺材、太平间、火葬场、骨灰盒——死；发廊、洗脚房、三陪、按摩——色情。

间接联想是通过语音的中介而产生的联想，即谐音联想。例如：

鱼——余存、富裕；离——离别、分离；一（读幺）八——要发；发菜——发财。

其实，联想意义有正向联想义和反向联想义。前面举的都是正向联想义的例子。正向联想义是由一个词的意义联想到与之相同、相近、相类的词的意义。反向联想义是由一个词的意义联想到与之相反的词的意义，如由“进步”联想到它的一系列反义词“退步、落后、反动、腐败、倒退”的意义：

在“虚心使人进步，骄傲使人落后”中，“进步—落后”形成反义词；

在“进步的力量与反动的力量总是在斗争着”中，“进步—反动”形成反义词；

在“是腐败还是进步”中，“进步—腐败”形成反义词；

在“坚持进步，反对倒退”中，“进步—倒退”形成反义词。

再如由“伟大”联想起“渺小”，由“愉快”联想起“痛苦”，由“聪明”联想起“愚蠢”等等。

联想义有社会联想义和个人联想义。社会联想义是社会全体成员公认的联想义，前举各例都是社会联想义。社会联想义有明显的民族特点，不同民族由于心理、文化、民族语言自身的差别，会对同一词语赋予不同的意义。个人联想义是由于每一个人自身生活经历、文化修养、思想感情、社会地位、个性特征等的不同，对词语或句子等语言单位通过联想而产生的具有个性特色的意义，这种联想义是某一个人或少数人独有的。王希杰在《汉语修辞学》[①]中对个人联想义举例解释说：“例如，俗话说‘谈虎色变’，‘一旦被蛇咬，三年怕井绳’。不知道老虎厉害的人，是不会谈虎而色变的。而被蛇咬过的人，对‘蛇’这个词很自然地就会有一种恐惧感。在动物园中观赏、游玩的少年，山中的猎人，动物学家，对‘虎’、‘狼’这些词的个人联想意义当然是不同的。一个中学生和一个饱经沧桑、老于世故的人，对同一个警句、格言所引起的个人联想意义也是不同的。”

此外，联想义还有历时联想义和共时联想义、相关联想义和相似联想义、固定联想义和临时联想义。

（六）“语流义”和“情景义”

分析言语的“意义”，不应孤立地研究，而应把“意义”放在语言现象的整体中进行考虑，所以，王希杰在20世纪80年代就发现了意义在语流和情景中的特性及变化规律，提出了“语流义和语流义变”、“情景义和情景义变”这两组概念[②]，后来这两组概念又被写进了《汉语修辞学》修订本中。

“语流义”是指词语和句子在上下文中改变了其意义，获得新的临时性的意义。“语流义变”是指在连续的语流中，由于受到邻近的语义的影响，以及自己在语流中所处的地位不同等原因，有些词语的意义也要发生这样或那样的改变。语流义变的规律主要有语义同化、语义异化和语义脱弱。语义

① 王希杰：《汉语修辞学》（修订本），商务印书馆2004年版，第138页。

② 王希杰：《论语流义变和情景义变》，载《南京大学学报》1982年第3期。

同化是指“由于受到邻近的语义单位的影响，一个词的意义同它邻近的那个词的意义接近了”。如，“二十岁上下的老先生们”、“无声的语言”、“男保姆”等短语中，“老先生”、“语言”、“保姆”中本来都含有与它们的修饰语相对的义素——［+年老］、［+有声］、［+女性］，但是由于在语流中受邻近意义的影响，变得逐渐向“中和状态”靠拢或者说发生转义，“老”由年龄的老化转义为思想的老化，“语言”由有声的自然语言转义为具有标志性的某种特征，“保姆”由专指女性转义为泛指的家政服务员。引入同化的概念来分析修辞现象，无疑更具有概括性。语义异化是指两个语义单位彼此影响一同改变了原有的意义、产生了新的意义。如“女保姆”这个词中，“女”和“保姆”本来是有共同义素的，但是它们组合在一起的时候，“保姆”的词义范围就扩大了。具有了泛指的意义。语义脱弱是指有的语义单位在语流中消失了。汉语中的偏义复合词如“动静、死活、成败、人物、窗户”等，就是语素的意义在组合过程中发生脱弱的现象。语流义变是一种修辞现象，也是一种构词现象。

“情景义”指的是词语和句子在特定的交际情景中所获得的临时性意义。情景义，是依附于特定言语环境的意义，即话语和交际情景发生联系之后产生的一种特定的意义。如对着秃子骂和尚，实际上是在骂秃子；对着阿Q说“灯”“亮”，实际上是在刺激阿Q。

交际情景改变了话语本身的意义，这就是“情景义变”。交际情景对话语本身意义的改变表现在：第一，取消话语本身的含义；第二，强化或弱化话语本身的含义；第三，转移话语的意义，把坏话变成好话，把好话变成坏话。许多笑话就是利用“情景义变”而构成的。

（七）感情义

感情是人们认识客观事物或作用于客观事物时对客观事物态度的体验。语言单位的感情义是指语言单位体现出来的反映说话人对所指对象和有关现象的主观态度与情感体验，分为褒、贬、中三种情况。其实最主要的是褒义和贬义，它们相互对立，又各自与中性义对立。

褒义表示说写者对有关事物现象的肯定、赞扬、喜爱、尊重、亲切、礼貌等感情和态度，如“英雄”、“教导”、“美丽”、“光荣”等词具有褒义。

贬义表示说话人对有关对象的否定、贬抑、厌恶、轻蔑、疏远、讽刺等感情和态度，如“懦夫”、“教唆”、“丑陋”、“耻辱”等词具有贬义。

有些语言单位的意义并无明显的褒贬色彩，这就是中性的，如“书”、“走”、“黄”、“桌子”、“电灯”等词。

上举这些词的感情义一般认为是词汇义的外围意义，即语言义。当它们进入言语中，同原来的感情色彩相一致时，原来的感情义也是言语中的感情义，其效果是中性效果。具有感情色彩的语言单位进入具体交际环境，如果与应用的对象、范围不相适应，其原有的感情色彩会发生变化，这时，变化后形成的感情义就是言语的感情义。譬如在反语中，将反义正说或将正义反说时，词语的感情义会发生转移。如："儿子成了打人英雄，老子教导有方。""英雄"、"教导"原本是褒义的，可是在这里却变成贬义的。亲爱的或关系亲密的人之间，在深情难言或嫌忌怕说时，往往用贬义的词语表达深厚的感情，如情人们之间往往用"讨厌死了"、"真坏"表达爱慕或赞扬的感情。有些中性的语言单位在特定的语境中也能表示或褒或贬的感情色彩。如"牛"，作为一种家畜的名称，是中性的，但在"他犟/笨得像一头牛"中，就有了贬斥的感情义，而在"他是一头全心全意为人民服务的老黄牛"中，就产生了褒扬的感情义。这些意义都是言语中的感情义。词语的感情义往往影响句子的感情义。

不仅在词语中有感情义，在句子、语篇中也有感情义。如：

[5] 记得那年泼水节，一朵凤凰花就像一团火焰，一树凤凰花就像一支燃烧的火把。（张长《泼水节的怀念》）

这个复句对泼水节的怀念、对凤凰花的赞颂褒扬之情溢于言表。

[6] 大雪压青松，青松挺且直。欲知松高洁，待到雪化时。（陈毅《咏松》）

这首诗咏物言志，通过对不惧严寒、不怕雪压、傲然挺立的青松这一自然物的赞颂，寄予着对在恶劣境遇中能经受考验、不改其志、具有高尚气节的人物的褒扬之情。

鲁迅《自题小象》中"横眉冷对千夫指，俯首甘为孺子牛"表达了对敌人的刻骨仇恨，对人民大众的深广之爱。鲁迅曾说："诗歌是本以发抒自己热情的。"（鲁迅：《集外集拾遗·诗歌之敌》）在他博大精深的丰富创作中，诗的数量虽不多，但却最集中、最强烈、最饱含激情地抒发了他作为伟大文豪的革命心声，展现了他肝胆照人的宽广美丽的胸怀，蕴含着丰富细腻的雄浑沉挚的人情美。许广平感触很深地说："鲁迅的爱无边，难测其深广的度数，他爱人类：用规劝，用批评，用同情，用合作，用扶助，用服务，用指导，用教育；对于坏人，则用冷嘲，用热讽，但这也是从热爱善良的人类出发的。”（《许广平忆鲁迅》）“这正是鲁迅诗歌富于美不胜收、感人泣下的根本原因。他的诗心有如以对人类的深广慈厚的爱为主弦的大钢琴：大扣则大鸣，小扣则低奏；时而悲怆激越，雄浑郁怒，催人泪下；时而亲切诙谐，秀婉明丽，清朗冲淡。读之吟之，真是‘有如面聆謦欬，春温秋肃，默化潜移，身心获益匪浅’（《郭沫若论创作》，70页）啊！”（五角枫《鲁迅诗歌的人情美》）鲁迅诗歌中鲜明的爱恨之情就是这位伟人诗歌中的感情义。文艺作品都是寄寓了作者感情的，或明或暗、或浓或淡，这就是作品的感情义。

（八）风格义

风格义，又称风格色彩，是由于不同的风格所体现出来的不同的色彩。语言学中的风格专指人们使用语言的特点，它是通过具体言语作品中的语言表现出来的。语言学中的风格因素是语音、语义、词汇、语法的特点以及各种修辞方式、表达方式的特点。这些特点在具体的言语中，可因其场合、时代、民族以及地域因素的不同而表现出一定的体系或系列。这里，我们仅从语音、词汇方面对汉语言语的风格义作一些表述。

在语音上，汉语语音本来就富于音乐美，主要表现在：元音占优势，乐音数量多；同音音节多，押韵很容易；声调彼此对立，平仄对称互补；单音比较自由，双音自足稳定，四音和谐优美。利用语音上的这些特点，可造成一系列语音修辞手法，形成汉语语音风格特点，产生如下列具有不同效果的风格义：

押韵和谐：利用韵母上相同或相近的音节在话语中有规律出现的模式，使诗歌抑扬顿挫，流韵回环。

平仄交错：平声属于扬调，仄声属于抑调。平声高昂平直，仄声婉转低沉，使声调发生抑扬顿挫的变化，创造出汉语的音乐美。

双声叠韵：双声词是指声母相同的两个音节组成的单纯词；叠韵词是指韵母相同的两个音节组成的单纯词。作为修辞学术语，双声、叠韵是一种语言音乐化的手段，它包括双声、叠韵的单纯词，也包括双声、叠韵的合成词，甚至还包括两个声母或韵母相同的连用词（即短语）。双声和叠韵是汉语语音表达上的一种独有形式，能使语言有铿锵婉转的音律美，收到良好的表达效果。

叠音自然：相同音节在言语中的连续出现，通过声音的复叠，加重形象的描摹，使繁复的感情和语气得以确切表达。

音节和谐：主要表现在单双音节的配合上，单数音节词同单数音节词相配，构成双数音节词，化奇为偶；双数音节词配双数音节词，构成更大的双数音节词，就能给人以对称美、均衡美、协谐感。单双音节的不同位置，表现出不同的风格、韵律和节奏。

摹声传情：运用象声词，模拟客观世界的各种音响，以增强语言的形象性和真实感，形象地再现事物的声音，使所表达的事物活灵活现，有声有色，从而收到声情并茂的修辞效果，使人感到事物的生动性和内在旋律。

协音：回避在上下文中读起来拗口的词语，以使言语上口入耳。

衬音：在话语中插入某些无实在意义或意义已经虚化淡化了的音节，以使语音和谐，民歌及唱词中的“依哟”、“嘛”、“呀”、“者”等“衬字”并非为表达某种特定语气，而是出于歌诗音律的需要，起补足、拉长音节或舒缓音律的帮衬作用，以表现舒缓悠扬、急促铿锵的音乐旋律。“衬音”在词、曲、曲艺和民间歌谣中经常运用。

在词汇上，风格义是指词语所表现出来的特定风格色彩。不同的词适用于社会交际的不同语体、不同时代、不同地域等，便会产生语体色彩义、时代色彩义、地域色彩义等。

语体风格义：不同的词适用于某类特定语体而产生的风格色彩，它反映了词与交际场合的关系，所以又称语体风格义。语体一般分为口语语体和书面语语体两类，所以语体风格通常表现为口语风格和书面语风格。有些词经常出现在口语中，它就具有口语色彩，如：脑瓜、法子、个儿、哆嗦、聊天、揍、乐、瞧；有些词通常只出现在书面写作中，它就具有书面语色彩，如：头颅、措施、身躯、谈话、殴打、欢笑、观看。即使在书面语体中，经常分别使用于文艺语体、政论语体、科技语体、事务语体中的词语其色彩也各不相同。某些词语虽然可以出现在不同的语体中，但在不同语体中有不同含义，如“菜单、桌面、窗口”在日常生活会话和电脑用语中，含义是完全不同的。“卡壳、起飞”在不同领域内使用含义也不相同。

时代风格义：词语适用于不同的时代而产生的时代色彩。时代不同，词语所产生的时代色彩就不同。如：爱人、丈夫、对象——玉郎、夫君、官人、盖老、郎君这一组同义词就表现出古今两种不同的时代色彩。再如：抗日、八路军、新四军、持久战，总路线、大跃进、人民公社，大串联、蹲牛棚、红卫兵、黑五类、斗私批修、忠字舞、资产阶级司令部，特区、四化、改革、开放等这些词都有自身特有的时代气息，如被应用于相应的交际领域和历史著作、历史题材的文学作品中，就显示了特定的时代氛围。

地域风格义：词语因地域差异而产生的不同色彩。如方言词语同普通话词语之间、不同地区的方言词语之间，即使理性意义相同，其地域色彩也还是不同的。如“我——俺、咱、阿拉”，都是单数第一人称，但有地域色彩的不同：“我”是普通话词语，适用于中华大地，但“俺、咱、阿拉”却是通行于不同地域的方言词，各有不同的地域色彩。

各种语义、词汇、语法成分、构词法、词法和句法手段都可以成为风格要素。词汇中的口语词、方言词、外来词、专业术语、熟语以及各种感情描绘的词语；语法中的各种句型、句式，以及比喻、比拟、夸张等修辞方式，在特定的语境条件下有规律地复现的时候，都可以从各个不同的角度显示出不同的言语风格。

（九）表达义和接受义

言语交际是表达和接受互动的过程，其中有表达者和接受者。表达者所传达的意义就是表达义，接受者所实际把握的意义就是接受义。修辞学假设表达者已经有了一个思想内容需要传达给接受者，他希望接受者准确无误地把握他的思想，他不愿意对方误解。但是事实上，表达者的意义同接受者把握的意义之间，总是不能完全一致的。

中国传统笑话中说：

［7］汉人有适吴，吴人设笋，问是何物，语曰：“竹也。”归煮其床箦而不熟。（邯郸淳《笑林》）

“笋”和“竹”在理性意义上是不同的，吴人把“笋”说成“竹”，这当然是表达上的用词错误，而汉人把“竹”和“箦”混为一谈，是词语理性意义的理解错误，这就造成了表达义和接受义的不一致。

《笑笑录》中有一则笑话说：

［8］宋乾道间，林谦之为司业，与正字彭仲举游天竺。小饮论诗，至少陵妙处，辄醉呼曰：“少陵可杀！”有俗子在邻壁闻之，遍告人曰：“有一怪事，林司业与彭正字在天竺谋杀人。”或问：“所杀为谁？”曰：“杜少陵，不知何人。”闻者绝倒。

“少陵可杀！”是赞美之辞，这是表达义，而邻壁俗子因无知，将其误解为要谋杀少陵。显然，接受义同表达义大相径庭，是对表达义的背离。

［9］有一个人，要打一把锅铲，恰好一个铁匠从门前经过，他把铁匠叫进屋，拿了秤砣要铁匠打。铁匠说：“这是生铁，不能打。”那

人就说："那你明天来，我拿熟铁给你。"第二天，铁匠来了，他又把秤砣拿出来。铁匠不高兴了，说："我说过这是生铁，不能用！"谁料这人也发了脾气："瞎说，昨天打你一走，我就把这秤砣放到锅里用大火煮，煮了大半夜，怎么还是生的呢！"①

"生"是多义词，其中有两个意义：（食物）没有煮过或煮得不够的；没有进一步加工或炼过的。铁匠说的"生铁"指的是没有进一步加工或炼过的铁，而这个主人却将其理解为没有煮过或煮得不够的铁。这虽是笑话，但也说明表达义和接受义有不一致的情况。

表达义和接受义不一致的原因有四：

第一，表达者的言语表达方式不当，表达者应当负责。如例［7］中的吴人把"笋"说成"竹"。

第二，接受者偏离了交际规则，不遵守合作原则，进行过度阐释。如有人对你说："你好！"你却说："我没有生病。"

第三，接受者误解或曲解表达者的愿意。如例［8］中的俗子把对少陵的赞美之辞误解为要谋杀少陵以及例［9］主人对"生"的理解。

第四，在实际言语交际中，不存在理想的表达者和理想的接受者，因此，要想表达义和接受义完全一致，只是一种理想，一种假设，是理论零度的要求。即使接受者主观上尽最大努力理解表达义，但仍不能同表达义完全一致，只能同其接近。

言语的意义尽管复杂多样，但主要的有指称意义、描述意义和联想意义。

指称意义，指的是和具体、特定对象的对应关系，如"南京"、"金陵"、"白下"、"秣陵"、"石头城"、"建业"、"建邺"、"建康"都指的是同一座城市。唐代刘禹锡《西塞山怀古》诗："王濬楼船下益州，金陵王气黯然收。千寻铁索沉江底，一片降幡出石头。……"这里的"金陵"、"石头"都指的是三国时吴国首都。曹操《赐袁涣家谷教》：

［10］以太仓谷千斛，赐郎中令之家。
以垣下谷千斛，与曜卿家。
以太仓谷者，官法也；以垣下谷者，亲旧也。

① 苏冠群、李秀兰主编：《语言罐头·幽默开心大聚餐》，内蒙古人民出版社1999年版，第163页。

这里的“郎中令”、“曜卿”、“袁涣”和现实世界中的同一个人发生了对应关系，只不过是从不同角度而言的。再如：

［11］老茶客说在家里老婆叫我暴君，单位上同事叫我二百五，女人们叫我过时货，小青年们叫我出土文物，领导叫我定时炸弹，手下叫我黄世仁，邻居叫我南霸天，女儿叫我老古板，居委会主任叫我牛黄丸，我自称老同志，心理医生叫我狂躁症患者，记者采访时称我为新型企业家，我自我感觉为高血压，朋友们说我是不见棺材不落泪。①

此例中的“老茶客”、“我”、“暴君”、“二百五”、“过时货”、“出土文物”、“定时炸弹”、“黄世仁”、“南霸天”、“老古板”、“牛黄丸”、“老同志”、“狂躁症患者”、“新型企业家”、“高血压（患者）”、“不见棺材不落泪（的人）”都指的是同一个人。

［12］老茶客说我们局长自称公仆，古文里则称这种职业是“肉食者”，档案里叫他干部，互相称同志，下乡时农民叫他上面来的人，局里群众称“头儿”，我叫他“老板”，报告文学里称“带头人”，现任称他前任或老前辈，干修所里称他“当过局长的那个老头儿”，妻子叫他闲人，报纸上叫他“头雁”。②

“我们局长”、“公仆”、“肉食者”、“干部”、“同志”、“上面来的人”、“头儿”、“老板”、“带头人”、“前任或老前辈”、“当过局长的那个老头儿”、“闲人”、“头雁”、“他”，这十四种说法都与同一个对象发生了对应关系。

描述意义，指的是在言语表达中特定的话语所表达的说写者所要表达的信息或者说思想感情，如辛弃疾《采桑子》：

［13］少年不知愁滋味，
爱上层楼。
爱上层楼，
为赋新词强说愁。

① 王跃：《老茶客闲话》，四川文艺出版社1999年版，第30页。

② 同上书，第24页。

而今识尽愁滋味，
欲说还休。
欲说还休，
却道“天凉好个秋”！

这里“天凉好个秋”所描述的正是词人“愁”的思想感情，实际含义是“道不尽的万古愁”。

[14] 江雨霏霏江草齐，
六朝如梦鸟空啼。
无情最是台城柳，
依旧烟笼十里堤。（韦庄《台城》）

“台城”，一名苑城，古代建康宫旧址，在今南京玄武湖边，六朝时曾是富丽豪华之地。作者当时看到的台城，江雨霏霏，江草齐整，鸟语花香，烟柳锁堤，这些自然景象依然美丽如故，但昔日之六代豪华如梦般去也。此诗作为唐人怀古诗，描述的正是物是人非、世事变迁的深沉感慨。

描述义其实是前文所说的“内容义”，它同语言体系中的词汇义、语法义等没有关系。

联想义，指的是说写者和听读者个人所理解的意义。由于生活经历、社会地位、文化修养等因素的关系，听读者所理解的意义总是有个人特色的，如“狮子”一词对儿童、猎人、动物学家是截然不同的。有人认为，利奇所说的七种语义中的内涵意义、社会意义、情感意义、反映意义、搭配意义组成语言的联想意义。我们认为，这里所说的“联想意义”是广义的，应该包括下面一些意义：文化义、深层义、潜层义、联想义（狭义的）、感情义。社会文化对语言的联想意义起着至关重要的作用，语言的联想意义又直接或间接地反映了语言社团的文化观念，充分反映了语言与文化的相互关系，因此，文化义是联想义的最主要成分。还有人认为，“词的联想义细分起来，至少有形象、象征、意象、意味、态度和感情、典型感受六种，具有文化个性的联想方式反映在语言的这些方面以及惯用句、迷信、禁忌中。”①

① 马清华：《文化语义学》，江西人民出版社2000年版，第209页。

## 第三节 语言世界的意义和非语言世界的意义

如果引入四个世界理论，从四个世界的角度把“义”还可分化为四种：语言世界的意义、物理世界的意义、文化世界的意义和心理世界的意义。这四种意义又分为两个层面，前一种是语言世界的意义，后三种是非语言世界的意义，即言语意义。

### 一、语言世界的意义

语言世界的意义指的是词汇意义和语法意义。（参见本章第二节 意义的分类：“一、语言义”，此不赘言。）

### 二、非语言世界的意义

非语言世界的意义指物理世界的意义、文化世界的意义和心理世界的意义。

（一）物理世界的意义

物理世界的意义指的是语言符号所反映的物理世界的事实。物理世界是独立于人类认识之外而客观存在的，语言是人类用以认识和把握物理世界的工具，是表达客观物理世界的一种方式，它不是物理世界本身，而是物理世界的一种反映物。语言只有同物理世界之间具有了某种“同构性”之后，才能够充当人类认识和表达物理世界的一种工具和手段。语言与物理世界的“同构性”是语言之所以能够作为人类的思维工具而存在的一个最必要的条件。语言中的词语作为表达概念的形式，它是同物理世界中的事物发生联系的；语言中的句子作为判断的表达形式，它是同物理世界中事物之间的关系发生联系的，或者说，词语是物理世界中单个事物的符号，句子是物理世界中事物之间关系的符号。词语反映了物理世界中的各种事物（包括名称、动作行为、性质状态、数量等等），句子反映了物理世界事物之间的诸种关系。所以，语言在物理世界中的意义，就指的是语言符号所反映的物理世界的事物和这事物与那事物之间的关系。

语言对物理世界的反映是经过文化世界和心理世界的折射而曲折实现的，它对物理世界的反映有时是变形的。尽管如此，语言还是反映了物理世界的。语言符号反映物理世界并不总是一对一的，二者之间的关系是十分复杂的。一个语言符号可以反映物理世界的一种事实，如单义词“岛屿”、“菊花”、“拖拉机”、“学生”等等。一个语言符号也可以反映物理世界的多种事实，如同形词“杜鹃”，可以指一种鸟，身体黑灰色，尾巴有白色斑点，腹部有黑色横纹，初夏时常昼夜不停地叫，吃毛虫，多数把卵产在别的鸟巢中，又叫杜宇、布谷或子规；还可以指一种常绿或落叶灌木，叶子椭圆形，花多为红色，可供观赏，也叫映山红。同形词“白头翁”，反映了物理世界的三个事实：（1）一种鸟，头部的毛黑白相间，老鸟头部的毛变成白色，生活在山林中，以树木的果实和昆虫为食；（2）一种多年生草本植物，花紫红色，果实有白毛，像老翁的白发，可入中药；（3）喻白发老人。多个语言符号只反映一个物理事实，这时，这些语言符号就构成同义现象，如月亮、太阳这两个星球有多种称呼；“鸟类的一科，翅膀尖而长，尾巴分开象剪刀，捕食昆虫，春天飞到北方，秋天飞到南方”，这种鸟也有多种称呼：燕子、乙鸟、天女、丹哥、玄乙、玄鸟、朱鸟、燕燕、玉剪、海燕、社燕、游波、意而、乌衣君，等等。一个句法结构，可以反映物理世界事物之间的一种关系，这就是单义句或单义短语，如“我读书，你看报”、“我的老师”等；也可以反映物理世界事物之间的多种关系，这就是歧义句子或短语，如“咬伤了猎人的狗”，反映了物理世界的两种关系：（1）狗咬伤了猎人，“狗”与“猎人”的关系是咬伤和被咬伤的关系，“狗”是施事者，（2）某种野兽咬伤了猎人的狗，“狗”与“某种野兽”是被咬伤和咬伤的关系，“狗”是受事者，此外如“鸡不吃了”，等等，这些语言单位都反映了物理世界事物之间的两种关系。

（二）文化世界的意义

语言在文化世界中的意义指的是语言材料中所蕴涵的文化含义。语言负载着文化、传播着文化，也创造着文化。语言本身又是一种文化现象，所以语言与文化的关系十分密切，二者相互有巨大影响：不仅语言影响着文化，而且文化也影响着语言。一个民族的审美情趣、风俗习惯、生存方式等等文化因素在该民族的语言中深深地烙上了印迹，从而使这种语言具有了文化世界的意义。

汉语中的某些词语和句子有特定的文化意义。

汉语中的许多词语是文化词语。文化词语，指的是或在特定的民族，或地域或阶层中所具有的或流行着的同特殊的文化现象相联系的表现了特定文化内容的词语。词语的文化意义指的是某些词语所表现的特定的文化内涵。汉语中的文化词语（包括一些一般词语和成语、谚语、歇后语、惯用语等）是汉文化的结晶，具有汉文化的特殊韵味，如用现代汉语或外语词语来代替它们，便味同嚼蜡，失去其修辞价值和情趣，也就丧失了特有的民族风格。如春花、秋月、风月、芳草、斜阳、杨柳、青鸟、鸿雁、须眉、裙钗、连理枝、比目鱼、比翼鸟、鸳鸯、龙凤、野花、拈花惹草、松竹梅兰菊、狗、狐狸、乌龟、肥猪、瘦猴、苍蝇、虎狼、老黄牛、寄生虫、闲云、野鹤、癞蛤蟆、天鹅肉、麒麟、西门庆、潘金莲、七仙女、端午节、青龙、白虎、朱雀、玄武，等等，都具有深厚的文化意蕴和比喻、象征、借代等意义上的修辞内涵。

汉语中许多事物的名称，如人名、地名、店铺名、公司名、景点名、菜肴名等都有深厚的文化意义。白桦在《远方有个女儿国》里写道："中国人文化很高，干什么事都要有个名堂。杭州西湖有八景，处处都得仿而效之，凑够八景。风景上配上个好名字，无可厚非，是为了增加人们的观赏欲。每一样中国菜为什么也要配上个好名字呢？猫和蛇的尸体放在一起，美其名曰'龙虎斗'，鸡的尸体再配上一只西红柿，美其名曰'丹凤朝阳'。"每一样中国菜为什么要配上个好名字呢？答案是：心理、文化的需求！蒙古族全羊宴席一百多款菜，全是羊肉，但名称上却不见一个羊字，如：

[1] 冷盘：采闻灵芝（主料羊鼻）　凤眼珍珠（主料羊睛）
　　　　吉祥如意（主料羊髓）　文臣虎板（主料羊排）
　　大件：酿麒麟顶（主料羊盖头）　鹿茸风穴（主料羊鼻）
　　　　金铜猩唇（主料羊上唇）　金熠翠绿（主料羊肥肉）
　　小菜：凤眼玉珠（主料羊睛）　金丝绣球（主料羊肝）
　　　　甜蜂蜜窝（主料羊肚）　冰雪翡翠（主料羊尾）

（王歆辉《中国蒙古族饮食文化风尚初探》，见《首届中国饮食文化国际研讨会论文集》1991 年，北京）

汉语中对人的年龄的称谓都有历史文化含义，如"而立之年"、"不惑之年"、"知天命之年"、"耳顺之年"、"知非之年"、"花甲之年"、"古稀之年"等等分别指代三十岁、四十岁、五十岁、六十岁、七十岁，都语出有源。《论语》："子曰：'吾十有五而志于学，三十而立，四十而不惑，五十而知天命，六十而耳顺，七十而从心所欲，不逾矩。'"《淮南子·原道训》："伯玉年五十，而有四十九年非。"说春秋卫国有个伯玉，不断反省自己，到五十岁时知道了以前四十九年中的错误，后世因而用"知非"代称五十岁。我国自古以来用十天干十二地支互相错综相合纪年，可组成六十对干支，因而称作"六十干支"或"六十花甲子"，所以用"花甲之年"指代六十岁。杜甫有诗："酒债寻常行处有，人生七十古来稀。"（《曲江二首》）

后以“古稀之年”称代七十岁。

汉语中的许多美辞、恶辞、詈辞、黑话、脏话、粗话等都有文化意义。

汉文化也给某些汉语句子的意义打上了文化烙印，使之具有了文化意义，只有用汉文化解释，才是合理的。如在观看京剧《考红》的时候，观众说：

[2] 老夫人扶着小丫鬟上了舞台。
小丫鬟扶着老夫人上了舞台。

因为“扶”有两个词汇意义：（1）手靠着。如：他两手扶着栏杆。（2）用手搀着。如：女护士扶着伤员。上面的两种说法都是多义的，但是在常规情况下只能有一种含义：老夫人靠在小丫鬟的肩头，小丫鬟搀扶着老夫人。这是中华传统文化所决定的，文化世界的语境制约着接受者的解读活动，相反的情景是不会出现的，只有在超常的语境中才有可能出现相反的情景。

在其他民族的语言中，许多词语、句子和修辞方式也有文化义。比喻中，本体和喻体的关系意义就是文化义的一种。如在古代印度，常见的比喻关系是：天神和国王的喻体是月亮、火、太阳和风。……恶魔和罗刹的喻体是云、山、海。悉达、乾达婆和药叉的喻体是行星和公牛。苦行僧的喻体是太阳、火和风，他们的妻子的喻体是闪电、流星和阳光。中等人物的喻体是仙鹤、孔雀、苍鹭、鸳鸯和莲花池。下等人物的喻体是杜鹃、蜜蜂、乌鸦、鹗、猫头鹰和斑鸠。王后的喻体是黑夜、大地、月光、莲花池、雌象和河流。中等妇女和妓女的喻体是水池、雌鹗、蔓藤、雌鹤、雌孔雀和雌鹿。下等妇女的喻体是雌蜂、雌鸡、雌乌鸦和雌杜鹃。这就是古代印度文化的表现。

（三）心理世界的意义

语言符号在心理世界的意义指的是语言符号引起心理联想所产生的意义。

人不仅仅是物质的、自然的人，同时还是社会的、心理的人。人是有心理机能的，这是人区别于动物的重要标志之一。语言符号的意义本来就是人运用自己的心理机能所赋予的。语言符号的意义在语言世界中指的是语言系统的各要素的意义，而在心理世界中，则指的是语言符号引起的心理联想产生的意义，这种意义在语言系统中是没有的。在交际活动中，心理联想自觉不自觉地影响着编码和解码活动的进程，同时也影响着语言符号的意义。作家王蒙在《漫谈小说创作》中说："联想是可以解释的，但解释是非常丰富的，灵活的，创造的乐趣和欣赏的乐趣正在这里。当然联想有一个大致的趋向，但它不是绝对的。有时候，联想比比喻更丰富，更自然。……有时候，恰恰是这些感觉、印象、联想，表现着一个人的情操、境界、心灵。"联想有相似、相近、相关、相反联想，于是通过语言符号的表层利用心理机能进行联想所产生的意义也就有相似、相近、相关、相反联想义。心理联想可以在语音、语义结构、书写形体等多方面展开，主要是利用相似、相关、共现等关系。

心理联想往往从语音方面展开，这是建立在同音、近音现象基础上的联想，属曲折联想，是编码和解码的一种策略和技巧。汉语中同音、近音现象比较普遍，尤其是单音节。如：吗、妈、吗、嘛、麻、骂、抹、码、玛、蚂、摩、唛、蟆、犸、嬷、孖、杩、么、亇、乸、呐、祃……汉族人利用同音、近音条件产生联想，形成了谐音文化。谐音文化往往能满足人们的避凶求吉心理，如人们不喜欢"四"这个数字，因为它与"死"同音；人们喜欢"八"，是因为它同"发"近音，能引起人们对"发财"、"发展"的意义联想。许多人或事物更名的心理动机，就是避凶趋吉，是以心理联想为基础的，往往把原来"不好"的名称通过谐音改成"好"的名称，如北京许多老胡同名称的更改就是利用谐音联想给其赋予"好"的意义：臭皮胡同（寿比胡同，注：括号外的是原名称，括号内的是通过语音联想更换的新名称，下同）、绳匠胡同（承相胡同）、劈柴胡同（辟才胡同）、烧酒胡同（韶九胡同）、裤裆胡同（库藏胡同）、鬼门关（贵人关）、兔儿山、兔样山（图样山）（按：兔儿，黑话中指男妓）、猪市胡同（珠市胡同）、屎壳郎胡同（时刻亮胡同）、蝇子胡同（英子胡同）、臭水胡同（绶水河、春秀路）、狗尾巴胡同（高义伯胡同）、鸡鸭市（集雅士）、奶子（乃兹）府。

心理联想也直接从词语的意义方面展开，如中国人谈到"福"时，会联想起"祸"，谈到"祸"时，会联想起"福"，许多成语就反映了这种联想的辩证观，如："祸中有福、祸为福先、祸作福阶、祸与福邻、祸福同门、因祸得福、祸福相生、祸福相倚、祸绝福连"和"塞翁失马，焉知非福"等。

许多修辞手法也是建立在心理联想基础上的，如比喻、比拟、借代、反语、夸张、通感、象征、暗示、双关、委婉等这些修辞手法都是心理联想的产物，其深层义是通过心理联想而产生的。

心理世界的意义就是心理联想义，不仅有语音的，修辞手法的，还有语义的等，请参阅本章"二、言语义"中的"（五）联想义"条，此不赘言。

# 第四章 “义”“形”关系和意义之间的关系

## 第一节 “义”与“形”的关系

“义”和“形”是语言符号的两个对立统一的方面，“义”是“形”的内容，“形”是“义”的载体。“义”和“形”的关系是十分复杂的。

### 一、复杂多样的“义”和“形”

（一）复杂多样的“义”

1. 理性义和附加义

从构成的角度看，意义可指理性义和附加义。

理性意义，即概念义和所指义。概念义是同概念有关的理性意义，它是人们对词所指对象的区别性特征的概括认识。譬如“团结”的理性意义是：(1) 为了集中力量实现共同理想或完成共同任务而联合或结合，如“团结就是力量”。(2) 和睦；友好，如“大家很团结”。“勾结”的理性意义是：为了进行不正当的活动暗中互相串通、结合，如“暗中勾结”。所指义是语言符号在特定语境中与客观事物的一种对应关系，也就是“名与实”的关系。在通常情况下，是有事物也有词语，或“一实而多名”或“一名而多实”。但也存在“有实而无名”或“有名而无实”的情况，如“把书拿过来”中的“书”指的就是某本具体的特定的书。所指义是同概念义既有联系又有区别的一种意义。所指义是客观的，概念义带有主观性。二者有时是一致的，有时不一致。如“水”与“氢二氧一”的所指义和概念义是一致的，但“失业、待业”虽然所指义相同，但概念义却不一样，因为它们反映的是人们对同一现象的不同认识，带有不同的主观色彩。

附加意义，即附加在符号的理性意义之上的意义。如果把理性意义称为核心义，那么附加意义就是符号的外围意义。附加意义丰富多彩，包括感情色彩义、形象色彩义和风格色彩义（含语体色彩义、时代色彩义、地域色彩义等）。如“团结”、“勾结”二词的感情色彩意义就分别是褒扬的和贬斥的。

2. 本义、基本义和转义

从多义语言单位义项分类的角度看，意义又有本义、基本义和转义之别，这主要体现在词上。

本义是词的最初义或原始义。汉语的词最初大都是单音节，写为一个字。所以一个词的本义往往是一个字的本义。如：

封：加土培育树木。

浑：水势盛大。

日：太阳。

月：月亮。

本：草木之根。

引：开弓。

策：马鞭子。

基本义就是词在现代最基本、最主要、最常用的意义。有的词的基本义和本义是一致的，如：

短：长度小。

割：用刀截断。

圆：圆周所包围的平面。

打：敲击。

很多词的基本义和本义不一致，如：

封：本义是“加土培育树木”，基本义是“封闭”。

浑：本义是“水势盛大”，基本义是“混浊”。

兵：本义是“兵器”，基本义是“军人、军队”。

极：本义是“栋梁”，基本义是“最、太”。

转义是指在本义或基本义的基础上发展转化而来的意义，分引申义和比喻义两种情况。引申义是在本义或基本义的基础上经过推演发展而产生的意义。如“兵”的本义是“兵器”，而其他的意义如“军人、军队，军队中最基层的成员，关于军事或战争的”等都是在本义的基础上引申出来的意义。再如“先生”的“老师、丈夫、医生、道士、对知识分子的称呼”这些意义都是在“对人的敬称”的基础上推演而来的，它们都是引申义。比喻义就是词的比喻用法固定下来而得到社会公认的一种意义，故而人们在运用它时似乎感觉不到它是一种比喻。如“铁”，它的基本义是“一种常见的不易改变性状的坚硬的金属”。据此比喻：坚强、不可改变（铁的意志）；严明、不可违犯（铁的纪律）；忍心、不易动情（铁石心肠）；强暴或精锐（铁蹄、铁骑）；坚硬而有力量（铁拳）。下列词都有比喻义：

帽子 包袱 堡垒 结晶 地下 加油 警钟 澎湃 高潮 搁浅
高调 翻身 桥梁 傀儡 小鞋 弹丸 高峰 皮毛 放炮 迷雾
近视 食粮

比喻义具有鲜明、生动、形象的特点，恰当运用，可增强语言的表现力和感染力。

3. 语法义

语法意义是指语言单位在语法系统中的关系意义。包括（1）语法结构意义，它是语法的表层意义，如主谓结构（我说）、动宾结构（读书）、联合结构（笔墨纸砚）、偏正结构（我的书、快走）、中补结构（好得很）……（2）语法关系意义，它是语法的深层意义，如表示施事、受事、修饰、限制、补充、并列、选择等意义。

4. 修辞义或语用义

从修辞和语用的角度看，又有各种各样的修辞义或语用义，如内容义、文化义、潜层义、深层义、联想义、语流义、情景义、感情义、风格义、模糊义、表达义、接受义等。（详见第三章第二节“二、言语义”。）

（二）复杂多样的“形”

语言符号的“形”有外部的和内部的，外部的包括书写形式和语音形式；内部的包括语法形式和语法结构关系。

书写形式，即符号的写法，如汉字的各种书写形式。

语音形式，即符号的音响形象或读音，是语言符号的外部形式。

语法形式，即语言单位的组成成分的排序，如“我的祖国”这一短语的构成成分中三个词的排列顺序。

结构关系，即语言单位组成成分之间的各种语法关系，如汉语中的词、短语、句子等各种语法单位的组成成分之间的关系：联合关系、主谓关系、动宾关系、偏正关系、中补关系……

## 二、复杂多样的“义”“形”关系

由于“义”和“形”的多样复杂性，“义”与“形”的关系也呈现出多样复杂性。语言符号有一义一形的，有多义一形的，有一义多形的。

（一）一义一形

只有一种语音形式、书写形式、语法形式、结构关系，并且只有一个意义的语言符号就是严格意义上的一义一形的语言符号。语素、词、短语和句子、语篇中都有一义一形的。不少科学术语、专用名称、鸟兽、草木、器物的名称等，如“有理数”、“老虎”、“菊花”、“碗”、“月亮”、“孔子”等单义词；一些没有歧义的短语，如“多多益善”、“木头桌子”等固定短语和自由短语；一些没有歧义的句子，如“我要学习”等，都是一义一形的。一般认为，一义一形的语言符号指的是单义的语言符号。

（二）多义一形

多义一形就是“同形异义”现象。“同形异义”是形式相同意义不同的现象，也是多义现象，其典型特征是表层的“形”同而深层的“义”不同。多义一形现象在语音、词汇、语法中都有，在语言单位的各个层面上都会出现。

在书写形式上，同一种书写形式可表达多种意义。在汉语中，同一个汉字可有不同的读音，也表达不同的意义，其实这个汉字记录的是不同的语素或词，它们就是单音同形语素或单音同形词。如“行”有两种读音、多个意义：（1）xíng，走；流通，传递；行为；流动性的，临时性的；实做，办。[①]（2）háng，行列，排；职业；某些营业性机构；兄弟、姊妹长幼的次第；量词。[②]“华”：（1）huá，美丽有光彩的；繁荣昌盛；事物最好的部分；指时光，岁月；指中华民族或中国。（2）huà，华山，五岳中的西岳，在陕西省；姓。“长”有两种读音、多个意义：（1）zhǎng，生长，发育；增加；排行中第一的；辈分高或年纪大的；主持人，机关、团体等单位的负责人。[③]（2）cháng，长度，两端的距离；长度大，跟“短”相反；长处，专精的技能，优点；对某事做得特别好。[④]“朝”有两种读音、多个意义：（1）cháo，向着，对着；封建时代君见臣，引申为宗教徒参拜；朝廷，皇帝接见官吏、发号施令的地方；姓。[⑤]（2）zhāo，早晨。[⑥]正因为同一形体的“长”、“朝”分别有不同的读音、不同的意义，下面的对联才利用谐音得以构成：“海水朝朝朝朝朝朝朝落，浮云长长长长长长长消。”它同于：“海水潮朝朝潮朝潮朝落，浮云涨常常涨常涨常消。”古代汉语中的破读字也是同形异音异义，如“王”：（1）wáng，古代指帝王或最高爵位；一族或一类中的首领；大，辈分高；姓。[⑦]（2）wàng，统一天下；统治。[⑧]

---

① 《新华字典》（修订本），商务印书馆 1998 年版，第 545 页。

② 同上书，第 180 页。

③ 同上书，第 623 页。

④ 同上书，第 51 页。

⑤ 同上书，第 53 页。

⑥ 同上书，第 625 页。

⑦ 同上书，第 507 页。

⑧ 同上书，第 508 页。

此外有些双音节的同形词尽管书写形式相同，但由于语音方面有差异，意义也不同。如：

一组同形词中有一个词表现为一个语素为轻声。如“大人”：（1）dàrén，敬辞，称长辈。（2）dàren，成人，旧时称地位高的官长。一组同形词之间某个语素有声调的不同。如“出处”：（1）chūchǔ，出仕和退隐。（2）chūchù，（引文或典故的）来源。一组同形词中，有的语素的韵母不同。如“露头”：（1）lòutóu，露出头部；比喻刚出现。（2）lùtóu，岩石和矿床露出地面的部分。有的同形词之间有着多种语音差异，如“本色”：（1）běnsè，本来面貌：英雄本色。（2）běnshǎi，物品原来的颜色（多指没有染过色的织物）。这两个词的第二个音节的声母、韵母和声调都有不同。

在语音上，同一个语音形式可表达不同的词。词是语音和语义的结合体，仅仅语音相同，如果意义上没有联系，它们就是不同的词，这类词叫同音词。同音词有两种情况：

同音同形异义的，如：

jiǎo，角：（1）牛、羊、鹿等头上长的坚硬的东西。（2）我国货币的辅助单位，一圆的十分之一。

hēirén，黑人：（1）黑色人种。（2）没有户口的人。

shēngqì，生气：（1）因不合心意而不愉快。（2）生命力；活力。

shēngdì，生地：（1）中药名。（2）从未耕种过的土地。

同音同形词尽管意义毫不相干，但由于读音和写法都相同，在运用时，可能会被误解为同一个词。《尹文子·大道篇》：

[1] 庄里丈人，字长子曰“盗”，少子曰“殴”。盗出，其父在后，追而呼之，曰“盗！盗！”吏闻，因缚之。其父呼殴喻吏，遽而声不转，但曰：“殴！殴！”吏因殴之，几至殪。

《尹文子》的形名论思想，为研究中国逻辑思想史者所重视，其对语言的指称性与内涵等关系的思考，颇值得玩味。丈人给儿子取名“盗”和“殴”，他呼唤儿子的名字，却被吏误解为“盗贼”和“殴打”，结果两个儿子都遭了殃。

[2] 唐时汪伦者，泾川豪士也，闻李白将至，修书迎之，诡云：“先生好游乎？此地有十里桃花。先生好饮乎？此地有万家酒店。”李欣然

至。乃告之："桃花者，潭水名也，并无桃花。万家者，店主人姓万也，并无万家酒店。"李大笑。款留数日，赠马八匹，官锦十端，而亲送之。李感其意，作《桃花潭绝句》一首。（清·袁枚《随园诗话补遗》）

汪伦巧用"桃花"、"万家"的同音同形，致使李白误解，善意地诓骗了对方，产生了好的交际效果。

同音异形异义的，如：

tián，（1）田：种植农作物的土地。（2）甜：像糖或蜜的滋味。（3）填：把空缺的地方塞满或补充。此外如下面的几组词分别也都是同音异形异义的，它们的形体或完全不同或部分不同：

斗—豆—逗　是—事—室—市—试　半—办—拌—瓣—绊（形式完全不同）

会议—会意　条理—调理　天性—天幸　变异—变易　占有—战友（形式部分不同）

在词汇上，同一个词语形式负载几个互有联系的不同的理性意义，这几个意义或是本义，或是基本义，或是转义，这样的词是多义词。如："先生"一词就有下列多个理性意义：（1）父兄；（2）老师；（3）对人的敬称；（4）丈夫；（5）医生；（6）道士；（7）对知识分子的称呼。多义现象是一个词语有多种具有互相联系意义的语言现象，是通过人类认知手段由一个词的本义或基本意义向其他意义延伸的过程，是人类认知范畴和概念化的结果。

词语的多义与歧义有联系，但也有区别。多义是词汇学、词典编撰学概念，是从语言单位本身的含义角度而言的。歧义是诠释学中的概念，是从理解者的角度而言的。

一个词有多个意义，在具体运用时，由于语境的制约，会变成单义，如"深"有五个意义：（1）从表面到底或从外面到里面距离大的，跟"浅"相反：深水；深山。（2）从表面到底的距离：这口井两丈深。（3）久，时间长：年深日久。（4）程度高的：深知；深信；这本书太深。（5）颜色重：深红。但在具体语境中，只选择其意义之一，不会造成歧义或误解，人们绝不会把"深红"的"深"理解为"从表面到底的距离"等。

但多义词语也可能产生歧义或误解。有一个笑话说：

[3] 一人远出，嘱其子曰："如有人问你令尊，可对以小事出外，

请进拜茶。”又因其呆，恐忘也，书纸付之。子置袖中，时取看，至第三日，无人来问，以此纸无用，付之灯火。第四日忽有客至，问令尊，觅袖中纸不得，因对曰：“没了。”客惊曰：“几时没的?”对曰：“昨夜烧了。”（浮白主人《笑林》）

呆子所说的“没了”、“烧了”的对象本是他父亲留给他的纸条，但因没把前提交代清楚，被来客误解为呆子的父亲，于是闹成了笑话。

在语法上，同一表层语法结构的形式会有不同的深层语义结构，这在语法的各级单位（语法词、短语、句子）中都存在。

有些表层形式相同的语言单位既可以是词，也可以是短语。“进口”可以是偏正关系的合成词，意思是进入建筑物或场地所经过的门或口儿；还可以是动宾关系的短语，意思是：（1）（船只）驶进港口。（2）外国或外地区的货物运进来。“出口”可以是偏正关系的合成词，意思是从建筑物或场地出去的门或口儿；还可以是动宾关系的短语，意思是：（1）说出口来。（2）（船只）驶出港口。（3）本国或本地区的货物运出去。

多义短语是具有同一语法形式、表达了多种深层意义的短语。多义短语相当复杂，概括起来主要的有如下四种情况：

第一种是词语相同，语序相同，组合层次不同，表达了多种深层意义的。（如“)”表示定中结构，“‖”表示主谓结构，“|”表示动宾结构。下同。）

许多孩子种的花儿　　你们十人一组

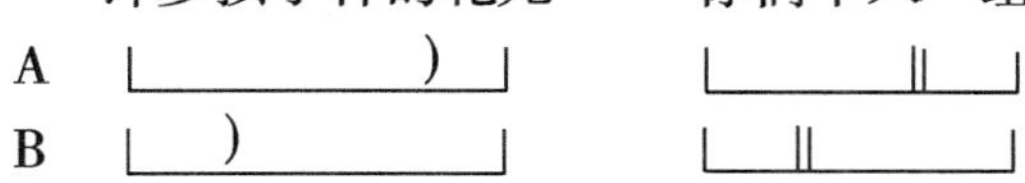

第二种是词语相同，语序相同，组合层次相同，结构关系不同，表达了多种深层意义的。如：

学习文件　　煮鸡蛋　　进口电视机　　储存产品

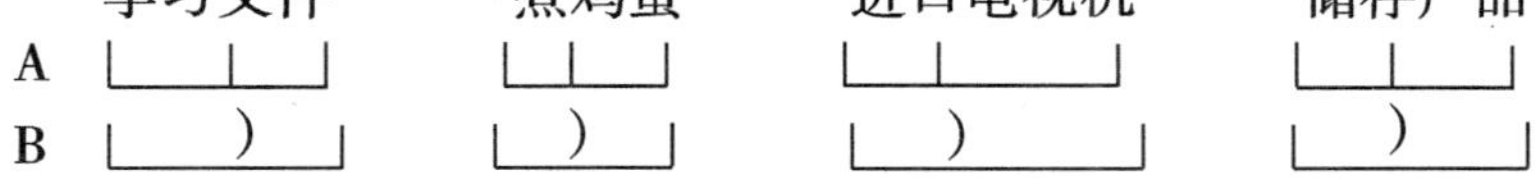

第三种是词语相同，语序相同，组合层次相同，结构关系相同，表达了多种深层意义的。如：

有关领导应严肃处理　　鸡不吃了　　来了一个打针的

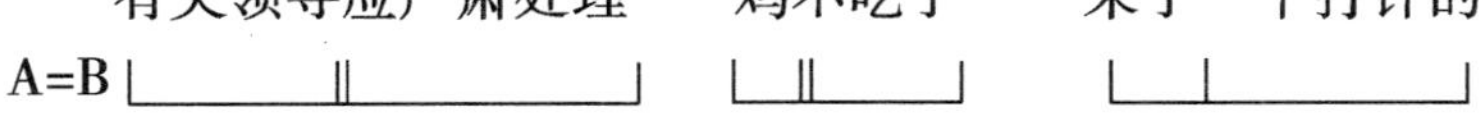

这种多义短语的表层完全相同，只是主语、宾语有受事、施事之别，深层有两种不同意义。

第四种是不同的停顿造成句子的歧义。不仅词语和短语的多义会造成句子的多义，在理解时会产生歧义，而且，不同的停顿也会造成句子的歧义。如：

[4] 这一桩发生在普通家庭中的杀人悲剧在亲戚当中也有着不解和议论，要说小莉的妈妈不爱她家里人谁也不相信。

[5] 她没有听取主任的意见，加盖“合格肉”图章，结果造成了那次食物中毒事件。

这两个句子中，前一句根据停顿位置不同，可以有两种意思：要说小莉的妈妈不爱她，家里人谁也不相信；要说小莉的妈妈不爱她家里人，谁也不相信。后一句是标点不当而造成的歧义。“加盖‘合格肉’图章”可以理解成两种意思：主任让加盖，她不听；主任不让加盖，她自作主张，加盖了。消除歧义的方法很简单：要么，把第一个逗号改为破折号；要么在“加盖”后面加“了”字。

一般来说，多义一形的语言单位在特定语境中不会产生歧义，但有些即使有语境的帮助，也会产生歧解。歧义有消极歧义和积极歧义，消极歧义是表达上的歧义，是一种语病，应当避免、消除；积极歧义是一种修辞用法，是故意造成的多义现象。如前举浮白主人《笑林》例中的歧义现象是消极歧义，而汪伦为善意诓骗李白，巧用“桃花”、“万家”的歧义现象是积极歧义。

（三）一义多形

一义多形就是“同义异形”现象，它是形式不同而意义相同或相近的语言现象，或者说是同义手段。一义多形现象在语音、词汇、语法中都有，在语言单位的各个层面上都大量存在着。由于“形”和“义”是十分复杂的，所以，一义多形现象也是十分复杂的。这里，我们分别从文字、语音、词汇、语法的角度举例性地论述一义多形现象。

从书写形式上看，不同的文字形式可以表达相同的意义。在汉语中，就有声音和意义相同或相近但书写形式不同的语言单位。

有的语言单位的意义（词汇义、语法义）完全相同，但书写形式不同。如：

把式—把势、般配—班配、曝光—暴光、悲愤—悲忿、悖理—背理、比划—比画、笔芯—笔心、辩白—辨白、辩词—辩辞、策划—策画、唱功—唱工、撤销—撤消、踟蹰—踟躇、串联—串连、词汇—辞汇、辞令—词令、吃里爬外—吃里扒外、安分守己—安份守己、暗渡陈仓—暗度陈仓、筚路蓝缕—荜路蓝缕、长年累月—常年累月、承上启下—承上起下，……以上是有两种不同写法的。还有的有三种以上的写法，如棒槌—棒棰、棒锤，拨浪鼓—波浪鼓、泼浪鼓，潮乎乎—潮呼呼、潮忽忽，仓皇—仓惶、仓黄、仓遑。在《西游记》中，吴承恩把表示“长大、笨重”意思的同一个词写为读音（lángkāng）相同的四种文字形式：榔犺（第三回）、榔杭（第二十二回）、狼犺（第二十三回）、郎伉（第四十七回）。这些都叫做“异形词”，异形词不利于阅读和写作，教育部、国家语委曾发布《第一批异形词整理表》，对 338 组异形词进行过规范。

有的语言单位本来是同一个词语，但由于用法有不同的分工，于是就分化成几种不同的读音相同或相近的书写形式。如：表示“分开、张开”意义的“叉”（chǎ），用于不同的对象时，就有不同的写法：杈（chà）——植物的分枝；衩（chà）——衣服旁开口的地方；汊（chà）——河流的分支；岔（chà）——分歧的，由主干分出的；钗（chāi）——妇女发髻上的一种首饰。

从语音上看，不同的语音形式可负载相同或相近的意义。这有两种情况。一种是读音和写法都不同而表达了相同或相近的意义，这类的例子多得数不胜数，将在“词汇的一义多形”中谈到。另一种是只有读音不同，而写法和意义相同，这叫“异读词”。这里我们主要说属于异读词的。例如有的北京人把“波浪（bōlàng）”说成“pōlàng”，把“机械（jīxiè）”说成“jījiè”，把“比较（bǐjiào）”说成“bǐjiǎo”。异读词给学习普通话增加了负担，所以从 1956 年开始，国家就组织人员对普通话异读词的读音进行审订，给大量异读词确定了规范读音，排除了其他读音。1963 年将审音结果合编成《普通话异读词三次审音总表初稿》公布，1985 年又公布了经过修订的《普通话异读词审音表》。如 cóng（从属）和 cōng（从容）两个读音，《审音表》只保留了 cóng 一个读音；“框”原来有 kuāng（框框）和 kuàng（框子）两个读音现在统一读 kuàng；“哮”在《初稿》中取“xiāo”音，现在统读为“xiào”，“驯”原来取“xún”音，现在统读为“xùn”。“翘”原有 qiào 和 qiáo 两种读音，《审音表》按口语音和书面语音不同的原则，把两种读音的不同用法分类列举：在口语词“翘尾巴”中念“qiào”，在书面语词“翘首、翘楚、连翘”中念“qiáo”。“给”在《审音表》中有两个音，读 gěi时是口语音，一般用于单音词，读 jǐ 时是书面语音，用于“给予、配给、供给”等词语中。再如“谁”有两种读法：shuí 和 shéi，“血”有两种读音：xuè 和 xiě，“伯”有两种读法：bó 和 bǎi 等。总之，古今异读、文白异读、方普异读和方言异读、口语和书面语异读都会造成语音上的一义多形情况。

从词汇的角度看，不同的词汇形式负载相同的语法意义和理性意义，这就是词汇的一义多形。词汇的一义多形有两种情况：

一种是构成成分不同或不完全相同，但意义相同或基本相同。词源义相同的同族词群之间多有构成成分不同而意义相同的同义词，从《尔雅》的释义法中可清楚地看出来。如：“初、哉、首、基、肇、祖、元、胎、俶、落、权舆，始也。”“如、适、之、嫁、徂、逝，往也。”“烈、绩，业也。”“绩、勋，功也。”（《尔雅·释诂第一》）在《周易》中，“元、亨、利、贞”四个词的语音形式和书写形式都不同，但意义都是“吉利”；乾—天—马—龙—阳—刚—健等是同义的。在现代汉语中，构成成分不同但意义相同或基本相同的词语比比皆是，如给—替—为、干—搞—做、高兴—喜悦—愉快、干脆—索性，这几组词语的构成成分完全不同；改进—改良—改善、富丽—华丽—壮丽、发布—公布—宣布—宣告等，这几组词的构成成分部分相同。此外，成语、谚语、歇后语等熟语也能构成一义多形，如：熟视无睹—视而不见、骑虎难下—进退两难—进退维谷、一针见血——语道破——语破的、青蛙打哈欠—蚂蚱打哈欠—蛤蟆打哈欠（好大的口气）、针锋相对—针尖对麦芒—刀对刀、枪对枪等。

另一种是构成成分相同而语法形式不同，但意义相同或基本相同，这种情况多见于双音节词。如讲演—演讲、整齐—齐整、喜欢—欢喜、离别—别离、寻找—找寻、痛苦—苦痛、要紧—紧要、力气—气力、劝解—解劝、悲伤—伤悲，鸡公—公鸡等，这些词的语素相同，意义相同，只是语素的顺序不同，即语法形式不同。

从语法的角度看，不同的语法结构、语法形式负载相同或相近的语法意义和理性意义，这就是语法的一义多形，在短语、句子等层面上都有这种情况。

不同的语法结构、语法形式可负载相同的理性意义。如：

［6］桌子上放着一盆花——盆花放在桌子上

［7］对面来了一个人——个人从对面来了

［8］天上飘着彩云—彩云飘在天上

［9］三个人吃一锅饭——锅饭吃三个人

［10］两个人骑一匹马——一匹马骑两个人
［11］我读书—我把书读了—书我读了
［12］他飞快地跑—他跑得飞快

上几例的语法结构、语法形式都不同，但理性意义相同。
不同的语法形式可负载相同的语法意义和理性意义。如：

［13］《红楼梦》‖是（一部）（形象）的（中国封建社会）的没落史。

《红楼梦》‖是（中国封建社会）的（一部）（形象）的没落史。

《红楼梦》‖是（形象）的（中国封建社会）的（一部）没落史。

［14］那‖是（一束）（朝鲜山野常见）的（金红色）的（野）百合花。

那‖是（朝鲜山野常见）的（一束）（金红色）的（野）百合花。

那‖是（朝鲜山野常见）的（金红色）的（一束）（野）百合花。

［15］（我）的（一支）（爸爸刚买来）（供我学习用）的（小）（金星）钢笔‖昨天被弟弟不小心弄坏了。

（我）的（爸爸刚买来）（一支）（供我学习用）的（小）（金星）钢笔‖昨天被弟弟不小心弄坏了。

（我）的（爸爸刚买来）（供我学习用）的（一支）（小）（金星）钢笔‖昨天被弟弟不小心弄坏了

上三例中的数量定语可放在不同的位置上，但其限制中心语的语法意义没变，句子的理性意义也没有变。

［16］老师们‖〔昨天〕〔在校长主持的座谈会上〕〔都〕〔就教学改革问题〕〔坦率〕地〔向学校〕提出了自己的想法。—老师们‖〔昨天〕〔都〕〔在校长主持的座谈会上〕〔就教学改革问题〕〔向学校〕〔坦率〕地提出了自己的想法—老师们‖〔昨天〕〔在校长主持的座谈会上〕〔就教学改革问题〕〔都〕〔向学校〕〔坦率〕地提出了自己的

想法

上例中副词“都”可放在不同的位置上，但其充当状语、修饰中心语的角色未变，句子的理性意义也没变。

## 第二节 意义之间的关系

意义是形式的内容，人们研究语言的形式，是为了探求形式背后的意义。修辞就是在表达意图和意义确定的前提下，依据语境选择同一意义的不同的表达形式即同义手段，以提高表达效果。但意义之间也存在各种各样的关系，诸如同义、反义、类义、上下义等。一般认为，只有同义的语言形式才能构成同义手段，而具有反义、类义、上下义等关系的表达形式与同义手段风马牛。其实，有反义、类义、上下义等关系的表达形式在特定语境中也能构成同义手段。因此探求意义之间的各种关系，可以拓展同义形式的范围，对灵活选择同义表达形式，提高表达效果有重要意义。意义是附丽于形式的，探求意义之间的关系，离不开语言的表义单位的实体，即离不开语素、词、短语、句子和语篇，其中词是最关键最重要的负载意义的单位，因此关于意义的关系，我们主要从词的角度切入。

### 一、类义

#### （一）语义场

要说清楚类义，必须从语义场说起。

语义场就是具有共同义素的词语组成的集合，较详细地说，语义场就是通过不同词之间的对比，根据它们词义的共同特点或关系划分出来的类。义场中各词的共同义素表示它们同属一个语义场，又有一些不同的义素表明词义彼此之间的差别。如：小白菜、大白菜、洋白菜、卷心菜、菠菜、芥菜、油菜、花菜、韭菜、芹菜……这些词有一个共同义素，那就是“能食用的草本植物”，于是组成了一个“蔬菜”义场，但又有不同义素，才表明这些具体的蔬菜是不同的品种。

同一个词，处于不同的语义场中，会有不同含义，这是受同一语义场中其他词横向制约的结果。如：“金、木、水、火、土”中的“金”指“一切金属”，它属五行义场；而“金、银、铜、铁、锡”中的“金”专指“黄金”，它属金属义场。说某些词属于同一个语义场是就某个义项而言的，多义词可根据不同的义项，分属不同的语义场。“金”是多义词，所以，它可处于不同义场。

根据不同的标准，可把语义场分为不同的类别。

根据语义场所包含的同级词语的多少，可将其分为二元义场和多元义场。

二元义场是同一语义场中只有两个词语（或义项）的义场。如“男人、女人”，这是从性别角度构成的“人”的义场。多元义场是同一语义场中有三个以上词语（或义项）的义场。如“一、二、三、四、五、六……”，这是由自然数构成的“数”义场。

根据语义场中各成员之间的序位关系，可将语义场分为有序义场和无序义场等。

无序义场的特点是，处于同一义场的各个成员没有固定的排序，如植物类、动物类、金属类、橱具类、颜色类、文具类、动作类、地域类、交通工具类等义场都是无序义场。

有序义场的特点是，处于同一义场的各个成员有固定的排序，如：

学校义场——大学、中学、小学/小学、中学、大学

重量义场——吨、公斤、斤、两、钱/钱、两、斤、公斤、吨

季节义场——春、夏、秋、冬（循环义场）

月份义场——一月、二月、三月……十二月（循环义场）

干支纪年义场——甲子、乙丑、丙寅、丁卯、戊辰、己巳……癸亥（循环义场）

（二）类义词和类义

一般所说的类义词，其实是同一语义场中的各个词，或者说是在某种意义或逻辑上属于同一种类的词。类义词可以是狭义同义词，但不一定是狭义同义词，如“苹果”和“桃子”是水果类的类义词，但不是狭义同义词；同义词必然是类义词，如“指南针”和“指北针”是狭义同义词，又是类义词。类义词之间的关系是同一类属的关系，狭义同义词之间的关系是表达同一概念或理性意义的关系。反义词有时也可以是类义词，如“黑”和“红”就是颜色类的类义词。

因此，我们可以给“类义”下这样一个定义：类义就是同一语义场中的各个词具有的共同的类别意义。如：春、夏、秋、冬四个词的类义是“季节”，松、柏、杨、柳、榆、槐……各词的类义是“木本植物”，工人、农民、商人、学生、干部、士兵……各词的类义是“从事某种职业的

人”，打、杀、骂、跑、跳、走……各词的类义是“人或动物的各种动作”等等。

（三）类义词和同义手段

类义词也可构成同义手段，有两种情况：

第一，把“同义”从类别意义方面理解，那么同一类（即同一语义场）中的各个词，都具有共同的类别意义，就此而言，它们是更高层次上的同义手段。如“秦代、汉代、晋代、隋代、唐代、宋代、元代、明代、清代”这些词都指“朝代”，构成了同义手段。

第二，把“同义”从概念或理性意义（这两种意义其实是有一定差别的，暂且忽视其差别）方面理解，那么有些不同语义场中的词，也可以构成同义手段。如：

父亲　母亲
爸爸　妈妈
阿爸　阿妈
爹　　娘
爹地　妈咪

这四组色彩意义不同的词，每组都是类义词，但其中的“父亲、爸爸、阿爸、爹”构成同义手段，“母亲、妈妈、阿妈、娘”等构成同义手段。

## 二、反义

（一）反义

反义是具有矛盾或对立关系的语义现象。语言单位中的意义总是有其载体的，如语素、词、短语、句子、篇章。于是反义关系就有语素的反义、词的反义、句子的反义和篇章的反义。篇章的反义虽不多见，但也并非没有。如：毛泽东的《卜算子·咏梅》（1962 年 12 月）和陆游的《卜算子·咏梅》就是互为反义的。

陆游的《卜算子·咏梅》：

驿外断桥边，寂寞开无主。已是黄昏独自愁，更著风和雨。无意苦争春，一任群芳妒。

零落成泥碾作尘，只有香如故。

毛泽东的《卜算子·咏梅》：

> 风雨送春归，飞雪迎春到。已是悬崖百丈冰，犹有花枝俏。俏也不争春，只把春来报。
>
> 待到山花烂漫时，她在丛中笑。

陆游笔下的梅花，生长在荒远的“驿外断桥边”，因无人欣赏而感到寂寞，为被黄昏后的“风和雨”的吹打而只是“独自愁”，没有起来抗争，只是封建时代一个无法实现自己的壮志、坚决不同流合污的爱国者形象。陆游的北伐主张失败，投降派打击他，他消极颓废，无可奈何，只好把自己不得志而又孤芳自赏的感情寄托在梅花身上，以孤高寂寞的梅花表现自己的操守和傲骨，给人以幽独冷落、消极颓废无可奈何之感。而毛泽东的词却是“读陆游咏梅词，反其意而用之”，因而他笔下的梅花与陆游的却全然不同：她迎着“风雨”“飞雪”生长，面对“悬崖百丈冰”俏丽开放。当她经过了艰苦卓绝的斗争，迎来山花盛开时，却不居功不自傲，为漫山遍野烂漫的鲜花而感到无比高兴。可见，毛泽东笔下的梅花充满着自豪感，坚冰不能损其骨，飞雪不能掩其俏，险境不能摧其志，从自喻的角度看，内含是他的人格志趣的外化物，再进一步引申，则表现了真正的共产党人斗争在前、享受在后的崇高美德和奉献精神。这和陆游笔下“寂寞开无主”、“黄昏独自愁”的梅花形象，形成了鲜明的对比。

反义语言单位是客观事物和人类思维中矛盾对立关系在语言中的反映。没有客观的生与死、正同负、胜利和失败种种矛盾对立的事物，没有客观世界中的上下、强弱、扩大和缩小等等相反相成的现象，也就没有一系列矛盾对立的反义语言单位。

这里我们主要以反义词为例来说明反义的特征。

1. 反义词的“反”

在意义上或在相同论域中具有矛盾或对立关系的两个词构成的义场叫反义义场。反义义场中的两个词就是反义词。如：

真—假　　动—静　　存—亡　　男—女　　这—那
上—下　　大—小　　爱—恨　　开始—结束　　黑暗—光明
白天—晚上

反义词是客观事物和人类思维中矛盾对立关系在语言中的一种反映，但是，反义词毕竟只是一种语言现象，并非一切矛盾对立的事象和概念都必须通过反义词表现出来。

从义素分析的角度看，一组反义词至少在一个重要义素上相反。如：

男人：［＋人＋成年＋男性］
女人：［＋人＋成年—男性］

这组反义词在性别这个重要义素上相反。

肥硕：［＋脂肪或肉＋多＋大］
瘦小：［＋脂肪或肉—多—大］

这组反义词在数量和形体这两个重要义素上相反。

根据反义双方的逻辑关系，反义义场可分为矛盾反义义场和对立反义义场两种类型。

矛盾反义义场（互补反义义场、绝对反义义场、正反反义义场）中的反义双方表达的概念在外延上具有矛盾关系，即“非此即彼”的不相容关系，不存在中间状态的情况，在逻辑上是排中的：肯定 A，必然否定 B；肯定 B，必然否定 A，反之亦然。A、B 两个词所表达的概念的外延之和等于其属概念的外延。如：

生—死　　动—静　　有—无　　战争—和平
正确—错误　　出席—缺席　　金属—非金属

“生”与“死”的外延之和等于“生命现象”的外延；“金属”和“非金属”的外延总和等于其属概念“元素”的外延，……有人将这类反义词又分为两类，它们分别表示：（1）人们对事物所持的两种截然相反的态度（爱—恨）；（2）事物本身呈现出的两种截然相反的状态（高大—矮小）。

对立反义义场（极性反义义场、相对反义义场、两极反义义场）中的反义双方表达的概念在外延上具有对立关系，即表示某些事物或现象相互对立的两端，两词中间存在中间状态，在逻辑上是不排中的：肯定 A，必然否定 B；肯定 B，必然否定 A；但否定 A，不能肯定 B；否定 B，不能肯定 A，因为还有 C、D 等情况存在。A、B 两个词所表达的概念的外延之和小于其属概念的外延。如：

好—坏　　黑—白　　悲剧—喜剧　　敌人—朋友　先进—落后
无产阶级—资产阶级　　社会主义—资本主义

“好”与“坏”的外延之和小于“对象性质”的外延；“敌人”和“朋友”的外延之和小于“人与人之间的关系”的外延。有人将这类反义词又分为三类，分别表示：（1）由施事者发出两种相对的动作（收入—支出）；（2）两个有密切联系而又互相对立的动作和现象分别由施受双方发出（给予—接受）；（3）经常对举并列、以约定俗成为基础的概念（黑—白）。

互为反义的两个词在概念意义上的逻辑关系是“不能同真”，它们受逻辑基本规律之一——不矛盾律的制约。否则就不是反义词。

2. 反义词的“同”

反义词的基本性质、特征表现在“反”上，或矛盾“反”、或对立“反”。但互有反义关系的词语在意义上是互为前提、互相依赖的，即一个以另一个为自己存在的先决条件，二者互为依存。反义词的产生是事物矛盾的法则即对立统一的法则在语言和思维中的一种反映。事物矛盾的法则不仅仅指“对立”，同时还指“同一”（统一）。辩证法认为，矛盾的对立性是指矛盾的对立面之间互相排斥的属性，体现着对立双方互相分离的倾向和趋势；矛盾的同一性是指矛盾者的对立面之间互相吸引的一种趋势。对立和同一这是事物矛盾所固有的两种相反而又相成的基本关系或基本属性。矛盾双方的关系都是对立的同一，同一的斗争。“对立是同一中的对立，同一是对立中的同一。这法则也适合互为反义的词之间的关系，因而对立同一法则无疑地便成为反义词这种语言现象的哲学基础。要真正理解反义词，不仅要了解其矛盾和对立，而且要明确其同一之所在。因为‘反’是反义词的本质特点，而‘同’是构成反义词的条件和前提，无‘同’则无所谓‘反’。在概念意义矛盾对立的同时，反义词还存在着类似和同一。”①

因此反义词除“反”而外，在许多方面还必须有“同”的因素。严格意义上的反义词，其“同”存在于如下五个范畴里：

（1）在语音范畴里

反义双方讲究音节对称，以音节数目相同为常态，这主要是汉族人追求

---

① 聂焱：《反义词反同观述略》，原载《固原师专学报》1993 年第 1 期，又见《现代汉语论集》，宁夏人民出版社 1996 年版，第 14 页。

均衡、和谐、对称的美感形式。如：

稠—稀　　困难—容易　　主观性—客观性
密密麻麻—稀稀拉拉

（2）在语义范畴里
①反义双方的指称或概念意义属于同一范畴，如：

迟—早（都指时间）
快—慢（都指速度）
拥护—反对（都指对人或物的行为态度）

②反义双方的色彩意义协调或一致，如：
语体色彩一致：

俊—丑　（口语对口语）
站稳—打晃（通用语对口语）
旭日—夕阳（书面语对书面语）
借用—奉还（通用语对书面语）

感情色彩一致：

理性—感性（双方呈中性）
高尚—卑鄙（双方呈褒贬，即都有明显的感情色彩）

形象色彩一致：

过去—将来（双方无形象）
香花—毒草（双方有形象）

（3）在语法范畴里
①反义双方的词性或语法功能相同，如：

主观—客观（名）　　前进—后退（动）

伟大—渺小（形）　　偶然—必然（副）

词性相同的词语其语法功能往往相同，即充当句法成分的能力相同。

②反义双方必须都是词，而不是“词—短语”或“短语—短语”。“好—不好”不是一组反义词。

③反义双方以语法结构相同为常规，如：

粗—细　买—卖　多—少（单纯词）
褒奖—贬斥　　笨重—轻巧（合成词：并列）
白话—文言　　爱称—憎称（合成词：偏正）
提高—降低　　冻结—融化（合成词：补充）
保密—泄密　　有趣—乏味（合成词：动宾）
国营—私营　　年轻—年长（合成词：主谓）

（4）在语用范畴里

反义双方能经常对举使用在同一语境中。两个词语不能经常对比使用，即使存在反义关系，也不能称为严格意义上的反义词。如：快—迟缓、干—潮湿、爷爷—祖母。但“快—慢、迅速—迟缓、干—湿、干燥—潮湿、爷爷—奶奶、祖父—祖母”经常对举使用，谁都承认它们是反义词。有的词双方无明显的反义关系，但由于在使用中经常对比反衬，在特定语境中也可能有反义关系，如手—脚、春—秋。此外，两个反义语素在构成一个并列式合成词时，常常使矛盾对立的双方拆除了互不相容的屏障而成为一个密不可分的统一体。如“好歹”、“动静”、“东西”等词中的两个反义语素都失去原来对抗性的语素意义，转为相互包容、依附的趋同关系，共同抽象化为一个新义；“质量”、“国家”、“忘记”等词中的一对反义语素在这类偏义复合词中只保留了其中一个语素的意义，另一个则失去了其意义而只在形式上作陪衬。从逻辑上看，这就是反义关系的语言单位在构成新的单位时，其关系由性质的矛盾对立而转化为同一。

（5）在词汇系统范畴里

反义双方应处于同一的词汇系统中，分属不同系统的词不能构成严格意义上的反义词。即要求：普通话词—普通话词　古语词—古语词　方言词—方言词　外来词—外来词　专用词—专用词

（二）反义类聚可构成同义手段

世界上的任何事物自同者而观之，则全同，自异者而观之，则全异。当

我们说“反义类聚可构成同义手段”时，可能被斥之为天方夜谭。我们一般所说的“反义”仅是指理性意义上的一种矛盾、对立关系，但“反”是以“同”为前提的，抛开了“同”，便谈不上“反”。如果转换角度，从更高层次上即从“同”的角度来观察反义现象，就可看出“反”是以“同”为本的，是“同”的变异或演变后的现象。如前所举毛泽东和陆游两首《咏梅》诗，从作者寄意的角度看，是反义关系，而从所描写对象即寄体来看，都写的是梅花，则又是同义的。再譬如，当我们从词汇层面考察反义现象时，词义除了有“反”的一面外，还有许多“同”的方面，如前文所述，严格意义上的反义词有音节数量的相同，有各种色彩意义的一致，有语法类别、语法功能、语法结构、语法单位层级的相同，有对举使用时语境的相同，还有词汇系统的相同等。当我们从这些角度看问题，把这些角度看成一种“意义”时，反义类聚也就成了同义集合，可视为广义的同义手段。

更何况，我们还可以从如下三种实际情况中进行考察，得出“从更高层次上看，反义类聚（包括词语、句子、语篇等）可构成同义手段”的结论。

1. 从语源上考察，有些反义词是同源词

从词的源流上看，作为“流”的一组反义词，其“源”却是相同的，即它们是同源词，必然有意义上相近、相关的关系。如：夫—妇、男—女、消—息、天—地等。夫妇、男女对构，同指人伦；消息、天地殊态，同指事物变化。不仅如此，这种有同源关系的反义词还可直接在古训中找到相同的解释。如“天—地”，传统的解释是：气之轻清上浮者为天，气之重浊下沉者为地。这说明，天、地虽有轻重、清浊、上下、浮沉的对立，但其体同为“气”。更能说明问题的是《广雅·释诂》云：“道、天、地、王……大也。”是天、地又被同训为“大”，其意义直归同一。这种有同源关系的同义词具有同训的根本原因是词义成分的复杂性和词义类型的多样性造成的。

2. 从词汇系统中考察，有“正反同词”现象

语言中有这样一种现象：某一个词，由于词义引申等种种原因，在共时语言背景中，具有两个互相对立的义项。其中一个义项是那个词语的原表含义或概念，而另一个义项则是与原表意义、概念相反的含义、概念。这两种含义、概念互相对立、互相排斥，但又互相补充，共存于一个词中。这种“对立”，可以表现为治乱、大小、终始、正反、分合、取与等种种具体的关系。这是现实世界中对立统一现象在语言中的一种反映。如：

落：终—始

“落”，原义是树叶凋零落地。许慎《说文》：“落，凡艸曰零，木曰落。”《楚辞·离骚》：“惟草木之零落兮。”王逸注：“零、落，皆堕也。草曰零，木曰落。”杜甫《登高》诗“无边落木萧萧下，不尽长江滚滚来”之“落”即指木叶落。“落”由本义引申出“殒”、“死”等，可概括为“终了”。但“落”还可表示“始”义，如《尔雅·释诂上》：“落，始也。”可见，“落”之“终”义与“始”义共存，在语言运用中都有体现。最有意思的是“落英”这个词语中的“落”，在不同的语境中，有不同的所指，如在潘岳《皇女诔》“落英矣，从风飅飏”中指“零落”，在陶渊明《桃花源记》“芳草鲜美，落英缤纷”中指“始生”。又如《左传·昭公七年》：“楚子成章华之台，愿与诸侯落之。”杜预注：“宫室始成，祭之为落。”这个“落”，是古代宫室筑成时举行的祭礼，后来由此引申出表示“建筑物完工”之义的“落成”一词。此“落”既能表示宫室“建造”阶段的“终”，也表示宫室“建成”阶段的“始”。“落”为什么会有“始”义呢？段玉裁在《说文解字·叙》注中说：“落之为始义，以反而成。”“以反而成”讲的是相反相成的道理。事物某一阶段发展变化的终结意味着新阶段的开始。“落”所含有的“终”与“始”这两个对立的意义或概念反映了事物发展变化的两个阶段的因果关系，接续关系，具有辩证意味。再如：

逆：迎—违/反/悖/背/叛

“逆”的本义是“迎”、“迎接”。《说文》：“逆，迎也，从辵，屰声。关东曰逆，关西曰迎。”《方言》卷一：“逆，迎也。自关而东曰逆，自关而西或曰迎。”《国语·晋语四》：“乃归女而纳币，且逆之。”韦昭注：“逆，亲迎也。”“逆”和“迎”实际上是同出一源的两个词。但在古汉语中，“逆”用得最多的含义，却是与“迎”相反的、以“背”为中心的“违”、“反”、“悖”、“叛”等义。例如，《诗·鲁颂·泮水》：“孔淑不逆。”朱熹集传：“逆，违命也。”《国语·晋语八》：“未退而逆之。”韦昭注：“逆，反也。”在文言文中，“逆人”一般指悖理之人和叛逆之人；逆子，指忤逆不孝的儿子；逆天，指违背天意或天道；逆心，常指叛逆之心；逆兵，指背理而动的军队或叛乱的军队；逆言，叛逆之言或悖于事理之言，等等。最有意思的是：有时，在同一个双音词（或词组）中，“逆”既可表“迎”义，又可表“背”义。例如：

逆拒：（1）迎击，抵御，“逆”表“迎”义。《隋书·达奚长儒传》：“陈遣骁将刘景率劲勇七千来为声援，轨令长儒逆拒之。”（2）拒绝，“逆”

表“背”义。贾谊《新书·淮难》：“皇太后之赐，逆拒而不受。”逆命：(1) 接受命令，“逆”表“迎”义。《仪礼·聘礼》：“宰命司马戒众介，众介皆逆命不辞。”郑玄注：“逆，犹受也。”《左传·昭公二十五年》：“有司逆命，公之使速杀之。”杜预注：“执夜姑之有司，欲迎受杀生之命。”(2) 违抗命令，“逆”表“背”义。《左传·昭公四年》：“庆封唯逆命，是以在此，其肯从于戮乎?”杜预注：“逆命，谓性不恭顺。”可见，“逆”在古汉语中既表“迎”义，又表“背”义，正反同词，是没有任何疑问的。那么，“逆”为什么会从“迎”义衍生出“背”义呢？我们认为，其变化原因，就是段玉裁所说的“穷则变，变则通”。事物发展到极端，就向另一方面转化了，物极必反也。

王念孙《广雅疏证》卷三下《释诂》“与也”条有：“敛为欲而又为与，乞为求而又为与，贷为借而又为与，禀为受而又为与”等解说。意思是：“敛”有“欲—与”两个相反义，“乞”有“求—与”两个相反义，“贷”有“借—与”两个相反义，“禀”有“受—与”两个相反义。是为正反同词。下面几例也是两个相反义而同出一词：

离：分离—靠拢
受：接受—授与
乱：治理—纷乱
多：量大—仅只
祥：吉——凶
干：求——犯

“一个动作行为涉及到有关的两个方面，是由双方共同完成的，那么两个相反的动作概念就可用同一词表述，此为‘施受同词’。如‘受’有接受—授与二义。朴素的辩证观点对事物的性质有相对的认识，这认识可用同一词来表达，此为‘美恶同词’。如‘祥’有吉—凶二义。事物向反面转化时，两个互为相反的意义也可同归一词。如‘干’有求—犯二义（跨过真理一步即为荒谬）；‘多’有量大—仅只义（多得只见其一）；‘乱’有纷乱—治理二义（因乱而治：原因导致结果）。”①

反义出于同词的现象不仅古代汉语中有，在现代汉语中也有。

① 聂焱：《反义词反同观述略》，原载《固原师专学报》1993年第1期，又见《现代汉语论集》，宁夏人民出版社1996年版，第16页。

如"就"、"仅"等副词。

就：副词，既可表示数量少，如："村子里就剩你一个人吗？中尉继续盘问他。"（《夜莺之歌》）又可表示数量多，如："战国时期，齐宣王喜欢听吹竽，他手下吹竽的乐队就有300人。"（《滥竽充数》）

仅：副词，既可表示数量少，如："他们找不到架桥的器材，就用仅有的两架木梯架桥。"（《人桥》）"我仅有两块钱了。"又可表示数量多，如："士卒仅万人。"

通过这些词例，我们可以看到：在汉语的词汇系统中，"正反同词"的现象是确确实实存在的。既然同一个词的两个义项是两个矛盾或对立概念的内涵，那么这两个矛盾或对立概念就是同一个词的分化形式，也可以用两个词来表示，如前文的"落：终—始"等等，那么，从"源"上看，从高层面看，这类反义词可视为同义手段。

3. 从语用上考察，有语言义相反，语用义相同的现象

有些约定俗成的用法，从表层结构成分看，一个是肯定式，一个是否定式，似乎是反义关系，但实际上却是同义。如：

"好×=好不×"——
好容易=好不容易
好怕人=好不怕人
好威风=好不威风
"好×=不好×"——
真让我好找=真让我不好找

此外如：

果然=果不（其）然
地上=地下
入神=出神
非=非不可（一定要）
差一点儿=差一点儿没（当说话人不希望实现的事情时，二者含义一样；当说话人希望实现的事情时，二者含义相反）

《红楼梦》中贾府的佣人焦大在酒后口发狂言说了"红刀子进去，白刀子出来"不合逻辑的话，看似同合逻辑的话"白刀子进去，红刀子出来"

意义相反，其实是同义的，都指杀人。

“反语”是利用正话反说或反话正说的形式来提高语言表达效果的修辞方式，又称“反话”、“反辞”、“倒反”。“反语”辞格的“反说”和与其对应的“正说”从表层看，也是反义关系，但在一定的语境中，表达的意义是相同的，其实二者也构成了同义手段。但反语比正说的话更鲜明，更有感情，更有趣味，更有力量，更富有战斗性，更便于指出人民内部的缺点和错误，揭露敌人的阴谋和罪恶，确有出奇制胜之功。反语还能使语言形式变化，避免呆板，便于表露说写者的思想感情。鲁迅先生爱用反语，他说：我“好用反语，每遇辩论，辄不管三七二十一，就迎头一击……”（《两地书》）

反语通常有两种方式：一是正意反说，这是在深情难言或因嫌忌怕说的情况下，将正面的意思用反面的言辞来表达，而又无讽刺嘲弄之意。例：

［1］萧何：蒯文通，既是韩信有十罪，你对着这众臣宰跟前，试说一遍咱。

蒯通：一不合明修栈道，暗度陈仓；二不合击杀章邯等三秦王，取了关中之地；三不合涉西河，虏魏王豹；四不合渡井陉杀陈余并赵王歇；五不合擒夏悦，斩张仝；六不合袭破齐历下军，击走田横；七不合夜堰淮河，斩周兰、龙且二大将；八不合广武山上小会垓；九不合九里山十面埋伏；十不合追项王阴陵道上，逼他乌江自刎。这的便是韩信十罪。

萧何：［叹介］此十件乃是韩信之功，怎么倒是罪来？（无名氏《赚蒯通》）

刘邦手下的谋士蒯通曾劝韩信反叛刘邦，将天下三分，韩信没有接受。韩信被刘邦杀害后，萧何将蒯通抓来拷问，蒯通巧用反语，从字面看，列数出韩信“十大罪状”，韩信真是十恶不赦；实际上却是韩信的十大功劳，说得萧何无言以答。如不正话反说，蒯通不仅不能压倒对方，反而却遭灾祸。这里反说的“十大罪状”同“十大功劳”从表层看是反义的，实际上是同义的。

［2］有人说“结婚是爱情的坟墓”，那可是大错特错。雅蓉跟她那“死鬼”结婚十几年了，感情却越来越浓，比谈恋爱那阵子还“热”呢。（张浙东《梦》）

反说是“死鬼”，正说是“爱人”，二者看似为反义，实则是同义。

二是反义正说，即将反面的意思用正面的言辞表达出来，有的带有明显的嘲弄讽刺意味。司马迁《史记·滑稽列传》中有一则趣闻：

［3］优孟，故楚之乐人也。长八尺，多辩，常以谈笑讽谏。楚庄王之时，有所爱马，衣以文绣置之华屋之下，席以露床，啗以枣脯。马病肥死，使群臣丧之，欲以棺椁大夫礼葬之。左右争，以为不可。王下令曰：“有敢以马谏者，罪至死。”优孟闻之，入殿门，仰天大哭。王惊而问其故。优孟曰：“马者王之所爱也，以楚国堂堂之大，何求不得，而以大夫礼葬之，薄，请以人君礼葬之。”王曰：“何如?”对曰：“臣请以彫玉为棺，文梓为椁，楩枫豫章为题凑，发甲卒为穿圹，老弱负土，齐赵陪位于前，韩魏翼卫其后，庙食太牢，奉以万户之邑。诸侯闻之，皆知大王贱人而贵马也。”王曰：“寡人之过一至此乎！……于是，王乃使以马属太官。无令天下久闻也。”①

当群臣以正言谏而楚庄王一意孤行时，姓孟的伶人以反语讽之，在表层是肯定楚庄王行为，深层却是在否定，表层义和深层义看似相反，实则相同，但效果却大不相同。再如：

［4］经手的款项，总在数百万；但为革命而筹集的金钱，是一点一滴地用之于革命事业。这在国方的伟人们看来，颇似奇迹；或以为夸张；而矜持不苟，舍己为公，却是每个共产党员具备的美德。（方志敏《清贫》）

［5］中国军人的屠戮妇婴的伟绩，八国联军的惩创学生的武功，不幸全被这几缕血痕抹杀了。（鲁迅《纪念刘和珍君》）

例［4］的“伟人们”同当官发财的“俗人们”表层反义，但深层同义，用“伟人们”是在讽刺。例［5］的“伟绩”和“武功”分别同“血债”和“罪恶”字面构成反义，内里是同义，反话正说，增加了否定、讽刺的力量。

这些例子也说明，有些语言现象表面上看是反义，其实也可构成同义。

---

① 《史记》十卷本，中华书局1959年版，第3200页。

## 三、上下位义

### （一）上下义词和上下位义

在概念意义上有包含和被包含关系的一组词就是上下义词。例如下列各组词中的前一个是上义词，后一个是下义词：

树木—松树　　工人—木工　　电器—冰箱
野兽—老虎　　河流—黄河　　艺术—音乐

在逻辑学中，上义词和下义词之间的关系是属概念和种概念之间的关系，上义词表达的是属概念，下义词表达的是种概念。上举各例中，每组的前一个词是属概念，后一个词是种概念。

词与词的上下义关系具有相对性：同一个词，对甲词来说是下义词，但对乙来说却可能是上义词。例如："植物—木本植物—杨树"，"木本植物"是"植物"的下义词，同时，也是"杨树"的上义词。

词与词的上下义关系具有可传递性。如："人—男人—男孩儿"，其中"人"是"男人"的上义，同样，它也是"男孩儿"的上义。

要注意区分上下义词和非上下义词：

第一，具有整体和部分关系的词不是上下义词。例如："人体—心脏"、"中国—上海"、"北京大学—人文学院"等，每一组的前一个表示的是整体，后一个表示的是整体中的部分，部分不具有整体的属性。

第二，具有上下级、上下辈等关系的词不是上下义词。例如："总理—部长"、"董事长—总经理"、"祖父—父亲"等。

是否上下义词，可用逻辑学上下定义的"属加种差法"构成的判断句来验证。用"属加种差法"能构成判断句式的是上下义词，否则，就不是。如能说"文学是语言艺术"，"商品是用来交换的劳动产品"。于是"艺术—文学"、"商品—产品"就各是一组上下义词。但不能说"上海是中国"，"部长是总理"。当然能说"上海是中国的一部分"，"部长是总理的下级"。但这样说时，已经明确指出了部分与整体的关系，或下级与上级的关系。

上下义词有直接的和间接的之别。

直接上下义词，指表达的是最邻近的两个语义层次的意义的词。例如：

植物—木本植物　　动物—猫科动物　　艺术—语言艺术

间接上下义词，指表达的是超越了最邻近的两个语义的意义的词。例如：

植物—柏树　　动物—老虎　　艺术—诗歌

上下义词和上下位义联系紧密，但有区别。上下义词是就两个词之间的相互关系而言的，上下位义是就具有上下义关系的两个词的意义之间的关系而言的。上义词的意义和下义词的意义之间的关系，就是上下位义的关系。

（二）上下义词可构成同义手段

在上下义关系的词语类聚中，上义词所表达的概念和下义词所表达的概念在内涵上没有区别，即下位概念的所指对象具有上位概念所指对象的属性，只是上位词语较抽象，下位词语较具体，二者在外延上有包含于和包含（或被包含和包含）的关系。如“水果”包含有“苹果、桃子、香蕉、梨”等。在语言系统中，上下位词语是有严格区别的，但是在具体的交际语境中二者是可以有条件地相互代替的，即二者可构成同义手段。

如“坐火车/汽车”可以说成“坐车”，“买苹果/梨/桃子/香蕉”可以说成“买水果”；反之，也可以说。至于在什么情况下用上位词语代替下位词语、用下位词语代替上位词语，这就要遵守词语选择的原则：适应交际环境，符合得体性要求。譬如说，一个小学教师总喜欢笼统地说“我们学校”，而不愿说“我们小学”；在鲁迅的《药》里，小栓的母亲说：“吃下去吧，病便好了。”而没说“痨病便好了”。这是受心理因素的制约。俗话说：“嘴上没毛，做事不牢。”而不说“嘴上没胡子，做事不牢”，这是为押韵顺畅，也是为幽默风趣。由于上下位词语可以在特定情况下互相代替，因此，在言语表达中，可以说“B（下位词）是A（上位词）”，也可以说“A是B”，如有一则广告词说：“奥林是天然饮料，天然饮料是奥林。”

有一则征婚广告是：“车房具备，事业有成。”其中“车”、“房”、“事业”都是上位义词，但应征者实际期待的是“轿车”、“豪华住宅”、“体面的事业”这些下位义词所指的对象，在这里上位义词语和下位义词语构成了同义手段。有一位应婚者，他只有自行车、平房、清洁岗位，而“自行车”、“平房”、“清洁工”这些词语也都是“车”、“房”、“事业”的下位义词语，应婚者正是钻了征婚者用上位词语代替下位词语的空子。在特定的交际环境中，人们用上位词语代替下位词语的情况多得数不胜数。如：

“你去哪儿?”“我去教室。”

这里的“教室”，其实只指特定的某座教室，如301教室。

“你在干什么?”“我在看书。”

这里的“书”，其实只指某本具体的书，如《三国演义》。

“你上街干什么去了?”“我买菜了。”

其实她只买了2斤西红柿。

“我去上课，教室里却没有人。”

这里的“人”，其实只指某个班级的学生。

“你怎么打人?”

这里的“人”，其实只指某个具体的人。
在农村，经常听到用上位词代替下位词的说法：

“今儿后半天你做啥?”“我放牲口。”

这里的“牲口”，其实只是指某种具体的家畜，如牛或羊等。

“明儿个咱们进一趟城。”

这里的“城”，其实只指某座具体的县城，如隆德城。

一个小孩进县城，看见一个农民赶着一辆三匹枣红马拉着的胶轮大车，大车上坐着那个农民的媳妇，那媳妇怀里抱着一只红公鸡。小孩回家后，他奶奶问他：“今儿你进城都看见啥了?”那小孩儿说：“我看见一个人赶着一辆车，车三匹马拉着，车上有一个女人，抱着一只鸡。”小孩就是用一系列的上位词代替了下位词：人=农民、车=胶轮大车、马=枣红马、女人=那农民的媳妇、鸡=红公鸡。这些相互对应的上位义词和下位义词构成了同义手段。

### 四、同义

同义就是不同表达形式的相同或相近的意义。同义现象首先可区分为语言的同义和言语的同义。其次在语言单位的各个层级都有同义现象，可区分为词之间的同义、短语之间的同义、句子之间的同义、语篇之间的同义以及词和短语之间的同义等。此外还有语言风格的同义。诸如此类的意义相同或相近的现象是构成同义手段的主体部分，下文将一一论及，此不赘言。

## 第三节　“转换”与同义手段

在语言研究中，王希杰有意识地运用美国结构主义语言学的“转换”原理和原则来解析“同形异义”和“同义异形”现象。在《修辞学通论》中，王希杰明确提出运用“转换—生成”原理，能揭示同义异形现象产生的机制。他说：“凡是从同一个深层结构投射、衍生、变化而来的表层的句子都是同义手段，在表层结构里具有平行的、并列的、对应的关系，有条件地相互代替的句子，就是同义手段。推而广之，在修辞学里，凡是从同一个深层结构投射、衍生、变化而来的修辞方式，也就是同义手段，凡是在表层结构里具有平行的、并列的、对应的关系，可以有条件地代替的修辞手法，也都是同义手段。”①

“转换”是乔姆斯基“转换—生成语法”中一个十分重要的概念，是指把一个句子的深层结构（deep strueture）投射、衍生、变化成为表层结构（surface strueture）。利用转换手法，通过句法深层结构向表层结构的转换，可以发现语言现象的：（1）变动不居中相对稳定的本质即变换下不变性的规律；（2）变换前后的本质差异及出现差异的原因或条件，以达到揭示研究对象性质的目的。在语言研究中，“转换”其实就是从不同的角度、状态观察语言现象性质的方式。通过转换，不仅可以发现：转换前后出现本质差异的现象是同形异义现象，即多义结构或歧义结构，还可发现：在变动不居中具有相对稳定本质的现象是异形同义现象，即同义手段。

在《汉语修辞学》（修订本）第四章“意义”中，王希杰以“形”和“义”为坐标轴，把句法结构分为“同形异义”和“同义异形”两种类型，自觉引入结构主义转换—生成语言学的分析原则和方法，对“形”和“义”

① 王希杰：《修辞学通论》，南京大学出版社 1996 年版，第 292—293 页。

的表现形式进行了描写和归纳，分析了结构和意义之间的复杂关系，分析了歧义产生的原因，并说明排除歧义的方法。他认为："同形异义"和"同义异形"两种结构中的"形"可指书写形式、语音形式、词语和句子的结构方式，而与之相应的"义"则都是十分复杂多样的，可指词汇意义、结构意义（语法意义）、语义关系，也可指比喻义、引申义和各种修辞用法，还可指和客观事物特定的对应关系以及话语的内容（说写者的思想感情）等。

现代汉语中的句法转换的方式和类型是多种多样、丰富多彩的。根据"转换"理论，我们可以演绎出：句类中的陈述句、疑问句、祈使句、感叹句，句型中的单句、复句可有条件地相互转换；句式中的"把"字句、"被"字句、一般带宾主谓句等可有条件地相互转换；肯定句和否定句，长句和短句、整句和散句、列举句和分承句也可有条件地相互转换；此外，复句和句群、向心结构和离心结构等等，都可有条件地相互转换。这些在一定条件下可互相转换的语言结构都是同义手段。如深层结构为"名词$_1$ + 动词 + 名词$_2$"（施事 + 动作 + 受事）向表层结构的转换：

（1）洪水冲坏了大桥。
（2）洪水把大桥冲坏了。
（3）大桥被洪水冲坏了。
（4）大桥洪水把它冲坏了。
（5）大桥洪水冲坏了。

这五个句子的表层结构尽管语词顺序不同，词语也有增减，但其深层语义关系却未发生变化：洪水——施事，冲——动作，大桥——受事。这就是异形同义现象。

"转换"原理不仅可用于句类、句型、句式的范畴中，也能用于"语言风格"、辞格的范畴中。利用转换原理和规则不仅可以分析语言中低层次的、小范畴的同义手段，还可以分析高层次的、大范畴的同义手段。

总之，"转换"是揭示同义手段形成机制的一种方法，它从"类"分析的角度为语言学研究同义手段提供了一个切入口。

# 第五章　语音的同义手段

## 第一节　什么是同义手段

要谈论同义手段，还得从组合关系和聚合关系出发。

组合关系和聚合关系是现代语言学奠基人、瑞士语言学家费尔迪南·德·索绪尔在著名的《普通语言学教程》中提出来的。他在第五章“句段关系和联想关系”中深刻地阐述了这对关系。索绪尔说的“句段关系”，后人又称之为“组合关系”、“配置关系”、“搭配关系”等；“联想关系”被丹麦语言学家叶尔姆斯列夫建议改称为“聚合关系”，也有称作“类聚关系”、“会同关系”等的。索绪尔说：

> 语言各项要素间的关系和差别都是在两个不同的范围内展开的，每个范围都会产生出一类价值；这两类间的对立可以使我们对其中每一类的性质有更好的了解。它们相当于我们心理活动的两种形式，二者都是语言的生命所不可缺少的。
>
> 一方面，在话语中，各个词，由于它们是连接在一起的，彼此结成了以语言的线条特性为基础的关系，排除了同时发出两个要素的可能性。这些要素一个挨着一个排列在语言的链条上面。这些以长度为支柱的结合可以称为句段（syntagmes）。……
>
> 另一方面，在话语之外，各个有某种共同点的词会在人们的记忆里联合起来，构成具有各种关系的集合。……它们在某一方面都有一些共同点。
>
> 我们可以看到，这些配合跟前一种完全不同。它们不是以长度为支柱的；它们的所在地是在人们的脑子里。它们是属于每个人的语言内部宝藏的一部分。我们管它们叫联想关系。
>
> 句段关系是现场的（in praesentia）：它以两个或几个在现实的系列中出现的要素为基础。相反，联想关系却把不在现场的（in absentia）

要素联合成潜在的记忆系列。[①]

可见，组合关系指的是：组成语言线性序列中的各成分之间的水平关系，也就是处于同一平面上的各成分之间的关系，其内部是一种横向关系。聚合关系是指一种潜在关系，因为加入关系体的各个单位只有一个（有时是多个）是现实的，在组合中，其他的都不在现场。聚合构成的必备条件是：（1）聚合体的各单位必须有相同的特征或功能；（2）聚合体的各单位在组合关系中可出现于同一个位置上（或可相互替换）。聚合关系是一种竖向关系。因此，从更高的层面上看问题，任何类别的聚合关系都是同义关系，聚合体中的成员都是同义手段。

语言中的各种材料，从意义之间关系的角度看，有同义的，反义的，类义的，上下义的等。“同义”现象在语言中是大量存在的、十分重要的一种语义现象。由于意义的复杂、多样性，从而自然也就导致了“同义”的复杂多样性和“同义手段”的复杂多样性。

一般所说的同义只指理性意义的相同或相近。其实，“意义”可作较为宽泛的理解，包括理性意义、语法意义、类别意义、文化意义、联想意义、韵律“意义”等等。

任何分类中的“类”都可看作是一种同义集合体，因为任何“类”中的分子都有这个类的共同属性，否则就不是同类，即凡是同类的对象在某方面具有共同的意义。就此而言，语言中的任何一种类聚都可看作同义手段的集合体。不仅“同义”的语言材料可构成同义手段，就是具有反义、类义、上下义关系的语言材料也能构成同义手段。如果我们这样理解同义手段，也就不难理解“修辞学的研究对象就是对同义手段的选择”、“修辞学的一切问题都是围绕着对同义手段的选择”的说法了。同义手段存在于语言的四个世界中，存在于语言的零度偏离中，存在于语言的显性和潜性中。仔细想来，人类的一切活动、行为都是对具有同类“意义”的行为的选择，人类的一切言语都是对同义手段选择的结果，或直接或间接、或自觉或不自觉、或有意或无意的。因此对“同义”应从广义上理解，不要仅仅将其限域在“理性意义的相同、相近”这座象牙塔里。

黎运汉、盛永生认为：“修辞学上的同义手段是指在特定的语言语境中可以互换的意义相同或相近而形式不同效果有别的修辞手段。”[②] 这个定义

---

① ［瑞士］费尔迪南·德·索绪尔：《普通语言学教程》，沙·巴利、阿·薛施蔼编，阿·里德林格合作，高名凯译，岑麒祥、叶蜚声校注，商务印书馆 1980 年版，第 170—171 页。

② 《汉语修辞学》，广东教育出版社 2006 年版，第 216—217 页。

是较科学的。我们给同义手段下这样一个定义：

同义手段是指意义相同或相近但表达效果有别的不同的表达形式。

这里的“意义”可从广义的角度去理解，包括理性意义、语法意义、客观指称意义、主观内容意义、类别义、文化意义、联想意义、韵律“意义”，等等。正如王希杰所说：“‘同义手段’的关键在于对‘义’的理解上。同义手段的丰富性就取决于对‘同义’中的‘义’的多样性的理解上。如果把同义手段中的‘义’仅仅限定在词汇意义方面，那么同义手段的范围就很有限了。我们把同义手段中的‘义’作广义的理解不仅指语言的意义，也指言语的意义。在语言的意义中，既指词汇意义，也指语法意义；在言语的意义中，既指对客观世界的指称意义，也指表达者主观的表达内容。同义手段说同反对者之间的分歧也就在‘同义手段’中‘义’的理解上，同义手段说的进一步发展取决于对其中的‘义’的进一步阐述和论证。”①因此有多少种意义，就有多少种同义手段，意义的复杂多样性导致了同义手段的复杂多样性，这当是符合逻辑的。

## 第二节 语音的同义手段

同义手段涉及到语言的各个要素：语音、词汇、语法。至今为止，学界对同义手段的研究集中在词汇、语法方面，尤其是在词汇方面已相当深入了，在语音方面虽有涉及，但谈论得还较少，也欠全面：只涉及到音韵特色、单双音节和叠音与否。实际上，在节律、语流音变、音位变体、古今音变、方言和普通话读音的不同、多音字（语素、词)、有意误读等方面都存在语音的同义手段现象。语音是语言的一个重要因素，是语言的物质外壳、语义的载体。“同义”是语言中的一种十分重要的现象，它不仅存在于词汇、语法中，还存在于语音中。因此，全面考察语音中的同义现象，既有助于全面认识语言，认识语言中的同义现象，又有助于利用语音因素进行修辞，以提高交际效果。

既然我们把同义手段界定为“意义相同或相近但表达效果有别的不同的表达形式”，那么，就可以把“语音的同义手段”界定为具有相同或相近意义但表达效果有别的不同的语音形式，即同义的语音形式。于是语音的同

① 王希杰：《汉语修辞论》，当代世界出版社2003年版，第224页。

义手段当包括如下几个方面。

### 一、音韵不同的同义手段

一组词的意义相同或相近，从表意的角度看，也许用哪一个都可以，但从表达音乐美的角度看，则需作出选择，使韵脚和谐。韵脚和谐就是押韵。语言的声音美同押韵有密切关系。

在句子末尾的位置上使用韵母相同或相近的字就叫押韵。由于押韵多在句末，所以，押韵的字叫韵脚。诗歌和散文如果押韵，就能显示出音乐美，尤其是在诗歌中。

押韵是诗歌音乐美的基本条件，它使诗歌抑扬顿挫，流韵回环。韵脚关上连下，犹如一条红线，把分散的诗句，跳跃的内容，奔腾的感情串联起来，形成一个和谐的整体，以加强结构和形象的完整性，达到传情感人的目的。古人写诗十分重视押韵，旧体诗对押韵的要求十分严格。新诗虽较自由，但一般也注意押韵。如：

[1] 一杆红旗要大家扛
红旗倒了大家都遭殃（李季《王贵与李香香》）

原作中第二句为“红旗倒了大家都糟糕”，与第一句的韵脚不和谐，将“糟糕”改为“遭殃”后，韵脚就和谐了。“糟糕”和“遭殃”就是一组语音的同义手段。

[2] 骑在人民头上的，人民把他摔垮。
给人民作牛马的，人民永远纪念他！（臧克家《有的人》）

原作中，“摔垮”为“摔倒”，这二者意义基本相同，但“摔倒”同第二句的“他”不押韵，读来不顺口，于是作者后来又选用了韵脚和谐的“摔垮”。

感情的表达与“韵”有密切关系。不同的韵可表达不同的感情。一般说来，在现代汉语里，响亮度（由发音时口腔、鼻腔共鸣的大小决定）大的韵（如十三辙中的江阳、发花、言前等），宜于表达慷慨激昂的感情，响亮度小的韵（如十三辙中的灰堆、姑苏、一七等）宜于表现柔和委婉的感情。理性意义相同、相近，因为韵的不同而能表达不同感情色彩的词语，也属于语音的同义手段。如：吴伯箫《记一辆纺车》中的一段：

［3］原文：熟练的纺手，趁着一豆灯光或者朦胧的月光，也能摇车，抽线，上线，一切做得优游自如。

改文：熟练的纺手，趁着一豆灯光或者朦胧的月色，也能摇车，抽线，上线，一切做得从容自如。

“月光”同“月色”在词汇意义、语法功能、语体色彩上都没有什么不同，但“光”的韵母响亮度大，适宜同明亮的色彩相配，如“皎洁的月光”；“色”的韵母响亮度小，适宜同灰暗的色彩相配，如“昏暗的月色”。而“朦胧”所指对象具有灰暗的色彩，“月光”一词同其不相配，于是作者将其改为“月色”。鲁迅先生在《社戏》里写道：“月色便朦胧在这水气里”，“月光也显得格外皎洁”，也是随情选韵，因情变声的。因此，只缘“光”、“色”的韵母在响亮度大小的不同上，“月光”同“月色”就成了一对语音同义词。

如果我们把“意义”范围再放开点，将诗歌或散文诗中的“韵”也看作一种“意义”的话，那么，所押的同一种韵就可将其理解为表达了相同的“意义”，尽管韵脚（押韵的字）的语音形式不同。

此外，“中国的律诗讲究的是平仄的调配：‘平平仄仄平平仄，仄仄平平仄仄平’。这也是一种特殊的语音同义句的要求，凡是符合这样的平仄要求的就可以出现在这个地方，就可以认为它们从语音的角度看是同义手段；而不符合这个要求的，就不可以出现在这个地方，则也可认为它们是不同义的。这个‘义’只是指的平仄这一点，而不管其他项目。”①

## 二、音节不同的同义手段

汉语中的词语，从音节上看，无论从历时还是共时的角度观照，都有单音的和双音的，其中有不少的是意义相同的，这就构成了音节不同的同义词语。如：读—阅读、诗—诗歌、书—书籍、姐—姐姐、妈—妈妈、中—中国—中华人民共和国、维护和平—维和，等等。在语言运用中，单从意义上看，似乎用哪一种音节的都可以，若从音节配合的角度来考虑，则需根据语境来选用音节长短不同的词，使其同与之相配的词语协调。例如：

［1］我有冲天的干劲儿，
　　我有美丽的青春！

① 王希杰：《修辞学通论》，南京大学出版社1996年版，第288页。

是我们青年发明创造，
叫美丽山河更美更新。（老舍《女店员》）

上例中的双音词“美丽”、单音词“美”是同义词，但由于“青春”、“山河”是双音词，所以选用“美丽”去修饰，而为了与“更新”在音节上协调，所以用“美”同“更”相配，而不用“美丽”。再如：

［2］佛家有一句口头禅，是“生死事大”。宋儒批评说，总是喊生死事大，就是因为怕死。（张中行《顺生论》）

［3］有的死亡于疾病，有的牺牲在战场。（韩树英主编《通俗哲学》）

“死”和“死亡”是一对理性意义相同的词，只是音节上有单双之别。例［2］中有三处不用“死亡”而用“死”是为了同其前面的“生”在音节数量上对称；例［3］中用“死亡”这一双音节词而不用“死”，为的是同其后的双音节词“牺牲”对应使音节匀称。

［4］远远的街灯明了，
好像是闪着无数的明星。
天上的明星现了，
好像是点着无数的街灯。（郭沫若《天上的街市》）

“好像”和“好像是”的基本意义无大区别，只是前者是两个音节，后者是三个音节。在上例的原作中没有“是”，定稿中增加了“是”，从音节上看，就使每行第一音步皆三字，同时使二四行变成三二三二式音步组合，这样就富于变化，诗歌的节奏感、音律感更强。

### 三、叠音与否的同义手段

一组词语的语法意义和词汇意义都相同或基本相同，只是有的是叠音的，有的是非叠音的，它们也能构成同义手段，如形容词：青—青青（的）、清楚—清清楚楚、糊涂—糊糊涂涂、马虎—马马虎虎/马里马虎、雪白—雪白雪白（的），如动词：看—看看/看一看、商量—商量商量、讨论—讨论讨论，如名词：日夜—日日夜夜。在语言运用中，人们会在叠音词和非叠音词之间作出选择，通过语音的复叠，或加重形象的描摹，使繁复的感情与语气得以确切表达（形容词）；或减弱（有的是加强）动作行为变化的量、或表示动作行为过程的延续、或强化动作行为变化主体的能动性（动词），或增多对象的数量（名词）等，与此同时也增强了语言的音乐美。

叠音古人称为“重言”或“复字”，有人称为“叠字”，在我国浩瀚的古代文学作品中，有不少叠音词用得很好的名篇。《诗》三百零五篇，用了叠音词的有近二百篇。宋代女词人李清照的《声声慢》开头就一连用了七组叠音字：“寻寻觅觅，冷冷清清，凄凄惨惨戚戚”，而不用与之意义相同的非叠音词“寻觅”，“冷清”，“凄惨”，为的是充分抒洒自己当时的寻觅、清冷，凄凉、悲惨的心境。怪不得有人评论说：“至易安词‘寻寻觅觅，冷冷清清，凄凄惨惨戚戚’连上十四叠字，则出奇制胜，真匪夷所思。”① 王实甫《西厢记》唱词中大量使用叠音，不仅强调、突出了所要表达的内容，使表情达意更加深切，渲染气氛更加浓郁，还增强了节奏感，使语言朗朗上口，具有反复的音乐美。如：

［1］悄悄冥冥，潜潜等等。（【一本·三折·越调·斗鹌鹑】）
等待那齐齐整整，袅袅婷婷，姐姐莺莺。（【紫花儿序】）

连用叠字，显出了张生“蹑着脚步儿行”的那种蹑手蹑脚的样子。十组叠字，犹如“大珠小珠落玉盘”，圆润干脆，具有很强的音乐美。

［2］谁承望这即即世世老婆婆，着莺莺做妹妹拜哥哥。白茫茫溢起蓝桥水，不邓邓点着祆庙火。碧澄澄清波，扑剌剌将比目鱼分破；急攘攘因何，扢搭地把双眉锁纳合。（【二本·三折·得胜令】）

老夫人赖婚，莺莺无奈、痛苦、不知所措。“即即世世”、“白茫茫”、“不邓邓”、“碧澄澄”、“扑剌剌”、“急攘攘”这几句，由于叠字的使用，读起来流转如珠，声情并茂。

［3］绿依依墙高柳半遮，静悄悄门掩清秋夜。疏剌剌林梢落叶风，昏惨惨云际穿窗月。（【四本·四折·雁儿落】）

［4］惊觉我的是颤巍巍竹影走龙蛇，虚飘飘庄周梦蝴蝶，絮叨叨促织儿无休歇，韵悠悠砧声儿不断绝。痛煞煞伤别，急煎煎好梦儿应难舍；冷清清的咨嗟，娇滴滴玉人儿何处也！（【二本·三折·得胜令】）

① 梁绍壬语，转引自黄永武：《字词锻炼法》，第88页。

叠字与前后词语的巧妙搭配，把静态的景物写得富有动感，显出活力。例如“绿依依墙高柳半遮”一句，景物本身是高墙被绿柳半遮半掩，如果不用叠字，也不考虑音律，就是“绿柳半遮高墙”这样一幅景象，而如果使用叠字——“绿依依”，垂柳枝条摇曳之态就鲜活起来，可以想象出柳条在微风吹动下轻拂高墙的样子，这样的表达使唱词更有诗意。两支曲子接连使用了十二个嵌有叠词的句子，借景抒情，韵调悠圆。

现代作品也常用叠音词来加强物象描摹、感情抒发。例如：

[5] 这么多的水长流不息，日日夜夜发出叮叮咚咚的响声。水的清澈令人叫绝，无论多深的水，只要光线好，游鱼碎石，历历可见。水的流势都不大，清清的微波，将长长的草蔓拉成缕缕的丝，铺在河底，挂在岸边，合着那些金鱼、青苔以及石的倒影，组成一条条大飘带，穿亭绕榭，冉冉不绝。（梁衡《晋祠》）

“日夜——日日夜夜”，“叮咚——叮叮咚咚”，“清——清清”，“长——长长”等都是非叠音和叠音组成的同义词语，但作者却选用了叠音词，摹水画草细致入微，似诗却有形，如画又变动，轻婉柔和，引人动情，有强烈的优美感。

恰当地运用叠音词，不仅可增强语句的音律美，还能够增强语言的描绘力和形象性、加重文字的抒情色彩。例如：

[6] 一会儿，门帘一挑，露出一个年轻媳妇来。这媳妇长得很好看，高高的鼻梁，弯弯的眉毛，额前一溜蓬松松的刘海。（茹志鹃《百合花》）

[7] 绿幽幽的竹园，
绿生生的瓜，
绿油油的菜畦，
绿翠翠的豆荚……（张宣强《农家》）

“高高”、“弯弯”、“蓬松松”分别与“高”、“弯”、“蓬松”的理性意义相同，只不过在语音上有叠音与非叠音的区别，因而它们是三组语音同义词。小说中不用原形词而用与之相对应的三个叠音词，一是与其后的修饰对象双音词“鼻梁”、“眉毛”、“刘海”音节相称，二是能以柔和之语气、赞美之口吻生动地描绘年轻媳妇的美貌，如果用单音词，读起来就感觉生硬、直倔。“绿幽幽”、“绿生生”、“绿油油”、“绿翠翠”和“绿”是同义词，但语音形式不同，前者是后缀叠音虚语素的叠音词，后者是非叠音词。诗中连用四个叠音词，描绘了农家的竹园、瓜、菜畦、豆荚，清新、鲜活、富有生气，赞美之情溢于言表，如用与之同义的单音词“绿”就达不到这样的效果。

[8] 我懒懒地仍旧躺在船板上，偶然望到对面绿油油的山头，被云雾遮住了，山腰有朵朵白云，很快地飞来飞去，像北京小孩子溜冰一样。（凌叔华《爱山庐梦影》）

“懒懒”、“绿油油”、“朵朵”分别是“懒”、“绿”、“朵”的重叠式，重叠式与非重叠式的基本意义相同，但语言形式不同，前者比后者在语义上程度重一些。

**四、节律不同的同义手段**

节律就是节奏的规律。宇宙间的一切事物都有节奏，从而也有节律。在语言学中，“节律指的是话语中声音长短强弱的一种组合现象，是语音句中音节和音节群的有规律排列组合的方式，也就是语音句内部间歇和停顿的有规律出现的模式。”① “语言中的句子自然可以分成许多节落，就是意图群；每个节落又可以分成许多小节落，就是所谓节拍群。节落跟节落之间有长短不等的间歇，句子里的词或词里的音节又可以有不同的高低轻重（声调、重音和语调）和快慢不等的速度，有时咱们还利用若干句子中的某些地位上的反复再现（双声、叠韵、韵脚、韵腹等）来造成语言的某种气氛或情调，……这一切就构成了语言的节律，或者说是语言的节奏感。”（罗培常、王筠《普通语言学纲要》）

节奏，又可以叫做“音顿”、“音步”、“音尺”、“语节”、“音节组”等。话语的节奏同说话人的思想感情、生理因素相联系，美的节奏，可以满足人对美的追求。任何话语形式都有节奏，只不过在说出来的时候，有的符合人们的节奏感，有的则相反，如“我爱伟大的祖国”，其美的节奏应是“我爱｜伟大的｜祖国”，当然，也可能被读成“我爱｜伟大｜的祖国”，这种节奏虽然不能满足人们在语音上的美感要求，但不影响对意义的表达和理解。再如“节外｜生枝”、“成人｜之美”，如果读成“节外生｜枝”、

① 王希杰：《修辞学通论》，南京大学出版社 1996 年版，第 362 页。

"成｜人之美"等3｜1或1｜3式节奏，就感到拗口、别扭，但同2｜2节奏的意义是相同的。也就是说，虽然节奏的形式不同，但负载的意义却是相同的，这就构成了节律上的同义手段。

汉语中的四字格通常读成2｜2式的节奏，这种节奏配置顺口、悦耳，能给人以美感，如从结构和意义的角度看，有些四字格（尤其是成语）应是1｜3或3｜1式节奏，但人们从美感的角度仍然将其读成2｜2式。如：

1｜3→2｜2：
谈｜何容易、举｜不胜举、乘｜人之危、身｜不由己、
无｜所适从、词｜不达意——→
谈何｜容易、举不｜胜举、乘人｜之危、身不｜由己、
无所｜适从、词不｜达意
3｜1→2｜2：
一己之｜私、一衣带｜水、一日之｜长、一念之｜差、
一卒之｜令、举手之｜劳——→
一己｜之私、一衣｜带水、一日｜之长、一念｜之差、
一卒｜之令、举手｜之劳

可见，不同的节律也可构成同义手段。

**五、音位变体的同义手段**

语音是语言的物质外壳，是语义的载体，本质意义上的语言总是通过语音来显示自己的存在。语音不仅在历时状态中不断演变着，而且在共时状态中由于某种条件的影响而产生变异，音位变体就是其中之一。

音位是语言或方言里能区别语素或词的语音形式，也是能区别这种语音形式所表达的意义的语音单位。凡是出现在相同的语音环境而处于非对立关系的音素可以归并为同一个音位，同一个音位在不同的语音环境中又异变为几个不同的语音形式，此即音位变体。因此，音位变体就是同一音位的几个变异形式，是同一音位在运用中的不同形式。实际上，几乎每个音位都有若干个变体，但在实用中，人们往往忽略其变异。音位变体没有区别意义的作用，即同一音位的几个变体虽然读音不同，但所负载的意义却是相同的。音位变体分自由变体和条件变体。自由变体是出现在同样的语音环境中能自由替换而不能区别意义的一组音素。如在汉语中，桂林、武汉、南京、兰州、重庆等地方言的声母［n］、［l］不分，于是，［n］、［l］是同一音位的自由

变体。条件变体是在一定语言中各有一定的出现条件而同属于一个音位的一组音素。这里的条件主要是指变体所处的语音环境的影响，包括邻近音的性质、发音部位、发音方法以及其他因素的影响。如汉语普通话的音位/i/在不同的语音条件下，就有多个音位变体，主要的有三个：[i]（作韵腹）、[I]（作韵尾）、[j]（作韵头）；而/a/音位又有四个音位变体：[a]（前元音）、[ε]（前元音）、[ɑ]（后元音）、[A]（央元音），它们的出现各有自己的条件，处于互补分布状态。因为几个音位变体的实际读音各不相同，但却无区分意义的作用，所以，就其实质而言，它们构成了语音的同义手段。

## 六、语流音变的同义手段

音素在活的语言里实际上总是处在一个不间断的语流中，即一个接一个地组合成一串连续的声音。在这连续的语流中，一个音往往可能由于邻近音的影响、自己在语流中所处的地位不同、或者由于说话的快慢、高低、强弱的不同而发生种种变化，此即语流音变。这也是语音运动的方式之一。常见的语流音变有同化、异化、弱化、脱落、增音等现象，即变异后的语音形式与原形式相比，是一种偏离，但这种偏离并未改变词语的意义，因此，原语音形式同变异后的语音形式是一组语音的同义手段。

语音同化的同义手段　语流中两个邻近的原不相同或不相近的音，其中的一个受另一个的影响而变得跟它相同或相近，这叫同化。同化是为读起来顺口。同化后改变了语音形式，但未改变原音负载的意义。如英语的 dogs [dogz] 中的清辅音 [s] 由于受其前面浊辅音 [g] 的影响也变成了浊辅音 [z]。同化有部分同化和完全同化、顺同化和逆同化之别。

语音异化的同义手段　语流中原来邻近的两个相同的或相近的音其中一个受另一个的影响而变得跟它不相同或不相近，这叫异化。异化是为避免拗口。异化了的语音与原来的音形式不同，但负载的意义未变，因而二者是同义手段。辅音、元音、声调都可能被异化。如英语 government（政府），其读音由 ['gΛvənmənt] 变为 ['gΛvəmənt]，其中的第一个 [n] 在实际读音中丢失，是由于其后还有一个 [n] 读起来不方便的缘故。此例既是辅音异化，又是脱落，异化导致脱落。汉语普通话的变调现象（上声、去声、“一”、“不”、“七”、“八”的变调，形容词重叠的变调等）属于声调的异化，因为在语流中，有些音节的声调由于受前后音节（多数是后一音节）声调的影响起了一定的变化，与单读时调值不同了。

语音弱化的同义手段　语流中一个较强的音由于所处的地位或受邻近音的影响而变成一个较弱的音，这叫弱化。辅音、元音、声调都可能发生弱化，但弱化后，并未改变它所标示的词或语素的意义。弱化和非弱化是一组语音的同义手段。

辅音的弱化跟发音阻力的大小有关。清辅音的发音阻力大于浊辅音，塞音的发音阻力大于擦音。故而辅音的弱化一般是清辅音弱化为浊辅音，塞音弱化为擦音。如汉语普通话中的 lǎba（喇叭）本应读为［lΛpə］，而实际上却读为［lΛbə］，清辅音［p］变成了浊辅音［b］。

元音的弱化跟发音时用力的轻重有关。短元音强于长元音，重读元音强于非重读元音。故而，元音的弱化一般是短元音弱化为长元音，重读元音弱化为非重读元音，复元音可能变为单元音，单元音除［i］、［y］等高元音以外，一般向央元音［ə］靠拢。如汉语里的 mùtou ［mùt'o］（木头）、māma［mΛmə］（妈妈），前者是双元音［ou］弱化为单元音［o］，后者是低元音［A］弱化为央元音［ə］。英语非重读音节里的弱式发音一般都是元音的弱化，并且不少的都向［ə］运动，如：

a ［ei］——［ə］
are［a:］——［ə:］
but［bΛt］——［bət］
of ［ov］——［əv］

在有声调的语言里，音节的声调也会发生弱化。如汉语普通话里的轻声音节就是受其前一音节的影响而弱化的，它丧失了原有的声调，变得又短又轻，音高也不固定。在普通话里，助词和语气词、叠音词和动词的重叠形式后头的字、构词用的虚语素、用在名词代词后面表示方位的语素和词、量词“个”、常用的双音节词的第二个音节等成分通常弱化为轻声。声调弱化的一般规律是：调值由 55→2，35→3，214→4，53→1。

语音脱落的同义手段　语流中有些较弱或不重要的音素在发音时丢失了或者为了发音的方便而故意省去某些音，这叫脱落。脱落往往是进一步弱化的结果。汉语的 dòufu（豆腐）读作［touf］，英语把 I am 读作［I'm］等都是脱落现象。除弱化音节中某些音的消失外，为了连续发音的方便，也会使某些音脱落。如汉语普通话的儿化韵，当韵尾是 i、n 时，就要去调韵尾，由主要元音代卷舌音，如 Xiǎohár（小孩儿）。脱落后的音所负载的意义同原形式的相同，即是同义的。

语音增加的同义手段　在语流中连续发音时，有时加进原来没有的音素，这叫增音。汉语普通话语气词“啊”［A］跟前面的音节连读时，会随着前面音节尾音的不同而增出一些同部位的辅音，如可读作“呀”［iA］、“哪”［nA］、“哇”［uA］等。有时为了发音的方便，也采用增音的方法，如英语不定冠词 a 用在元音开头的音节之前时，要在其后加上一个 n 变成 an。增加后的语音同原语音传达出的意义是相同的，因此，这二者可视为语音的同义手段。

**七、古今音变的同义手段**

语音从一个时代到另一个时代所发生的变化叫语音的历史变化。这种变化是一个缓慢的渐变的过程，在同一时期的语言里往往不易觉察出来，但如果把不同发展时期的语音加以比较，就可以清楚地看到它们之间的差异。比如中国古代的反切在当时是一种比较好的注音方法，用得相当普遍。可是我们按照古人的反切拼读出来的音，许多字跟现在的读音已经完全不同了。中国古代诗词的平仄、押韵等格式是相当严格的，可是、有许多诗词按今天的读音读起来并不押韵、平仄也不对。其原因就在于韵母和声调都发生了变化。古今语音不尽相同，但这种变化还是有规律的。例如汉语史上浊音清化就是一条语音规律。其主要内容是：（1）全浊塞音和塞擦音声母在平声字里变为同部位的送气清声母，在仄声字里变为同部位的不送气清声母。（2）全浊擦音声母一般变为同部位的清擦音，无送气不送气之别。但对同一对象来说，不管是在古代读全浊音还是在现代汉语普通话里读清音，它的意义并无改变，就此而言，它们是同义手段。

再如，我国古代有尖音、团音之分。凡古代“精、清、从、心、邪”五母字（z、c、s 声母），现在的韵母是 i［i］、ü［y］，或以 i［i］、ü［y］起头，叫尖音字，如“将”、“节”；凡古代“见、溪、群、晓、匣”五母字（j、q、x 声母），现在的韵母是 i［i］、ü［y］，或以 i［i］、ü［y］起头，叫团音字，如“姜”、“结”。（在现代汉语中，有的方言还分尖团，如把尖、千、先读作 ziān、ciān、siān，把兼、牵、掀读作 jiān、qiān、xiān，现在有一些年轻人尤其是年轻女性往往说尖音。这些其实是对古代读音的存留。）普通话读音中不分尖团音（其实是把古代的尖音字一律读作古代的团音）。但对同一个字来说，不管是古代人读作尖音或团音，还是普通话中不分尖团，其意义都是相同的，就是说，尽管对同一对象而言，读音形式不同，但意义还是相同的，这也是语音的同义手段，只不过是历时的而已。

**八、多音符号（词/语素）中的同义手段**

在汉语中，一个汉字可以记录一个单音语素或一个单音词。这类语素或词有几个不同的读音。其中有的读音不同意义也不同，但有的在不同的场合读音不同，而其意义本无多大的变化，人们把这类字叫做多音同义字（语素/词）。例如：

剥：bāo 剥花生　　剥皮　　剥下来
　　bō　剥削　　剥夺　　剥落
削：xuē 剥削　　削减　　削弱
　　xiāo 削铅笔　　削皮
吓：hè　恐吓　　恫吓　　威吓
　　xià　吓唬　　吓人　　吓一跳

“剥”、“削”、“吓”这三个符号各有两个读音，但在不同语境中运用时在意义上无大差别，它们是否也可以看作语音的同义手段呢？

有些字在普通话里有两个以上的读音，但却没有字义和用法上的区别，这类字叫异读字。如：“傍”原来有三个读音：bāng　bàng　páng。虽然1957年以后，国家文字改革委员会对异读字进行审定后，发表了《普通话异读词三次审音总表初稿》，明确了异读字的读音规范。但在同一场合具体使用时，人们还会异读。又如下面的字（括号中的被认为是不规范的读音）：

凹：āo　凹透镜　　凹陷　　（wā/yāo）
遍：biàn 普遍　　遍地　　（piàn）
堤：dī　堤坝　　河堤　　（tī）
缚：fù　束缚　　缚住　　（fó）
括：kuò 概括　　包括　　括号　　（kè）
室：shì　办公室　　寝室　　教室　　（shí）

上举数例，不管人们读的是规范音还是不规范音，都不改变意义，这也应该看作是同义手段。

**九、方普不同的同义手段**

方言和普通话，不仅存在着词汇和语法方面的差异，在语音上存在的差异更大。语音上的差异或在声母上，或在韵母上，或在声调上，或在声韵调上。但对同一个词语来说，不管方言中怎么读，也不管普通话中如何发音，它们所表达的意义都是一样的。如我国南方许多地区的人把普通话中的翘舌音 zh [tʂ]（舌尖后、不送气、清、塞擦音）、ch [tʂ']（舌尖后、送气、清、塞擦音）、sh [ʂ]（舌尖后、清、擦音）分别读成平舌音 z [ts]（舌尖前、不送气、清、塞擦音）、c [ts']（舌尖前、送气、清、塞擦音）、s [s]（舌尖前、清、擦音），于是就把"正直"（zhèngzhí）读成了"zèngzí"，把"长城"（chángchéng）读成了 cángcéng，把"手术"（shǒushù）读成了 sǒusù，但这些不同读法所表示的意义是相同的。我国许多方言区的人把普通话中的辅音 n [n]（舌尖中、浊、鼻音）读成 l [l]（舌尖中、浊、边音），于是把"奶牛"（nǎiniú）读成 lǎiliú，但"奶牛"的词汇意义、语法意义仍然没有丝毫的改变。陕北人把"延安"（yán'ān）说成 yáng'āng，但接受者不会因读音的改变而把"延安"这个词理解成其他的原义。

此外，不仅普通话与方言的有些读法有区别，即使在不同方言区的人对同一个词语也会在声、韵、调上有不同的读音，如宁夏固原人把"爱"（ài）[ai51] 读作 [nāi55]，隆德人将其读作 ngāi [ŋai55]，而甘肃秦安一带的人则将其读作 gāi [kai55]，但对"爱"的意义的理解不会有偏差。

总之，对某一个特定的词语来说，尽管方言和普通话之间、方言和方言之间读音不同，但这些不同的语音形式所负载的意义却是相同的，因而，我们认为，这种现象也是语音的同义手段。

### 十、有意误读的同义手段

有时候，人们故意将形体相近的字错读，不但不影响对原义的理解，而且还能产生调侃、逗乐、幽默等情趣，如：将"吹毛求疵"读作"吹毛求屁"，将"心不在焉"读作"心不在马"，将"挑衅"读作"挑畔"，将"红彤彤"读作"红丹丹"，将"领衔主演"读作"领街主演"等等。小孩在大人面前撒娇时，故意把"爸爸"（bàba）叫成 biabiá/piapiá、把"妈妈"（māma）说成 miamiá/ māmi ……产生一种亲昵感。这故意误读的音同原来的音负载的理性意义在交际中是相同的，也不影响人们的理解。故而误读音和原音就是一组语音的同义手段。人们宁可选择错误的读法而不用正确的读音，显然是处于交际的需要。

### 十一、反切与非反切的同义手段

反切是古代的一种注音法，它是用两个汉字注出一个汉字的读音，其基本原理是：注音上字的声母与被切字的声母相同，注音下字的韵母和声调与被切字的韵母和声调相同，如"冬"，都宗切，"都"，当孤切。许多秘密语

（隐语）就是利用反切原理构成的，如把“走”叫做“宰狗”，把“动”叫做“邓弄”等等。这里的“宰狗”与“走”同义，“邓弄”与“动”同义。再如：

［1］多九公道：“林兄且慢取笑，我把来路说说。当时谈论切音，那紫衣女子因我们不知反切，向红衣女子轻轻笑道：‘若以本题而论，岂非“吴郡大老倚闾满盈”么？’那红衣女子听了，也笑一笑，这就是当时说话光景。”林之洋道：“这话既是谈论反切起的，据俺看来，他这本题两字自然就是什么，你们只管向这反切书上找去，包你着得出。”多九公猛然醒悟道：“唐兄，我们被这女子骂了，按反切而论，‘吴郡’是个‘问’字，‘大老’是个‘道’字，”‘倚闾’是个‘于’字，‘满盈’是个‘盲’字。他因请教反切，我们都回不知，所以他道：‘岂非问道于盲么？’”（李汝珍《镜花缘》）

这里的“吴郡大老倚闾满盈”就同“问道于盲”同义。

［2］北齐中书侍郎河东裴袭，字敬宪，患耳。新构山池，与宾客宴集，谓河间邢子才曰：“山池始就，愿为一名。”子才曰：“海中有蓬莱山，仙人居之宜名‘蓬莱’。”“蓬莱”，裴聋也，故以戏之。敬宪初不悟，于后始觉。（《太平广记》二四七《邢子才》）

这里“裴聋”二字也是利用“蓬莱”反切出来的，其原理是：以“蓬”为反切上字、“莱”为反切下字，得出“裴”，以“莱”为反切上字、“蓬”为反切下字得出“聋”。于是“蓬莱”与“裴聋”在特定语境中是同义的。

# 第六章　词语的同义手段

这里所说的词语的同义手段，包括词汇系统的和语法系统的。

## 第一节　词汇词语的同义手段

语素、词、固定短语都是词汇学研究的对象，但作为语言的建筑材料，进入言语交际时，就有常规与变异两种情况。它们是修辞的基础材料，是语言艺术化的手段，是修辞现象的表现形式，因而也存在同义选择的问题。

### 一、语素的同义手段

语素是最小的语音语义结合体，是构词的基本单位。凡语素都是有意义的。在语素中有许多是同义的。

同义语素可以用来组成并列结构的复合词，如悲、哀、伤/看、察、观、视/田、地/朋、友等。这四组中的个体可以两两组合起来构成一个同义并列结构的词：悲伤、哀伤、悲哀/观看、察看、看视、观察、视察/田地/朋友。此外如："道路、波浪、声音 、群众、停止、选择、帮助、优良、恶劣 、阅读、研究、讨论、学习、语言"等各词中的两个语素都是同义语素。

同义语素还可以组成短语。如同义语素并举（或交错）可构成具有特殊色彩的成语，有加强语势的作用。如：

| | | | | |
|---|---|---|---|---|
| 倒行逆施 | 流言飞语 | 家喻户晓 | 深思熟虑 | 轻描淡写 |
| 赤手空拳 | 雄心壮志 | 并驾齐驱 | 养精蓄锐 | 幸灾乐祸 |
| 正本清源 | 摧枯拉朽 | 粗心大意 | 发号施令 | 左顾右盼 |
| 东奔西走 | 谨小慎微 | 聪明伶俐 | 花言巧语 | 生动活泼 |
| 奇形怪状 | 深恶痛绝 | 心满意足 | 出头露面 | 失魂落魄 |
| 循规蹈矩 | 真凭实据 | 道听途说 | 千辛万苦 | 风平浪静 |

在修辞中，对语素进行同义手段的选择不多见，因语素是构词单位，不能独立运用于特定的语言环境中。

## 二、词的同义手段

“同义词语，其实就是在词语的形式方面具有差异性而在其本内容方面具有同一性的词语。”[①] 这里所说的词的同义手段指的是语言的词的同义手段，即进入词汇系统的词的同义手段。

词的同义手段有广义的和狭义的：广义的指词的任何一种聚合体，即词按照一定的标准分出的类别，同一类别中的成员从特定角度看有其共性，如汉语词汇中的基本词汇、一般词汇，某个行业的词汇、某个人的词汇等等；狭义的只指基本意义相同或相近但又有细微区别的一组词。这里所讲的词的同义手段以狭义的为主。如：

看　使视线接触人或物：看书｜看电影。[②]（以下各词解释俱出此词典）

见　看到；看见：罕见｜眼见是实｜喜闻乐见｜视而不见。[③]

望　向远处看：登山远望｜一望无际的稻田。[④]

盯　把视线集中在一点上；注视：轮到她射击，大家的眼睛都盯住了靶心。[⑤]

瞟　斜着眼睛看：他一面说话，一面用眼瞟老李。[⑥]

瞥　很快地看一下：弟弟要插嘴，哥哥很快地瞥了他一眼。[⑦]

瞧　看：瞧见｜瞧书｜瞧病｜瞧热闹｜瞧一瞧｜他瞧亲戚去了。[⑧]

阅　看（文字）：阅览｜订阅期刊｜翻阅文件。[⑨]

浏览　大略地看：浏览市容｜这本书我浏览了一遍，还未仔细看。[⑩]

---

① 王希杰：《修辞学通论》，南京大学出版社1996年版，第280页。

② 中国社会科学院语言研究所词典编辑室编：《现代汉语词典》（修订本），商务印书馆2000年版，第705页。

③ 同上书，第619页。

④ 同上书，第1304页。

⑤ 同上书，第293页。

⑥ 同上书，第973页。

⑦ 同上书，第973页。

⑧ 同上书，第1021页。

⑨ 同上书，第1557页。

⑩ 同上书，第809页。

观看　特意地看；参观；视察：观看景物｜观看动静｜观看足球比赛。①

瞭（了）望　登高远望：极目瞭望，海天茫茫。②

眺望　从高处往远处看：凭栏眺望｜站在山顶眺望。③

法国作家福楼拜说过：语言艺术家应该准确地用一个名词来称呼事物，用一个动词标志动作，用一个形容词加以形容。决不该蒙混。正如托尔斯泰所说："语言艺术家的技巧就在于寻找唯一需要的词的唯一需要的位置。"在《什么是艺术》中选择同义词是修辞学中的一个十分重要的问题：词语是语言的建筑材料，是修辞的最基本的东西；选择同义词是为了让它进入句子，因此同义词的细微差别会影响到同义句的差别。

（一）同义义场和同义词

从狭义的角度说，理性意义相同或相近的一组词构成的义场叫做同义义场。同义义场中的各个词叫做同义词。如："演讲—讲演"；"度过—渡过"等。

多义词有几个意义，这几个意义常常各有自己的同义词，所以，一个多义词的同义词实际上二者之间是局部的同义，在不同的语境中会与不同的词构成同义。例如"痛快"一词，在不同的上下文中，有不同的同义词，如在"你这个人办事很痛快"里，它与"爽快"、"直率"同义；在"今天玩得真痛快"里，与"开心"、"尽兴"同义。又如"平常"一词，在"他外貌平常，可是精明能干"里，它和"普通"、"一般"同义；在"平常他这会儿早来了"里，和"平时"、"通常"同义。再如"骄傲"有两个义项：(1) 引以为荣；(2) 自高自大。但"自豪"也有"引以为荣"这个义项，于是"骄傲"与"自豪"可构成同义关系。

（二）同义词的类别

按照"同义"程度，可把同义词分为等义词和近义词。

1. 等义词（绝对同义词）概念意义完全相同但拥有细微差别的一组词叫等义词。如：

公里—千米　　　维生素—维他命

---

① 中国社会科学院语言研究所词典编辑室编：《现代汉语词典》（修订本），商务印书馆2000年版，第463页。

② 同上书，第796页。

③ 同上书，第1253页。

玉米—棒子　　暖壶—热水瓶
语法—文法　　长官—首长
水泥—洋灰　　水—氢二氧一

等义词的概念意义虽然相同，但在色彩意义上总是有或大或小的差别，也不是如有人说过的在任何语境中都能替换的。如：维生素—维他命，水—氢二氧一，爸—爹—父亲。

2. 近义词（相对同义词）　概念意义相近相类或有共同点但有细微差别的一组词叫近义词。如：

江—河　　美丽—漂亮　　妨碍—妨害　　尊重—尊敬
疼—痛　　出色—卓越　　保卫—捍卫　　整齐—齐整

“爱好—嗜好”都可是动词/名词，都指对某事物喜爱。但“爱好”多指正当的喜爱，“嗜好”指对某事物特别喜爱，已经上瘾，几乎离不开，比前者程度深。

按照语素的同异，近义词可分为如下三种情况：

（1）语素相同，语序不同。这类词被称为同素异序词。如：

粮食—食粮　　风暴—暴风　　火热—热火　　展开—开展
生产—产生
感情—情感　　整齐—齐整　　寻找—找寻　　离别—别离
力气—气力
出现—现出　　达到—到达　　出发—发出　　兄弟—弟兄
痛苦—苦痛
士女—女士　　际涯—涯际　　东西—西东　　始终—终始
喜欢—欢喜

这类词有的意义差别大，易辨识，如“粮食—食粮　风暴—暴风”；有的意义差别较小，需仔细体味，如“兄弟—弟兄”：兄弟，仅指弟弟；弟兄，指哥哥和弟弟。

（2）部分语素相同。这类词中相同的语素表示相近的意义，相异的语素表示意义之间的微殊。如：

损伤—损害—损坏—损失　　时候—时间—时刻

食品：经过加工制成的食物。意义较窄。

食物：泛指可以充饥的，包括加工和未加工的，人吃的和动物吃的。意义范围较广。

（3）语素都不同。这类词之间的意义差别明显，可通过语素的意义看出来。如：

抖擞—振作　任务—使命　检举—揭发　继承—世袭

错误—缺点　企图—打算　广泛—普遍　和—跟—及—与—同

本领：技巧、能力。中性词，口语。

伎俩：不正当的手段，花招。书面语。

（三）同义词的差别

要提高语言的表达能力，达到准确、鲜明、生动地表达思想感情的目的，大量地掌握同义词是非常必要的。要用好同义词，就必须辨析同义词之间的细微差别。“同中有异”或“大同小异”是同义词的突出特点。辨析同义词，就是要求同，找出同义词的共性；辨异，找出同义词的个性。修辞选择同义词，就是从众多的同义词中选择那些最能提高表达效果的个性词语。要选择好同义词，首先得掌握其个性，即差异性。同义词的差异性可从下面三方面去观察：

1. 理性意义方面的差异

（1）词义范围大小不同　一组同义词中有的意义范围大，有的小。如：“局面—场面，运动—活动，边疆—边境，创造—制造”这几组同义词的前一个都比后一个的意义范围大。“战争—战役—战斗”：都指武装斗争，名词。但——“战争”：范围大，指一切武装斗争，是由许多战役、战斗组成的。如“抗日战争”、“解放战争”；“战役”：范围较小，只是战争的一个阶段，是为了一定的战略目的在一定时间和地区内所进行的一系列战斗的总和，如“辽沈战役”、“淮海战役”、“平津战役”；而“战斗”：范围最小，指敌对双方所进行的武装冲突，是达到战争目的的主要手段，又泛指一切形式的斗争。如“孟良崮战斗”。“性质—品质”：都是名词，都指属性，但——“性质”范围大，指一切事物的属性；“品质”范围小，仅指人的思想作风上的属性。再如：“心情—心境—心绪”都指内心的思想感情。但“心情”泛指思想感情所处的状态，意义范围较广，书面、口头都常常使用，如“心情激动”、“愉快的心情”；“心境”主要指思想感情的境况，意义范围较窄，多用于书面，如“小张家乡闹水灾，近来心境不好”；“心绪”主要指萦回不断的思绪，或复杂的内心感情，意义范围较窄，也多用于书面，如“他担心高考落榜，一直心绪不宁”。“生命—性命”都指生物体所具有的活动能力，但“生命”意义范围较广，而且引申用于政治、艺术、体育运动以及其他有活力的事物，如“古人语言中有生命的东西同样值得学习”；而“性命”多指人，也指动物，意义范围较窄，多用于口头，如“亏得躲闪快，要不我这条性命就没了”。

（2）语义轻重不同　指词义在轻重程度上的不同。如：在“揭发—揭穿　背离—背叛　请求—恳求　批评—批判　消除—铲除—根除　轻视—鄙视—蔑视”这几组同义词中，每组后面的，在语义上都比前面的要重一些。

再如“违背—违反—违犯—违抗”都有不遵从的意思。“违背”指背离、不遵守、不实行，语意较轻，常用于协议、诺言、良心等，如“他这个人说话算数，从不违背自己的承诺”；“违反”指不符合，向反面去做，它有的地方可以和“违背”互换，但总的说来，语意较重，常用于理论、原则、规章、制度等，如“他违反校规，受到了记过处分”；“违犯”不是一般的违背、违反，且有触犯、抵触之意，性质严重得多，常用于政策、法令、法规、纪律等，如“党纪国法不容违犯”；“违抗”强调对抗、抗拒，是蓄意的行为，性质恶劣，如“胆敢违抗政府法令的人，定将受到严惩”。“指摘—指责—指斥”都有指出错误批评否定之意。“指摘”表示指出缺点错误，进行批评，语意较轻，如“他说话随随便便，伤了一些人，受到了大家的指摘”；“指责”强调责备，语意较重，如“对酒后驾车违反交通规则的人，应该加以指责、处罚”；“指斥”强调斥责，多用于性质严重的事情，语气很严厉，如“这种荒谬论调理所当然地为人们所指斥”。

（3）表现重点不同　指词语在表达对象时，语义的侧重点不同。例如“安定—稳定”都有平静正常、没有变动的意思，都可以用于形势、生活和人的情绪，但“安定”含有平安、安好之意，如“我们要维护来之不易的安定团结局面”；“稳定”更强调平稳、无大变化，如“这位病人现在病情比较稳定”。再如：“假冒”和“伪劣”都有所售商品以次充好的意思，但“假冒”侧重指商品冒充名牌，如“请认清商标，谨防假冒”；“伪劣”侧重指质量低劣，如“怪不得老出毛病，原来是伪劣产品”。

（4）个体与集体不同　一组词都指同一事物，但有的指的是具体的、个别的，有的指的是概括的、集体的。如下列几组词中的两个词，第一个，个体、集体都可指，但第二个，只能用于集体事物：

| | | | | |
|---|---|---|---|---|
| 人—人类 | 信—信件 | 车—车辆 | 布—布匹 | 纸—纸张 |
| 房—房子 | 树—树木 | 花—花卉 | 书—书籍 | 河—河流 |

2. 色彩方面的差异

主要反映在表情色彩、语体色彩、时代色彩、地域色彩等方面。

（1）表情色彩不同　表情色彩是在语言单位的表情意义制约下所产生的色彩，是词语的附加意义，是修辞义的一种，包括感情色彩、态度色彩、形象色彩。

感情色彩不同　感情是人们认识客观事物或作用于客观事物时对客观事物态度的体验。词的感情色彩义是指由词体现出来的反映说话人对所指对象和有关现象的主观态度与情感体验，分为褒、贬、中三种情况。

凡是表示说话人对有关事物现象的肯定、赞扬、喜爱、尊重、亲切、礼貌等感情态度的词义就是褒义，如"伟大、英雄、热情、大方、和气"等词的意义。凡是表示说话人对有关对象的否定、贬抑、厌恶、轻蔑、疏远、讽刺等感情态度的词义就是贬义，如"渺小、懦夫、冷漠、小气、巴结"等词的意义。有些词的意义并无明显的褒贬色彩，这就是中性词，如书、牛、鸟、纸，睡觉、吃饭，蓝、早，高等。当然，这些词在特定的语言环境中也能表示感情色彩。如"他笨得像头牛"，其中的"牛"就有了贬义，但这是语用义，而不是语言义。

褒、贬既相互对立，而又分别同"中性"对立。如：

| 褒义 | 贬义 | 中性 |
|---|---|---|
| 鼓舞 | 煽动 | 鼓动 |
| 起义 | 叛变 | 造反 |
| 理想 | 梦想 | 幻想 |
| 顽强 | 顽固 | 坚决 |
| 果断 | 武断 | |
| 通俗 | 粗俗 | |
| | 拖延 | 延长 |
| | 气焰 | 气势 |

再如："结果—成果—后果"：都指所达到的最后状态，其中，"结果"中性词，可以用于好的事物，也可以用于坏的事物，如"他们商谈的结果签订了合作协议书"，"结果"用于好的事物；"我们商谈的结果崩了"，

"结果"用于坏的事物。"成果"，褒义词，意思是工作或事业上的收获，是一种好的结果，如"祝贺你们在技术创新方面所取得的丰硕成果"。"后果"，贬义词，意思是后来的结果、结局，多用于坏的方面，如"滥伐森林的行为再不制止，后果不堪设想"。再例如："巨大—宏大—庞大"：都有很大的意思，其中，"巨大"中性词，如"对这样一个规模巨大的工程，一定要精心设计，精心施工"，"巨大"用于好的事物；"要防止造成巨大的经济损失"，"巨大"用于坏的事物。"宏大"，褒义词，有雄伟、壮阔之意，如"这是一个宏大的规划，真鼓舞人心"。"庞大"，贬义词，常含过大或大而无当之意，如"机构庞大、人浮于事的状况应该改变"。

态度色彩不同　态度色彩指的是词语的理性意义所附加的对待人和事物的情态，与感情色彩有联系，但二者有侧重点的不同。态度色彩常见的有：庄重、诙谐、强直、委婉、尊敬、戏谑、谦虚、倨傲等。如：

> 夫人（庄重态）、妻子（一般态）、老婆（诙谐态）
> 逝世（庄重态）、翘辫子（诙谐态）、走了（委婉态）、
> 去世（一般态）
> 领袖（庄重态）、头儿（诙谐）、领导（一般态）
> 挂彩（委婉态）、负伤（一般态）
> 油滑（强直态）、乖巧（委婉态）

态度色彩不同的同义词中，有些会映照出一定的社会道德意识，传达出尊卑贵贱的社会等级分化，如"贱内、荆室、堂客、浑家"等等都指的是妻子，但反映出夫权社会中大男子主义对妇女的歧视，映照出了封建伦理中"夫为妻纲"的意识。而"爱人、太太、配偶"等词则体现了男女平等的道德观念。再如：我国古代对男子的配偶就有不同等级的称呼：天子的配偶称"后"，诸侯的配偶称"夫人"，大夫的配偶称"孺人"，士的配偶叫"妇人"，庶人（老百姓）的配偶唤作"妻"。就是对"死"这一人的生命终结的现象，也要分化出不同等级的说法来："天子死曰崩，诸侯死曰薨，大夫曰卒，士曰不禄，庶人曰死。"（《礼记·曲礼上》）其中都有态度色彩的不同。

形象色彩不同　词义的形象色彩是指词除了它所代表的对象及其属性这种理性意义之外，还同时含有的该对象的某种形象感，是指词所指代的对象的种种形象在人们意识中的一种感性反映，它是依附于词的理性意义的一种感性上的印象。形容词、名词、动词、象声词、叹词等实词大多都有较浓厚

的形象色彩意义。尤其是用摹状、拟声等造词法造的词，有明显的形象色彩意义。如：

有视觉形象色彩义的词：须眉 佛手 吊钟 鹅黄 映山红 鸡冠花 眼镜蛇
有听觉形象色彩义的词：轰隆隆 哗啦啦 布谷鸟 乒乓球
有嗅觉形象色彩义的词：香喷喷 臭烘烘 臊乎乎 清香清香
有味觉形象色彩义的词：甜丝丝 辣几几 淡巴巴 酸溜溜
有触觉形象色彩义的词：冷冰冰 硬邦邦 麻苏苏 湿漉漉

只有反映具体事物情貌状态的词，反映对象有个体存在并有形貌状态表现的词，才可能有形象色彩义。形象义虽然在词典中没有注释，但它在人的精神生活、文学创作及其他精神创造中起巨大作用。词无形象义，人的精神生活就会萎缩，文学创作、科学幻想都成为不可能。

同一意义，可以用抽象的词语来表达，也可以用具有形象色彩的词语来表达，而具有形象色彩的词语往往同特定的具体对象相联系，容易引起接受者各种感官对词语所指事物的具体形象的联想和感受。如下面这几组词中的前者都具有明显的形象色彩，而后者却是抽象的：

帽子—罪名 包袱—负担 堡垒—困难 结晶—成果 地下—隐蔽
加油—鼓劲 瓦解—解体 脱兔—逃走 鞭策—督促 搁浅—停止

（2）语体色彩不同

语体色彩义是指不同的词适用于社会交际的不同范围，适用于不同文体而产生的附加义。或者说是词由于一般用于某类特定语体而形成的一种风格色彩，它反映了词与交际场合的关系，所以又称文体风格义。词的语体色彩一般分为口语体和书面语体色彩两类。有些词通常只用在日常谈话的口语中，它就具有了口语色彩。如：脑瓜、法子、个儿、哆嗦、聊天、揍、乐、瞧等。有些词通常只用在书面写作中，它就具有了书面语色彩。如：头颅、措施、身躯、颤抖、谈话、殴打、欢笑、观看等。当然，有些词在口头、书面上都能用，没有明显的语体色彩，如：笑、看、打、办法等，这可称为通用语体色彩。

在意义对应的同义词中有些经常出现在口语中，给人通俗、活泼、亲切、平易的情味；有些经常出现在书面语中，给人庄严、郑重、周密、文雅的感觉。这就是口语和书面语词的修辞色彩的不同，因此，二者适用的语境、场合也不相同。在二者中如能恰当选用，就能提高表达效果。如：

爸爸——父亲　多少—若干　吓唬—威胁　害怕—畏惧
小气—吝啬　剃头—理发　两口子—伉俪　拉倒—作罢

上几组词，每字前面的是书面语色彩词，后面的是口语色彩词。再如："儿童—小孩儿"都是指比较幼小的未成年人，但前者比较庄重，后者比较亲切。在"儿童是祖国的花朵"里，如换用"小孩儿"就不协调；而在"瞧，这位老爷爷在逗小孩儿呢"里，如换用"儿童"，也会失去原有情味。

此外，即使在书面语中，意义对应的同义词，有的用于日常交际，有的用于专门行业。如：

一般词与文艺语体词：心—心灵　好—美好　静—寂静
一般词与公文专用词：现在—兹　给—给予　安排—部署
一般词与军事专用词：早晨—拂晓　爬行—匍匐
一般词与科学专门词：煤气——氧化碳　土豆—马铃薯

语言体系中表示同一客体的同义词语围绕一个中心词（零度形式）构成一个同义聚合体。在一个同义聚合体中，其修辞功能按照语体被分化了。语体色彩是语言单位在使用过程中由语言环境的类型化而附着的相对稳定的色彩，语言单位所适用的交际领域愈小、愈专门化，那么语体色彩就愈浓。语体色彩虽然来自语言环境，但当它固定在某些语言单位上以后，便使这些语言单位产生了语体功能，从而成为形成各类语体的重要手段。语体色彩的核心就是保持话语同语境的平衡。

（3）时代色彩

时代的不同以及社会道德观念的变化，使表示同一对象的词有了不同的色彩，即时代色彩。如"清道夫—清洁工、环卫工，邮差—邮递员，戏子—演员，跑堂—服务员，佣人、保姆—家政服务员"这几组同义词的前者与后者之间都有新旧色彩的不同。在我们今天看来，有旧色彩的这些词语透露出对某种职业和从业者的轻蔑态度。

理性意义相同、相近的古语词和现代词体现了明显的时代色彩。如：

予、余、吾—我　甚、颇—很　俾—使　遁—逃亡

黎民—老百姓　　贲临—光临　　迎迓—迎接　囹圄—监狱
原宥—原谅　　尚—还　　俱—都、同

古语词同现代词相比，它凝练而富有民族特色，在一些外交场合、重要贺电、唁电、声明以及政论杂文、文艺作品中恰当使用，能使语言简洁匀称，表达庄重严肃的感情和幽默讽刺等意义。如：

［1］获悉埃德加·斯诺先生不幸病逝，我谨向你表示沉痛的哀悼。（毛泽东《致斯诺夫人唁电》）

［2］大好河山，沦于敌手，你们不急，你们不忙，而却急于进攻边区，忙于打倒共产党，可痛也夫！可耻也夫！（毛泽东《质问国民党》）

“获悉”、“谨”、“沦”等都是古语词，它们都有与之成为同义手段的现代词语，但在上几例中却选用了古语词，以表达或庄重严肃的情态或幽默讽刺的意义。

（4）地域色彩

在意义对应的同义词中，有的是普通话词，有的是方言词。如玉米—棒子、交谈—搭腔，每组中的前者是普通话词，后者是方言词。不仅普通话词同方言词的地域色彩不同，不同的方言词之间也有不同的地域色彩。如下列词：

| 普通话 | 北京 | 成都 | 上海 | 长沙 | 南昌 | 梅州 | 福州 | 厦门 | 广州 |
|---|---|---|---|---|---|---|---|---|---|
| 他 | 他 | 他 | 伊 | 他 | 佢 | 佢(其) | 伊 | 伊 | 佢 |
| 什么 | 什么 | 啥子 | 啥 | 么子 | 什哩 | 脉介 | 什乇 | 什物 | 乜[野] |
| 垃圾 | 脏土 | 渣滓 | 垃圾 | 屑子 | 屑 | 垃圾 | 粪扫 | 粪扫 | 垃圾 |
| 肥皂 | 胰子 | 洋碱 | 肥皂 | 胰子油 | 洋碱 | 番枧 | 胰皂 | 雪文 | ［番］枧 |
| 冰棍儿 | 冰棍儿 | 冰糕 | 棒冰 | 冰棒 | 冰棒 | 雪基(枝) | 冰箸 | 霜条 | 雪条 |

词的色彩义同词的来源有密切关系。具有书面语庄重色彩义的词，往往是古语词，具有地域色彩义的词往往是方言词。此外，不同的阶级、阶层、行业、集团的习惯语都有自己的特殊色彩。

3. 用法方面的差异

词义在用法方面的不同主要指词的搭配对象和语法特点、使用范围不同。

（1）搭配对象不同　在一组同义词中，有的词能跟某些词搭配而形成一定的语法关系，有的词不能跟别的词搭配，不能形成任何语法关系。如：

交换——图书　资料　礼物　意见（抽象）
交流——经验　思想　文化　物资（具体）

可见，“交换”一般多跟表示具体事物的词搭配；“交流”一般多跟表示抽象事物的词搭配，但不是绝对的。

词的搭配很复杂，有抽象、有具体；有对上，有对下；有对人，有对物等多方面，应进行深入细致地观察、比较和分析。

（2）语法特点不同

有的同义词虽然意义、色彩方面相同或相近，但语法功能方面存在差别，即造句功能不同。如：

深刻（形容词）—深入（形容词/动词）
动作（名词）—活动（名词/动词）
愿望（名词）—希望（名词/动词）
充分（形容词）—充足（形容词）

“充分—充足”都是形容词，都可做定语，如“充分的民主/充足的阳光”，但“充分”可作状语，如“充分说明”，“充足”却不能。再如：“刚才”和“刚”、“刚刚”，都有不久之前的意思，但“刚才”是时间名词，可以做主语（刚才下了一阵雨，现在停了）、定语（刚才的电话是找小王的）、状语（你刚才上哪儿去了）；“刚”和“刚刚”则是时间副词，只能做状语（他刚下课、小张刚刚还在这儿）。又如“愿望”和“希望”都有想达到某种目的的意思，但“愿望”是名词，可以做主语（愿望是好的，做法不可取）、宾语（他终于实现了当一名医生的愿望）；而“希望”是名词，又是动词，作为名词，可以做主语（希望寄托在年青一代）、宾语（中华民族的复兴是我们的希望）；作为动词，可以做述语（希望大家事业有成）。

（3）适用范围不同　有些同义词，理性意义基本相同，但适用范围却不同，如“庆祝”、“庆贺”、“祝贺”，都有以一定方式对喜庆的事情表示美好心意的意思，但略有不同：“庆祝”着重表示喜庆或纪念，多用于隆重的事情，方式常常是群众性活动；“庆贺”着重表示贺喜，适用范围较广，不限于集体，也适用于个人，方式多种多样；“祝贺”着重表示美好的祝愿，对象也较广，方式或是文字的，或是口头的。

双音同义词中，构成成分有的有相同的部分，这就是说，一个语素相同，一个语素不同。它们之所以是同义词，就因为有相同的语素；之所以存在某些差别，就因为有不同的语素。我们辨析同义词，特别是意义上的细微不同时，可以利用这一构造特点，注意其中的不同语素。例如“欢畅”、“欢快”、“欢乐”、“欢喜”、“欢欣”是一组同义词，都有高兴、愉悦的意思，其中：“欢畅”含畅快、舒畅之意，如“久别相逢，心情十分欢畅”；“欢快”含愉快、轻快之意，如“欢快的乐曲”；“欢乐”含快快乐乐之意，如“节日的天安门广场成了欢乐的海洋”；“欢喜”含高兴、喜爱之意，如“她看到孩子上进心这样强，满心欢喜”；“欢欣”含欣欣然之意，如“欢欣鼓舞”。再如“辩论”、“辩解”、“辩白”、“辩护”、“辩驳”是一组同义词，都有运用言辞分辨是非曲直、正误真伪的意思，其中：“辩论”含论述、理论之意，如“通过这次辩论，谁对谁错很清楚了”；“辩解”含解释、消解之意，如“事情明摆着，辩解也没用”；“辩白”含弄清楚、使明白之意，如“对人家的辩白要耐心听，不能冤枉人”；“辩护”含保护、维护之意，如“对别人的指控你可以为自己辩护”；“辩驳”含反驳、驳斥之意，如“你的辩驳很有说服力，对方无话可说了”。

（四）同义词的作用

同义词的产生是由客观事物或现象相近相类的联系所决定的，近义词正是反映客观事物或现象相近相类的联系的，人们正是利用这类同义词准确地反映客观事物或现象以及人们思想感情的细微差别的。同义词的积极作用主要有：

1. 恰当选用，可使表意精严、准确

如同样是“主意已定，不动摇”的意思，用到行动、态度上，就说“坚决”；用到立场上，就说“坚定”；用到性格上，就说“坚强”。同是表示“叫”，但对不同的动物却选用不同的动词，如“龙吟、虎啸、马嘶、狼嗥、犬吠、猿啼、鸟鸣、狮吼、鬼哭、神嚎”，准确地表达了它们“叫”的不同特点。再如：

> [3] 我们不是反对生活水平的提高，共产党人奋斗的目的就是要使人民过上更加美好的生活。我们反对的是脱离当前经济发展水平的过高的消费，反对的是假公济私、损公肥私和损人利己。（江泽民《大力发扬艰苦奋斗的精神》）

“假公济私、损公肥私和损人利己”都有谋取私利的意思，但“假公济私”指当权者假借公家的名义牟取私利；“损公肥私”指损害国家、集体利益，中饱私囊；“损人利己”指损害别人使自己获利。三者互相补充，使语意表达全面周详。

2. 前后换用，可使文句活泼，富于变化

在同一句话或同一段话中，前后交叉使用同义词，可避免用词单调重复，使语言灵活生动，富有变化，增强表现力。如：

[4] 我们以我们的祖国有这样的英雄而骄傲，我们以生在这个英雄的国家而自豪。（魏巍《谁是最可爱的人》）

[5] 这只是我自己心情的改变罢了，因为我这次回乡，本没有什么好心绪。（鲁迅《故乡》）

[6] 惜秦皇汉武，略输文采；
唐宗宋祖，稍逊风骚。（毛泽东《沁园春·雪》）

上举各例中的“骄傲/自豪”，“心情/心绪”，“略输文采/稍逊风骚”都是同义词语，尤其是例［6］中所用同义词语，既适用诗词格律的要求，形成语言的音乐美，又使词语错综变化，显得生动活泼。再如在下面一些谚语中，如果相同的意思都用同一个词语，就会单调乏味，而运用同义词语则显得生动活泼。

[7] 按倒葫芦起来瓢。

[8] 听话听声，锣鼓听音。

[9] 若要人不知，除非己莫为。

3. 并列连用，可使语势加强，语意完满

同义词直接连用，使感情更加强烈，意义更加明确。如：

[10] 有来犯者只要好打，我党必定站在自卫立场上，坚决、彻底、干净、全部消灭之。（毛泽东《中国共产党关于同国民党进行和平谈判的通知》）

在“坚决”之后连用三个同义词，使意思更加完备周密，力量更加雄厚。

［11］老乡们，全新的生活，幸福的生活，今天，此刻，脚下，开始了！（林斤澜《春潮》）

“今天”、“此刻”、“脚下”都是“马上”或“立即”的意思，三词连用，不但不感到啰唆、重复，反而加强了语势。

［12］我知道他说到北京机场送他的女友、他的恋人、他的未婚妻、他的性伙伴、他的可供思念者张丽华去了。（吴若增《世界已不再确实》）

“女友”、“恋人”、“未婚妻”、“性伙伴”等是一组同义词，连用使语义完满。

［13］可是谁都没有想到事到临头，出了这么个岔子！武艾英气得快哭了。团支书周铁娃气呼呼地叫道：“这个王铁牛，简直是故意捣乱，专门拆台！非好好整一整、煞一煞这股歪风邪气不可！”（马烽《结婚现场会》）

“故意捣乱，专门拆台”，借助于同义词“捣乱”、“拆台”构成两个并列的词组，充分地表现了人物内心的气恼，如只用一个，力度就差多了；下文的“歪风邪气”为两个双音节同义词连用，有同样效果。

4. 按体选用，可使语体风格鲜明

如：

［14］有时候太阳躲进云里。阳光透过云缝直射到水面上，很难分辨出哪里是水，哪里是天，只看见一片灿烂的亮光。（巴金《海上亮光》）

这曾是小学语文课本中的一段，其中的“进”、“哪里”是口语色彩词，它们同书面语词“入”、“何处”同义，但前者更适合小学生阅读。

［15］人参为五加科多年生草本植物，味甘，微苦，微温。入脾肺二经，大补元气，补脾，益气生津，宁神益智。（《中医学讲义》）

因为是医学讲义，所以所用词语“五加科”、“多年生”、“草本植物”都是科学术语，“味”、“甘”、“微”、“益气生津”、“宁神益智”都是书面词语，而不选用与其同义的非科学术语和口语词。这是适应了科技语体的要求。

5. 可使语气委婉，表达周到

同义词可构成委婉语或禁忌语，使语气和婉，避免给听话者以刺激。如把“落后”说成“后进”，把“受伤”说成“挂彩”，把“死”说成“去世、升天”，把“棺材”说成“寿木”等。

6. 可使音韵协调，声情并茂

精当选用同义词，可用来调整平仄、韵脚和节奏，不但能充分表达思想感情，而且还能使前后语句声音和谐优美。抗美援朝初期，何香凝老人画了一幅牡丹花和喜鹊的国画，周总理的题款是：

[16] 喜报援朝胜利
花贻抗美英雄

“报”是仄声，要求下句第二字用平声，要选择声音和意义都适当的词，就必须掌握足够的同义词，“赠 送 献 给 遗 与 呈 贻”都是同义词，但前六个都是仄声，“呈”虽是平声，但从意义上看，不够妥当，只有“贻”字最好，平声而又能表达亲切友爱之意。

### 三、固定短语的同义手段

词和固定短语都是语言的建筑材料。词是最小的能独立运用的语音语义结合体，而固定短语则是词的固定组合，是在结构上大于词而在句中的作用相当于词的词汇单位。固定短语与自由短语相对应，其意义概括，结构固定。一般不能任意增减、改换其中的构成成分。

固定短语包括专用名称、成语、谚语、歇后语、惯用语，后四者统称熟语。

在固定短语中，也存在同义现象。

#### （一）不同形式的专用名称同义

专用名称是专用于人或事物的名称，简称专名。专名以企事业单位和组织的名称居多。如机关、工厂、公司、商店、学校、群众组织、会议、活动以及论著、杂志、电视影片等的名称都是专用名称。此外，为了论述的方便，我们将一些习用短语也归入专用名称。有些专用名称的原形往往是一个短语或多音节词，较长较复杂，为了称说简便，人们往往将其简缩，于是其原有形式与简缩形式就构成了同义手段。这种同义手段的形成有几种主要途径（注：例中每组前面的是简缩形式，后面的是原形）：

1. 选取短语中每个词的前一个语素

如：

支书←支部书记　文教←文化教育　科研←科学研究
政委←政治委员　毛选←毛泽东选集　文革←文化大革命

2. 选取短语中的首尾两个语素

如：

外长←外交部长　师院←师范学院　整风←整顿作风
保值←保证价值　高校←高等院校　扫盲←扫除文盲

3. 合并并列结构中的一个共同语素

如：

中小学←中学、小学　指战员←指挥员、战斗员
教职员←教员、职员　理工科←理科、工科

4. 选取名称中有代表性的字、语素或词

如：

呼市←呼和浩特市　奥运会←奥林匹克运动会
安理会←安全理事会　农贸市场←农副产品贸易市场
世妇会←世界妇女和平大会　世卫←联合国世界卫生组织
政协←中国人民政治协商会议

5. 数词缩语：用数字概括几种具有共同性质的事物或行为

如：

双百←百花齐放，百家争鸣
两广←广东、广西
三好←身体好、学习好、工作好
三讲←讲学习、讲政治、讲正气
三北←东北、西北、华北

四有←有理想、有道德、有文化、有纪律
四化←工业现代化、农业现代化、国防现代化、科学技术现代化
四美←心灵美、语言美、行为美、环境美
四呼←开口呼、齐齿呼、合口呼、撮口呼
五代←后梁、后唐、后晋、后汉、后周
五味←酸、甜、苦、辣、咸
五行←金、木、水、火、土
五官←耳、目、口、鼻、身
六畜←马、牛、羊、鸡、犬、猪
六书←象形字、指事字、会意字、形声字、假借字、转注字
七情←喜、怒、忧、思、悲、恐、惊

（二）外文缩略语和汉译短语同义

外文缩略语有人称其为“字母词”，还有人称其为“借形词”。这是在第四次外来词语借入浪潮中出现的一类新型外来语词，它和以往外来词语不大相同。以往外来词中也有极少数因为译音上的困难，索性直接借用原文的，例如X光、F调和V字领等等，但在原文之外，也还有类名等表意成分的汉字。而外文缩略语则是完全摒弃了汉字形式，全部借用拉丁字母。外文缩略语大多是英文短语的缩写形式。其构成形式是将短语中主要单词的头一个字母抽取出来，然后相加组合而成。外文缩略语不仅同原外文短语同义，而且同汉译短语同义。例如：

WTO（World Trade Organization）——世界贸易组织
MBA（Master of Business Administration）——工商管理硕士
APEC（Asia Pacific Economic Co-operation）——亚太经济合作组织

我们自己也仿用这种方式来构造缩略语，例如：仿NBA（全国职业篮球赛）造出了CBA——中国职业篮球赛。

（三）熟语的同义

熟语又叫习惯用语，是常见的定型化了的固定短语。熟语具有丰富的内容和精炼的形式，概括了人们的认识成果，充实了词汇的宝库。熟语大都源远流长，运用普遍，极富表现力，是修辞的重要语言材料。熟语也存在同义现象，对不同形式的熟语进行选择，可提高修辞效果。

熟语的同义，有同类同义和异类同义。

先看同类同义的熟语。

1. 成语的同义

成语是人们在长期的交际中逐渐凝结成的一种意义概括、形式固定的短语，或曰：是一种相沿习用、具有书面语色彩的固定短语。成语有三个显著特点：结构的定型性、意义的整体性、交际的习用性。成语形象生动，寓意深刻，概括凝练，恰当运用，可使表达言简意赅，深刻生动，庄重典雅。成语中有一些是理性意义相同或相近但修辞色彩和修辞效果不同的，我们称其为同义成语。如：

包罗万象—应有尽有：内容丰富，一切都有。
不由自主—情不自禁：自己不能控制。
趁火打劫—浑水摸鱼：趁机捞一把。
狗彘不若（如）—禽兽不如：形容品行极其卑劣或行为极端无耻。
十全十美—尽善尽美
风雨同舟—和衷共济
言不由衷—口是心非
锦上添花—画蛇添足
大张旗鼓—明目张胆
无微不至—无所不至
得寸进尺—得陇望蜀

同义成语虽然在理性意义上有共性，但在感情色彩、语义重点、意义范围等方面都有细微差别，根据不同的交际情境选用同义成语，可大大提高表达效果。

成语在使用上，有常规用法（零度用法）和超常用法（偏离用法）两种情况。其常规用法就是按照其本来的形式和意义运用，要求同特定的上下文和语言环境相协调，服从语体和其他语言风格的整体要求。其超常用法也有两种情况：一种是负偏离用法，这就是语病；另一种是正偏离用法，即依据特定情境，遵照得体性原则，在成语的形式或内容方面进行改革，这就是“成语的翻新”、“成语的仿用”、“成语的反用”，具体表现在改变结构成分、改变形式和反其意而用之。但对成语超常使用——改变成分、改变结构形式，也可以构成同义手段。

改变成语的结构成分，或一个，或两个。如：

望洋兴叹——望书兴叹、望楼兴叹、望花兴叹、望月兴叹、
　　　　　望山兴叹

“望洋”，又作“望羊”，抬起头来看的样子。《庄子·秋水》里说，河伯（即河神）因河水涨大就自以为大得了不起，后来到了海边，望见无边无际的大海，才感到惭愧，“于是焉，河伯始旋其面目，望洋向若而叹。”“望洋兴叹”原指看到人家的伟大，才感到自己的渺小，后来比喻做事力量不够或缺乏条件而感到无可奈何。这一成语的语义实体在“兴叹”上，“望洋”是“兴叹”的情态状语，无实际意义，将“望洋”改为“望×”，并不改变其基本意义，所以，“望×兴叹”和“望洋兴叹”是同义的。

守株待兔——守株待鸟、守株待桃、守树待兔、守株等兔

“守株待兔”比喻不知变通或妄想不经过努力而侥幸得到成功。从这个角度说，“守 X 待 Y”与“守株待兔”是同义的。

谈虎色变——谈蛇色变、谈癌色变、谈火色变、谈洪色变、说虎色
　　　　　变、见虎色变

“谈虎色变”原义是说曾被虎咬伤的人才知道虎的厉害，后来比喻一提到可怕的事情，精神就紧张起来。这一成语的比喻义是常用意义，所以“谈 X 色变”或“V 虎色变”类同原形是同义的。

虎头蛇尾——虎头兔尾、豹头羊尾、虎首蛇尾、凤头鸡尾、龙头蛇尾

“虎头蛇尾”原比喻当面一套，背后一套，后来比喻做事及写作诗文前紧后松。它的一系列变体虽然改变了其中的某些构成成分，但比喻义和原形却是一致的，因而构成同义关系。此外如立地成佛——当地成佛、走马观花——下马观花、前仆后继——前赴后继都可视为同义成语。

改变成语的形式而不改变其结构关系，原体与变体构成同义。如：

望洋兴叹——望洋而兴叹、望洋而大兴其叹、望洋兴其叹
守株待兔——守株而待兔、守株而待其兔
谈虎色变——谈虎而色变、谈虎而其色大变

惩前毖后，治病救人——惩前意在毖后，治病为了救人

变体是对成语的语法形式的灵活变通，可使表达灵活多样。

2. 谚语的同义

谚语是熟语的一种，是流传于民间的简练通俗而富有意义的语句，大多数反映人民生活和斗争的经验。如“人多力齐推山倒，众人拾柴火焰高”。哈萨克谚语说：“最干净的水是泉水，最精炼的话是谚语。”高尔基说：“谚语和民歌都是简短的，可是它们所包含的智慧和感情，却够写出整本的书来。”因此我们说，谚语是人民群众集体创作的、在群众中广泛流传的、通俗平易形象简练和谐上口富有亲切感和民族特色的固定语句，它是劳动人民集体智慧和感情的结晶。

谚语是一种民间文学的形式，它形象生动，运用了多种修辞技巧，它本身就是修辞的典范，因此谚语，不仅是一种很好的修辞手段，同时也是研究修辞的绝好素材。

谚语中有许多同义形式可供选择运用。

表示将个人力量同集体力量对比的：一人踏不倒地上草，众人能踩出阳关道/一根竹竿容易断，三根竹竿折不断/独木桥人难走，众木成排好渡江。

说明个人力量小的：一只脚难走路，一个人难成户/一棵树难挡风，一根柴难烧火/一根木头做不成梁，一块砖头砌不成墙/单人不成阵，独木不成林。

强调集体力量大的：众人拾柴火焰高/星多天空亮，人多智慧广/万人万双手，拖着泰山走。

3. 歇后语的同义

歇后语是民间俗语之一种，是人民群众创造的一种定型的现成语句。是由近似谜面和谜底两部分组成的带有隐语性质的口头用语。前一部分是比喻的喻体，是依据，是原因，是条件，后一部分是正题，是结论，是真意所在。因后一部分可以歇去不用，叫听者去体味，所以叫歇后语。

歇后语大都形象、俏皮、风趣、幽默，简练精粹，上口入耳，大都具有浓厚的民族色彩和地域色彩，为老百姓所喜闻乐见，是构成话语民族风格的因素之一，因此是日常生活和文学创作不可缺少的素材。

有些歇后语的基本意义差不多，但也有细微差别，这类歇后语可称为同义歇后语。如：

猫哭老鼠——假慈悲：乔装一副哭相。

猫不吃鱼——假斯文：摆出一副道貌岸然之势。

老虎带念珠——假充善人：弄出一副假惺惺的笑脸。

这三个歇后语意义的共同点是“假”。但它们的情态意义却不相同。再如：

贼被狗咬/哑巴看到失火/斋公丢腊肉/屁股被蜂咬/裤裆里起火——不好声张

行云流水/屋梁上逮鸟/房脊上捉鸡/便壶没鼻/大海里捉鳖/姑娘的心，天上的云/六月的云，八月的风——难捉摸

老虎借母猪/肉包子打狗——有去无回

死猪不怕开火烫/头割了也就碗大个疤——豁出去了

这类歇后语比喻部分不同，但说明部分相同或相近，正确选用，也可帮助我们表达不同的情境。

4. 惯用语的同义

惯用语即人们口头上短小定型的习惯用语。惯用语的主要特征是：口语色彩浓，含义单纯，简明生动，通俗有趣。惯用语的意义不是组成它的几个词的意义简单相加，而是一个整体的固定的比喻或借代义。如：老黄牛、替罪 羊、掺沙子、甩石头、打游击、开绿灯、钻空子、开倒车、背黑锅 、一边倒、唱主角、唱双簧、磨洋工、泡蘑菇、打预防针、开夜车、走后门、炒冷饭、侃大山、跑龙套、摇钱树、马后炮、戴高帽、万金油、定心丸、铁饭碗、乱弹琴等。

在惯用语中，也有同义的，如：

挖墙脚—拆墙脚—拆台 / 跑龙套—敲边鼓 / 捅马蜂窝—摸老虎屁股 /碰钉子—呛了一鼻子灰 /饱汉不知饿汉饥—站着说话腰不痛 / 一个鼻孔出气—穿连裆裤 / 陈谷子烂芝麻—八百不上串

挖墙脚：拆台。[①]
拆墙脚：比喻拆台。[②]
拆台：用破坏手段使人或集体倒台或使事情不能顺利进行。[③]

① 中国社会科学院语言研究所词典编辑室编：《现代汉语词典》（修订本），商务印书馆2000年版，第1290页。

② 同上书，第134页。

③ 同上书，第134页。

跑龙套：①在戏曲中扮演随从或兵卒。②比喻在人手下做无关紧要的事。①
敲边鼓/打边鼓：比喻从旁帮腔；从旁助势。②

顶梁柱：比喻起主要作用的骨干力量。③
唱主角：比喻担负主要任务或在某方面起主导作用。④

碰钉子：比喻遭到拒绝或受到斥责。⑤
呛了一鼻子灰：比喻做事遭到阻力或拒绝，未达到目的且受到难堪。

捅马蜂窝：比喻惹祸或触动不好惹的人。⑥
摸老虎屁股：比喻触动不好惹的人或危险的事。

再如下面两个惯用语也是同义的：

不要把鸡蛋放进一个篮子：告诫人们进行经济活动等时不要孤注一掷，要多留几条后路。

“营销专家告诫说，‘不要把所有的鸡蛋放进一个篮子’，否则一旦市场突然发生变化，企业就可能因产品的崩溃而元气大伤。”（《销售与市场》1997/12）“‘不要把鸡蛋放在一个篮子里’是大家所熟知的经典投资理念，主旨是强调分散风险。”⑦

不要在一棵树上吊死：遇到困境后应有所变通，不要固执一种选择。

“媒体不如多宣传一下——条条大路通罗马，不一定是考上大学才有出路。让家长和考生把眼光放长远一些，不要在一棵树上吊死。”（《中国教育报》2001/5/30）“孙伯渊知道马宝山非常能干，有一次跟他说，人不能在一棵树上吊死，你应该凭自己的实力另谋发展。”⑧

---

① 中国社会科学院语言研究所词典编辑室编：《现代汉语词典》（修订本），商务印书馆2000年版，第954页。

② 同上书，第1019页。

③ 同上书，第294页。

④ 同上书，第145页。

⑤ 同上书，第961页。

⑥ 同上书，第1259页。

⑦ 《中国经营报》2002/9/16 http：//www.yuwenkechengziyuan.cn/gyy.htm《实用语文百科》惯用语。

⑧ 《北京晚报》2004/1/26 http：//www.yuwenkechengziyuan.cn/gyy.htm《实用语文百科》惯用语。

再看异类同义的熟语。

在汉语中，许多成语往往同其他固定短语构成同义手段，只是风格和色彩不同而已，这为修辞活动中的同义手段的选择提供了广阔天地。其实，许多成语正是谚语和歇后语产生的一个基础，或者说，许多谚语、歇后语正是成语通俗化的说法。

有许多谚语能同成语构成风格色彩不同的同义手段。如：

三天打鱼，两天晒网——一曝十寒
鸡蛋里挑骨头——吹毛求疵
晴带雨伞，饱带饥粮——未雨绸缪
脸上三分笑，肚里一把刀——口蜜腹剑
到什么山上唱什么歌/看菜吃饭，量体裁衣——因事制宜

有的歇后语能同成语构成同义手段。如：

向虎借猪（表示不可能之事）——水中捞月、缘木求鱼

此外，谚语、成语、歇后语等熟语可能共同构成同义集群。

## 第二节　语法词和自由短语的同义手段

语法的同义手段有广狭之别。

狭义的指语法形式、语法结构、语法意义不同而理性意义相同的单位；广义的有三个层次：

（1）语法形式、语法结构不同而语法意义、理性意义相同的语法单位；

（2）语法形式不同而语法结构或语法意义、理性意义相同的语法单位；

（3）语法系统中的任何一种类聚或聚合体，如词的结构类和功能类、短语的结构类和功能类、句子的结构类、功能类等。

本文对语法的同义手段从广义的第三个层次上加以阐述描写。

语法的同义手段从语法单位的角度观察，包括：语法词和短语的同义手段、句子的同义手段、句群和语篇的同义手段。本节只讲语法词和短语的同义手段，句子、句群和语篇的同义手段后文将会谈及。

词是语言中十分重要的一级单位，它既是词汇学的研究对象，又是语法

学的研究对象，但研究的角度不同：词汇学主要研究词的词汇意义系统、词的来源、特点等类聚系统；语法学主要研究词的语法结构系统、语法功能系统。为了将词汇学中的词和语法学中的词区别开来，我们将后者称为语法词。

短语也是一级重要的语言单位，包括固定短语和自由短语。固定短语一般被视为词汇学研究的对象，但从语法的角度看，它也有结构和功能方面的问题。而自由短语是一级重要的语法单位，其语法结构系统和语法功能系统是语法学研究的重点。

修辞活动是对语言材料同义手段的选择活动，它要尽可能利用语言的一切材料，包括从众多的同义手段中选择能提高表达效果的语法词和自由短语。语法词和自由短语中都有或理性意义相同、相近，或语法意义相同、相近的同义类聚，于是，语法词和自由短语的同义手段就成了修辞学研究的对象之一。

## 一、词的结构类型构成的同义手段

词的结构类聚属于语法范畴，因此词的不同结构类型本身就是同义集合体。这个“义”仅指其结构模式，“同义”是指其结构模式相同或词的构造相同。

词是由语素构成的。语素是词的结构成分。从结构的角度审视，词有单纯词和合成词。由一个语素转化而成的词是单纯词，由两个以上的语素按照一定的语义和语法规则组合而成的词是合成词。从宏观上看，“单纯词”、“合成词”各是一个同义聚合体。

### （一）单纯词的结构同义

所有的单纯词是由一个语素转化而成的，它们的构造模式相同，因此，“单纯词”作为一个结构类聚，它本身就是一种同义集合体。此外单纯词不同层次的下位结构类也各是一个同义集合体：

1. 单音单纯词 —— 由单音节语素转化而成的词。如：

人　牛　手　走　白　十　我　天　江
山　水　不　看　冷　磅　塔　呢　而

2. 复音单纯词——由有两个以上音节的语素转化而成的词。其中双音节的最多。

（1）联绵词——两个音节连缀成义而不能拆开来说的词。

双声的：两个音节的声母相同。如：

吩咐　慷慨　澎湃　伶俐　参差　秋千　仿佛
忐忑　尴尬

叠韵的：两个音节的韵母相同或相近。如：

蚂蚱　喇叭　糊涂　逍遥　堂皇　依稀　蜻蜓
荒唐　苍茫

非双声叠韵的：两个音节的声韵皆不同。如：

芙蓉　窟窿　疙瘩　局促　蟋蟀　蝴蝶　马虎

双声兼叠韵的：辘轳　优游

（2）叠音词——由两个相同的音节相叠而成的词。如：

往往　彬彬　熊熊　喃喃　纷纷　袅袅　渐渐
冉冉　侃侃　耿耿　依依　匆匆　潺潺　孜孜
汹汹　蝈蝈　蛐蛐

这类词有的不叠不成词（蝈蝈、潺潺），有的不叠便成了另外的词（往往、熊熊）。

（3）象声词——摹拟自然界声响的词。如：

轰隆隆　哗啦啦　当啷啷　叮当　吱喽喽

（4）音译外来词——按照近似音翻译的外来词。如：

葡萄　苜蓿　槟榔　浮屠　罗汉　马达哈达
摩登　几何　浪漫　雷达　和尚　奥林匹克

（二）合成词的结构同义

所有的合成词都是两个以上的语素构成的。它们的构造模式相同，因此，“合成词”作为一个大的结构类聚，其本身就是一种同义集合体。此外合成词不同层次的下位结构类也各是一个同义集合体：

1. 复合式合成词——至少由两个不相同的词根构成。从词根之间的意义关系看，又可分为以下几种：

（1）联合型——由两个在意义上相同或相近、相类或相关、相反或相对的词根组合而成。词根之间在结构上是并列或顺承等关系。

①并列关系的有以下四种情况：

同义并列式：波浪　声音　群众　停止
类义并列式：图书　眉目　认识　风浪
反义并列式：东西　往来　始终　利害
偏义并列式：妻子　睡觉　动静　人物

②顺承关系的：

报考　剪贴　接管　提审　查封　集训　割据
借用　承包　投靠　代办　录用　冲积

（2）偏正型——前一词根修饰限制后一词根，以后一词根的意义为主。词根之间在结构上是偏正关系。有定中式和状中式两种。

定中式：

白菜　黑板　大衣　钢笔　马尾　新闻　书店
刀伤　风筝　剪刀　羊毛　晚餐　早操　小说
皮鞋　茶杯　卡车　啤酒　巧克力糖　乒乓球

状中式：

朗读　狂欢　面谈　函授　腾飞　筛选　鸟瞰
瓜分　火红　雪白　碧绿　蜡黄　笔直　冰凉
雪亮　漆黑

（3）中补型——后一词根补充说明前一词根，以前一词根的意义为主。词根之间在结构上是被补充与补充关系。有如下两种情况：

动补式：前一词根表示动作，后一词根补充说明动作结果。如：

扩大 缩小 说明 加强 削弱 说服 集中
抓紧 弄糟 促进 阐明 延长 立正 压缩
摧毁 推广

名补式：前一词根表示事物，后一词根表示事物的单位。如：

书本 纸张 船只 马匹 布匹 事件 物件
地带 房间 线条 花朵 诗篇 人口 枪支

（4）动宾型——前一词根表示动作，后一词根表示动作行为所支配、关涉的对象。词根之间在结构上是动宾关系。如：

出席 注意 得罪 着手 司令 开幕 举重
进军 吹牛 捧场 发言 革命 带头 办公
造谣 示威 结果 顶针 干事 裹腿 枕头
知音 护袖 围脖 吃香 吃力 伤心 开心
满意 失望 缺德 得意

（5）主谓型——前一词根是被陈述的，后一词根是对前一词根的陈述。词根之间在结构上是主谓关系。如：

日食 月食 霜降 夏至 地震 海啸 脉搏
月亮 年轻 心焦 国营 民主 眼热 肉麻
性急 自动

（6）兼语型——两个词根之间隐含着一个被前一词根支配、后一词根陈述的对象。词内在结构上暗含着使令关系。如：

劝进 召见 召集 招集 引见 逼供 请示
请教 诱降

2. 重叠式合成词——由相同的词根相叠而成。有两种：

（1）单音词根重叠。如：

哥哥　妈妈　爷爷　叔叔　仅仅　紧紧　偏偏　刚刚

（2）双音词根重叠。如：

花花绿绿　层层叠叠　慢慢腾腾　原原本本
悠悠荡荡　急急忙忙　兢兢业业　婆婆妈妈

单音词根重叠式词是合成词，是两个相同语素的重叠，可以分开单用（“妈妈”与“妈”同义）；叠音式词是单纯词，是同一语素的两个相同音节的重叠，不能分开单用（“猩猩”有义，“猩”无义）。

3. 附加式合成词——词缀（虚语素）附加于词根（实语素）或语素组之上构成的词。内部成分之间在结构上有附加关系。有前附式、后附式、中加式三种。

（1）前附式（词缀 + 词根/语素组）——词缀附加在词根/语素组之前构成的词。这种词缀称作前缀。例如：

老—：老乡　老板　老师　老婆　老虎　老鹰　老鼠

注意区分“老头”、“老虎”中的“老”。

第—：第一　第二　第五　第十
初—：（正月）初一　（九月）初九　（腊月）初十

注意区分“初一（初中一年级）”、“（正月）初一”中的“初”。

阿—：阿爸　阿哥　阿猫　阿Q　阿宝　阿飞
可—：可爱　可恶　可怜　可悲　可叹　可惜　可观
可怕　可信　可疑　可靠　可取　可恨　可憎

“可能”中的“可”是“能”的意思，“可口、可体”中的“可”是“适合”的意思，都是实语素，与“可爱”中的“可”不同。

而—：而今　　而后　　而已　　而且　　而况

前附叠音词缀的，如

蒙蒙亮　　麻麻亮　　呱呱叫　　芨芨草　　婆婆丁　　猩猩草

（2）后附式（词根/语素组＋词缀）——词缀附在词根/语素组之后构成的合成词。这样的词缀称作后缀。例如：

—子：男子　孩子　骗子　胖子　聋子　身子　帽子　二杆子
脑子　鼻子　肚子　脖子　嗓子　肠子　鞋子　半吊子
袖子　裤子　裙子　袍子　扣子　桌子　箱子　窗子
房子　本子　推子　院子　筷子

注意区分“杯子”、“莲子”中的“子”。

—儿：鸟儿　花儿　盆儿　碗儿　瓶儿　棍儿
画儿　盖儿　塞儿　滚儿　亮儿　尖儿
个儿　本儿　片儿　页儿　粒儿　玩儿
—头：木头　石头　劲头　苗头　关头　来头
奔头　苦头　甜头　想头　念头　盼头

注意区分“烟头”、“石头”中的“头”。

—性：组织性　阶级性　纪律性　思想性　创造性
鲜明性　斗争性　逻辑性　生动性　可能性
人民性　重要性　弹性　党性
—者：作者　读者　记者　学者　来者　强者　演奏者
劳动者　爱好者　侵略者　胜利者　科学工作者
—家：亲家　作家　画家　名家　老人家　女人家
法家　儒家　墨家　道家　阴阳家　思想家
—化：绿化　美化　深化　简化　硬化　僵化
现代化
—乎：几乎　在乎　合乎　似乎　近乎　于是乎

| | | | | | | | |
|---|---|---|---|---|---|---|---|
| —于： | 基于 | 等于 | 属于 | 敢于 | 善于 | 勇于 | 急于 |
| | 终于 | 过于 | 至于 | 由于 | 对于 | 关于 | 甚至于 |
| —然： | 安然 | 泰然 | 了然 | 坦然 | 井然 | 肃然 | 俨然 |
| | 竟然 | 居然 | 公然 | 当然 | 固然 | 诚然 | 偶然 |
| —切： | 迫切 | 急切 | 热切 | 真切 | 确切 | 密切 | 贴切 |
| —而： | 因而 | 从而 | 甚而 | 然而 | 时而 | 忽而 | 反而 |

后附叠音词缀的，如：

雄赳赳（的）　亮堂堂（的）　紧巴巴（的）　红彤彤（的）
黑压压（的）　冷冰冰（的）　气呼呼（的）　毛茸茸（的）
紧巴巴（的）　光秃秃（的）　白花花（的）　绿油油（的）

特殊后附式，如：

黑不溜秋　灰不溜丢　花不棱登　白不呲咧
滑不唧唧　酸不叽叽　丑拉巴几　赖拉巴几

（3）中加式——词缀是词的中加成分。这种词缀称为中缀或词嵌。如：

叽里呱啦　叽里咕噜　乱七八糟　横七竖八
七零八落　低三下四　七嘴八舌　丢三落四

**二、单纯词和合成词构成的同义手段**

单纯词与合成词从结构模式或构造方式看不具同一性，但在理性意义上和语法意义（语法功能）上却可能有相同相近之处，因而，有些单纯词和合成词会构成同义关系。

单纯词与合成词在古代汉语和现代汉语中都有，因而它们的同义现象在古代汉语和现代汉语中也都存在。

现代汉语词汇系统中的单纯词有三种来源：一是来源于古汉语中文言词的部分单纯词；二是现代汉语中白话词的单纯词；三是吸收外族词的单纯词。现代汉语词汇系统中的合成词也有三种来源：一是古汉语中文言词的部分合成词；二是现代汉语中的合成词；三是音译和意译外族词的合成词。也有许多单纯词与合成词的意义相同或相近，这些单纯词与合成词之间可构成同义手段。这里，我们侧重讲同现代汉语的单纯词与合成词有关的同义现象。

（一）文言词的单纯词与现代汉语白话词的合成词同义

文言词所代表的事物、现象或观念还存在于本民族的现实生活中，但这些词或被现代汉语的单纯词所替代，或变成了合成词，其原形只在书面语或某些特定场合中用到。

文言词以单纯词为多，到了现代汉语中，许多变成了合成词，于是，二者就构成了同义词。如：

首—头颅、兹—现在、稚—幼小、冢—坟墓、众—许多
预—事先、依—顺存、姊—姐姐、兄—哥哥、凯—胜利

上举实例，都是古代汉语中文言词的单纯词演变成现代汉语中白话词的合成词后，两者构成的同义词。进入现代汉语的文言单纯词与现代汉语的合成词虽然理性意义、语法意义相同，但除了结构不同之外，还有两个不同点：一是时代色彩义不同，有的语体色彩义也不同，即文言单纯词大都具有文言色彩或书面语色彩，而现代汉语的合成词具有现代色彩，其中有的具有书面语色彩，有的具有口语色彩，有的具有通用语色彩。二是义项数量不同。文言单纯词大多义项较多，而现代汉语的合成词义项相对较少，这是由合成词的结构成分和结构关系决定的。一个语言片断结构成分越多结构关系也就愈复杂，其义项也就越少，负载的意义也就愈相对固定。这应该是一条规律。合成词最少由两个语素构成，它的结构成分和结构关系比单纯词复杂，这制约了它的义项数量。

（二）现代汉语白话单纯词与其合成词同义

词语是社会现实和人们的认识、思想、思维方式的图像，随着社会现实和人们的认识、思想、思维方式的演变，人们会不断创造许多新的词语，其中有单纯词，也有合成词，这两种结构不同的词在某些方面虽有差别，但基本理性意义和语法意义相同，有同义关系，人们会根据不同的需求进行选择。如：

A 路—道路、房—房屋、街—街道、动—活动、始—开始、学—学习

B 质—质量、弟—兄弟、净—干净、忘—忘记、国—国家、窗—窗户

C 树—树木、人—人类、车—车辆、书—书籍

D 里—里头、上—上面、东—东边、中—中间

上四组中的每个合成词都是在与其相应的单纯词的基础上构成的，但构成情况不同：A 组中的增加了一个同义语素，多用于书面语；B 组中的增加了一个反义或相关义语素，该语素无实义，只起补充音节的作用，也多用于书面语；C 组中的增加了一个表示群体的语素，这类合成词只能用于群体事物；C 组中的增加了一个虚义语素，该语素补足了音节，这类合成词多用于书面语。

（三）纯音译外来词与音译附加汉语语素外来词同义

外来词是从外民族语言中借用过来的词。借用外来词，是社会发展、民族交往在语言中的必然反映，也是各种语言互相丰富的重要途径。汉语在数千年的演变中借用了许多外族词，丰富了词汇。对外来词的借用有多种方式，其中有两种可构成同义词：一种是纯音译，即按原词的近似音翻译过来，这是单纯词；另一种是音译外加汉语语素，是合成词。二者结构不同。如：

吉普（jeep）—吉普车

白兰地（brandy）—白兰地酒

扑克（poker）—扑克牌

坦克（tank）—坦克车

霓虹（neon）—霓虹灯

德律风（telephone）—电话

摩托（motor）—摩托车

维他命（vitamin）—维生素

法兰（flannel）—法兰绒

卡秋莎（кат'юша）—火箭炮

咖啡（coffee）—咖啡茶

芭蕾（ballet）—芭蕾舞

萨克斯风（saxphorn）—萨克斯管

以上外来词，前者是单纯词；后者都是偏正结构的合成词，是在外来词音译的基础上加上表示类别意义汉语语素构成的。如“萨克斯管”是先将 saxphorn 音译为“萨克斯风”，再加上在汉语中指吹奏乐器类的“管”，就

构成了半音半意词“萨克斯管”。其实，“萨克斯风”与“萨克斯管”是同义的，只是前者是单纯词，后者是合成词。

### 三、词类的同义手段

词类的同义手段，指的是因词的语法功能相同而构成的词的类聚。

词类是词的语法分类，或者说词类是按词的语法特征划分出来的类别。语言中总是有一类词在用法上相同或相近，而同另一类词却表现出很大的差异。于是我们就可以根据这一类词同那一类词之间所表现出来的不同的语法特征把全部的词分成若干类。在汉语中，划分词类的主要标准是语法功能。据此，可将现代汉语中所有的词分为两大类十四小类，每类词的成员，其语法功能大致相同，因而每一类词就是一个功能上的同义类聚。

#### （一）实词的功能同义手段

实词是能够充当句子成分的词，包括名词、动词、形容词、区别词、数词、量词、代词、副词、拟声词、叹词十小类，每小类下还可分为更小的类别。

所有的实词都有充当句子成分的功能，就此而言，“实词”就是一个功能的同义类聚体，此外，实词的下位类各有自己的语法功能：

名词：表示人或事物的名称，主要做句子的主语、宾语等。

动词：表示行动、变化、存在、判断或心理活动等，主要做句子的谓语等。

形容词：表示性质、状态等，主要做句子的谓语、定语、状语等。

区别词：表示事物的属性，有分类作用，可单独做句子的定语。

数词：表示数目和次序，能单独做定语、宾语；能限制量词，同量词组成数量短语做句子的定语等。

量词：表示单位，经常同数词组合成数量短语做句子的定语、状语或补语等。

代词：起代替或指示作用，根据指代对象的不同确定其功能。

副词：限制、修饰动词、形容词，表示程度、范围、时间、频率、然否、情态、语气、关联等语法意义，做句子的状语、补语。

拟声词：摹拟纯物理性质的声音，主要指摹拟自然界的各种声音，可做句子的状语、定语、谓语、补语。

叹词：表示感叹、呼唤、应答等意义，活用为动词、形容词、名词时，可做状语、定语、宾语。

上十类实词还可有下位类、下下位类，每类都是一个功能的同义类聚。

(二) 虚词的功能同义手段

虚词是不能充当句子成分的词，包括介词、连词、助词、语气词四类。虚词都有造句的辅助功能，就此而言，“虚词”就是一个功能的同义类聚体。此外，虚词的下位类各有自己的语法功能：

介词：同名词性或谓词性词语组成介词短语，修饰限制或补充谓词性词语。

连词：起连接作用，用来连接词、短语、分句和句子甚或段落。

助词：附在词、短语上起辅助作用，表示一定的附加意义。

语气词：用在句末或句中，表示某种语气。

上四类虚词还可有下位类、下下位类，每类都是一个功能的同义类聚。

## 四、自由短语的同义手段

短语是最大的能独立运用不能表达完整意思的语言单位。它的主要特点是：

短语是语义上能够搭配的一组词。即短语内词的搭配是符合逻辑的。如果几个词在语义上不能搭配，即使把它们放到一起，也只能算词的排列，不能算作短语。

短语的构成必须依靠一定的语法手段。人类语言常见的语法手段有词法手段和句法手段两大类，而汉语的语法手段主要是句法手段，即语序和虚词。语序的变化、虚词的有无及其类别的同异，都可能改变短语内部的语法关系。

短语的构成一定有其语法形式。语法形式指的是语法意义的表现形式，包括各类实词的语序、虚词的有无及其类别等。如“公共汽车驾驶员”是将两个名词按顺序排列、没用虚词的一种语法形式。“我的学生”是代词修饰名词、中间用助词“的”的一种语法形式。

短语内部的直接成分之间存在一定的语法意义。语法意义是语法单位在组合中所产生的语法关系和语义关系。汉语短语中的语法意义主要指句法范畴内的各种意义。

短语有自由短语和固定短语。固定短语的同义手段已在词汇词语的同义手段中论及，这里只谈自由短语的同义手段。

自由短语是词与词之间临时构成的短语。从语法的角度看，自由短语的同义手段有广义和狭义之别。

广义的指短语系统中的任何一种类聚或聚合体，如短语的结构类和功能类。

狭义的指语法结构不同而理性意义相同的短语聚合体。

（一）广义的自由短语同义手段

广义的自由短语同义手段指短语系统中的任何一种类聚或聚合体。

自由短语可从不同角度、出于不同目的分出不同的类别，不同的类别就是不同的同义聚合体。

内部结构类，是从短语的内部结构类型、结构关系的角度分出的类别。

外部功能类，是从短语同其他词语的组合能力与它本身充当句子成分之能力的角度分出的类别，又可分为名词性短语、动词性短语、形容词性短语等类。

意义多少类，是从短语含义多少的角度分出的类别，又可分为单义短语和多义短语。

层次多少类，是从短语结构层次多少的角度分出的类别，又可分为单重（简单）短语和多重（复杂）短语。

能否成句类，是从短语在特定语境中转化成句之能力大小的角度分出的类别，又可分为成句短语和非成句短语。在特定语境中加上一定的语调、语气即可独立成句的短语叫成句短语；不能独立成句的短语叫非成句短语或不成句短语。

自由短语的这些类别从不同的角度看，都分别各是一个同义类聚，也就是一组同义手段。其中最主要的是内部结构类和外部功能类。

内部结构类又可分为复合式短语和附加式短语两种，二者又各是一个较小的同义类聚，每一种里还可有下位分类，又是更小的同义类聚。这里的“义”当然是指结构关系义。因此短语的内部结构类其实是一个多层的同义网络体（见第 133 页表）。

短语从外部功能上分类，有名词性短语、动词性短语、形容词性短语等。

短语的功能类型由短语的语法功能决定。即看它通常能同哪些类别的词语组合，如何组合，组合后发生什么结构关系，能充当句子的什么成分，简言之，看它和哪类词的用法相同或相近，从而确定其类型。具体说来，短语功能类别的判定标准是：

功能同名词相当的归属名词性短语。

功能同动词相当的归属动词性短语。

功能同形容词相当的归属形容词性短语。

名词性短语又可称为体词性短语；动词性、形容词性短语统称为谓词性短语。

**现代汉语短语结构系统**

<table>
<tr><td>结构方式</td><td colspan="2">结构关系</td><td colspan="3">短语名称</td></tr>
<tr><td rowspan="17">复合式</td><td colspan="2">主谓关系</td><td colspan="3">主谓短语</td></tr>
<tr><td colspan="2">动宾关系</td><td colspan="3">动宾短语</td></tr>
<tr><td colspan="2" rowspan="6">偏正关系</td><td colspan="3">定中短语</td></tr>
<tr><td colspan="3">状中短语</td></tr>
<tr><td rowspan="2">量词短语</td><td colspan="2">数量短语</td></tr>
<tr><td colspan="2">指量短语</td></tr>
<tr><td colspan="3">方位短语</td></tr>
<tr><td colspan="3">同位短语</td></tr>
<tr><td colspan="2" rowspan="2">中补短语</td><td rowspan="2">中补短语</td><td colspan="2">动补短语</td></tr>
<tr><td colspan="2">形补短语</td></tr>
<tr><td colspan="2">并列关系</td><td colspan="3" rowspan="4">联合短语</td></tr>
<tr><td colspan="2">递进关系</td></tr>
<tr><td colspan="2">选择关系</td></tr>
<tr><td colspan="2">转折关系</td></tr>
<tr><td colspan="2">连续关系</td><td colspan="3">连谓短语</td></tr>
<tr><td colspan="2">使令关系</td><td colspan="3">兼语短语</td></tr>
<tr><td colspan="2">因果、条件、假设等关系</td><td colspan="3">紧缩短语</td></tr>
<tr><td rowspan="4">附加式</td><td rowspan="4">附加关系</td><td rowspan="2">前附关系</td><td colspan="3">介词短语</td></tr>
<tr><td rowspan="3">助词短语</td><td>前助短语</td><td>“所”字短语</td></tr>
<tr><td rowspan="2">后附关系</td><td rowspan="2">后助短语</td><td>比况短语</td></tr>
<tr><td>“的”字短语</td></tr>
</table>

1. 名词（体词）性短语

名词性联合短语（联合成分为名词性词语）：科学文化

定中短语：演出的节目　　学生的高明　行动的开始

同位短语：你们几位　我们大家

方位短语：五年之后　长城内外

物量（名量）短语：三本　这年

“的”字短语：卖烧饼的　红的　所说的

“所”字短语：所见　所闻

2. 谓词性短语

（1）动词性短语：

动词性联合短语（联合成分为动词性词语）：继承并发展

动词性状中短语（中心语为动词性词语）：努力学习　奋勇前进

动宾短语：学习语法　参加学习

动词性中补短语（中心语为动词性词语）：讲明白　认得清

连谓短语：进来坐下

兼语短语：请你安静一点

紧缩短语：有话就说　不见兔子不撒鹰

（2）形容词性短语：

形容词性联合短语（联合成分为形容词性词语）：伟大、光荣、正确

形容词性状中短语（中心语为形容词性词语）：非常刻苦

形容词性中补短语（中心语为形容词性词语）：好极了　好得很

比况短语：好像花一样　死一般寂静

动量短语：唱三次　说了两遍

介词短语：关于经济问题　关于解放思想

主谓短语：干部带头　演出结束　作风民主　鲁迅浙江人

从上可看出，短语的每一种上位功能类各是一个同义类聚，也是一组同义手段；每一种里还可有下位分类，又是更小的同义类聚。这里的“义”当然是指功能义。因此短语的外部功能类其实也是一个多层的同义网络体。

（二）狭义的自由短语同义手段

狭义的自由短语同义手段指的是语法结构不同而理性意义相同的自由短语类象。

短语成分之间的语义关系与结构关系相应，有陈述与被陈述关系，支配、关涉与被支配、关涉关系，修饰限制与被修饰限制关系，并列、选择、递进、连贯等关系，补充说明与被补充说明关系等。此外，上位语义关系还可有下位语义关系，在宾语和主语中，还分别有施事和受事之别。短语结构关系或结构形式的改变，可能导致其理性意义或语法意义的改变，但也可能

并不改变其基本的理性义或语法义，这后一种情况就构成了狭义短语的同义手段。

自由短语的同义可分为不同结构关系的同义和相同结构关系的同义。前者主要是理性意义相同或相近，后者是理性意义和语法义都相同或相近。

1. 结构关系不同而理性意义相同或相近的短语

几个短语的构成成分相同，但由于语序不同、语法形式不同，而导致了结构关系不同，其理性意义虽有差别但却基本相同，这就构成了同义手段。

主谓短语和偏正短语的同义——

| | | |
|---|---|---|
| 意义‖重大 | 主谓短语 | （名·形） |
| （重大）意义 | 偏正短语 | （形·名） |
| （意义）的重大 | 偏正短语 | （名·形） |
| 阳光‖灿烂 | 主谓短语 | （名·形） |
| （灿烂）的阳光 | 偏正短语 | （形·名） |
| 太阳‖红彤彤 | 主谓短语 | （名·形） |
| （红彤彤）的太阳 | 偏正短语 | （形·名） |

主谓短语和动宾短语的同义——

| | | |
|---|---|---|
| 小说‖创作 | 主谓短语 | （名·动） |
| 创作｜小说 | 动宾短语 | （动·名） |
| 思想‖汇报 | 主谓短语 | （名·动） |
| 汇报｜思想 | 动宾短语 | （动·名） |
| 图片‖下载 | 主谓短语 | （名·动） |
| 下载｜图片 | 动宾短语 | （动·名） |
| 人‖走了 | 主谓短语 | （名·动） |
| 走｜人了 | 动宾短语 | （动·名） |
| 消息‖不通 | 主谓短语 | （名·动） |
| 不通｜消息 | 动宾短语 | （动·名） |

偏正短语和中补短语的同义——

| | | |
|---|---|---|
| [快] 上 | 偏正短语 | (形·动) |
| 上〈快〉 | 中补短语 | (动·形) |
| [很] 好 | 偏正短语 | (副·形) |
| 好得〈很〉 | 中补短语 | (形·副) |
| [先] 走 | 偏正短语 | (形·动) |
| 走〈先〉 | 中补短语 | (动·形) |
| [远] 行 | 偏正短语 | (形·动) |
| 行〈远〉 | 中补短语 | (动·形) |
| [开心] 地笑 | 偏正短语 (状中) | (形·动) |
| (开心) 的笑 | 偏正短语 (定中) | (形·动) |
| 笑得〈开心〉 | 中补短语 | (动·形) |

动宾短语和状中短语的同义——

| | | |
|---|---|---|
| 走 \| 这边 | 动宾短语 | (动·代) |
| [这边] 走 | 偏正短语 (状中) | (代·动) |
| 悲痛 \| 老赵的被捕 | 动宾短语 | (动·名) |
| [为老赵的被捕] 而悲痛 | 偏正短语 (状中) | (介词短语·动) |

动宾短语、主谓短语、偏正短语的同义——

| | | |
|---|---|---|
| 解放 \| 思想 | 动宾短语 | (动·名) |
| 思想 ‖ 解放 | 主谓短语 | (名·动) |
| (思想) 的解放 | 偏正短语 | (名·动) |

主谓短语、中补短语、偏正短语的同义——

| | | |
|---|---|---|
| 关心 ‖ 不够 | 主谓短语 | (动·动) |
| 关心得〈不够〉 | 中补短语 | (动·动) |
| [不够] 关心 | 偏正短语 | (动·动) |

2. 结构形式不同而结构关系和理性意义相同或相近的短语

联合短语的同义——

| | | |
|---|---|---|
| 爸爸和妈妈 | 联合短语 | （名·名） |
| 妈妈和爸爸 | 联合短语 | （名·名） |

这类短语是并列关系的联合短语，表达的理性意义是相同的，“爸爸”和“妈妈”先说哪一个词，意义都一样。类似的短语还有：姥爷和姥姥、爷爷和奶奶、哥哥和姐姐、弟弟和妹妹、老师和学生……举不胜举，但在说话者的心理上有主次之别。

| | | |
|---|---|---|
| 小华或者你 | 联合短语（选择） | （名·代） |
| 你或者小华 | 联合短语（选择） | （代·名） |

这类短语是选择关系的联合短语，所表达的意义相同。词语之间互换位置，不但它们之间的语法结构没变，意义也没有变。

| | | |
|---|---|---|
| 文学、历史 | 联合短语（并列） | （名·名） |
| 文学和历史 | 联合短语（并列） | （名·名） |

这类短语结构成分及其语序相同，但关联符号不同，前者用顿号，后者用连词“和”，但意义完全相同。

递进关系的联合短语构不成同义手段，如：“讨论并且通过”，构成成分的意义有事理上的顺序，如变换顺序，就不符合事理了。

偏正短语的近义——

| | | |
|---|---|---|
| （教师）的高明 | 定中短语 | （名·形） |
| （高明）的教师 | 定中短语 | （形·名） |
| （哲学）的贫困 | 定中短语 | （名·形） |
| （贫困）的哲学 | 定中短语 | （形·名） |

这类短语中的双方，中心语同定语之间发生了位移，即语义重心发生了变化，但意义相近，也可看作是同义手段。

此外，连谓短语、兼语短语、同位短语、方位短语、量词短语、介词短语等之间也可能存在理性意义相同的同义现象，有待更多人去关注。

# 第七章　句子的同义手段

## 第一节　语言的句子和言语的句子

句子是最小的能独立运用能表达完整意思的语言单位。句子首先可区分为语言的句子和言语的句子。

### 一、语言的句子

语言的句子是抽象的句法结构，是社会集体所共有的、静态的句子模式。语言的句子可分为语音句、语义句和语法句。

语音句指的是在语流中前后都有较大停顿的语音片段。语义句是意义内容相对独立完整的句子。丁声树在《现代汉语语法讲话》中所说的“只要单独站得住，能够向对方传达一定意思的话，不论长短，都是一个句子”就指的是语义句。语法句是从语法结构观念上划分出来的句子，一般认为至少是带有语调的主谓结构，但实际上还有非主谓结构。语言的语法句是主语、谓语、宾语、定语、状语、补语、中心语这些成分相互联系和对立的集合体。语音句、语义句和语法句这三者有时是一致的，有时并不一致。如：

［1］文学是社会生活的艺术化反映。

［2］看万山红遍，层林尽染；漫江碧透，百舸争流；鹰击长空，鱼翔浅底，万类霜天竞自由。（毛泽东《沁园春·长沙》1925 年）

［3］佘太君：我要你一两星星二两月，三两清风四两云，五两火苗六两气，七两炭烟八两琴声；火烧龙须三两六，天鹅绒毛织手巾，四楞鸡蛋要六个，三搂粗的牛毛要九根；雪花晒干要二斗，冰溜子烧炭要五斤。（东北二人转·《杨八姐游春》）

例［1］是一个语音句，同时是一个语义句和语法句。例［2］是七个语音句，但却只是一个语法句（“看”后的成分都是“看”的宾语）、一个语义句（整体表达了一个相对完整的意思）。例［3］佘太君的话是十个语音句，一个语义句，五个语法句。

### 二、言语的句子

言语的句子就是在交际活动中出现的最小的动态的语言运用单位，也叫语用句。它是个人的，是同外部世界发生了某种对应关系的、产生了特定会话含义的句子。如某人在家中对自己的孩子说："你把书拿来!"那"书"指的一定是特定的书，而不是任意一本书。再比如说，"1997 年 7 月 1 日零点到了!"当中国人说这句话时，是指香港回归祖国，中华民族历史的新篇章开始了！英国人说时，则表达的是大英帝国的光辉历史要成为过去了。这就是言语的句子。但作为语言的句子，其意义则是相同的。如果说，语法学的研究是从言语的句子到语言的句子的过程，那么，修辞学的研究则是从语言的句子到言语的句子的过程。修辞学所要研究的是表达者是如何把语言的句子转化为言语的句子的。

语音句重在发音方便和听觉感受，语义句重在内容的真实性和符合逻辑，语法句关键在于合乎语言的结构规则或规律，而言语句则重在得体。在通常情况下，前三者同言语句在合格性方面是一致的，然而，在一些情况下，却是不一致的，即明明是合格的语音句、语义句和语法句，但却并不是合格的言语句，或明明是不合格的语音句、语义句和语法句，但却有很好的表达效果，是合格的言语句。合格的语言句是如何转化为不合格的言语句？不合格的语言句又是如何转化为合格的言语句？其转化的必要和充分条件是什么？这就是修辞学所要研究的问题。

修辞活动，就是为了同特定的交际环境相匹配，而遵照得体性原则在众多的同义句中所作出的比较得当的选择。而对同义句的选择是最重要的修辞活动。

## 第二节　语言的同义句和言语的同义句

同义句子，就是在所表达的意义方面有共同点的句子，或是表达相同意义内容的形式不同的句子，包括单句和复句。

### 一、语言的同义句

语言的同义句指的是语言意义相同的句子。语言的意义对整个社会来说，是共同的，语言的同义句也是整个社会所共同具有的。语言的同义句包括下面两种情况：广义的——语法系统中的各种聚合体，如句型和句类；狭义的——语法的结构、形式不同而理性意义相同的句子。

（一）广义的语言同义句

- 句子类型
  - 句型
    - 单句
      - 主谓句
        - 名词性谓语句
        - 动词性谓语句
        - 形容词性谓语句
      - 非主谓句
        - 名词性非主谓句
        - 动词性非主谓句
        - 形容词性非主谓句
        - 叹词句
        - 拟声词句
    - 复句
      - 联合复句
        - 并列复句
        - 顺承复句
        - 解说复句
        - 选择复句
        - 递进复句
      - 偏正复句
        - 转折复句
        - 条件复句
        - 假设复句
        - 因果复句
        - 目的复句
  - 句类
    - 疑问句
    - 陈述句
    - 祈使句
    - 感叹句

语言的句子可分为句型和句类。句型是句子的结构分类；句类是句子的功能（语气）分类。这两种分类各是一个同义聚合体。同时，其每一类又有下位、下下位的小类，它们又都是同义聚合体，这不同层次的类聚可看作广义的同义手段（如上表）。

（二）狭义的语言同义句

狭义的语言同义句指语法结构、语法形式不同而理性意义相同的句子。有如下三种情况：

第一，几个句子的结构相同，只是有些词语不同但却具有同义关系，这些句子是同义句。如：

A 张平热爱自己的工作。

张平喜欢自己的工作。

B 我被你说服了。

我让你说服了。

我给你说服了。

C 我把王教授请来了。

我将王教授请来了。

上举 A 组是一般主谓句，只是谓语中心语不同；B 组是“被”字句，只是表被动的介词不同；C 组是“把”字句，只是表处置的介词不同，但却分别都是同义句。

第二，几个句子的深层语义关系相同，只是表层说写形式不同，这些句子是同义句。如：“我写好了关于同义手段的论文”的深层语义关系是：我——施事，写——动作，关于同义手段的论文——受事。于是，这样的深层语义关系的说写形式还有：

我把关于同义手段的论文写好了。

关于同义手段的论文我写好了。

关于同义手段的论文被我写好了。

论文，关于同义手段的，我写好了。

论文我写好了，关于同义手段的。

第三，几个句子的深层语义关系不尽相同，表层形式不同，也可以成为同义句。如：

我喝生水喝坏了肚子。

我被生水喝坏了肚子。

我被生水把肚子喝坏了。

生水把我的肚子喝坏了

生水把我喝坏了肚子。

喝生水把我肚子喝坏了。

在上几句中，尽管“我”有时是施事，有时是受事，有时是领有，但几个句子的理性意义是相同的。

## 二、言语的同义句

言语的同义句指的是言语意义（话语内容）相同但语法形式不同的几个句子。言语的意义总是个人的，是同特定语境相联系的。言语的同义句是以语言的同义句为基础的。言语的同义句的范围比语言的同义句广得多，包括语言的同义句和那些在特定语境中具有同义关系的非语言的同义句。具体来说，言语的同义句有下面几种情况：

第一，被用来作为同义手段选择的语言的同义句。前举数例皆是。

第二，在言语中出现的虽然形式不同但理性意义相同的句子。如：

王英嫁给了张强。
王英做了张强的妻子/爱人/媳妇/老婆/夫人。
王英同张强建立家庭了。
王英同张强一块儿过了。
王英同张强成夫妻了。

第三，在逻辑上具有包含关系的句子，不需精确时，在特定语境中也可成为同义句。如：

A 亨利是一个教师。
　亨利是一个教授。
B 芝兰生深林，非为无人而不香。（刘向《说苑》）
　且芝兰生于深林，不以无人而不芳。（《家语·在厄》）

以上每组句子中的第一个句子的意义包含了第二个的意义，但在特定语境中它们是同义的。

第四，肯定句和否定句也能构成言语同义句。如：

老李很聪明。
老李一点儿也不愚蠢。

第五，具有可逆关系的句子，也能构成言语同义句。如：

志坚娶了元华。

元华嫁给了志坚。

第六，某些辞格句与辞格句，辞格句或非辞格句可以构成言语同义句。如：

共产党像太阳。=共产党是太阳。（比喻与比喻）
星星笑了。=星星像小孩一样笑了。（比拟与比喻）
不拿群众任何财产。=不拿群众一针一线。（非辞格句与借代）
你真聪明！=你真愚蠢！（反语与非辞格句）

总之，在特定的交际活动中，在意义上凡是能有条件地相互取代的句子都是同义句。王希杰认为：通过一个变换，一个变量的替换，一个句子可以变到另一个句子，所有的句子都是等价的、同义的。此外，语气、语调、面部表情，手势，体态等非语言因素都可是造成言语同义句的“变量”。

## 第三节　单句的同义手段

单句的同义手段从语法的角度审视，主要有这样几种情况：成分移位，成分互转，成分错位，异形。

### 一、成分移位构成的同义手段

在单句中，两个相互对待的直接成分的正常位置是：主语在前，谓语在后；定语、状语在前，中心语在后。各个成分处于正常位置的句子叫常式句，为了强调、突出某一成分或者为了变换句法而颠倒原有语序的句子叫变式句。变式句同常式句之间可相互转化而不改变其理性意义，它们是狭义的同义手段。常见的有：

（一）定语后置与原结构构成的同义手段

定语后置句是为了强调突出定语，或为了补充说明中心语，或为使语句简洁将定语放到中心语之后的句子。例如：

[1] 电灯忽然全亮了，（这屋的和那屋的）。

这是为强调处所将定语后置。

[2] 公所的墙边摆满了（三角形）的大旗，（红的、蓝的、紫

的)。(《杨朔散文选》)

这是为突出性状将定语后置。

[3] 他们应该有新的生活,(为我们所未经生活过的)。(鲁迅《故乡》)

这个后置定语是补充中心语的。

[4] 大致一看,屋子里还是空虚,但偶然看到地面,却盘旋着(一匹)(小小)的动物,(瘦弱的,半死的,满身尘土的)……

这是为使语句简洁、补充中心语、强调定语而将定语后置的。

此外如:

[5] 老栓也向那边看,却只见一堆人的后背;颈项都伸得很长,仿佛许多鸭,(被无形的手捏住了的),向上提着。(鲁迅《药》)

这种定语后置突出了定语所表达的内容,使表达灵活曲折。

[6] 地图上缀满斑点,红的,绿的,黄的,紫的,黑的,霉味十足。(关汝松《宿愿》)

为强调色彩,将定语后置。

[7] 草鞋的尖顶,
结着傲的彩球:
团团的,
毛茸茸的,
摇着头而泛着光丝的……(《小川诗选》)

为符合诗歌形式要求,减短句子长度将定语后置。

(二)状语移位与原结构构成的同义手段

状语的正常位置是在主、谓之间,但由于修辞的需要,可移到全句之后或主语之前,这时,状语就成了信息的焦点。因为从心理感知的角度看,句首和句末是最敏感和最引人注目的部位。

状语后置句是为了突出状语或加强感情色彩等将状语放到中心语之后的句子。例如：

［8］月亮升起来了〔静静地，悄悄地〕。

这是为强调情态，将状语后置。

［9］然而，现在呢，只有寂静和空虚依旧，子君却决不再来了，而且〔永远永远地〕！（鲁迅《伤逝》）

这是为强调时间，增添感情色彩，将状语后置。

［10］他不怕批，不怕斗，就怕那帮人毁了他的标本，他日夜守护着，〔在办公室里，在家里，在地下室里〕……

这是为突出地点，将状语后置。

［11］他们来给我祝寿，我也去给他们贺喜，〔当他们生娃娃或娶媳妇的时节〕。（《老舍选集·自序》）

为使上下文对称，将状语后置。

［12］真理，百分之五十的人都懂得，〔起码〕；坚持真理，百分之五十的人做不到，〔大概〕。（王毅《对照检查五重奏》）

这是为强调人们对“真理”和“坚持真理”的一般态度，将状语后置。

［13］我的心地轻松起来，坦然地在潮湿的石路上走，〔月光底下〕。（鲁迅《孤独者》）

这是为强调“走”的环境，将状语后置。

［14］我要唱呵，

我要写，
〔在这欢庆的锣鼓声中〕，
〔在这祝捷的不眠之夜〕……（贺敬之《中国的十月》）

这是为符合诗歌形式和韵律需要，将状语后置。

再如：

［15］我漫步着，漫步着，〔在少有的寂寞里〕。（鲁迅《秋夜记游》）

这是为强调状语，追加说明漫步时的心情，将状语后置。

［16］恋爱，欢欣，自由——
辞别了人间，〔永远〕！（徐志摩《这是一个懦弱的世界》）

这是为强调时间，加强感情抒发，将状语后置。

下面是状语前置的例子。状语前置也可看成是状语与主语位置的互换。

［17］〔轻轻的〕我走了，／正如我轻轻的来；我挥一挥衣袖，作别天上的云彩。（徐志摩《再别康桥》）

这是为强调情态和加重抒情，将状语前置。

［18］〔与张笑天的小说《离离原上草》被批评、羽绒衣展销会在V市进行、一个娇生惯养的女孩因为母亲没有给她买回冰棒而下药毒死了母亲，父亲在掐死六岁小女儿之后又上吊这些事一道〕，老丑恶少的沐浴之争引起了这里各界人士的普遍关注。（王蒙《冬天的话题》）

这是为强调夸张，以对主语“一老一少的沐浴之争”进行嘲讽而将长状语前置，并且缩短了主、谓语之间的距离。

古代汉语中也有状语与主语位置互换的情况：

［19］今由也匹夫之徒。（刘向《说苑》）
由，今也匹夫之徒。（《家语·辩乐解》）

此例的下句为突出话语主语“由”的作用，将时间状语和主语换位，加强了对“由”的斥责意味。

（三）谓语前置与原结构构成的同义手段

谓语的正常位置是在主语之后，但由于修辞的需要，可以放到主语之前，这叫“谓语前置”。谓语前置是为表达强烈感情或由于说话急促等原因而先说出谓语，然后说出主语的句子。这类句子是为了强调谓语，常常是感叹句。如：

主谓倒置的修辞作用是：

第一，可以突出强调谓语或反映说话人的急促心情。如：

［20］灭了，风中的烛；
僵了，井底的蛙；
倒了，泥塑的菩萨。（《郭小川诗选》第188页）

［21］水生笑了一下。女人看出他笑得不像平常，便问道：“怎么了，你？”（孙犁《荷花淀》）

第二，可以更好地抒发感情。如：

［22］多么雄壮有力啊，中国人民跃进的步伐！

［23］多么好，祖国！多么好，生活！多么好啊——物理！（柯岩《奇异的书简》）

第三，可使音韵和谐自然，具有音乐美。如：

［24］多么幸运啊，我家乡的小河，
千里迢迢来此汇合，
假如我是粒水珠，
愿永远在大海里欢歌。（《北京文艺》1979年第5期第65页）

再如：

［25］多好呵，生活！
多美呵，爱情！（谌容《人到中年》）

［26］多么美丽呀！

——这白衣天使……
多么宁静呀！
——这大雪之夜……（徐刚《初雪》）

［27］终于过去了
中国人民的哭泣的日子
中国人民低垂着头的日子；
终于过去了
日本侵略者使我们肥沃的土地上
长着荒草，
使我们的肚插里塞着树叶的日子；
终于过去了
美国的吉普车把我们像狗一样
在街上压死，
美国的大兵在广场上强奸我们的
妇女的日子；
终于过去了
中国最后一个黑暗王朝的统治！（何其芳《我们伟大的节日》）

为强调某一事情、事件的发生、发展和结果，也可将谓语前置。例［33］是为强调中国人民受屈辱的日子已经过去了，将谓语“终于过去了”前置的。

下面的句子许多人认为是主谓倒置，其实是呼语（独立语）后置，而不是主谓倒置，要注意区辨：

［28］起来，饥寒交迫的奴隶！/起来，全世界受苦的人！（《国际歌》）

［29］鼓动吧，风！/咆哮吧，雷！/闪耀吧，电！（郭沫若《屈原》）

因为，在“起来”、“鼓动”、“咆哮”、“闪耀”等动词性词语之前能补出“你们/你”之类的代词性主语而意思基本不变。但在主谓倒置句的谓语之前绝对不能再补上主语。

（四）宾语前置与原结构构成的同义手段

宾语的正常位置是在主语之后，但为了强调宾语的内容，使行文变化、活泼，在文学作品中，尤其是在小说和叙事性散文中，人物的语言和心理活动、认知内容等可出现在主语之前，这叫“宾语前置”，但不能认为是宾语转化成了主语。宾语前置有两种情况：第一种是整个宾语都在主语前。如：

［30］“我也是为了你好，我看你将来能把‘激情’当饭吃。”嫂嫂说。

“对，对。”大哥附言。

［31］哥哥是我们家有权威的人，他回来我们再和他商量，他是会同意我跟他到黄山的，这样，即使妈妈反对，那我也能去，我想。（王安忆《本次列车终点》）

这种宾语前置的例子在小说中比比皆是。

第二种是部分宾语在主语前，部分在动词后。如：

［32］“出山了！”我想，“万石头出山了！”（茹志鹃《出山》）

［33］“你们可看见过杀头么？”阿Q说，“咳，好看。杀革命党。唉。好看好看……”他摇摇头，将唾沫飞在正对面的赵司晨的脸上。（鲁迅《阿Q正传》）

（五）宾语和补语互换构成同义手段

动词后边既可带宾语，又可带补语，这时，宾语和补语可能互相换位。如：

［34］原句：……不久，他就躺在那张只有一些谷草的场上，打盹起来了。（沙汀《巡官》）

改句：……不久，他就躺在那张只有一些谷草的场上，打起盹来了。（沙汀《巡官》）

上例中的“起来”不表示趋向，只表示动作行为的开始，这种语义中如加进宾语成分，一般不能构成“动—宾—补”的语序，故改为“打起盹来了”。

除了上面提到的几种情况外，由于成分移位构成的同义句，还有多层状语句中状语的换位、多层定语句中定语的换位，如：

［35］楚人将与吴人战，楚兵寡而吴兵众。（《说苑》）
荆人与吴人将战，荆师寡，吴师众。（《吕氏春秋·高义》）

[36] 鬼子不声不响地已经从对面扑过来了……（浩然《妻子》）
鬼子已经不声不响地从对面扑过来了……（浩然《妻子》）

例［35］中的两个状语“将”、“与吴人”在上下句中的顺序正好换了位，上句强调“战”之对象，下句强调“战”之时间；例［36］中的两个状语“不声不响”、“已经”在上下句中的顺序也正好换了位，上句“不声不响”在前，强调状态之静，下句“已经”在前，强调行为已然。

[37] 此奸人之雄，不可不诛。（《说苑》）
此乃人之奸雄也，不可不诛。（《说苑》）

[38] 原句：直到下半天，寻来寻去寻到山坳里，看见荆柴上挂着他的一只小鞋。（鲁迅《祝福》）

改句：直到下半天，寻来寻去寻到山坳里，看见荆柴上挂着一只他的小鞋。（鲁迅《祝福》）

例［37］中的两个定语“奸”“人”在上下句中的顺序也正好换了位，“奸人之雄”强调“雄”，“人之奸雄”强调“奸雄”；例［38］中的两个定语“他”、“一只”在上下句中的顺序正好换了位。一般来说，越是靠近中心语的定语与中心语的关系越密切。上句“一只”先与“小鞋”结合，表示先看见一只小鞋，下句“他”先同“小鞋”结合，表明小鞋是他的，这也真实地反映了寻找阿毛的动态过程。

## 二、成分转化构成的同义手段

成分转化是指句中的甲成分转化成了乙成分，乙成分转化成了甲成分。成分转化之后，理性意义相同。常见的有如下几种情况。

### （一）定中互转构成同义手段

定中互转是指由形容词充当定语、名词充当中心语、含有结构助词“的”偏正结构（形＋名），在变异之后，却成了名＋形结构。这类变异结构同原来结构相比，强调、突出了形容词所表达的事物的属性，但基本意义大致相同，因而是同义手段。如：

[1] 最初，还是从寻找家园房舍开始，之后一切便都模糊如记忆了，只有岭的逶迤、沟的深邃、壑的狭细、塬的广袤了。（马野《俯仰之

间》)

［2］它或许能使男人们联想到云霞的璀璨、山花的烂漫、清泉的纯净、五谷的芬芳……（刘普艳《司机之邀》）

例［1］中“岭的逶迤”、“沟的深邃”、“壑的狭细”、“塬的广袤”分别是“逶迤的岭”、“深邃的沟”、“狭细的壑”、“广袤的塬”的定中互转形式；例［2］中“云霞的璀璨”、“山花的烂漫”、“清泉的纯净”、“五谷的芬芳”分别是“璀璨的云霞”、“烂漫的山花”、“纯净的清泉”、“芬芳的五谷”的定中互转形式。

（二）主宾互转构成同义手段

根据语用的需要，有的宾语可以转化为主语、主语转化为宾语。主宾语转化有两种手段。

第一是语法手段，如：

［3］一只船坐十个人。←→十个人坐一只船。　一米卖五元←→五元卖一米

［4］我吃了苹果。←→苹果被我吃了。　来客人了！←→客人来了！

当然，这种转化，句子前后的语义并不完全相同，或是强调的重点不同，如前三例；或是有未知、无定与已知、有定的区别，如后一例。

第二是修辞手段，往往是用委婉手法，如：

［5］张三看见了李四。←→李四闯进张三的眼帘。

［6］杨子荣打死了老虎。←→老虎撞上了杨子荣的枪口。

宾语转化成主语，往往是为着强调宾语所指代的对象。

（三）宾状互转构成同义手段。

宾语同状语相互转化，是指用介词“把”将受事宾语提前构成介词短语，置于动词之前做状语，这时，一般的带宾主谓句就成了“把”字句；如果将“把”字句的状语“把××”删除介词“把”，并且将“把”的宾语移到动词谓语中心语之后做全句宾语，这时，“把”字句就成了一般的带宾主谓句。转化的基础是：不管是一般带宾主谓句还是“把”字句，都有一个动词处置的对象——受事，也不管处置的对象在什么位置，它都是被处

置的，只不过“把”字句的处置意味浓而一般带宾主谓句的处置意味淡一些而已，但基本意义是相同的。如：

[7] 我们一定要搞好经济建设。←→我们一定要〔把经济建设〕搞好。

[8] 烈火吞噬了大片的森林。←→烈火〔把大片的森林〕吞噬了。

下面的例子也应该是状语、宾语互转构成的同义手段：

[9]〔把什么名誉、种族〕，一起抛开，去爱一个她看着都害怕的东西。（方平翻译莎士比亚《奥赛罗》）

她，居然不顾品性、年纪，国家、名誉，以及一切，去〔和那她看上去都要害怕的人〕发生恋爱。（梁实秋翻译莎士比亚《奥赛罗》）

例［9］中上句的状语、宾语在下句中正好换了位：状语成了宾语，宾语成了状语，但理性意义是相同的。

（四）补状互转构成同义手段

补语同状语有时是可以相互转化的，但补语传达的信息要比状语重要。要加强信息的程度，就把状语转换为补语；要淡化信息的程度，就把补语转换成状语。如：

[10] 小队长早提高嗓音，〔特别响〕地念着。←→小队长早提高嗓音，念得〈特别响〉。（杨朔《铁骑兵》）

[11] 所以我们的青年脆弱得〈很〉。←→所以我们的青年〔很〕脆弱。（巴金《雨》）

再如：

[12] 跑得〈飞快〉←→〔飞快〕地跑

[13] 讲解得〈清清楚楚〉←→〔清清楚楚〕地讲解

[14] 读得〈非常认真〉←→〔非常认真〕地读

[15] 爷爷〔在船上〕坐←→爷爷坐〈在船上〉

（五）状谓互转构成同义手段

有些句子的状语和谓语可以互相转化，即状语移位后可以变成谓语，反之，谓语变成状语。如：

［16］我们〔要努力〕工作。←→我们工作要努力。
［17］我们〔要诚恳〕待人。←→我们待人要诚恳。

这种成分的转换，是原语言材料的职能变了：这个句子的状语变成了那个的谓语，那个的谓语变成了这个的状语，语义的重点也跟着改变了，修辞效果也不同，但表达的基本意义未变，所以它们是同义句。

**三、成分错位构成的同义手段**

成分错位是指某个词语在句中应该在这一成分的位置上，而实际上却在那一成分的位置上。成分错位常见的是状语和定语相互错位。形容词作定语，一般是修饰名词性中心语，表示名词性词语所指事物的性状。但有时候却将定语移到中心语之后，做谓词性词语的状语，但从语义指向上看，它描摹的仍是名词性词语所指事物的状态，与原形同义。这种变异给人以新奇感。如：

［1］快下班了，可太阳仍圆滚滚地悬着。（陈怀国《黄军装，黄土地》）

此例的常规结构是：快下班了，圆滚滚的太阳仍悬着。

［2］忽然看到河边蓝幽幽地坐的一个人影如雕塑，有一种幽静迤逦而来。（何立伟《小城无故事》）

“蓝幽幽”本是描摹河水的清澈、湛蓝的，这里却成了“坐”的状语。

［3］汽车〔红红绿绿地〕开来开去，像忙着婚宴。（朱月瑜《大屋的丫环们》）
［4］两个影子尚〔蓝蓝地〕塑在一起。（何立伟《一夕三逝》）

例［3］［4］的状语本来是主语的定语，现在错位在谓语中心语前，将事物的色彩投射到动作上，强调了动作的性状。

有时候，状语错位成了定语。如：

[5]（极快的）他想出了道理来：炮声是由南边来的。（老舍《骆驼祥子》）

[6]（迷迷糊糊的）他拉了几个买卖。（老舍《骆驼祥子》）

例［5］［6］的定语本是状语，现在用以修饰主语，将动作的性状投寄到动作主体上，突出了动作主体的性状。这种结构关系的超常或错位，给人以新奇感。

## 四、语法形式不同构成的同义手段

语法形式不同构成的同义手段有如下两种情况。

### （一）异形同构同义

异形同构同义是指语法形式不同，结构关系相同，理性意义相同。如：

[1] 秦破韩灭魏，鄢陵独以五十里地存者，徒用先生之故耳。（《说苑》）

夫韩、魏灭亡，而安陵独以五十里之地存者，徒以有先生也。（《魏策四》）

[2] 他从外边跑来，一头汗。

他从外边跑来，一头的汗。（引自刘月华《实用现代汉语语法》）

例［1］下句中的“五十里之地”与上句中的“五十里地”都是定中关系，区别只在于结构助词“之”的有无，有“之”则语气舒缓，无“之”则语气急促。例［2］中“一头的汗”与“一头汗”也可作如此分析。

有时不加“之”、“的”显得随意，加上“之”、“的”，有正式、庄重之感，如“历史经验告诉我们”和“历史的经验告诉我们”，此外如：

[3] 故分呈以肃慎矢。（《孔子世家》）

故分呈以肃慎之矢。（《说苑》）

几个句子，结构助词加在不同位置，也可形成异形同构的同义句。如：

[4] 此乃子之报怨时也。（《说苑》）

是子报仇之时也。（《韩非子·外储说左下》）

此正子之报怨之时。（《家语·致思》）

上三句中，尽管前二句各有一个“之”，但位置不同，后一句中有两个“之”，是对前两句中“之”的位置的结合，但三句的结构关系都是定中式，意义都相同。

此外，除了定中结构之外，汉语的状中结构和主谓结构也有结构形式不同、结构关系相同而意义相同的。如：

［5］瞠然而视。（《说苑》）

瞠然视。（《管子·小问》）

［6］黄昏，正自无聊的当儿，阴沉沉的天却又淅沥地落起雨来。（吴伯箫《山屋》）

黄昏，正自无聊的当儿，阴沉沉的天却又淅沥落起雨来。

［7］（夫子）见人之有善，若己有之。（《家语·六本》）

夫子见人有善，若己有之。（《说苑》）

例［5］［6］是状中关系的，前者的两句是有无连词“而”的区别，后者的两句是有无结构助词“地”的区别；例［7］中的主谓结构“见人之有善”与“见人有善”区别也只在于有无“之”。

（二）异形异构同义

异形异构同义句是指语法形式不同，结构关系不同，理性意义相同的句子。如：

［8］取人善，以自为己，是谓盗也。（《说苑》）

取善自与，谓之盗。（《家语·辩政》）

［9］不观高崖，何以知颠坠之患？不临深渊，何以知没溺之患？不观巨海，何以知风波之患？（《家语·困誓》）

不观于高崖，何以知颠坠之患？不临于深渊，何以知没溺之患？不观于海上，何以知风波之患？（《说苑》）

［10］原句：我希望的是热烈、激动的空气。（巴金《雨》甲版）

改句：我需要的是热烈、激动。（巴金《雨》甲版）

例［8］上句中的“是谓盗”是主谓结构，下句中的“谓之盗”是双宾结构；例［9］中的下例是在上例中的“不观高崖”、“不临深渊”、“不观巨海”中加了介词“于”，把动宾结构变成了动补结构。例［10］中原句的“热烈、激动的空气”是定中结构作宾语，改句是并列结构作宾语，比原句简洁明快。这些例子都是语法形式不同，结构关系不同，而理性意义相同的同义句。

## 第四节　复句的同义手段

这里所说的复句的同义手段，是指变异复句与常规复句构成的同义手段。

根据表达需要，移动复句中分句的位置，这就是复句成分的位移。在偏正复句里，分句的正常顺序是偏句在前，正句在后。有时偏句也可移到后面，为起补充说明的作用，以突出正句或强调偏句的作用。偏正复句成分的位移只包括：转折、条件（含假设）、因果、目的四种复句偏句的位移。在联合复句里，也有成分位移的情况，常见的有承接复句、并列复句分句的位移。

### 一、条件复句分句位移构成的同义手段

条件复句偏句的位移：即表条件的分句后置。我们这里所说的条件复句包括一般所说的“假设”和狭义的“条件”两种情况。

［1］高尚和慷慨，下贱和鄙吝，谦虚和聪慧，骄傲和愚蠢，也就一定要表现在神色和姿势上，不管人是站着还是在活动。（克赛诺封《回忆录》第三卷）

［2］我好像做了一场大梦，满园的创伤使我的心仿佛又给放在油锅里熬煎，这样的熬煎是不会有终结的，除非我给自己过去十年的苦难生活作了总结，还清了心灵上的欠债。（巴金《小狗包弟》）

［3］老爸就是这样，以他心中那个大写的“人”字，化神奇为平淡，化沉重为轻松，无论是面对生活，还是面对历史。（李矗《爸爸今年八十八》见《光明日报》1998年6月27日）

例［1］将正句前置，强调突出，偏句在后，起补充说明作用。例［2］为了强调“熬煎是不会有终结的”的先决条件，将偏句后移，突出了“除非……还清了心灵上的欠债”这是唯一可以终结熬煎的条件。此是为强调偏句后置例。例［3］是为突出“老爸”的平淡、轻松的精神境界，将偏句后移，为正句起补充作用。

假设复句其实也是偏正复句，只不过其条件是假设的而已。假设复句偏句的位移：即表假设的分句后置。例如：

［4］抗战以来八九年教书生活的经验，使我整个地否定了我们的教育，我不知道我还能继续支持这样的生活多久，如果我真是有廉耻的话。（闻一多《八年的回忆与联想》）

［5］我竟不料在这里意外地遇见朋友了——假如他现在还许我称他为朋友。（鲁迅《在酒楼上》）

［6］往日同游的朋友，虽然已经分散，然而鱼翅是不可不吃的，即使只有我一个……（鲁迅《祝福》）

上三例都是为突出强调正句而将偏句后移的，偏句对正句起补充说明作用。即如例［6］的偏句“即使 只有我一个”对“鱼翅是不可不吃的”起补充作用。再如：

［7］那时候，人们，尤其是青年，就都循规蹈矩，既不嚣张也不浮动，一心向着“正路”前进了，只要没有人间——“往哪里去?!”（鲁迅《一点比喻》）

［8］而且也有报酬，譬如好花从泥土里出来，看的人固然欣赏地鉴赏，泥土也可以欣赏地鉴赏，正不必花卉自身，这才心旷神怡的——假如当作泥土也有灵魂的话。（鲁迅《未有天才之前》）

［9］只有秋天，当你走向田野，走向那种情绪时，你别，即使是初恋。（佟鸿生《走向原野》）

［10］路，虽说不远，他并不理会，只要把下次进城的日期细细盘算。（渭水《归路》）

## 二、因果复句分句位移构成的同义手段

因果复句偏句的位移：即表原因的分句后置。

［1］真理之所以为真理，只是因为它是和谬误以及虚伪对立的。（《车尔尼雪夫斯基论文学》上卷）

［2］天才免不了有障碍，因为障碍会创造天才。（罗曼·罗兰语　引自《名人名言录》）

［3］交际活动之所以能够正常地进行，就是因为交际双方拥有一个共同的物理世界，而且是零度形式（BO）。（王希杰《修辞学通论》）

因果复句的“因”句在后，“果”句在前表示由“果”溯“因”，语义

重心在“果”上，“因”对“果”起补充说明作用。上三例都是这样。如例［2］的“障碍会创造天才”就是对“天才免不了有障碍”的说明、补足。再如：

［4］新的生路还很多，我必须跨进去，因为我还活着。（鲁迅《伤逝》）

［5］这是交际的第三步，相约旅游是深入发展的标志，成功率是很大的，因为在湖光山色之间人人的心情都很美好，特别渴望爱情与友谊。（陆文夫《清高》）

### 三、转折复句分句位移构成的同义手段

转折复句偏句位移：即表转折的分句前置。

［1］请原谅我不辞而别，无论如何，我不能再留在这里了，虽然，我是多么愿意在您身边工作。

［2］我不属于我自己，虽然我的肩上压着我自己的负荷。（曲庆玮《我骄傲，我属于中国》）

［3］今晚却很好，虽然月亮也还是淡淡的。（朱自清《荷塘月色》）

例［1］将“我是多么愿意在您身边工作”这一偏句后移，为的是强调“我不能再留在这里了”这一正句。例［2］的正常顺序是：“虽然，我的肩上压着我自己的负荷，但我不属于我自己。”现在将偏句后移，更加突出了正句，表达了作者高度的民族责任心。例［3］将正句前移，使其意思突出于首要地位。再如：

［4］这提议很为各方面所满足，当即被采用了，虽然并不是光荣的拔都汗的老方法。（鲁迅《中国文坛上的鬼魅》）

［5］世界上并非没有为了奋斗者而开的活路，我也还未忘却翅子的扇动，虽然比先前已经颓唐得多……（鲁迅《伤逝》）

### 四、目的复句分句位移构成的同义手段

目的复句的常规形式是偏句表示行为，在前，正句表示行为的目的，在后。

目的复句偏句的位移，即表行为的分句后移，目的分句前置。

［1］为了在生活中努力发挥自己的作用，热爱人生吧。(《罗丹艺术论》)

［2］为保障企业改革、开放和经济发展，加强企业管理和民主监督，保持企业领导干部清正廉洁，制定本规定。

(《关于国有企业实行业务招待费使用情况向职代会报告制度的规定》监察部 国家经贸委 全国总工会 1995 年 5 月 17 日印发)

［3］为了争取新的胜利，要在党的干部中间提倡放下包袱和开动机器。(毛泽东《放下包袱开动机器》)

目的复句中的“目的”分句是正句，正常语序是目的分句在后，行为分句在前。为了突出“目的”，可将正句前置，上三例的“行为”分句后移，都是为了突出目的分句所表达的意思。

**五、承接复句分句位移构成的同义手段**

承接复句各分句的正常顺序是按照动作或事件发生的先后而排列，但也有变异的排列形式，如：

［1］盖殡也，问于郰曼父之母。(《礼记·檀弓》)

［2］原句：一九四零年新政权建立以后，提倡自力更生，发展种棉，发展纺织。(马烽《一架弹花机》)

改句：一九四零年新政权建立以后，提倡自力更生，发展纺织，发展种棉。(马烽《一架弹花机》)

例［1］分句的正常顺序应是“问于郰曼父之母，盖殡也。”古人对亡人的埋葬有“殡”“葬”之分：浅埋为殡，深埋为葬。孔子的父亲本是浅埋(殡)，可是人们都以为是深埋（葬)，孔子想迁葬父亲但不敢轻启坟墓，出于慎重，他询问了郰曼父母之后，才知道是“殡”。这里有意颠倒语序，借首位以突出安葬的种类和性质。例［2］的原分句顺序不太合乎事理，应该是先发展种棉，然后才能发展纺织，改句的分句顺序是合理的。

**六、并列复句分句位移构成的同义手段**

并列复句各分句一般来说在语义上没有轻重之别，是平等的，但有时为强调某一项时，会把表达该项的分句排列在前面，但基本意义没有大变。如：

［1］政有三而已。一曰：因民；二曰：择人；三曰：从时。（《说苑》）

务三而已。一曰：择人；二曰：因民；三曰：从时。（《左传·昭公七年》）

［2］公则自伤，鬼恶能伤公？（《庄子·达生》）

物恶能伤公？公自伤也。（《风俗通义·怪神·世多有见怪惊怖以自伤者》）

例［1］上句把“因民”排在第一位，看重“因民”，而下句则把“择人”排在首位，看重“择人”。例［2］的语义重点在句子尾部，上句重在说鬼不能伤公，而下句则重在说公乃自伤。

## 第五节　单、复句互转构成的同义手段

单句和复句相互转化，可构成同义手段。

复句向单句的转化是指调整增删复句中的某些词语或去掉语音停顿，使复句变为单句。复句转化为单句之后，原复句分句间的逻辑关系就变成了句子成分关系。转化成的单句，一般来说，比原复句的结构紧凑，文字简洁，形体短小，语气急促，但语义基本相同。因此这类单句同原复句之间是同义关系。例如：

［1］A 我们依靠组织，依靠群众。（并列复句）
　　B 我们依靠组织依靠群众。（联合短语作谓语的单句）

［2］A 他打开门，出去了。（顺承复句）
　　B 他打开门出去了。（连动式单句）

［3］A 我有个朋友，住在上海。（释宾式解说复句）
　　B 我有个朋友住在上海。（兼语式单句）

［4］A 父亲告诉我们不要去看他，还告诉我们不要送东西。（并列复句）

B 父亲告诉我们不要去看他，也不要送东西。（双宾式单句，远宾语为联合短语）

［5］A 我读过杨朔的两篇散文：一篇是《雪浪花》，一篇是《荔枝蜜》。（总分式解说复句）

B 我读过杨朔的两篇散文：《雪浪花》、《荔枝蜜》。（同位短语作宾式单句）

［6］A 只有他来，才能把这件事办好。（必要条件复句）

B 只有他能把这件事办好。（主谓式单句）

［7］A 为了我能上学，妈吃了不少苦。（目的复句）

B 妈为我上学吃了不少苦。（介宾短语作状语的单句）

［8］A 他找我，你说我很快就会回来。（假设复句）

B 他找我时，你说我很快就会回来。（偏正短语作状式单句）

［9］A 无论出现什么情况，我们都要坚持到底。（无条件复句）

B 无论在什么情况下，我们都要坚持到底。（介宾短语作句首状语式单句）

［10］A 古之贤君，饱而知人之饥，温而知民之寒。（《晏子春秋·内篇·谏上》）

B 古之贤君，温饱而能知民饥寒。（《书抄》第 152 页）

上举十例，A 是复句，B 是 A 转化成的同义单句，其转化过程分别是：例［1］［2］［3］是删除复句中的语音停顿。例［4］是在复句中的第二分句中删除“还告诉我们”，增添“也”。例［5］是删除分句中的“一篇是”，以顿号替换逗号。例［6］是删除前分句的“来”、后分句的“才”，并去掉语音停顿。例［7］是删除语音停顿和“能”，将“妈”提到句首，用“为”替换“为了”。例［8］是改“他找我”为“他找我时”。例［9］是将“出现什么情况”这一动宾结构改为“在什么情况下”这一介宾短语，因介宾短语不能成句，只能作句子成分，所以，原复句便成了单句，“无论”在单句中只起强调状语的作用。例［10］是将两个并列分句和而为一个单句，并列复句表列举，而单句表总括。

当然，单句也可转化为复句，二者也是同义手段。如：

［11］原句：还有三个显然是打县里或省里下来的穿得比较整洁的年青人。（丁玲《太阳照在桑干河上》甲版）

改句：还有三个穿得比较整洁的年青人，像是从县里或省里下来的。（丁玲《太阳照在桑干河上》同上）

［12］原句：（那些妇女也十分幸福，）她们只做那最轻松的管理机器的工作。（叶圣陶《快乐的人》）

改句：（那些妇女也十分幸福，）她们只做那最轻松的工作，

管理机器。(叶圣陶《快乐的人》)

[13] 明日往朝其师，其师望而谓之曰……(《文选·魏都赋》注引《庄子》逸文)

明日往朝，师望之，谓之曰……(《淮南子·道应训》)

这几例的前一句都是单句，后一句都是复句，二者结构不同，但基本意义相同。如[13]前句的后一分句“其师望而谓之曰……”是单句，表示“望”和“谓”同时进行，而后句则把这一单句形式分化为两个分句“师望之，谓之曰……”，其中的两个动作有先后之别。

## 第六节 四种句子的同义手段

这里的四种句子指语音的、语义的、语法的、语用的句子。每一种句子都有同义形式。

### 一、语音同义句

“语音同义句，指的是从语音的角度来考察和要求句子的时候，在音韵节奏方面能够充当等值物和相互代替的句子，诗歌中最讲究的就是这种语音句。”① 汉语的律诗和词都讲究平仄的调配，平仄和对仗，是近体诗中最讲究的两件事。不讲平仄和对仗，就不叫律诗。平仄协调的基本规则是：

第一，在一联之内以两个音节为一个节拍，两节拍之间平仄必须替换使用。

第二，相近的两联，出句和对句的声调要平仄“相对”。

第三，下联出句与上联对句要“相粘”：上一联的对句是平声开头，下一联的出句也必须是平声开头；上一联的对句是仄声开头，下一联的出句也必须是仄声开头。

符合平仄的这些基本规则的句子就可以出现在相应的地方，在这里，“平仄”就是一种意义，从语音的角度看，就是同义句，否则就不是。如五律平仄的基本模式是：

[1] A 仄起式 **春 望**

杜甫

仄仄平平仄，平平仄仄平。 国破山河在，城春草木深。

平平平仄仄，仄仄仄平平。 感时化溅泪，恨别鸟惊心。

---

① 王希杰：《修辞学通论》，南京大学出版社1996年版，第288页。

仄仄平平仄，平平仄仄平。　　烽火连三月，家书抵万金。

平平平仄仄，仄仄仄平平。　　白头搔更短，浑欲不胜簪。

（字有加方框表示可平可仄，下皆同）

另一式首句改为仄仄仄平平，其余不变。

［2］B　平起式

**山居秋暝**

王维

平平平仄仄，仄仄仄平平。　　空山新雨后，天气晚来秋。

仄仄平平仄，平平仄仄平。　　明月松间照，清泉石上流。

平平平仄仄，仄仄仄平平。　　竹喧归浣女，莲动下渔舟。

仄仄平平仄，平平仄仄平。　　随意春芳尽，王孙自可留。

另一式，首句为平平仄仄平，其余不变。

凡符合五律平仄模式的句子都是该模式的语音同义句。词的用字也有严格的平仄要求，如《清平乐》词牌的平仄模式是：

**黄庭坚**

《晚春》

［3］平平仄仄平平仄仄，　　春归何处？

仄仄平平仄。　　寂寞无行路。

仄仄平平平仄仄，　　若有人知春去处，

仄仄平平仄仄。　　唤取归来同住。

平平仄仄平平，　　春无踪迹谁知？

平平仄仄平平。　　除非问取黄鹂。

仄仄平平仄仄，　　百啭无人能解，

平平仄仄平平。　　因风飞过蔷薇。

凡符合《清平乐》词牌的平仄模式的句子都是该词牌的语音同义句。

## 二、语义同义句

“语义同义句，指的是能够表达相同的理性意义的句子，或者说是在进入具体语言环境之前能够表达相同逻辑命题的句子。”① “凡是同一个逻辑命

① 王希杰：《修辞学通论》，南京大学出版社 1996 年版，第 288 页。

题的不同的语言表达方式都是彼此同义的，就构成了一个同义句集。同义句集就是一组同义句的组合和总和。”① 例如：“鲁迅是《阿Q正传》的作者。=《阿Q正传》的作者是鲁迅。”

### 三、语法同义句

“语法同义句，有广狭两种不同的理解。狭义的语法同义句指的是语法意义相同而语法形式不同的句子，广义的语法同义句还包括了语法形式和语法意义不相同但是能够表达大体相同的理性意义的句子。”② 前者例如“我把手一挥。= 我将手一挥。= 我手一挥。= 我一挥手”，后者例如：“我想死你了！= 我把你想死了！= 我被你想死了！= 我把你想得要死！”

### 四、语用同义句

语用同义句，指的是在交际活动中能够表达相同的思想内容、传递相同的信息的句子，它们在语言上并不一定就是结构类型相同的句子，在逻辑上并不一定就是同一命题的表达形式。例如：（文朴）试他的孤独的散步。= 孤独地漫步着。= 孤独地散步着。再如下列句子都是语用同义句：

我爱死你了！
你爱死我了！
我把你爱死了！
你把我爱死了！
我被你爱死了！
我被你爱得要死！
我把你爱得要死！

这些句子，在表层，语法意义和理性意义并不都相同。但在特定语境中，施事者都是“爱”这一行为的发出者——“我”，“爱”的对象都是“你”，“死”的主体都是“我”，其语用意义却是相同的。

## 第七节　各种句式的同义手段

本节讲各种句式的同义手段，主要包括以下八种情况。

---

① 王希杰：《修辞学通论》，南京大学出版社1996年版，第299页。
② 同上书，第289页。

## 一、主动句和被动句同义

### （一）主动句和被动句

在语法学中，如果是动作性动词充当了句子的谓语或谓语中心语，那么其主语就有施事和受事之别。主语表示动作行为的发出者，它就是施事主语。例如：

［1］风雪 ‖ 铺天盖地而来。（穆青、冯健、周原《县委书记的榜样焦裕禄》）

［2］他 ‖ 飞快地进了小屋。（徐迟《哥德巴赫猜想》）

主语表示动作行为的承受者（动作行为所涉及的对象），它就是受事主语。例如：

［3］正是需要呐喊的荒野，真理的嘴 ‖ 却被封上！（雷抒雁《小草在歌唱》）

［4］社会主义精神文明建设， ‖ 很早就提出了。（《邓小平文选》）

于是，句子就有主动句和被动句之别。

主动句是指在动词谓语句中，主语是动作或行为的发出者即施事者的句子。主谓句中大量的句子是主动句。凡是以主动者作为陈述对象的，一般都用主动句表达。主动句往往直截了当地说明问题，句式比较简明。主动句的谓语动词无限制。

主动句有完整主动句和省略主动句。

既有施事又有受事者的主动句称为完整主动句。如“我们读过这本书。”在特定的上下文，尤其是在口语中省略了某些成分的主动句称为省略主动句。如：

［5］问：你们读过这本书吗？

答：我们读过。/读过这本书。/读过。

答句都是省略主动句。

被动句是在动词谓语句中，主语是动作或行为的承受者即受事者的句子。它强调陈述对象的被动性，表达“受到”、“遭受”的意义，或者只陈述被动的事实，使表达简洁。被动句一般可分为两类：

一类是无标志被动句，即不用表示被动的词语的被动句，被动者在句中作为陈述对象。如“信已经发了”等。

另一类是有标志被动句，即有表被动意义的词语（被、叫、让、给、为）的被动句，如：

［6］贾政还要打时，早被王夫人抱住板子。（曹雪芹《红楼梦》）

［7］宝玉……却为一枝海棠花所遮。（曹雪芹《红楼梦》）

［8］他被（让/给/叫/教）人给打了。

在下列两种情况下可选用被动句：

一是为强调被动者，而主动者不需要说出、或不愿说出、或无从说出时。例如：

［9］马可波罗的《东方见闻录》被称为“世界一大奇书”。

此例主动者无从说出。

［10］蝗虫过处，庄稼被吃得精光，灌木被啃得无遗。

此例主动者没必要说出。

二是在特定上下文里，为使前后分句的主语保持一致，为使叙述重点突出，语义连贯，语气流畅。例如：

［11］在生产队里，她是有名的劳动带头人；去年广大社员选她为劳动模范；今年，她又做出了新成绩。

上例第二分句的主语与一、三分句的主语叙述角度不一致，将第二分句的主语改为受事“她”，就同其他分句的主语保持一致了。如：

［12］在生产队里，她是有名的劳动带头人；去年她被广大社员选为劳动模范；今年，她又作出了新成绩。

（二）主动句和被动句同义

一件事里，既有施事，又有受事。根据语境需要，表达时，可以用施事做主语的主动句，也可以用受事做主语的被动句，如："洪水冲垮了大桥。"和"大桥，洪水冲垮了。"二者的理性意义和语法意义都相同，但侧重点有别：前一句强调"洪水"的主动性，后一句突出"大桥"的遭遇。再如："他的性格，在我的眼里和心里是伟大的，虽然他的姓名并不为许多人所知道。"（鲁迅《藤野先生》）其中后一分句可说成"虽然许多人不知道他的姓名，但他的性格在我的眼里和心里是伟大的"，但句式与前一分句不对称，叙述的角度也不一致，对比的作用不突出。

"把"字句和"被"字句分别是最有特色的主动句和被动句。"把"字句是用介词"把"（或"将"）把谓语动词后的受事移到动词之前的一种主动句。"把"同被提前的受事构成介词短语做状语。"把"字句有下列特点：（1）谓语动词一般表示处置，由"把"引进的受事是谓语动词所表示的动作的处置对象，这个对象必须是确指的。（2）谓语动词一般不能单独出现，它通常要带结果补语、宾语、动态助词，或动词要重叠，或动词本身有完成意义。（3）助动词、副词等一般在"把"之前，不能在后。"被"字句是主语为受事、而用"被"类介词（叫、让、给）引进施事，或将"被"（助词）直接附在动词前以表示被动的句子。"被"类介词与它所引进的施事组成介词短语做状语。"被"字句有下列特点：（1）主语一般是定指的受事，谓语动词有处置性（及物动词），"被"所引进的必须是施事。（2）整个句子一般有完成的意义，所以在结构上往往要求在谓语动词后带上表示完成意义的附加成分——结果补语、宾语或表示完成意义的动态助词"了/过"等，或动词本身有完成意义。（3）助动词以及副词等一般要置于"被"字前，不能在"被"字后。在理性意义和语法意义相同的情况下，二者可互相转换，构成同义句。如：

歹徒用这把刀把张华刺伤了。（"把"字句）
歹徒是用这把刀把张华刺伤了的。（"把"字句）
张华被歹徒用这把刀刺伤了。（"被"字句）
这把刀被歹徒用来刺伤了张华。（"被"字句）

再如下列实例：

[13] 原文：也许雨来被鬼子扔在河里冲走了！（管桦《小英雄雨来》）

改文：也许鬼子把雨来扔在河里冲走了！（同上，见小学《语

文》第十册）

上例原文是被动句，改文是把字句。原文强调的是受动者“雨来”怎么样；改文强调的是施动者“鬼子”是如何处置雨来的。

［14］原文：瞧，那一棵棵枝叶茂盛的果树上，累累的果实把树枝都压弯了，有的树枝竟然被苹果压断了，而大多数树枝不得不用木杆撑住。（峻青《秋色赋》，见同名散文集）

改文：瞧，那一棵棵枝叶茂盛的果树上，果实累累，树枝都被压弯了，有的树枝竟然被压断了，大多数树枝不得不用木杆撑住。（《七根火柴》，见高中《语文》第二册）

上例原文“累累的果实把树枝都压弯了”是把字句，它后面的两个分句的主语都是树枝，为了求得句法结构的一致和语意的连贯，因此改文换成了被动句

“把”、“被”有时同时出现在同一个句子里，可以转化成不同的句式，表达大体相同的意义，但侧重点却不同。如：

这小孩儿被狗把脚咬伤了。
（“把”、“被”共现句，突出“这小孩儿”、“脚”的遭遇）
狗把这小孩儿的脚咬伤了。
（“把”字句，突出“狗”的主动性）
这小孩儿的脚被狗咬伤了。
（“被”字句，“脚”为受事，突出“这小孩儿的脚”的遭遇）
这小孩儿被狗咬伤了脚。
（“被”字句，突出“这小孩儿”的遭遇）

总之，主动句（一般主动句、“把”字句）与被动句（无标志被动句、有标志被动句）可相互转换，构成同义句式。

**二、把字句与兼语句同义**

兼语句是由兼语短语充当谓语的句子。其特点是：它的谓语由一个述宾短语套接一个主谓短语而成，动宾短语中的动词通常是使令性的，如“叫、让、派、使、请、命令、禁止、任命、号召、选举”等；有时也可以是表

示存在的“有”；兼语短语中的宾语兼作后面主谓短语的主语。把字句与兼语句可构成同义关系。如黎千驹《现代汉语同义修辞研究》（湖南人民出版社 2003 年）所引的实例：

原文：有一种人就善于把不大的权，发挥出最大的威力来，这也是一技。（茹志鹃《离开你》，见《中国优秀报告选评》）

改文：有一种人就善于使不大的权发挥出最大的威力来，这也是一技。（同上，见高中《语文》第六册）

上例原文是把字句，改文是兼语句，二者所表示的意义相同。

### 三、把字句与一般句同义

把字句与一般句可构成同义关系。如黎千驹《现代汉语同义修辞研究》（湖南人民出版社 2003 年）所引的实例：

［1］原文：红砖罐头的盖子——那扇铁门一推开，就像放鸡鸭一般地无秩序地冲出一大群没有锁链的奴隶。（夏衍《包身工》，见《散文选，二》）

改文：红砖罐头的盖子——那扇铁门一推开，带工老板就好像赶鸡鸭一般把一大群没有锁链的奴隶赶出来。（《海市》，见高中《语文》第一册）

上例原文“就像放鸡鸭一般地无秩序地冲出一大群没有锁链的奴隶”是一般句式，改文换成了把字句。原文让人觉得包身工们是在争先恐后地去工厂；改文强调带工老板对包身工的处置，说明带工老板在逼迫包身工们去上工。

［2］原文：领头的名叫刘志丹，红旗插在半天上。（李季《王贵与李香香》，见《新诗选·三》）

改文：领头的名叫刘志丹，把红旗举到半天上。（同上，见高中《语文》第二册）

上例原文“红旗插在半天上”是一般被动句式，改文“把红旗举到半天上”是把字句。原文中的两个分句有着各自的主语，改文中后一个分句的主语是承接了上一分句的宾语“刘志丹”，语意比原文顺畅一些。

以上是把一般句式换成把字句的情况；下面我们再来看看由把字句换成一般句式的情况：

［3］原文：“地下印刷所”的人们听到这警铃，就把机器停止。（茅盾《梯俾利斯的地下印刷所》，见《散文选・二》）

改文：地下印刷所的人听到铃声，立刻停了机器。（《第比利斯的地下印刷所》，见初中《语文》第一册）

上例原文“就把机器停止”是把字句，改文“立刻停了机器”是一般句式。根据把字句的上述规则，可知原文中的“把机器停止”是不符合规范的，因此改文换成了一般句式。

［4］原文：他把从古到6世纪止长时期里所保存的观测记录和有关文献，几乎全部搜罗来作参考。（《祖冲之》见《中国古代科学家》）

改文：他很注意搜集自古以来的观测记录和有关文献。（同上，见初中《语文》第五册）

上例原文是把字句，但是“把”字的宾语太复杂了，因此改文换成了一般句式。

**四、其他特殊句式与一般句同义**

其他特殊句式与一般句同义的如：兼语句与一般句同义，连谓句与一般动词谓语句同义等。先看一般句与兼语句同义的例子：

［1］原文：果子落在地上了，下边的人争着去拾，有的人拾到了就往口中塞，旁边的人必然大喊道：“你犯了规则呵，说不准吃的呀，这果子已经是穷人们自己的呀。”（丁玲《太阳照在桑乾河上》）

改文：果子落在地上了，下边的人便争着去拾，有的人就往口里塞，而旁边必然有人大喊道：“你犯了规啦，说不准吃的呀，这果子已经是穷人们自己的啦！”（《果树园》，见试用初中《语文》第五册）

上例原文“旁边的人必然大喊道……”是一般句式，改文“旁边必然有人大喊道……”是兼语句。原文是说凡是旁边的人都会大喊，恐怕未必如此；改文是说旁边的人有的会大喊，这符合情理，因此表意更准确。

［2］原文：海水碧蓝碧蓝的，蓝得人心醉。（《海市》，见《杨朔散文选》）

改文：海水碧蓝碧蓝的，蓝得使人心醉。（《海市》，见高中《语文》第三册）

上例“蓝得人心醉”是一般句式，改文“蓝得使人心醉”是兼语式，它更能突出蓝的结果。上几例是将一般句改为兼语句，二者意义相同。

再来看看由兼语句改为一般句的情况：

［3］原文：忽然一阵冷风吹来，浓云像从平地上冒出来似的，刹时把天遮得严严的，接着，就有一场暴雨，夹杂着栗子般大的冰雹，不分点的倾泻下来。①

改文：忽然一阵冷风吹来，浓云像从平地上冒出来似的，刹时把天遮得严严的，接着，暴雨夹杂着栗子般大的冰雹，不分点的倾泻下来。（《七根火柴》，见初中《语文》第四册）

上例原文“就有一场暴雨，夹杂着栗子般大的冰雹，不分点的倾泻下来”是兼语句；改文“暴雨夹杂着栗子般的冰雹，不分点的倾泻下来”是一般句式。上面一个分句的主语是“浓云”，这个分句的主语宜为“暴雨”，这样结构就显得对称一些，因此以改文为优。

［4］原文：现在不妨让我们走进海市的人家里去看看。（《海市》，见《杨朔散文选》）

改文：现在我们不妨走进海市的人家去看看。（《海市》，见高中《语文》第二册）

上例原文是兼语句，缺少主语，改文删除“让”，并且把“不妨”移到“我们”后面，使句子变成了一般句式。

再看连谓句与一般动词谓语句同义的例子：

［5］原文：他把腰眼贴在沙土上。（王愿坚《普通劳动者》，见同名短篇小说集）

改文：他把腰眼贴在沙土上烙着。（同上，见初中《语文》第六

① 王愿坚：《七根火柴》，《人民文学》1958 年第 6 期。

册）

连谓句是用连谓短语充当谓语的主谓句，其特点是：谓语由两个或两个以上的谓词或谓词性短语连接而成，这些谓词性短语之间通常有先后、目的、结果、方式、手段等关系。上例原文是一般动词谓语句，改文增加了“烙着”而使句子变成了连谓句。“烙着”是“贴在沙土上”的目的，改文在表意上比原文显得完整一些。

［6］原文：而徽章这东西不很大，恐怕偶尔遗失了，不如多拿几个备在那里。（《潘先生在难中》，见《叶圣陶短篇小说集》）

改文：而徽章这东西太小巧，恐怕偶尔遗失了，不如多备几个在那里。（同上，见《叶圣陶文集 一》）

上例原文“不如多拿几个备在那里”是连谓句，“备在那里”是“多拿几个”的目的；改文删除动词“拿”，而使句子变成一般动词谓语句，所表达的意思没有改变，语言却更简洁了。

（注：以上［1］至［6］例皆转引自黎千驹《现代汉语同义修辞研究》。）

**五、肯定句和否定句同义**

肯定句是断定主语所表示的人或事物具有某种属性的句子。否定句是断定主语所表示的人或事物不具有某种属性的句子。肯定句和否定句如果表达了相同或相近的理性意义，它们便属于同义手段。如：

肯定句：他的字写得好。否定句：他的字写得不错。

肯定句：今天天气好。否定句：今天天气不坏。

在四种句类——陈述句、疑问句、祈使句和感叹句——里，我们见到的是陈述句的肯定句与否定句有同义现象，这有四种情况：

（一）单重否定式陈述句与肯定式陈述句同义

对人或事物作一次否定判断的陈述句子叫单重否定式陈述句，它与对人和事物作肯定判断的一般肯定句相对应。其构成有两种情况：一是在一般肯定式陈述句的谓语部分加否定副词，或单音节的“不、没、未、无、莫、勿、非”，或双音节的“没有、未必、不必、无须、未尝、并非、尚未、切勿、决不、绝非”等，构成与肯定句意义相反的说法，即反义句，如“我不明白这个道理”就是“我明白这个道理”的反义说法，前者是单重否定式陈述句；二是两个肯定式陈述句的谓语中心语是一组反义词，在其中一个陈述句的谓语中心语前加入否定词“不”或“没有”等，构成与另一个陈述句意义相同的说法，即同义句，如“他聪明”就是“他不愚蠢”的同义说法，后者是单重否定式陈述句。这第二种单重否定式陈述句与同其对应的肯定句作为修辞的句法同义手段，彼此的差异主要是表现在语气强弱，语意轻重方面。同一意思用肯定句，语气强，语意重，用否定句，语气相对弱，语意相对轻。因而正面提出问题观点明确、态度果断、感情强烈，一般选用肯定句；如果语意不需十分肯定、或是口吻委婉，一般选用单重否定式陈述句。例如：

[1] 它们（指新八股、新教条）不是生动活泼的东西，而是死硬的东西了；不是前进的东西，而是后退的东西了；不是革命的东西，而是阻碍革命的东西了。（毛泽东《反对党八股》）

[2] 我们要建设社会主义，一要勤，二要俭，不要懒，不要豪华。

例［1］中的六个分句一、三、五分句是单重否定式陈述句，二、四、六分句是一般肯定式陈述句，它们都揭示了新八股新教条的实质，但肯定句观点明确，态度果断、强硬，否定句则语义不那么肯定，口吻较委婉柔和。例［2］中的“不要懒，不要豪华”同“要勤、要俭”是同义手段，但前者语气委婉，舒缓平易，感情较淡，而后者语气明确，直截了当，感情浓烈。

单重否定式陈述句的否定词有的是对动作、行为存在加以否定，有的是对事物的属性状态加以否定，还有的是对可能、必要、愿望、意志、结果、程度等等加以否定的。根据需要，加以选择，必能提高语言表达效果。

（二）双重否定式陈述句与肯定式陈述句同义

有两重否定的意味或语气的陈述句就是双重否定式陈述句。从形式上看，有两种情况：

有的在句中直接使用有两重否定意味的偏正式合成词，如“无不、无非、除非、未免、不免、难免、莫非”等来表达双重否定的语气。如：“浏览他一生所作，字里行间无不跳动着一颗对党对革命赤诚的心。”（邓拓《燕山夜话·不单是为了纪念》）“比起白石老人来，我们现在对于简化字体的工作，有时态度就未免轻率了一些。”（邓拓《燕山夜话·“煤”字考》）

使用两个否定词语的其常见格式是“不（无）……不（无）……”(不能不说/不得不干/不可不说)、“无……不……”（无孔不入)、“没有……不……”（没有不夸奖的)、“非……不……”（非来不可）等。如“紫陌红尘拂面来，无人不道看花回。”(刘禹锡《元和十年至朗州台至京戏赠看花诸君子》)

双重否定句是形式上的否定句，内容上的肯定句，因而它与肯定句可构成同义手段。司马迁在《史记·项羽本纪》中写道：“诸将皆从壁上观，楚战士无不一以当十，楚兵呼声动天，诸侯军无不人人惴恐。于是已破秦军。项羽召见诸侯将，入辕门，无不膝行而前。”其中的“无不一以当十”、“无不人人惴恐”、“无不膝行而前”，也可以说成肯定式陈述句：“皆一以当十”、“人人皆惴恐”、“皆膝行而前”，但后者语气有些弱，强调的意味没有了。

双重否定式陈述句有的比肯定式陈述句的肯定意味强。例如：

[3] 从前线回来的人说到白求恩，没有一个不佩服，没有一个不为他的精神所感动。晋察冀边区的军民，凡亲身受过白求恩医生的治疗和亲眼看过白求恩医生工作的，无不为之感动。(毛泽东《纪念白求恩》)

以两个双重否定句表示：说到白求恩，人人都佩服，个个都为他的精神所感动。如改成一般肯定句，便失去委婉语气。

[4] 秦汉而还，多事四夷；中州耗斁，无世无之。(李华《吊古战场文》)

[5] 本府各官无不喜悦。(曹雪芹《红楼梦》)

上三例中的双重否定以“无（没有）……不（无）……”的形式，都表示毫无例外的语意和语气。

[6] 不能不让人乐于为你而生，勇于为你而死，为了你而奋发前进。(魏巍：《战士和祖国》)

[7] 我们不得不尽最后的忠告。

[8] 当你春游的时候，记住“只拣儿童多处寻”，是永不会找不到春天的。

上几例中的双重否定以“不……不……”的形式，表示“一定怎么样”、“必须怎么样”的语意，语气坚决、确定。

［9］我非把这本书念完不可。（曹雪芹《红楼梦》）

［10］可是他非叫我不行。（赵树理《三里湾》）

上二例以“非……不……”的形式，表示“一定”、“必须”的语气和语意。

［11］我想历来野史的朝代，无非假借汉唐的各色。（曹雪芹《红楼梦》）

［12］就说他们原来不愿让出这块地来，无非是怕吃亏。（赵树理《三里湾》）

上两例以“无非……”的形式表示“没有不是”、“一定是”的语意、语气。

以上双重否定句所表达的语意、语气一般来说，都比一般肯定句的更强烈、更肯定，都是十分强调 的说法。再如：

［13］不是雪白的白铜，不能与银子融化在一起；
不是金色的黄铜，不能同金子镀合在一起；
不是柔软的藤条，不能与栗树缠绕在一起；
不是有情的胖金（注：胖金：纳西语，“姑娘”），不能与小伙子相依在一起。（纳西族民歌）

［14］溥天之下，莫非王土；率土之滨，莫非王臣。（《诗经·小雅·北山》）

但有的双重否定句比与其相应的肯定句的语意、语气弱一些，只是一种委婉之辞。例如：

［15］泛彼柏舟，亦泛其流。
耿耿不寐，如有隐忧。
微我无酒，以遨以游。（《诗经·邶风·柏舟》）
译文：
柏木船儿顺水流，飘飘荡荡不能休。

两眼睁睁睡不着，千斤烦恼在心头。

不是要喝没有酒，也不是没处可遨游。（余冠英译注《诗经选》）

这首诗的作者被“群小”所制，不能奋飞，又不甘退让，怀着满腔忧愤，无可告语，因而用委婉歌词来申诉。“微我无酒，以遨以游”是说“并非我无酒销忧，也不是不得遨游”，而是说，“我有酒可喝，也有地方遨游，只是喝酒遨游都解不了这忧愁”。可见这首诗的最后两 句以双重否定式这种形式委婉地表达了主人公的隐忧，有意在言外之效果。此外如：“你是做老师的，不能不注意自己的言行对学生的影响”／“街上的情形，你不是不知道”／“你不会不同情我的”／“没有什么不可以”／“想尊兄旅寄僧房，不无寂寥之感”／“他未必不知道”等 都比肯定句语气委婉，语意较轻。

对双重否定式陈述句必须同相应的肯定句相比，分别其语气和语意轻重，根据表达需要，恰当选用。

（三）三重否定式陈述句与单重否定式陈述句同义

同一句中使用三个否定词表示否定的语义和语气的陈述句就是三重否定式陈述句。这类句子是对否定之否定的否定，与单重否定句相比，语气委婉一些，但理性意义相同，因而二者也可构成同义句。例如：“仅有这些还不足以证明她不是没有可能干那样的事情的”与“还不足以证明她有可能干那样的事情”同义。“关于‘们’字，有人认为是构词后缀，有人认为是构形词尾，也有人认为是助词。对于助词说，我并不认为这不是没有根据的”与“……我并不认为这有根据”同义。再如：

［16］他们要靠学校才有地位，而学校并非非有他们不可。（钱钟书《围城》）

［17］实际上也不一定都非在腊月前下雪不可。（邓拓《燕山夜话·雪花六出》）

［18］有些常犯的毛病……可以多用选择和填充的方式，不一定非采取改错的方式不可。（吕叔湘《语法三问》）

例［16］是说“学校没有他们可以”；例［17］是说“实际上也不一定要在腊月前下雪”；例［18］是说“可以不采取改错的方式”。

［19］不是一切呼吁都不能没有回响；

不是一切损失都不得不补偿；

不是一切深渊都并非不灭亡；
不是一切灭亡都不能不覆盖在弱者的头上；
不是一切心灵都不能不踩在脚下，烂在泥里；
不是一切后果都莫非眼泪，而不展现欢容。（舒婷《这也是一切——答一位青年朋友的“一切”》）

上例一连用了六个三重否是式陈述句，其实它们与其对应的单重否是句同义，只是语气委婉一些。

（四）虚化否定式陈述句与肯定式陈述句同义

陈述句中虽然用了否定词，但实际上并不表示否定，而只是运用否定的形式来起陪衬、补充的作用，这种陈述句称为虚化否定式陈述句，它与肯定式陈述句实际上是同义的。

虚化否定式陈述句常见的有两种类型。一种是前面用“不必说”、“且不说”（或“先不说”、“暂不说”）、“不为……”等否定词语来列举事物，把它们作为对后面打算着重阐述的某一事物的补充或陪衬。例如：

[20] 不必说碧绿的菜畦，光滑的石井栏，高大的皂荚树，紫红的桑椹，也不必说鸣蝉在树叶里长吟，肥胖的黄蜂伏在菜花上，轻捷的叫天子（云雀）忽然从草间直窜向云霄里去了。单是周围短短的泥墙根一带，就有无限的趣味。（鲁迅《从百草园到三味书屋》）

[21] 古老的长安街，宽阔明静的长安街，你这伟大的历史见证，经历过几回这样的场景呢？

且不说那遥远的岁月里，你曾亲眼看到农民起义大军怎样纵马驰奔到你身边，一箭射中明皇朝皇宫的匾额；且不说你曾亲眼看到八国联军侵略者的铁蹄怎样粗暴地践踏街心的青石板，义和团的勇士们怎样视死如归，血染长街；且不说你曾亲眼看到英雄的人民，怎样砍倒黄龙旗、五彩旗和青天白日狗牙旗，怎样折断日本鬼子的膏药旗和美国侵略者的星条旗，终于在那个金光灿烂的十月，毛主席在万众欢腾中亲手升起灿烂的五星红旗，长安街上响彻了胜利的礼炮声……且不说那么远了，就说今年这一年里，长安街啊，你经历了多少不平凡、多么难忘的三百多个日日夜夜！（袁鹰《十月长安街》）

[22] 筑英，你走得不是太匆促一点了吗？你走的前一天晚上，我真的生你的气了。不为你东西也不收拾，就跑去薛家修下水道，这是应该的；也不为你事先也不关照一声，说走就走，这在我们本来已是常

事。我只恨你太不顾惜自己。肚子疼了多久了——去看过吗？牙齿掉了多久了——好不容易托人约好下周星期二去镶，可你又忙着到四川出差去了。（路长琴《永存的慰藉》）

例［20］先用两个“不必说”列举了菜畦、石井栏、皂荚树、桑椹以及蝉、黄蜂、叫天子等一大串“不在话下”的有趣东西，来衬托“短短的泥墙根一带”的无限“趣味”，充分显示出了在当时作为孩子的鲁迅的心目中，百草园是一个多么有趣的广阔天地。例［21］先用四个“且不说”简要概括了自明末李自成农民起义到新中国成立这三百年间中国人民与本国反动势力和帝国主义侵略者英勇斗争的历史，然后再转到1976年这个特别严峻的岁月，中国人民在毛泽东主席、周恩来总理和朱德委员长相继长辞的困难时刻，坚持斗争，终于粉碎了“四人帮”，挽救了中国的革命事业。前面四个“且不说”语气虽较委婉，实际却强调中国人民光荣的革命斗争传统，以此衬托说明1976年10月6日的胜利得来并非偶然。例［22］通过前面两个“不为……”，表述了蒋筑英对别人、对工作的态度，以此与后面他对病痛的态度对比，充分显示出蒋筑英忘我的精神和无私的高尚品质。

另一种是先举出一件事物，然后用“不”、“不不”这样的词语作表面上的否定，然后再引出“更正”的内容。这种“更正”从修辞角度看，可概括为两类：一类是从概念上加以“更正”，使它表达得更为确切，可称为“改换式虚化否定”；另一类是从内容和道理上加以虚化“更正”，使它表达得更加丰富，更加深刻，可称为“层进式虚化否定”。例如：

［23］他口里的阎罗天子仿佛也不大高明，竟会误解他的人格——不，鬼格。（鲁迅《无常》）

［24］张思远——不，张老头从冬冬那里了解了一点儿秋文的事情。（王蒙《蝴蝶》）

例［23］中并不是真正的要否定“人格”这个词，但因文中的“他”指的是无常鬼，所以作者故意把“人格”变异为“鬼格”，给文章增添了幽默风趣。例［24］并非“张思远”这个名字写错了，而是因为张在“文化大革命”中被作为“黑帮”下放农村劳动，一般人并不清楚他的官职和姓名，只称他为“张老头”。这里将“张思远”故意改为“张老头”，使人物的称呼更适切了他当时所处的社会环境。这两例都是“改换式虚化否定陈述句”。

［25］勤俭经营应当是全国一切农业生产合作社的方针，不，应当是一切经济事业的方针。（毛泽东《〈中国农村的社会主义高潮〉按语》）

［26］去年冬，爸爸在《军事学术》上读到了我写的两篇千字短文，来信对我倍加鼓励，并夸我有可能是个将才。不，亲爱的爸爸，你的凯华不瞒你说，我不但想当未来的将军，更想成为未来的元帅。（李存葆《高山下的花环》）

［27］我对于陶渊明的诗和生活自信相当了解，不，不仅了解，而且也还爱好。（郭沫若《题画记》）

例［25］中的“不”不是否定前面的判断，而是为引出后面这一更普遍更深刻的判断；例［26］的“不”也不是对“我有可能是个将才”这一判断的否定，而是为引出比前面更为丰富、“更上一层楼”的内容——“我不但想当未来的将军，更想成为未来的元帅”。例［27］中否定词“不”的作用在于不仅更加肯定了前面表述的内容，而且增添了“也还爱好”的意思。这三例都是“层进式虚化否定陈述句”。

## 六、长句和短句同义

### （一）长句和短句

1. 长句的特点、类别及修辞功能

长句是指字数多、形体长、一般情况下结构较复杂的句子。修辞学中的长句包括形体长的单句和含有长分句的复句。例如：

［1］江总书记再一次强调指出：综观世界科学技术史，许多科学家的重要发明创造，都是产生于风华正茂、思维最敏捷的青年时期。他一口气举出了许多自然科学和社会政治领域等方面的例证：

——哥白尼提出日心说时是38岁；

——牛顿和莱布尼兹发明微积分时，分别是22岁和28岁；

——达尔文进行环球航行时是22岁，后来写出了著名的《物种起源》；

——爱迪生发明留声机时是29岁，发明电灯时是31岁；

——贝尔发明电话时是29岁；

——居里夫人发现钍、钋、镭三元素的放射性时是31岁；

——爱因斯坦提出狭义相对论时才26岁，提出广义相对论时是37岁；

——李政道、杨振宁提出弱相互作用下宇称不守恒定律时，分别为30岁、34岁；

——《共产党宣言》发表时，马克思是30岁，恩格斯是28岁。马克思发表《政治经济学批判序言》时也不过41岁；

——新中国成立时，毛主席也还只有56岁，小平同志是45岁；

——西汉的贾谊死时才33岁，毛主席称赞他的《治安策》是西汉第一雄文；

——写下“落霞与孤鹜齐飞，秋水共长天一色”这样千古名句的《滕王阁序》的作者王勃，死时才27岁。①

[2] 蜜蜂的复眼因为具有特殊的结构，能够看到太阳偏振光的振动方向，而这种方向与太阳的位置有确定的关系，所以蜜蜂能够随时辨别太阳的方位，确定自身的运动方向，准确无误地找到蜜源或回巢。(王谷岩《眼睛和仿生学》)

[3] 它不像前几个集子，那几个集子都是集中收入某一时期的作品，而这个集子却是收入了三个不同时期所写的作品：《谁的脚印》、《一根老虎毛》、《长颈鹿和小刺猬》、《大刀螳螂学本领》、《天晓得的牙科医生》、《冬天到了》，写于“文化大革命”前，大都是一九六一年前后的作品；《老绵羊的邻居》、《松林里的战斗》、《小花猪的新口粮》、《不平静的仓库》、《迎新船》，写于一九七四年前后；《蚕儿搬家》、《电子大算盘》、《新孙悟空》，则是在粉碎“四人帮”之后写的。(叶永烈《谁的脚印·作者的话》)

例[1]中有两个单句：第一个有51个字；第二个有360个字，带有一个同位结构的宾语，宾语的第二部分共有12个分句，为我们画出了一条“科学精英峰值线”。它们都是长单句。例[2]是一个包含有6个分句的三重复句，共有81个字；例[3]是一个解说式复句，共165个字，不仅概括地说明了“它”同“前几个集子”的不同点，而且具体地介绍了“它”所收入的作品的不同时期的所有篇目。它们都是长复句。

长句之所以字数多，形体长，就在于它所表达的内容丰富，因而，在单句中，附加成分多，联合成分多，成分结构复杂；在复句中，分句多而长，

① 张建伟：《青年同志们，奋发努力啊》，见1998年6月21日《光明日报》。

一般情况下结构层次也多。长句作为句子的一种，可从不同角度划分出不同的类型。

从用途和语气划分，可有陈述性长句、疑问性长句、祈使性长句和感叹性长句。其中陈述性长句最多。

从结构上划分，长句可分为单句式长句和复句式长句。

单句式长句：根据长句子成分的不同可划分为八种：长主语型、长谓语型、长宾语型、长定语型、长状语型、长补语型、长独立语型、长综合型的。

复句式长句：含有分句多、形体长的分句的复句就是复句式长句。复句式长句的形成原因在于或部分或全部分句长。或结构层次复杂（不是必要条件）。复句式长句能使相关的意思连成一气，在密切的联系中，表达出它们进退曲直、纵横捭阖的逻辑关系，把关联的思想表达得酣畅跌宕，痛快淋漓。

从句成分间的松紧程度划分，可有紧张性长句和松散性长句。

长句的产生，虽然与外来语的影响有关，但它也是人们思维精密化和汉语发展所产生的必然结果，是符合思维和语言发展规律的。长句的特点是严密周详，精确明晰，委婉细腻，气势畅达，因此，长句便于周密详尽地阐述道理，郑重严肃地表明主张，精细周密地描绘事物，酣畅淋漓地抒发感情。长句多用于政治论文、科学论著，以及文艺语体的描写和抒情性的议论部分。长句的修辞功能可进一步概括为如下三点：

（1）严密、周到。例如：

> [4] 所谓团结，就是团结跟自己意见分歧的，看不起自己的，不尊重自己的，跟自己闹过别扭的，跟自己作过斗争的，自己在他面前吃过亏的那一部分人。（毛泽东《增强党的团结，继承党的传统》）
>
> [5] 抗战以来的经验，我们也总结了；当前的形势，我们也估计了；全民族的紧急任务，我们也提出了；用长期的抗日民族统一战线支持长期的战争的理由和方法，我们也说明了；国际形势，我们也分析了。（毛泽东《中国共产党在民族战争中的地位》）

例［4］是个长单句。“团结”的宾语“那一部分人”之前有六个定语，从不同角度分别列举了种种情况，以尽量概括应该团结的人的范围。例［5］是有五个分句的长复句，从各个方面概括了“我们”所做的各项工作。这两例的表达既条理分明，又严密、周到。

（2）凝练、紧凑。例如：

［6］马克思主义的哲学辩证唯物论有两个最显著的特点：一个是它的阶级性，公然申明辩证唯物论是为无产阶级服务的；再一个是它的实践性，强调理论对于实践的依赖关系，理论的基础是实践，又转过来为实践服务。（毛泽东《实践论》）

先总说“有两个最显著的特点”，后用“一个”、“再一个”分别加以说明；每一个特点又逐层解说，条理清晰，结构紧凑，意思明白。

（3）详尽、充实。例如：

［7］亲爱的朋友们，当你坐上早晨第一列电车走向工厂的时候，当你扛上犁耙走向田野的时候，当你坐到办公桌前开始这一天工作的时候……朋友，你是否意识到你是在幸福之中呢？（魏巍《谁是最可爱的人》）

［8］六月的天气，就像个刚满周岁的孩子，想哭就哭，想笑就笑；刚才，天空上只是流动着几块灰不溜秋的云彩，一会儿整齐，一会儿分散，没有多大的劲儿；后来，在人们的不知不觉中，转了风向，推到西北边的云彩又翻回来了，越聚越大，转眼间就把天给遮严了。（浩然：《艳阳天》）

例［7］是个单句，连用四个“当……时候”，分别提醒工人、农民、国家工作人员，并加“亲爱的朋友们”和“朋友”这类呼语，包括了各方面的人，然后再问“你是否意识到你是在幸福之中呢？”就显得格外有分量。例［8］用11个分句描写六月天气的变化，先打比喻，后描写变化过程，细腻详尽、生动充实，给人以深刻影响。

2. 短句的特点、类别及修辞功能

短句是指字数少、形体短、结构简单的句子。修辞学中的短句包括简短的单句和复句中结构简短而意思完整的分句，还应当包括整体上形体较短的复句。短句的外在特点是：（1）形体短小。（2）结构简单，层次少，没有过多的修饰语和联合成分，往往只有句子的主干甚至是一个词。例如：

［9］看看他！他不是种了一棵树。他是造了一片森林！好一片森林！在这又明亮又湿润的如丝细雨中，它显得多么灿烂辉煌呵！灿烂。

辉煌。（南丁《亮雨》）

［10］魔鬼头像堡垒，手像铁叉，腿像桅杆，口像眼洞，牙齿像白石块，鼻孔像喇叭，眼睛像灯笼，样子非常凶恶。（《天方夜谭·渔夫的故事》）

［11］“钢丝床要的吧？澡盆要的吧？沙发要的吧？钢琴要的吧？结婚要花钱的吧？蜜月要花钱的吧？”他想了想：“结婚请牧师也得送钱的！”（老舍《牺牲》）

［12］满招损，谦受益。（成语）
学而不厌，诲人不倦。（《论语·学而》）
自夸则人必疑。（《荆园小语》）

例［9］中一共八个单句，除了第五句较长之外，其余的全是短句，有的句子是由单词来充当的，如“灿烂。辉煌。”两句。例［10］虽从语法学的角度说是一个长复句，但从修辞上看，其中的分句都是结构简单、意义完整的短句。例［11］中前六个问句全是短句。例［12］的三个句子全是复句，但形体短小，也应当属于短句。

短句可从不同角度分类。根据其结构特点，可分为两种：（1）单句式短句。（2）复句式短句。根据成分的省略与否，可分为两种：完全式短句、省略式短句。根据用途和作用，可分为四种：陈述性短句、疑问性短句、祈使性短句、感叹性短句。如例［9］中的“他不是种了一棵树”和例［10］中的八个分句及例［12］全是陈述性的；例［9］中的“看看他！”是祈使性的；“好一片森林！”等是感叹性的；例［11］中的六个问句都是疑问性的。

短句由于形体较短，结构简单，所以有短小精悍、轻捷凝练、明快活泼、生动有力的品格。短句多用于日常谈话，辩论、演讲、戏剧和相声台词、报告、广播稿、儿童文学作品、小说中人物的对话等。用于不同的表达内容，就有不同的修辞功能。

（1）用于叙述，简洁明了，轻松快捷，娓娓动听。例如：

［13］有个农村叫张家庄。张家庄有个张木匠。张木匠有个好老婆，外号叫“小飞蛾”。小飞蛾生了个女儿叫“艾艾”，算到一九五零年正月十五元宵节，虚岁二十，周岁十九。庄上有个青年叫“小晚”，正和艾艾搞恋爱。故事就出现在他们两个身上。（赵树理《登记》）

［14］东胜神洲，海外有一国土，名曰傲来国，国近大海，海中有

一座名山，唤为花果山。那座山，正当顶上，有一块仙石。内育仙胞，一日迸裂产一石卵，似圆球样大。因见风，化作一个石猴。五官具备，四肢皆全。那猴在山中，却会行走跳跃，食草木，饮洞泉，采山花，觅树果；与狼虫为伴，虎豹为群，獐鹿为友，猕猿为亲；夜宿石崖之下，朝游峰洞之中。（吴承恩《西游记》）

例［13］是一篇小说的开头，共十个句子，五十四个词，平均每句不到六个词，用口语风格明快地叙述了艾艾和小晚的来历以及他们之间的关系，像促膝谈心，读来轻松愉快、平易亲切、引人入胜、使人难忘。例［14］用一系列短句准确、清晰地介绍了石猴诞生的处所、过程和生活环境，写得生动活泼、明快流畅、富有感染力。

（2）用于描写，清新明快，活泼跳宕，生动逼真。例如：

［15］只见渔船上站着一个少年女子，浑身水湿，生得齿白唇红，极其美貌。头上束着青绸包头，身上披着一件皮衣，内穿一件银红小袄，腰中系着丝绦，下面套着一条皮裤，胸前斜插一口宝剑，丝绦上挂着一个小小口袋，项上扣着一条草绳，拴在船围上。（李汝珍《镜花缘》）

［16］王三胜，大个子，一脸横肉，努着对大黑眼珠，看着四周。大家不出声。他脱了小褂，紧了紧深月白色的“腰里硬”，把肚子杀进去。给手心一口吐沫，抄起大刀来：“诸位，王三胜先练趟瞧瞧。不白练，练完了，带着的扔几个；没钱，给喊个好，助助威。这儿没生意口。好，上眼！”

大刀靠了身，眼珠努出多高，脸上绷紧，胸脯子鼓出，像两块老桦木根子。一跺脚，刀横起，大红缨子在肩前摆动。削砍劈拨，蹲越闪转，手起风生，忽忽直响。忽然刀在右手心上旋转，弯身下去，四围鸦雀无声，只有缨铃轻叫。刀顺过来，猛的一个“踩泥”，身子直挺，比众人高着一头，黑塔似的。收了势说：“诸位！”一手持刀，一手叉腰，看着四围。稀稀拉拉扔下几个铜钱，他点点头。“诸位！”他等着，等着，地上依旧是那几个亮而削薄的铜钱，外层的人偷偷散去。他咽了口气：“没人懂！”他低声地说，可是大家全听见了。（老舍《断魂枪》）

例［15］以简短的句子描写了“少年女子”的美貌和装扮，从上写到下，从外写到内，形象而又具体，细腻而又逼真，给人以很深的印象。例［16］描写一个练武卖艺的场景。作者对王三胜的容貌、穿着、语言、动作的描绘一律都用短句，层次分明，有声有色，带有我国古典小说的情味。

（3）用于抒情，情思跌宕，情调激越，遒劲深沉。例如：

［17］东风！
红旗！
朝霞似锦……
大道！
青天！
鲜花如云……（贺敬之《十年颂歌》）

［18］今天，这里有没有特务？你站出来！是好汉的站出来！你出来讲！凭什么要杀死李先生？杀死了人又不敢承认，还要诬蔑人，……无耻啊！无耻啊！（热烈的鼓掌）这是某集团的无耻，恰是李先生的光荣！李先生在昆明被暗杀，是李先生留给昆明的光荣！也是昆明人的光荣！（鼓掌）（闻一多《最后一次讲演》）

例［17］这六个颂扬祖国十年奋进的难以再短的短句，象黄钟大吕，旋律虽简，而金声玉震，响彻云霄，是那样扣人心弦，而又给人余音绕梁、韵味无穷之感。例［18］一连串的短句，句音短促，语气多变，或质问，或感叹。急促的节奏、遒劲的语势和由于极度愤恨而怒斥的内容完美地统一起来，使这段战斗的檄文像一串射向敌人的复仇子弹。

（4）用于议论，简明概括，主旨突出，深刻有力。例如：

［19］自由主义有各种表现。

……

不负责任地背后批评，不是积极地向组织建议。当面不说，背后乱说；开会不说，会后乱说。心目中没有集体生活的原则，只有自由放任。这是第二种。

事不关己，高高挂起；明知不对，少说为佳；明哲保身，但求无过。这是第三种。

命令不服从，个人意见第一。只要组织照顾，不要组织纪律。这是第四种。

……

办事不认真，无一定计划，无一定方向，敷衍了事，得过且过，做一天和尚撞一天钟。这是第九种。

自以为对革命有功，摆老资格，大事做不来，小事又不做，工作随便，学习松懈。这是第十种。

自己错了，也已经懂得，又不想改正，自己对自己采取自由主义。这是第十一种。

还可以举出一些。主要有这十一种。（毛泽东《反对自由主义》）

［20］要提倡讲真话，即使是讲过了火的也要听。唐代皇帝李世民，能听魏征的意见。“兼听则明”，把唐朝搞得兴盛起来。他们是君臣关系，还能做到这样，我们是同志关系，就更应该能听真话了。（周恩来《说真话，鼓真劲，做实事，收实效》）

例［19］先用一个短句“自由主义有各种表现”总说，然后分说，用许多短句列举自由主义的各种表现，最后再用两个短句总结，通体是议论，十分概括、简洁、明了、有力，给人以十分深刻的印象，能引起人们的高度重视。例［20］是议论讲真话、听真话的道理，句子都比较简短，但道理却说得很透彻。

3. 长句和短句互转构成同义手段

长、短句各有千秋，不能厚此薄彼。但该用短句而用了长句，或该用长句而用了短句，都会影响表达效果。在此情况下，需要使长、短句互相转换。长句化短句，可用化整为零的办法；短句变长句，可用成分扩展的办法。

先看长句化短句。句子变长，一是由于中心语所带的定语、状语过长，或分句内的结构层次过多，一是由多项的联合结构充当成分。句子的长短失调，或失于语义层次太多，表达不明；或失于意段音节过长，念来拗口；或失于结构过于紧凑，不便突出语意重点；或失于同所在语体风格的要求不太协调。所以长句变短，就要根据变短的具体需要，采取相应的调整办法。从结构上看，一般的调整办法有：

一用分散法，即把过长的定语或状语抽出来，分别组成几个短句。例如：

［21］我经常看到一个眉清目秀、风度文雅、穿着洗得发了白的劳动布制服的女青年早晨六点钟的时候在操场上念外语。

［22］在天寒地冻、镐头刨下去只听当当响、只见一个白点、几镐刨不下一块冻土的情况下，他们奋战了三天三夜，终于完成了任务。

例［21］是一个兼语句，兼语“女青年”的定语多而长，可将其抽出来，变成说明性的短句。此句可短化为：

早晨六点钟的时候，我经常看到一个女青年在操场上念外语。她眉清目秀，风度文雅，穿着一身洗得发了白的劳动布制服。

例［22］的句首状语很长，将其抽出来，用一个总结性的词语，变成说明性的短句。此句可短化为：

当时天寒地冻，镐头刨下去当当直响，地上只起个白点，几镐刨不下一块冻土。在这种情况下，他们奋战了三天三夜，终于完成了任务。

二用反复法，即把长联合成分改成叠用的并列分句。例如：

［23］要大力普及社会发展史和中国近代史，革命史的教育，（普及）共产党主义思想、信念、道德的教育，（普及）共产主义劳动态度和革命纪律的教育，（普及）职业道德的教育，（普及）法制教育，（普及）爱国主义和国际主义的教育，（普及）高尚的审美观念和社会主义生活方式的教育，使爱祖国、爱人民、爱劳动、爱科学、爱社会主义、立志振兴中华的革命精神得到发扬，（使）民族自尊心和荣誉感得到提高，（使）越来越多的职工成为有理想、有道德、有文化、守纪律的劳动者。（《关于第六个五年计划的报告》）

上例中如果没有括号内的词语，那就是只有两个长分句的复句，前一分句的“普及”后面有七个并列成分，后一分句“使”的后面有三个并列成分，读起来很吃力；现在使“普及”连用七次，让“使”连用三次，把两个长分句变成七个短分句，就显得眉目清楚，语气连贯了。

三用称代法，即把长修饰语或并列成分化为分句或句子，同时在它们原来的位置上用一个称代词语称代复指原成分。例如：

［24］如果现在不抓紧提高整个中华民族的科学文化水平，造就大批科学技术专门人才，实现四个现代化的任务就不能完成。

这个句子的谓语“不抓紧”有个二项联合宾语，现在将其抽出来单列，再用“这项工作”称代复指，于是就变成了这样一个重点醒目突出、结构明快简洁的句子：

提高整个中华民族的科学文化水平，造就大批科学技术专门人才，这项工作，如果现在不抓紧，实现四个现代化的任务就不能完成。

再看短句变长句。短句的短处是语气舒缓，缺乏气势，容量较小，结构疏松，不够紧凑。在需要凝练紧凑、容量大、一气呵成的句式时，如果用了短句或短散的分句，应尽量调为长句。变短为长的常见方法有三：

一是把几个“分提分承”的分句节缩为一个“分提总承”的单句。例如：

［25］我们能够解决这些困难，我们必须解决这些困难，而且我们要立即解决这些困难。

把“我们……解决这些困难”提出来总说一次，将其余成分压缩到一块儿，于是几个短分句就成了一个长单句：

“我们能够、必须、而且要立即解决这些困难。”

二是让主语相同的几个句子共用一个主语，组成结构紧凑、语气强劲的长句。例如：

［26］时间就是生命！时间就是速度！时间就是力量！时间就是金钱！时间就是一切！

把共用主语“时间”提出来，将谓语部分压缩到一块儿，这个句群就成了一个分句很短的复句：

时间就是生命，就是速度，就是力量，就是金钱，就是一切！

三是把句子的谓语变成定语或状语，合短句为长句。例如：

［27］这位姑娘心灵手巧，人又正派，大家都愿意同她合作。

让“心灵手巧又正派”做状语，变短句为长句：

大家都愿意同这位心灵手巧又正派的姑娘合作。

## 七、整句和散句同义

句子从结构和长短结合的角度看，有整句和散句。整与散是对立的统一，有“整”，才能显出“散”，没有“散”，也就无所谓“整”。同一个意思，可用整句表达，也可用散句表达，二者能构成同义手段。

### （一）整句和散句

#### 1. 整句的特点、类别及修辞功能

结构相同或相似、字数相同或相近、意义相关的一组句子就是整句。这里所说的“一组句子”是指两个以上的句子，可以是复句中的一组分句，可以是一个复句，可以是一个句群，还可以是一个甚或几个段落。刘勰《文心雕龙·丽辞》所说的“句句相衔”，“字字相丽”；刘知己《史通·叙事篇》所言“编字不只，捶句皆双，修短取均，奇偶相配”皆指整句而言。中国古代《诗经》中的四言诗、六朝的骈文以及近体诗，都是运用整句的典型。

根据形式特点，整句可分为两类：（1）严式整句：对仗工整，语词对称，字数相等，结构相同，词类相当，平仄相对，意义相互联系、互补互衬，各句相合为统一整体的一组句子就是严式整句。对偶和骈文中的整句是典型的严式整句。（2）宽式整句：各句结构相同或相似，但字数不一定完全相同，在意义上互有联系或是一个统一整体的一组句子，就是宽式整句。

整句形式整齐，结构严谨，音节匀称，气势贯通，意义鲜明，故有对称美、音乐美和节奏感，适合于表达丰富的感情、深刻的感受，能给人以和谐的印象和强烈的感染。因此，在诗歌、唱词、抒情散文等文艺语体中应用广泛，当其出现于论说文中时，有引人注目、强调重点、突出关键的作用。例如：

［1］智谋《隆中对》，三分天下；
　　壮烈《出师表》，一片丹心。（陆定一）

［2］雪原上的松柏林：我赞美你，
　　你绿得浓郁啊，你绿得坚强。
　　深山里的腊梅花：我赞美你，

你开得热闹啊，你香得久长。
赞美啊，枝条正在雪下生添新绿，
赞美啊，根须正在泥里孕育芬芳，
冰块下，激流正在日夜欢笑啊，
天空间，春雷正在云霞里蕴藏，
谁说冬天是风雪的世界呢？
不，风雪只是冬天的一种现象！（严阵《冬之歌》）

［3］【旦云】今日送张生上朝取应，早是离人伤感，况值那暮秋天气，好烦恼人也呵！“悲欢聚散一杯酒，南北东西万里程。”

【正宫】［端正好］碧云天，黄花地，西风紧，北雁南飞。晓来谁染霜林醉？总是离人泪。

【滚绣球】恨相见得迟，怨归去得疾。柳丝长玉骢难系，恨不遣疏林挂住斜晖。马儿迍迍地行，车儿快快地随，却告了相思回避，破题儿又早别离。听得一声去也松了金钏，遥望见十里长亭减了玉肌。此恨谁知？（王十甫《西厢记·长亭送别》）

［4］老当益壮，宁移白首之心；穷且益坚，不坠青云之志。酌贪泉而觉爽，处涸辙以犹欢。北海虽赊，扶摇可接；东隅已失，桑榆未晚。（王勃《滕王阁序》）

［5］无实事求是之意，有哗众取宠之心。华而不实，脆而不坚。自以为是，老子天下第一，“钦差大臣”满天飞。（毛泽东《改造我们的学习》）

例［1］是为襄阳隆中武侯祠撰写的对联，对仗十分工整，是典型的整句。着重指出了诸葛亮一生所干的两件大事：初出茅庐时为刘备献立国纲领《隆中对》，显示了他的智慧才干和战略眼光，后来，刘备照纲行事，造成了“三分天下”的局势；在刘备死后，先后两次给后主刘禅上表，坚持北伐，表现出他不负刘备托孤，对蜀汉政权的“一片丹心”。这幅对联内容概括，重点突出，抒发了对诸葛亮的赞颂之情。例［2］用三组整句，通过对冬天的松柏林、腊梅、激流和春雷的赞颂，表达了作者的坚定信念：严寒即将过去，春天必然到来。有深刻的社会寓意。例［3］是戏剧唱词。［端正好］的第一个复句中的四个分句是宽式整句，每句描写秋天的一个景物，这些具有深秋时节特征的景物所造成的气氛正好衬托出莺莺为离愁别恨所烦恼的痛苦压抑的心情。［滚绣球］中的“恨相见得迟，怨归去得疾”、“马儿……行，车儿……随”是两组严式整句，“听得一声去也松了金钏，遥望见十里长亭减了玉肌”是一组宽式整句。整段唱词表达了莺莺对张生缠绵欲绝的惜别之情，而这些整句则起了画龙点睛的作用。例［4］是散文中的整句。这三个整句是说：一个人即使年老，应当越发朝气蓬勃，不能在白首时改变初衷；即使贫穷，也要更加坚强，不能丧失高尚的志向。决不能因外物的引诱而寡廉鲜耻，也不能因处境的艰困而悒郁少欢。目标虽然遥远，只要坚韧不拔，勇猛向前，仍可如大鹏扶摇直上九霄；早年虽然失意，晚年还可有所作为。抒发了积极的壮怀，表现出一种用世向上的信心。语句整齐和谐，抒情鼓舞人心，至今有积极意义。例［5］的前两个复句是论文中的整句，是对不实事求是，不脚踏实地的人的批评，有对称之美，无杂乱之感。概括而又深刻，突出而又引人注目。

整句在小说各种语体、文体中都会出现。例如：

［6］老年人常思既往，少年人常思将来。惟思既往也，故生留恋心；惟思将来也，故生希望心。惟留恋也，故保守；惟希望也，故进取。惟保守也，故永旧；惟进取也，故日新。惟思既往也，事事皆其所已经者，故惟知照例；惟思将来也，事事皆其所未经者，故常敢破格。老年人常多忧虑，少年人常好行乐。惟多忧也，故灰心；惟行乐也，故盛气。惟灰心也，故怯懦；惟盛气也，故豪壮。惟怯懦也，故苟且；惟豪壮也，故冒险。惟苟且也，故能灭世界；惟冒险也，故能造世界。……（梁启超《少年中国说》）

［7］黄花满地，白柳横坡。小桥通若耶之溪，曲径接天台之路。石中清流滴滴，篱落飘香；树头红叶翩翩，疏林如画。西风乍紧，犹听莺啼；暖日常暄，又添蛩语。遥望东南，建几处依山之榭；近观西北，结三间临水之轩。笙簧盈座，别有幽情；罗绮穿林，倍添韵致。（曹雪芹《红楼梦》第十一回）

例［6］用了十组结构相同、字数相等、意义相关的分句，以老年人和少年人的不同性格形象来比拟国家的强弱，意在指出：造成中国目前落后局面的罪责在于封建老朽，而中国的青年必将自觉负担起改造中国即创造少年中国的历史重任。这是论说文中的整句。例［7］用了六个二项并列复句，每复句中的两个分句都很均衡，和谐、对称。对宁国府园中的秋色加以描写，如诗如画。这是文学作品中的整句。这两例中的句式，看起来整齐对称，井然不紊；读起来，平仄协调，朗朗上口；听起来，抑扬顿挫，和谐悦耳，都能给人以对称美和音乐美。都是严式整句。

［8］水，冲击着人们的心，
水，激荡着人们的希望，
水，坚定了人们征服更多戈壁滩的信心。（袁鹰《戈壁水长流》）

［9］这是你的损失，我的损失，他的损失，世界的损失；虽然是怎样渺小的一个孩子！但这孩子却也有可敬的地方：他的从容，他的沉默，他的独断专行，他的一去不回头，都是力的表现，都是强者适者的表现。决不婆婆妈妈的，决不黏黏搭搭的，一针见血，一刀两断，这正是白种人之所以为白种人。（朱自清《白种人——上帝的骄子》）

例［8］中的三个抒情句结构相同，意义相关，是一个整体，但每句的字数不等，因而是一组宽式整句。例［9］陈述句中的四个“……损失”、三个“他的……”虽然都是偏正结构，意义相关，但字数不一，是两组宽式整句。

整句有广、狭之别。广义的整句包括对偶、排比、层递、回环、顶针、反复等句式。狭义的整句则只指对偶、排比等。选用整句时，一要认清整句内部语言结构形式，方能适应题旨情境，加深听读者的印象，传达出主要信息。二要协调与外部诸句的关系，该用时才用，不可造作、滥用。

2. 散句的特点、类别及修辞功能

“散句”是同“整句”相对而言的，凡不属于整句的句式，都属散句的范畴。简言之，散句就是结构自由、长短不等的一组句子。一组散句的各项之间必有一定的语义或逻辑关系，诸如联合关系（并列、承接、递进、选择、解说）、偏正关系（转折、假设、条件、因果、目的）。但比较有特色的有：并列式散句、总分式散句、承接式散句和断裂式散句。所谓“一组句子”，可以是一组分句、一个复句、一个甚或几个句群。例如：

［10］这时候，我的脑海里忽然闪出一幅神异的图画来：深蓝的天空中挂着一轮金黄的圆月，下面是海边的沙地，都种着一望无际的碧绿的西瓜，其间有一个十一二岁的少年，项戴银圈，手捏一柄钢叉，向一匹猹尽力地刺去，那猹却将身一扭，反从他的胯下逃走了。（鲁迅《故乡》）

［11］在北京的南城，有一条明沟，叫龙须沟。多么美的名字啊！龙须沟！可是，实际上，那是一条最臭的水沟。沟的两岸密匝匝地住满了穷苦的人民，终年呼吸着使人恶心的臭气，多少年了，这条沟没有人修理过，因为这里是贫民窟。人民屡次自动地捐款修沟，款子都被反动

的官吏们吞吃了。去年夏初，人民政府在明沟的旁边给人民修了暗沟，秋天完工，填平了明沟。人民怎样地感戴是可以想象得到的。（老舍《我热爱北京》）

[12] 又是葱茏。绿的伟岸，那是松，铮铮的龙鳞松撑着透明的绿伞，它几千年就这么着，没有变过姿势，也没有换过色泽，看着日月淘尽了风流。也许是名师出高徒，石松也润奇草。这里的草，也奇阙，横七竖八，另有一番峥嵘，四季常绿，年年如此，让人见之惭愧。……

这西山！（彭洋《读你千遍不厌倦》）

例 [10] 中的句子结构各异，长短不等，活绘出一幅色彩斑斓的美丽图画：深蓝的晴空，金黄的圆月，碧绿的西瓜，柔软的沙地；衬托出一个热爱生活的少年：勇敢顽强，生气勃勃，充满活力。这是复句式散句。例 [11] 全用散句，但表达很有特色。龙须沟的地理位置，它名不副实的情况，附近居民与它的关系，新旧政府对修沟的不同态度等都叙述得一清二楚。口气亲切自然，感情有张有弛，平实朴素，通顺流畅。例 [12] 西山可读在哪里？是什么使作者读它千遍不厌倦？是“葱茏”。是虬枝盘空、矫矫不群的古松，是古松阅尽沧桑、铁骨铮铮的英雄气；是俯仰自如、四季长绿的野草，是野草接天连地、密密匝匝涂抹出的清新与灵秀。它们是大自然摊开在人们面前的一页诗篇，既充满象征，又美轮美奂；既启人心智，又不可言传。写山，突出树、草；写树、草，突出“葱茏”，树草互衬，色彩明丽，这宛如一幅水彩画的表达效果，全赖了长短不等的散句之功。这两例是句群式散句。

散句的特点是机动灵活、明快生动、语气宕跌，富于变化。散句是语言的自然形态，它表达的内容虽不如整句那样集中，但因散而不乱，故能避免单调、呆板，如锤炼得好，同样能表达复杂丰富的思想内容，收到自然活泼的效果。散句适用于各种文体，无论在口语还是书面语中，它都占大多数。从整体看，散句的使用频率比整句高。散句写景，自然明快；散句抒情，情思跌宕；散句叙事说理，轻松流畅。例如：

[13] 时候既然是深冬，渐进故乡时，天气又阴晦了，冷风吹进船舱中，呜呜的响，从篷隙向外一望，苍黄的天底下，远近横着几个萧瑟的荒村，没有一些活气。我的心也禁不住悲凉起来了。（鲁迅《故乡》）

[14] 这点简单的意思也是到中年才觉出的；少年时多少有些热气，想不到这里。中年人无论怎样不好，但看事看得清楚，看得开，却是可取的。这时候眼前没有雾，顶上没有云彩，有的只是自己的路。他

负着经验的担子，一步步踏上这条无尽的然而实在的路。他回看少年人那种情感的玩意，觉得一种轻松的意味。他乐意分析他背上的经验，不止是少年时的那些；他不愿意远远地捉摸，而愿剥开来细细地看，也知道剥开后便没有了那跳跃着的力量，但他不在乎这个，他明白在冷静中有他所需要的，这时候他若偶然说话，决不会是感伤的或印象的，他要告诉你怎样走着他的路，不然就是，所剥开的是些什么玩意。但中年人是很胆小的；他听别人的话渐渐多了，说了的他不说，说得好的他不说。所以终于往往无话可说——特别是一个寻常的人像我。但沉默又是寻常的人所难堪的，我说苦在话外，以此。（朱自清《论无话可说》）

[15]“迷信!”黑娃瞥爹一眼，接着，便以一个初中生的聪明和雄辩，向爹宣传了饲养长毛兔的优越性。黑娃首先指出，兔毛是一种高贵的纤维，懂么？纤维！去供销社收购站看看吧，一两特级兔毛，明码实价两块七。一只长毛兔一次能剪一两毛，一年能剪五次，算算，四只长买兔一年能剪出多少“两块七”？“特别的尤其是，”——黑娃强调指出，母兔长到三个月就要当娘了，一个月就生一窝兔娃，一窝少说七、八只，一年之中，兔娃生兔娃，兔娃的兔娃再生兔娃，找个电子计算机算算，一年能生养多少兔娃呢？兔娃满月半斤重，一只能卖一块钱，再算算，这笔收入是多少？“更加的尤其是，”——黑娃进一步强调指出，长毛兔爱吃百样草，不吃粮食，冬天没青草，就吃蜀黍秆、红薯秧子。喂鸡还得舍把米，喂这长毛兔舍点啥？四两力气。（张一弓《黑娃照相》）

例［13］是小说中的写景、抒情散句。句子的结构各不相：有主谓句，有非主谓句；有动词性谓语句，有形容词性谓语句；有的句形较长，有的却很短。长短错落，句形参差，形式多样，摇曳生姿，描写了辛亥革命后，中国农村的荒凉、萧条、破败景象，抒发了一种深沉、悲凉的感情。波澜起伏，形象感人。例［14］是散文中的抒情、说理散句。中心内容是说中年人，由于年纪大，经历的事情多了，感情渐渐收敛，理智日益成熟，越来越严肃、冷静、平和。由于较好地运用了经过提炼的口语散句，抒情、说理都显得细腻、简洁，活泼、亲切。例［15］是小说中的叙事、说理散句。转述初中生黑娃向他那个老农民爸爸宣传饲养长毛兔有哪些优越性。他分别从兔毛、兔娃和兔饲料三个方面雄辩地宣讲了养长毛兔的好处。整个语段用的都是活泼的口语散句，层次清楚，有理有据，充分显示出黑娃的聪明能干以及农村文化青年人的那种常有的优越感和说话喜欢略带夸张色彩的性格特征，真是如见其人，如闻其声。

### 八、紧句和松句同义

不管哪种句子，从成分间的组织关系来说，有紧密和松散两种情况。紧句句内停顿少、组织紧凑、语气急促、内容凝练集中。松句结构成分松散、句内停顿多、语气舒缓。同一意义，可用紧句表达，也可用松句表达，于是二者构成同义手段。紧句和松句都有长短之别，这里我们以短紧句和短松句为例，阐述紧句和松句的同义。

短紧句，形体短小，结构紧密，多用于口语；短松句形体也不长，轻快明朗，多用于书面语。紧缩复句（或称紧缩句）就大多是短紧句，而与之相对应的一般复句是短松句，二者是同义的。

紧缩句是指用近乎单句的形式表达复句的内容的一种句子，它由复句变化而来。“紧”是指复句内部的语音停顿取消了，分句间的联系紧密了；“缩”是指有些成分省略了，或者形成了一个固定格式。于是就产生了一种既不同于复句又不同于单句的特殊句子。紧缩句的特点是：

1. 形式类似单句

虽然紧缩句的“谓语”不止一个，但“谓语”的两个部分之间常用一对或一个有关联作用的词语（一般是副词）相联结，中间无语音停顿，书面上不用逗号或分号隔开，俨然一个整体。另外，它往往只有一个主语出现，另一部分的主语或承前省略或蒙后隐去。有时两部分的主语都省略（只有少数是两个主语都出现）。因此，从形式上看类似单句。

2. 意义实为复句

紧缩复句的两个“谓语”之间常常存在着条件、假设、因果、顺承、转折、选择、并列等逻辑关系，有的加上停顿和省略的成分即可直接变为一般复句（有的则不能），因此，紧缩复句与一般复句有同义关系，二者可互相转换。

从各个部分之间无语音停顿、有些成分省略来看，紧缩句区别于复句；从各个部分之间不是句子成分的关系，而是分句间的关系，常用关联词语来联结，构成了一些固定格式来看，紧缩句又区别于单句。因此，紧缩句是一种特殊的复句，是短紧句，如果在适当的地方添加适当的语气和关联词语，就变成了短松句于是二者就构成同义句。例如：

［1］要去你就去。→如果要去，那么你就去。

［2］他再忙也要学习。→他再忙，也要学习。

［3］你有力气你就搬吧。→如果你有力气，你就搬吧。

［4］面善心不善。→面善，但心不善。

[5] 这东西再好也不要。→这东西即使再好，也不要。

[6] 不说我也知道。→即使不说，我也知道。

[7] 你让去我就去。如果你让去，那我就去。

[8] 一讲就懂。→只要一讲，就懂。

例[1]主语相同，前者省，两部分之间用“就”联结，有假设关系。例[2]主语相同，后者省，两部分之间用“再……也”联结，有退让关系。例[3]主语相同，都出现，两部分之间用“就”联结，有条件或假设关系。例[4]主语相同，两者都不出现，两部分之间没有用关联词语有转折关系。例[5]主语不同，前者出现，后者省略，两部分之间用“再……也”联结，有退让关系。例[6]主语不同，前者省略，后者出现，两部分之间有退让关系。例[7]主语不同，前后都出现，两部分之间用“就”联结，有条件或假设关系。例[8]主语不同，前后都隐去，两部分之间用“一……就”联结，有条件或顺承关系。由此可见，紧缩句既不同于单句（包括兼语句、连动句），又不同于一般复句。

紧缩句由于缩略了语音停顿和某些词语，形式类似单句而含义丰富。所以它的修辞功能是精练活泼、简捷紧凑、明快有力，多用于口语和文艺语体尤其是对话之中。例如：

[9] 老实说，我情绪一来就会乱，而他却层次清楚，不显雕琢。（赵丹《地狱之门》）

[10] 阿Q越想越气，终于禁不住满心痛恨起来，……。（鲁迅《阿Q正传》）

[11] 打架是犯法的，不怕罚款、不怕坐牢你就打吧！（赵树理《锻炼锻炼》）

[12] 阿Q……只给人家做工，割麦便割麦，舂米便舂米，撑船便撑船。（鲁迅《阿Q正传》）

[13] “主人回来了。”我和老余同时抓住老人的手，抢着说感谢的话；老人眼睛瞪得大大的，几次想说话插不上嘴。直到我们不作声了，老人才笑道：“我不是主人，也是过路人呢！”（彭荆风《驿路梨花》）

上举紧缩句，例[9][10]是用成对关联词语的。例[11][12]是用单个关联词语的。例[13]是不用关联词语的。例[9]中的“我情绪一来就会乱”，表示假设关系，用“一……就”关联，与同义复句“我只要情绪一来，就会乱”相比，显得精炼紧凑。例[10]的“阿Q越想越生气”，用“越……越”关联，两部分之间有连锁关系，结构紧密，但不能改成一般复句形式。例［11］的“不怕罚款、不怕坐牢你就打吧”，单用“就”关联两部分，表假设关系，同原复句相比，更为简练、生动，符合作品中人物的口吻和语气，显示了赵树理作品一贯洗练、明快的语言风格。例［12］中的“割麦便割麦”等三句是“如果人家叫他……他就去给人家……”的缩略形式，用“便”连接相同的词语，不但非常简练，而且语气连贯，给人以明快、轻捷之感。例［13］的“几次想说话插不上嘴”，主语前后相同，全部省略，虽然没用关联词语，但有转折关系。它结构紧密，口语特征明显，又与小说本段所描写的热烈气氛相吻合，因而具有很好的修辞作用。

## 第八节　各种句类的同义手段

### 一、各种句类及其修辞功能

句类是按句子的语气或用途划分的类别。句子的语气共有四类，即陈述语气、疑问语气、祈使语气、感叹语气，因而句类也有四种：陈述句、疑问句、祈使句、感叹句。

人们说话是为了传递信息、交流思想、表达感情。不同的言语目的就要使用不同用途的句子。句子的不同用途主要表现在不同的语气上，而有不同的语气就有不同的语调。同一结构的句子语调语气不同，其意义便不相同，从而用途也就不同。假如在一个冬日的寒冷的早晨，某学校两位值班人员中的一个对另一个说：“摇铃！（到起床的时候了！）”某宿舍有甲、乙、丙三位学生，甲正在折叠被褥，乙刚醒来，这时从远处传来若隐若现的起床铃声，乙生怕早操迟到，焦急地问甲：“摇铃了吗?”甲从容地答道：“摇铃了。”贪睡的丙也醒来叹道：“摇铃了!”虽然构成这四句话的词和语序都一样，语法结构也相同，但由于语气语调不同，其作用也大不相同。值班员所说的话是想催促别人有所行动，用的是祈使句；学生乙是想问明“摇铃”是不是事实，用的是疑问句；甲把事实告诉给乙，用的是陈述句；乙因无法睡懒觉而流露了无可奈何的叹息，用的是感叹句。

一种句类就是一种功能的类聚系统、一种同义手段。四种句类为语用和修辞提供了广阔的选择空间。

（一）陈述句及其修辞功能

1. 陈述句的特点、类别

用平而略降的语调述说事情的句子就是陈述句。其句末标点为句号。

根据助词的有无，陈述句可分为带语气助词的和不带语气助词的两类。陈述句常带的语气助词有“也，矣，已，耳，尔，而已，了，的，呢，罢了”，等等。根据结构，陈述句可分为单句型的和复句型的；单句型的又可分为主谓的和非主谓的；主谓的根据谓语词性的不同还可分为动词性谓语的、形容词性谓语的和名词 性谓语的。根据功能，陈述句可分为论断性的、叙述性的和描写性的。例如：

［1］子曰：“知者乐水，仁者乐山。知者动，仁者静。知者乐，仁者寿。”（《论语·雍也篇第六》）

［2］是故知善而不能用，知恶而不能去，人主之深戒也。（司马光《资治通鉴》）

［3］陈胜者，阳城人也。（司马迁《史记·陈涉世家》）

［4］一个能思想的人，才真是一个力量无边的人。（巴尔扎克《论艺术家》）

［5］如果丑陋的人偏想要别人称赞他美，跛脚的人偏想表现矫健，那么这种原来引起我们同情的不幸情况又会引起我们的讥笑了。（菲尔丁《约瑟夫·安德路斯》序言）

［6］（试问闲愁有几许？）
一川烟草，
满城飞絮，
梅子黄时雨。（贺铸《青玉案》）

［2］［3］［5］是有语气助词的陈述句，其余的是无语气助词的陈述句。［1］［5］［6］是复句型陈述句，［2］［3］［4］是单句型陈述句。［6］中的分句都是非主谓句的陈述句，其余的句子都 是主谓句的陈述句。［2］［3］［4］都是论断句，［5］是叙述句，［1］［6］是描写句。

陈述句有带语气助词和不带语气助词之别。

不带语气助词的陈述句一般语调平直而下降，语气平稳而低直，句首句尾都无语气助词，显得平淡自然、从容不迫。例如：

［7］庆历四年春，藤子京谪守巴陵郡，越明年，政通人和，百废俱兴，乃重修岳阳楼，增其旧制，刻唐贤今人诗赋于其上，属予作文以记之。（范仲淹《岳阳楼记》）

［8］人的一生应当这样度过：当回忆往事的时候，他不至于为过去的碌碌无为而羞愧；在临死的时候，他能够说：“我的整个生命和全

部精力，都已经献给世界上最壮丽的事业——为人类的解放而斗争。”（奥斯特洛夫斯基《钢铁是怎样炼成的》）

[9] 昆明有个圆通寺。寺后就是圆通山。从前是一座荒山，现在是一个公园。

公园在山上。有亭，有台，有池，有榭，有花，有树，有鸟，有兽。（李广田《花潮》）

例［7］是北宋政治家、诗文家范仲淹《岳阳楼记》的首段。作者用实笔点出修楼时间（庆历五年）、修楼主持者（岳阳郡守滕子京）、主持者的政绩（政通人和、百废俱兴）以及重修岳阳楼的具体情况（增其旧制、刻唐贤今人诗赋于其上）、作文的缘由（郡守属予作文以记之），这些都是以十分平淡自然的语气，如谈家常、絮絮道出，其中没用一个语气助词。例［8］是前苏联英雄奥斯特洛夫斯基的名言，反映了他高尚的人生观：不要碌碌无为度一生，要为最壮丽的事业贡献整个生命和精力。所有句子都没用语气助词，有平实之风，无夸张之意。例［9］极其平淡地交代圆通公园的位置、今昔变化以及公园内之所有，全用简短的陈述句，且无一句有语气助词，给人以朴实、自然、从容明快、真实之感。

陈述句带上不同的语气词有不同的修辞功能。

带语气助词“也”的陈述句——

语气助词“也”在古汉语陈述句中有使语义完善和说明、断定（肯定、否定）甚至强调作用，常用于判断句中。例如：

[10] 子曰：“君子易事而难说也。说之不以道，不说也；及其使人也，器之。小人难使而易说也。说之虽不以道，说也；及其使人也，求备焉。”（《论语·子路篇第十三》）

[11] 学然后知不足，教然后知困。知不足，然后能自反也；知困，然后能自强也。（《礼记·学记》）

[12] 橘生淮南则为橘，生于淮北则为枳，叶徒相似，其实味不同。所以然者何？水土异也。（《晏子春秋·内篇杂下》）

[13] 井蛙不可以语于海者，拘于虚也；夏虫不可以语于冰者，笃于时也；曲士不可以语于道者，束于教也。（《庄子·秋水》）

[14] 唐雎曰：“……若士必怒，伏尸二人，流血五步，天下缟素。今日是也。拔剑而起。”（《战国策·唐雎不辱使命》）

例［10］用了四个句末带语气助词“也”的陈述句：第一个句子肯定地提出“在君子手下工作很容易但讨他的喜欢却难”这样一个事理，第二个句子说明“难说”之道理：如果不用正当的方式去讨他的喜欢，他不会欢喜的。第三个句子肯定地提出“在小人手下工作很难但讨他的欢喜却容易”这样一个事理，第四个句子说明“易说”之理：用不正当的方式去讨他的欢喜，他会欢喜的。两相对照，更加突出了君子“难说”之有道、小人“易说”之无道，于此君子、小人之道德高下可见一斑。例［11］中两个带“也”的必要条件假言判断句辩证地断定了“知不足”和“自反”、“知困”和“自强”的关系，具有肯定意味。例［12］“水土异也”十分明确地断定橘、枳“叶徒相似，其实味不同”的原因，“也”除了肯定意味之外，还有补足语义的作用。例［13］中三个陈述句末都用语气助词“也”，且同“者”配合使用，断定同井蛙不能谈论大海、同夏虫不能谈论寒冰、同曲士不可论道之原因，去掉“者”尚可，但去掉“也”则语义不足，语气不顺。例［14］是小国安陵使者唐雎面对强秦之君为维护国家尊严而说的一段话。当秦王以“天子之怒，伏尸百万，流血千里”之言辞威胁唐雎时，唐雎毫不示弱，以“也”的陈述句与秦王针锋相对，终使秦王“色挠”，放弃了并吞安陵的野心。句中若无“也”字，则既语义不全，又不能表现唐雎不畏强暴、誓与秦王同归于尽的大无畏精神。

带语气助词“矣、已”的陈述句——

语气助词“矣”表示已然、必然或对某一事物加以明确断定，“已”与“矣”作用大同。例如：

［15］晋侯在外，十九年矣，而果得晋国，险阻艰难，备尝之矣，民之情伪，尽知之矣。（《左传》僖二十八年）

［16］子曰：“仁远乎哉！我欲仁，斯仁至矣。”（《论语·述而》）

［17］子夏曰：“贤贤易色；事父母能竭其力；事君能致其身；与朋友交，言而有信。虽曰未学，吾必谓之学矣。”（《论语·学而》）

［18］生事毕而鬼事始已。（《礼记·檀弓》）

［19］夫神农以前，吾不知已。（《史记·货殖列传》）

例［15］中的三个“矣”都表示“已经如此”，帮助说明重耳之经历已然。例［16］中之“矣”表示“必定如此”，“我欲仁，斯仁至矣”是说“我下定决心求仁，仁就必然来了”，“矣”表必然语气。例［17］中，子夏认为：“对妻子重品德不重容貌；事奉父母能尽心竭力；服侍君上能豁出生命；同朋友交往，说话诚实守信，这样的人，虽说没学习过，得一定说他已经学习过了。”这里的“矣”有明确肯定的意味。例［18］［19］中的“矣”都表示确定无疑之事。

带语气助词“耳、尔、而已”的陈述句——

语气助词“耳、尔”与“而已”相同，在直陈句中只表示“限止”之义，常与表示范围的副词“直、仅、但、只、不过”等配合，表示所述内容及涉及的范围不大，相当于现代的“罢了、不过如此、没有别的、只不过……罢了”等语气。“耳、尔”语气较含蓄，“而已”语气则直露。此外，“耳、尔”在直陈句中还分别表示肯定、必然的语气。例如：

［20］口耳之间，则四寸耳。（《荀子·劝学》）

［21］不崇朝而遍雨乎天下者，唯泰山尔。（《公羊传·僖三十一年》）

［22］江山之外，但见风帆沙鸟，烟云竹树而已。（王禹稱《黄冈竹楼记》）

例［20］是说“嘴和耳朵之间的距离只不过四寸罢了”。例［21］是说“能在一个早上就让雨下遍了天下的，只有泰山而已”。例［22］句末的“而已”相当于“耳、尔”，全句是说“站在黄冈竹楼上极目远眺，见到的只是风帆沙鸟、烟云竹树，再什么也看不到”。上三例中的“耳、尔、而已”都表示限止。

带语气助词“了”的陈述句——

现代汉语中的语气助词“了”表示已然、将然或事情有了变化，相当于古汉语中的“矣”。例如：

［23］盼望着，盼望着，东风来了，春天的脚步近了。

一切都像刚睡醒的样子，欣欣然张开了眼。山朗润起来了，水涨起来了，太阳的脸红起来了。（朱自清《春》）

［24］街道上是一片潮呼呼的露水气味；树影子渐渐的淡了，星斗渐渐的少了，天空渐渐的高了；寨子上的喇叭花顶着露珠儿开，豆荚子在微风里摇摆，菜饭的香味儿开始飘荡；本来，从每一个院子传出的拉风箱的声音很响亮，这会儿倒变得很低。（浩然《艳阳天》）

例［23］中用五个带句末语气词“了”的直陈句“东风来了，春天的脚步近了”，“山朗润起来了，水涨起来了，太阳的脸红起来了”描写春回大地、万物更新的种种变化，皆为已然之事，尤其后三句构成排比，更使人感到春之气息的浓烈。例［24］写树影的渐淡、星斗的渐少、天空的渐高，都用“了”表已然，都用具体形象的变化预示着村寨清晨的降临。

带语气助词“的”的陈述句——

语气助词“的”用来表明肯定或强调、确认语气。带有语气助词“的”的陈述句与不带“的”的相比，有明显的对某种事物、现象、性质、状态、关系等肯定或确认的意向。选用此类句子有助于表明说话人对所陈述对象的态度。例如：

［25］作为一本小说，《涨潮时分》的艺术魅力确实没有出类拔萃的令人叫绝之处，但它已经显示出人类对自然生态的思考以及对现实的令人忧患的环境污染的关注，从而达到了一般小说所达不到的令人震撼的地步。这种震撼，从某种意义上来说，是超越了小说所给 人带来的艺术震撼的。因为这部小说的主题，包括作者的思考，都是有其重大的现实意义的。（于青《人类在思考》《出版广角》98.3）

［26］我爸爸不久就会回来的，那时我妈妈就会好了。（冰心《小桔灯》）

例［25］中最后两句是带语气助词“的”的陈述句，它们表明作者对《涨潮时分》这部小说思想内容——“已经显示出人类对自然生态的思考以及对现实的令人忧患的环境污染的关注”——“超越了小说给人带来的艺术震撼”以及小说主题“有重大现实意义”的肯定和确认，具有强调意味。例［26］中的第一分句带语气助词“的”，表示确信地陈述事实，强调本来会那样、的确会那样。

带语气助词“呢”的陈述句——

语气助词“呢”表达的是指明事实、不容置疑、略带夸张等语气。带“呢”的陈述句往往是为指明事实的确实无疑而选用的。例如：

［27］喝着这样的好蜜，你会觉得生活都是甜的呢。（杨朔《荔枝蜜》）

此表示确认事实，带夸张口气。

有时陈述句末带“呢”，表示情况仍在持续，而说话人对这种情况的持续带有赞美、着急、不同意等情绪。例如：

［28］说不定蜜蜂也在赶着建设什么新生活呢。(杨朔《荔枝蜜》)

此例表示“蜜蜂也在赶着建设什么新生活”这种情况还在持续，同时带有对蜜蜂辛勤劳动的赞美之情。

2. 陈述句的修辞功能

陈述句是人类思维最一般的表现形式，是人们使用得最广泛的一种句类。它并不表示疑问、祈使和感叹，因而，其主要修辞功能在于对事理或现象的性状、存现、消失、发展、变化、类属、关系等方面进行平静地诉说，质而言之，其修辞功能在于对客观对象进行叙述、判断和描写。例如：

［29］平原祢衡，少有才辩，而尚气刚傲，孔融荐之于曹操。衡骂辱操，操怒谓融曰：“祢衡竖子，孤杀之，犹雀鼠耳！顾此人素有虚名，远近将谓孤不能容之。”乃送与刘表，表延礼以为上宾。衡称表之美盈口，而好讥贬其左右。于是左右因形而谮之曰：“衡称将军之仁，西伯不过也，唯以为不能断，终不济者，必由此也。”其言实指表短，而非衡所言也。表由是怒，以江夏太守黄祖性急，送衡与之，祖亦善待焉。后衡众辱祖，祖杀之。(司马光《资治通鉴》)

［30］人生是艰苦的。在不甘于平庸凡俗的人，那是一场无日无之的斗争，往往是悲惨的、没有光华的、没有幸福的、在孤独与静寂中展开的斗争。贫穷、日常的烦虑、沉重与愚蠢的劳作压在他们身上，无益地消耗着他们的精力，没有希望，没有一道欢乐之光，大多数还彼此隔离着，连对患难中的弟兄们一援手的安慰都没有，他们不知道自己的存在。他们只能依靠自己；可是有时连最强的人都不免在苦难中蹉跌。他们求助，求一个朋友。(罗曼·罗兰《贝多芬传》)

［31］正月梅花早逢春，二月杏花白似银，三月桃红柳绿人人爱，四月蔷薇小麦青，五月石榴红似火，六月荷花结莲心，七月凤仙鸡冠红，八月桂花飘香好秋景，九月菊花黄金色，十月芙蓉应小春，十一月水仙花开飘大雪，十二月霜打腊梅水结冰。光阴过得能格快，一寸光阴一寸金，失落黄金有分量，错过光阴没处寻。(《千年封建连根拔》上海文艺出版社，1958 年)

例［29］平静地叙说了汉末才子祢衡自事操事表到事黄祖而因尚气刚傲、不能见容、终被杀害的过程。例［30］首句“人生是艰苦的”高度概括地论断人生的性质；第二句从“不甘于平庸凡俗的人”的角度断定并解说人生的艰苦；例［31］是一首民歌，描写了上海宝山县一年四季十二个月令人赏心悦目的花色景物，并引申出“光阴比金贵”的道理，意在告诫人们要珍惜时间，为生活而奋斗。

（二）疑问句及其修辞功能

1. 疑问句的特点、分类

有趋升语调和提问语气的句子就是疑问句（简称问句）。其句末标点一般用问号（？）。

疑问句，依据不同的标准可分成不同的类别。根据语气助词的有无，可分为不带语气助词的和带语气助词的。根据问的内容，可分为问人的和问事物的。根据问的性质，可分为询问句，猜商句，反问句和设问句。疑问句常带的语气助词有：乎、与（欤）、邪（耶）、也、吗、么等。问人的疑问句中常有疑问代词孰、何人、谁、啥人等；问物的疑问句中常有疑问代词孰、奚、曷、安、何物、什么、哪些、哪里等。

询问句的性质是确实有疑而问，需要别人作答，可分为：特指问句，是非问句，选择问句，正反问句。猜商句的性质是猜测事情是否或能否如此，说者心中虽有答案，但不大明确或不能确定，需对方证实，可分为揣测句，商拟句。反问句的性质是无疑而问，答案就在问句本身，不需作答，可分为肯定式反问句，否定式反问句。设问句的性质是无疑而问，不需别人回答，或无确定答案，听读者自明，无须回答，可分为自问自答句，只问不答句。例如：

［32］青青子衿，悠悠我心。纵我不往，子宁不嗣音？

青青子佩，悠悠我思。纵我不往，子宁不来？（《诗经·郑风·子衿》）

［33］子曰：“视其所以，观其所由，察其所安，人焉廋哉？人焉廋哉？”（《论语·为政》）

［34］子墨子曰：“我将上太行，驾骥与羊，子将谁驱？”耕柱子曰：“将驱骥也。”（《墨子·耕柱》）

［35］四体不勤，五谷不分，孰为夫子？（《论语·微子》）

［36］二诸葛到了区上，……区长问：“你就是刘修德？”二诸葛答：“是！”问：“你给刘二黑收了个童养媳？”答：“是！”问：“今年几岁了？”答：“属候的，十二岁了。”（赵树理《小二黑结婚》）

［37］你不养活马，是不愿意出官车吧？（周立波《暴风骤雨》）

［38］为什么鸡蛋能够转化为鸡子，而石头不能转化为鸡子呢？为什么战争与和平有同一性，而战争与石头却没有同一性呢？为什么人能

生人而不能生出其他的东西呢？没有别的，就是因为矛盾的同一性要在一定的必要的条件之下。缺乏一定的必要的条件，就没有任何的同一性。（毛泽东《矛盾论》）

［39］江畔何人初见月？江月何年初照人？人生代代无穷已，江月年年只相似。不知江月照何人？但见长江送流水。……谁家今夜扁舟子？何处相思明月楼？……不知乘月几人归？落月摇情满江树。（张若虚《春江花月夜》）

上八例中的问句，［32］是不带语气助词的，［33］是带语气助词的，［34］是问物的，［35］是问人的，［36］是询问句，［37］是猜商句，［38］是自问自答的设问句，［39］是问而不答的设问句。根据不同的需要，可选择不同的问句。

2. 疑问句的修辞功能

广义的问句包括询问句、猜商问句、反问句和设问句四类。每类都有其独特的修辞功能。

询问句是因对某对象不明白、确实有疑难而发问的。其语气比陈述句强烈，感情比陈述句深厚。其修辞作用在于表达比陈述句更为强烈的语气和更为深厚的感情。

猜商问句是问话人因对某问题虽心中有所了解，但不大明确，仍有提出请对方证实一下或商量的必要而发问的，它带有揣测或商量的口气，其修辞作用在于表达揣测或商量的语气。

反问句是因对问题的答案十分肯定但为了加强语气而发问的。反问句咄咄逼人，语气特别强烈。其作用在于能反驳论敌的谬论，激发读者的神思，加强句子的论战力。

设问句是说写者明知或听读者自会体悟而故意发问的，“故问”的目的是为了强调语意。因为是根据表达需要而有意地设置问题，所以叫设问。设问句比前三种问句有更强的修辞色彩，它是一种加强语言侧重美的修辞方式，尤其是问而不答的设问句，能引起人们的联想和想象，创造深远的意境，抒发强烈的感情，十分耐人寻味。设问的运用范围很广，几乎各种文体都能用到。它可以突出作品和文章的主题，强调某个观点，引起读者注意，启发读者思考；可以抒发感情，渲染气氛，加强语势，承上启下，造成结构上的波澜起伏，给人以生动感。例如：

［40］客有为齐王画者，齐王问曰：“画孰最难者？”曰：“犬马最

难。”“孰易者？”曰：“鬼魅最易。”（韩非子《外储说左上》）

[41] 哀公问曰：“何为则民服？”孔子对曰：“举直错诸枉，则民服；举枉错诸直，则民不服。”（《论语·为政》）

例[40][41]中都有询问句。例[40]中，齐王向客问绘画之道，因他实在不知道画什么东西最难、什么事物最易，所以用两个询问句“画孰最难者？”“孰易者？”画家针对“孰”这一疑问代词作答。问得恰当，答得具体。例[41]中哀公向孔子询问服民之法：“怎样去做才能使人民服从呢？”孔子从正反两方面作了答复。

[42] 狱之将上也，韩世忠不平，诣桧诘其实。桧曰：“飞子云与张宪书虽不明，其事体莫须有？”（宋史《岳飞传》）

[43] 我就问：“古语说：看花容易栽花难——栽培茶花一定也很难吧？”

普之仁答道：“不很难，也不容易。茶花这东西有点特性，土壤气候，事事都得细心。又怕风，又怕晒，最喜欢半阴半阳，顶讨厌的是虫子。有一种钻心虫，钻进一条去，花就死了。一年四季，不知得操多少心呢？”我又问道：“一棵茶花活不长吧？”

普之仁说：“活得可长啦。华亭寺有棵松子鳞，是明朝的，五百多年了，一开花，能开一千多朵。”（杨朔《茶花赋》）

例[42][43]中的问句都表示猜度。例[42]中当要给岳飞判谋反之罪时，韩世忠责问秦桧：给岳飞定此罪究竟有什么事实根据？桧无辞以对，只能用“莫须有”（也许有吧）这种连自己也不甚相信的模糊词语来敷衍搪塞一下。这一猜商句深刻地揭露了奸臣谋害抗金英雄、制造冤案的丑恶嘴脸。例[43]有两个猜商句，语气比陈述句要轻。

[44]“唐棣之华，翩其反而。岂不尔思？室是远而。”子曰：“未之思也，夫何远之有？”（《论语·子罕》）

[45] 江南好，风景旧曾谙。日出江花红胜火，春来江水绿如蓝，能不忆江南？（白居易《忆江南》）

例[44]的意思是：“唐棣树之花呀，翩翩地摆动。难道不是思念你吗？因为这是居住得遥远啊！”孔子说：“这是没有去思念啊，有什么遥远的呢?”孔子引用四句诗的含义，比喻四海之内皆兄弟也。他还曾借题发挥说：“仁远乎哉？我欲仁，斯人至矣。”意思是说，仁并不远，仁就在我们心中，遥远并不可怕，关键的是有否执著的追求。“岂不尔思?”和“夫何远之有?”一个是否定式反问，一个是肯定式反问，都有加强语气、咄咄逼人之势。例［45］最后一句是否定式反问，而语气和感情都是肯定的。“能不忆江南?”真正含义是“肯定要忆江南”。用这一反问句作结，既总结了全文，又突出和强调了作者的思想感情，将写景和抒情融为一体。

［46］什么弯弯升上天？
什么弯弯分两边？
什么弯弯能割稻？
什么弯弯会种田？
月亮弯弯升上天，
牛角弯弯分两边，
镰刀弯弯能割稻，
双手弯弯会种田。（江苏宜兴民歌《什么弯弯升上天》）

［47］六盘山上高峰，
红旗漫卷西风，
今日长缨在手，
何时缚住苍龙？（毛泽东《清平乐·六盘山》）

例［46］［47］两者都是设问句。［46］是一首民歌，四问四答，构成排比问排比答的形式。［47］是问而不答，引人思考，耐人寻味。

（三）祈使句及其修辞功能

1. 祈使句的特点、分类

表示说话者要求听话人做什么或不做什么的句子就是祈使句。它可分为两大类。一类是要听话人发出某种动作，又可分为命令类和请求类；另一类是要听话人停止或不发出某种动作，又可分为禁止类和劝阻类。祈使句句末一般用叹号或句号。

表示命令的祈使句一般带有强制性，言词肯定、坚决。这种句子常常不用主语，结构简短，语调急降而又短促，不大用语气助词。例如：

［48］广令诸骑曰：“前！”（《史记·李将军列传》）

［49］快去捞饭！米烂了！（赵树理《小二黑结婚》）

[50] 大凤儿！去打酒，作薄饼！（老舍《方珍珠》）

表示请求的祈使句包括请求、敦促、商请、建议等，也用下降语调，但往往比较缓慢，不如命令句急促，常用语气助词“吧”或“啊”，也常用重叠式动词。例如：

[51] 走哇，姐姐！（《儿女英雄传》）

[52] 呵！月亮月亮，
请你快快地起来吧！
呵！月亮月亮，
请你快快地唱歌吧！
呵！月亮月亮，
请你快快地跳舞吧！（台北：张默《月是故乡明》）

表示禁止的祈使句是直率地命令或请求听话人停止或不发出某种动作的句子。这类句子一般说来总是语调急降而短促，常用否定副词“勿、弗、无（毋）、莫、不准、不许、不得、不要、别、不用、甭”等。例如：

[53] 硕鼠硕鼠，无食我黍！（《诗经·魏风·硕鼠》）

[54] 宴尔新婚，不我屑从。无逝我梁，无发我笱。（《诗经·邶风·谷风》）

表示劝阻的祈使句是委婉地命令或请求听话人停止或不发出某种动作的句子。这类句子同禁止句语调相同，也常用同禁止句相同的语气副词，只是语气比禁止句委婉。例如：

[55] 匪我衍期，子无良媒。将子无怒，秋以为期。（《诗经·卫风·氓》）

[56] 大哥，可不许变卦呀！（老舍《龙须沟》）

[57] 你别挖苦我了吧！（吴一铿等《群众在哪里》）

表示命令、请求的祈使句一般用肯定形式；表示禁止、劝阻的祈使句一般用否定形式。表示命令或请求的句子，总是用来叫人发出动作，因此，句末不用“了”；表示禁止或劝阻的句子，如果是用来制止已经发生的动作的，可在句末用“了”，如果是用来防止动作的发生，则句末很少用“了”。

表示请求的句子可在句末用“吧”，而表示劝阻的句子一般不用“吧”。

当语气助词“了（啦）”和“吧”在一个复句或相连的两个单句中出现时，表示说话人要听话人在不做什么的同时要做什么，这是劝阻和请求的联合使用。例如：

[58] 别说啦，快走吧！（老舍《龙须沟》）

[59] 别请安了，作揖吧！（《儿女英雄传》）

[60] 吃罢，吃罢，你不用和我甜嘴蜜舌的了。（曹雪芹《红楼梦》）

例[58][59]是先劝阻后请求，例[60]是先请求后劝阻。

有时候劝阻在前，命令在后，如“不要说我们一无所有，我们要做天下的主人”。（《国际歌》）有时候命令在前禁止在后，或禁止在前命令在后，如歌词《三大纪律八项注意》的许多条都是“要……不要（切莫、不许）……”或“不许……要……”类句子。

不同种类祈使句的珠联璧合，更能把要求讲得全面、清楚。

2. 祈使句的修辞功能

要想使听话人有所行动或停止某种行为，说话时语气可以很坚决、直率，也可以委婉、客气一些，根据不同的对象、不同的需要，可选用不同的祈使句，方能达到不同的语用目的。

命令性祈使句的修辞功能是言辞肯定，语调急促，语气坚决，不容违反。

请求性祈使句的修辞功能是言词肯定，语调缓慢，语气委婉，有商请、敦促、建议的意味。

禁止性祈使句的修辞功能是言辞否定，语调急促，语气直率，口气强硬或软和。

劝阻性祈使句的修辞功能是言辞否定。语调缓慢，语气委婉，口气软和。

劝阻和禁止性的祈使句在字面上无绝对界限，必须考虑语言环境和说话人的实际态度和表情，才容易确定。例如：

[61] 庚子，周主诏：“故斛律光、崔季舒等，宜追加赠谥，并为改葬，子孙各随荫叙录，家口田宅没官者，并还之。”……辛丑诏：“齐之东山、南园、三台并可毁撤。瓦木诸物，可用者悉以赐民。山园之田，各还其主。”（司马光《资治通鉴》）

［62］春风刚刚过去，清明即将到来。“日出将花红胜火，春来江水绿如蓝。”这是革命的春天，这是人民的春天，这是科学的春天！让我们张开双臂，热烈地拥抱这个春天吧！（郭沫若《科学的春天》）

［63］……三、严禁党政机关干部索要、挤占企业、事业单位的名额搭车出国（境）；因引进技术、设备等项目确需随企业团组出国（境）的，要严格审核并由所在机关开支出国经费。（《中共中央办公厅国务院办公厅关于严禁用公费变相出国（境）旅游的通知》）

例［61］中的两个诏书，第一个为命令式复句；第二个为并列关系句群，它是由三个命令式单句构成的。诏书为一国之主之言，言辞肯定，语气坚决，必须执行。例［62］中“让我们张开双臂，热烈地拥抱这个春天吧！”这一请求性祈使句在对偶的运用、名句的摘取、喻义丰赡的比喻和气势充沛的排比的铺垫下说出，将全篇讲话一下子提升到诗意昂然的境界，令人深深感受到在科学的春天里春光春潮的催动和鼓舞。例［63］是并列关系复句，前分句是禁止性祈使句，后分句是命令性祈使句，作为国家文件规定，都语气坚决，毫不含糊。

（四）感叹句及其修辞功能

1. 感叹句的特点、分类

感叹句是表达喜、怒、忧、思、悲、恐、惊、哀、恶等深沉思想和强烈感情的句子，语调曲折，句末一般用叹号。例如：“沉默呵，沉默呵！不在沉默中爆发，就在沉默中灭亡！”（鲁迅《纪念刘和珍君》）“啊，乡愁呀，如轻烟似的乡愁呀！”（郑振铎《海燕》）

从不同的角度可将感叹句分成不同的类型。

从构成手段看，感叹句常见的有下列几种：

（1）成分位移式感叹句　主谓结构的句子其中心总在谓语上，而成分位移式感叹句一般是把谓语移到主语之前，即将叙述对象德性、作用的词语提到对象之前说出，以此突出说话者对德性、作用的感情态度。如“野哉，由也！”（《论语·子路》）“贤哉，回也！”（《论语·雍也》）

（2）修限感叹中心的感叹句　这类感叹句往往以语气副词或形容词修饰、限制感叹中心，加重情感分量。古代汉语多用“何、何其、一何、诚”等修饰，现代汉语多用“多、多么、好、真”等修饰。如“吏呼一何怒！妇啼一何苦！”（杜甫《石壕吏》）

（3）使用语气助词的感叹句　这类感叹句常用一些语气助词，来加重感叹程度。古代汉语句式中多用哉、与（欤）、乎、夫、矣、耶等语气助词，现代汉语中常用了、啊（呀、哇、哪）等语气助词。如“大巧若拙，大辩若讷，大勇若怯者，吾师乎！吾师乎！”（《陈确集·别集·名利》）“瞧你多有人缘呀！”（老舍《龙须沟》）

（4）使用感叹词的感叹句　这类句子往往是使用一些感叹词引起某种感情，加重感叹。文言句式里常用的感叹词有呜呼（於戏、乌呼）、嗟、嗟乎、嗟哉、噫、嘻、噫嘻、唉等。白话句式及口语中常用的感叹词有啊、呵、唉、哦等。如“陈胜太息曰：‘嗟呼，燕雀安知鸿鹄之志哉！’”（司马迁《史记·陈涉世家》）“哦！我记得了。”（鲁迅《故乡》）

（5）词句反复的感叹句　这类句子往往用重复词语或句子，加深感情、加强感叹。如：“你，你东君，你是个什么东西？……啊，你，你完全是一片假！你，你这土偶木梗，你这没心肝的，没灵魂的，我要把你烧毁，烧毁，烧毁你的一切，特别是要烧毁你那匹马！”（郭沫若《屈原》）屈原这段话连连使用“你”、“烧毁”等词语，反复抒发了他的满腔义愤。

从句法结构看，感叹句可分为单句式感叹句和复句式感叹句，前者又可分为非主谓式感叹句和主谓式感叹句。

（1）非主谓感叹句　这类感叹句又可分为独词式感叹句和非主谓短语式感叹句。独词式感叹句由叹词和其他单个的词构成。如：“呜呼！胜地不常，盛筵难再，兰亭已矣，梓泽丘墟！”（王勃《滕王阁序》）“唉哟！这么说来，就得三年功夫。”（曹雪芹《红楼梦》）“天哪！快亮吧！”（叶圣陶《蚕和蚂蚁》）前两句“呜呼！”“唉哟！”是叹词性感叹句，后一句“天哪！”是词加上语气助词构成的感叹句。“多么不容易呀！”（老舍《方珍珠》）是状中结构的感叹句。

（2）主谓感叹句　这类感叹句是一个主谓结构的句子。如“有志乎古者稀矣！”（韩愈《答李翊书》）“哈……我是青年！”（杨牧《我是青年》）

复句式感叹句　这类感叹句由几个单句结构组成，在句末才有大的语气停顿，统一全句的语调是感叹式的。例如：“嗟呼！师道之不传也久矣，欲人之无惑也难矣。”（韩愈《师说》）“正是需要光明的黑夜，阴风却吹灭了星光；正是需要呐喊的荒野，真理的嘴却被封上！”（雷抒雁《草在歌唱》）前者是因果关系的感叹句，后者是并列关系的感叹句。

从感叹句的性质看，有肯定式感叹句和否定式感叹句。如“呜呼！灭六国者六国也，非秦也；族秦者秦也，非天下也。”（杜牧《阿房宫赋》）此例是作者对六国和秦灭亡的深沉感叹，在由“呜呼！”引出的感叹复句中，每一个大的分句都有肯定式感叹句和否定式感叹句，从正反两方面揭示了秦和六国灭亡的原因。

从感叹句同其他句类的交融情况看，又有陈述式感叹句、疑问式感叹句和祈使式感叹句。如“阁中帝子今何在？槛外长江空自流！”（王勃《滕王阁序》）“炸裂呀，我的身体！炸裂呀，宇宙！让那赤条条的火滚动起来，……把一切的有形，一切的污秽，烧毁了吧，烧毁了吧！把这包含着一切罪恶的黑暗烧毁了吧！”（郭沫若《屈原》）前例中的两个句子，一个是疑问式感叹句，另一个是陈述式感叹句。后例中的感叹句都是祈使性感叹句。

2. 感叹句的修辞功能

“感叹”就是把深沉的思想和强烈的感情用一种呼声或类似呼声的词句表达出来。感叹句的主要修辞作用在于表达强烈的赞叹、惊讶、愤怒、痛苦、怀念、讥笑、鄙视、喜悦、醒悟等思想感情，强化抒情效果，增强语言感染力，引起听读者的共鸣。感叹句有时也出现于议论文中，但多用于诗歌、散文、小说、戏剧等文学作品中，且往往出现于强烈的抒情部分。在文学作品中，感叹句有的用来表现人物形象内心的各种情绪，借以活现人物的思想感情，使读者闻声而见人；有的用来直接抒发作者内心的强烈感受，表达作者的思想感情，以己之情动人之情；有的则将作品中各种复杂的感情交织在一起表现人物的复杂心理和复杂关系，激起读者的强烈共鸣。例如：

［64］隰桑有阿，其叶有难。
既见君子，其乐如何！
隰桑有阿，其叶有沃。
既见君子，云何不乐！（《诗经·小雅·隰桑》）

译诗：

低田里桑树多美，桑叶儿多么丰满。
见着了我的人儿，我的心多么喜欢！
低田里桑树多美，桑叶嫩绿汪汪。
见着了我的人儿，怎么不心花开放！（余冠英《诗经选》）

［65］红日初升，其道大光；河出伏流，一泻汪洋；潜龙腾渊，鳞爪飞扬；乳虎啸谷，百兽震惶；鹰隼试翼，风尘吸张；奇花初胎，矞矞皇皇；干将发硎，有作其芒；天戴其苍，地履其黄；纵有千古，横有八荒；前途似海，来日方长。美哉我少年中国，与天不老！壮哉我少年中国，与国无疆！（梁启超《少年中国说》）

［66］浩浩乎平沙无垠，敻不见人。河水萦带，群山纠纷。黯兮惨悴，风悲月曛。蓬断草枯，凛若霜晨；鸟飞不下，兽铤亡群。亭长告余曰：“此古战场也。常复三军，往往鬼哭，天阴则闻。”伤心哉！秦欤

汉欤！将近代欤！（李华《吊古战场文》）

［67］吾爱汝至，所以为汝谋者惟恐不尽。汝幸而偶我，又何不幸而生今日之中国！吾幸而得汝，又何不幸而生今日之中国！卒不忍独善其身。嗟夫！巾短情长，所未尽者，尚有万千，汝可以模拟得之。吾今不能见汝矣！汝不能舍吾，其时时欲梦中得我乎！——恸！（林觉民《与妻书》）

［68］中国传统夫妻之间，爱根本不占地位，甚至被人轻视，而是相“敬”第一。呜呼，爱就是爱，做不得假，敬却毛病丛生。（台湾·柏杨《红颜集·灵性被酱住》）

例［64］是一个女子的爱情自白。诗歌用托物起兴的手法先赞叹桑树桑叶之美好，后引起所咏之词。“既见君子，其乐如何！”“云何不乐！”这两个感叹句表达了抒情主人公在见到自己心爱的人之后的无比喜悦和激动的心情。例［65］，作者先以红日初升，河出伏流，潜龙腾渊，乳虎啸谷，鹰隼试翼，奇花初胎，干将发硎等新生事物作比，说明我少年中国“前途似海，来日方长”。在此基础上用两个主谓倒装式感叹句赞美少年中国之“美”之“壮”，读来一泻千里，酣畅淋漓，热情充沛，富有鼓动性，表现了作者强烈的爱国主义精神。例［66］先从自然物象上描写古战场的浩渺无垠、阴森、凄惨和恐怖，渲染出战争的残酷，令人触目惊心，然后用三个感叹句发出古战场令人伤心千古的感叹，表达了一种极其感伤的情调，也流露了作者的反战情绪。这两例是作者用感叹句直接抒发自己强烈的内心感受。例［67］是黄花岗七十二烈士之一的林觉民在英勇就义前写给妻子的绝笔信中的一段，读来令人回肠荡气，叹惋不已。其中的几个感叹句，其表达的感情是二人结合的幸与不幸？是夫妻的死别之痛苦？是对妻子尚有万千未尽的自责？是自己卒不忍独善其身而杀身成仁、舍生取义的表白？是对“今日之中国”的控诉？不单有而都有，数者交织一起，表现了作者十分复杂的心理。“爱”本应是夫妻关系的基础，然而中国的传统夫妻关系却以“敬”为主；“爱”假不得，然而“敬”却不全真，这便导致了夫妻间的男尊女卑，例［68］中的感叹可谓切肤之言。叹词“呜呼”在文中表达的感情是一石数鸟：哀叹？愤懑？苦楚？对旧道德的批判？对妇女的同情？颇能激起读者的联想、和鸣！这两例都是用感叹句表达十分复杂的感情的。

## 二、句类的同义手段

不同的句类可以构成同义手段，分两种情况：

一是不同的大类间可以构成同义手段，二是同一大类的几个小类间可以构成同义手段。

（一）各大句类的同义手段

在语言体系中，不同语气类型的句子有不同的功能意义，但在修辞中，它们可灵活地被运用于不同的言语目的，不同的语气类的句子可体现相同的语气功能的意义。

1. 问句和陈述句同义

反问句和陈述句同义。用反问句的形式表达陈述句的内容，反问句可以转化为陈述句。一切表层肯定的反问句表达的是否定陈述的内容，表层否定的反问句表达的是肯定陈述的内容。

反问实际上是一种强调的陈述说法，其作用在于：加重语气，增强语势，增添感情色彩。它可把原来确定的意思表达得更加鲜明而不可置辩；可以集中读者的注意力，激发人们的想象和激情。反问句有的表示质问或责难，有的表示怀疑或不信，比陈述语气更为坚定。它擅长说理、抒情，又能将说理抒情和叙事状物有机结合，收到较好的表达效果。

肯定式反问与否定式陈述句同义。如：

> ［1］有时，我觉得，人生本身就是无数的冒险的元素组成的，冒险多了，人生经验丰富了，人生也变得多彩。你没有风雨之行，哪有风雨的经历？你经历了风雨，才知道风雨的动人心魄，既吓人又不可怕。如果风雨要来，怕与不怕都是一样的，那么，你怕什么呢？（彦火《风雨行》）

“你没有风雨之行，哪有风雨的经历?”“你怕什么呢?”都是肯定式反问而表达了否定的意思。说明人只有经历过风雨，才有风雨的经历；如果风雨要来，你也不用怕它。

> ［2］子曰：人而不仁，如礼何？人而不仁，如乐何？（《论语·八佾》）

孔子认为，礼和乐的根本是“仁”，没有仁，就不能正确对待礼和乐，故有“如礼何？如乐何?”的肯定式反问。意思是：一个人如果没有“仁”，就不能正确对待礼，不能正确对待乐。

否定式反问句与肯定式陈述句同义。如：

［3］子曰："学而时习之，不亦乐乎？有朋自远方来，不亦乐乎？人不知而不愠，不亦君子乎？"（《论语·学而》）

孔子认为具有相当道德修养的人才是君子，君子较常人胸襟宽广得多，所以他才用三个字面否定、含义肯定的反问句教导他的学生。这就是圣人的胸怀。

［4］是啊，尽管我是一个男子汉，我还是哭了！难道一个男人就没有眼泪？一个男人就没有手、四肢、感觉、思维和感情？难道男人女人不是吃同样的饭活着？不是被同样的武器击伤？对同一个冬天和同一个夏天难道男女的感觉就不一样？难道你们拿刀砍我们，我们就不流血？难道你们胳肢我们，我们就不笑？难道你们放毒，我们就不会被毒死？为什么一个男人不能喊冤叫屈？为什么一个军人不能哭？因为那样做不像男子汉！为什么不像男子汉呢？（［瑞典］斯特林堡《父亲》）

罗拉走到上尉身边，将一只手放在上尉的前额上，吃惊地说："恩，哭了，男子汉？"意思是说，男子汉怎么能哭呢？上尉为了说明男子汉也和女人一样有感情，也可以哭，为了说明自己哭得应该，连用了好几个否定式反问，肯定了男子汉可以哭的理由，感情真挚，很有说服力。

［5］原文：祖冲之批判地接受前一代的科学遗产，利用其中一切有用的东西，……敢于怀疑古人的陈腐学说，敢于推翻前人的错误结论，他的这种高尚品质，不正是古往今来一切杰出科学家所共有的品质吗！（《祖冲之》，见《中国古代科学家》）

改文：他能批判地接受前人的科学遗产，利用其中一切有用的东西，敢于怀疑古人的陈腐学说，敢于推翻前人的错误结论，表现了古今杰出的科学家所共有的刻苦钻研、坚持真理的精神。（见初中《语文》第五册）

原文是否定式反问句，改文是陈述句。反问句是有感而发，无疑而问，目的在于强调。可这里并没有人怀疑祖冲之的高贵品质，不必强调，所以用陈述句。

设问句和陈述句同义。例：

[6] 原文：是什么引起了这骚动呢？台风吗？惊涛骇浪吗？都不是。（柯岩《船长》，见《中国优秀报告文学选评》）

改文：是什么引起了这骚动呢？不是惊涛骇浪，更不是台风。（《双堡港的变奏》，见高中《语文》第六册）

原文用设问句来表示否定；改文用表否定的陈述句来表示否定。改文否定的意味更浓一些。

2. 疑问句和祈使句同义。用商量疑问句的形式表达请求、要求。如：

[7] 他说："你不知道，我妹在城里分了工矿，挣钱啦，我也就不会给家寄那么多钱了。我就想，趁这工夫儿，会会棋手。怎么样？你一会儿把你说的那人找来下盘？"（阿城《棋王》）

"你一会儿把你说的那人找来下盘？"同"你一会儿把你说的那人找来下盘！"同义，只是在语气上有商量的意味，同祈使句相比，委婉了一些。

[8] 天黑下来，早升在半空的月亮渐渐亮了。我点起油灯，立刻四壁都是人影子。脚卵就说："王先生，我们下一盘？"王一生大概还没从被窝里醒过来，听见脚卵问，只微微点一点头。（阿城《棋王》）

"王先生，我们下一盘？"与"王先生，我们下一盘！"意义相同，只是形式不同而已。

[9] 春姑：我要学姐姐一样改换男装的。姐姐，聂先生那套衣服好让我穿吧？（郭沫若《棠棣之花》）

"姐姐，聂先生那套衣服好让我穿吧？"实际上是春姑用疑问形式向她姐姐提要求，但同直接用祈使句相比，显得客气、委婉一些。

[10] 原文：老颛，快让我支配于你！（《女神之再生》，见《沫若诗集》）

改文：老颛，你是否还想保存你的老命？（同上，见《郭沫若全集》）

原文是祈使句，表示命令；改文是疑问句，表达了要老颛投降的意思。

3. 感叹句和陈述句同义。用感叹表示陈述，可加强陈述的表情意味。如：

［11］这里的风景多好啊！/这里的风景好啊！

其实是和“这里的风景好。”同义。

［12］陈白露：……（望着前面，哀伤地）这——么——年——轻，这——么——美。（曹禺《日出》）

这是陈白露自杀以前最后说的话。她顾影自怜、自叹，她不仅是感叹她的年轻貌美，也是感叹她悲剧的一生，感伤的意味是很浓的，但却用陈述形式来表达，这就冲淡了感叹意味，用沉静平和的语气，表明了她的冷漠、对人生的绝望和自杀的决心。

4. 疑问句与感叹句同义

［13］甲：（忽向右翼指去）喂，你看！那儿不是来了两个人吗？今天送豆饭的人可来得真早！（郭沫若《棠棣之花》）

“今天送豆饭的人可来得真早！”是感叹句；《聂荌》（上海光华书局1925年版）作“今天送豆饭的人不是来得很早吗?”，是反问句，也是“来得很早”的意思，二者同义。

5. 祈使句与感叹句同义

［14］原文：请不要小视这些枯燥的数字。①

改文：这是多么怵目惊心的数字啊！（《海市》，见高中《语文》第四册）

原文是祈使句，改文是感叹句。它们都表示强调，但改文多了一层惊叹的意味。

（二）小类之间的同义手段

同一大类的几个小类可以同义，以问句为例。如：

① 马识途：《我们打了一个大胜仗》，见1981年11月7日《人民日报》

1. 疑问句内部不同形式的特指问句同义——

他的帽子呢？ =他的帽子在哪儿？（有处所疑问代词，没有语气词）

要是他不去呢？ =要是他不去怎么办？（有特指疑问词，没有语气词）

2. 疑问句内部不同形式的正反问句同义——

用“不/没有”构成的正反问句可有如下几类常见的格式，每类中的不同形式的句子都是同义的：

（1）判断动词“是”构成肯定否定并列的。如：

你是不是中学生？
中学生你是不是？
你是中学生不是中学生？
你是中学生不是？

这类反问句中的“是”和“不是”后可带名词性词语，也可带动词性词语；动词性词语前的“是不是”可以说成“是否”，这时带有文言色彩；“是否”不能放在名词性词语前，也不能放在句末，如：

是不是他看《子夜》？
他是不是看《子夜》？
他看《子夜》是不是？

（2）其他动词构成肯定否定并列的。

第一，动词是一般动词：

你吃不吃饭？
饭你吃不吃？
你吃饭不吃饭？
你吃饭不吃？
你吃饭不？

第二，动词是能愿动词：

你愿意不愿意去？
你愿不愿意去？
你愿意去不愿意去？
你愿意去不愿意？
你愿意去不？

第三，用“没（没有）”构成的正反问句，动词是一般动词，它询问事情是否曾经发生：

你出过国没有？
你出没出过国？
你有没有出过国？

此外，每一小类内部的句子用不用语气词、用不同的语气词、增添或减少词语等都可构成同义句。

3. 反问句与推测问句同义。例：

[15] 原文：我想：“这不是一座古老的园林的遗迹么？”①
改文：我想：“这大概是一座古老的园林的遗迹吧？”②

原文是反问句，语气肯定；改文是揣测问句，肯定的意味减弱了。在没有确凿证据的情况下，还是使用揣测问句妥当一些。

4. 不同结构的反问句同义。例：

[16] 如果人们都照这样下去，如何能提高我们的工作效率，我们国家的四化大业不是渺茫了吗？③

这里运用了两个反问句，但是结构不一样。张寿康先生评改说：“为了加强语气，把话说得更有力一些，不如把后面的两句改成同样格式的反问

① 郑振铎《石湖》，见1958年1月4日《人民日报》。
② 《石湖》，见试用初中《语文》第三册。
③ 张寿康：《评改 用辩证唯物论指导看病》，见《认真学点语文·中》。

句：‘我们的工作效率怎么能提高呢？我们国家的四化大业又怎么能迅速完成呢？’”

5. 反问句和正反问句同义。例：

[17] 原文：士长一：那么我再问你：聂政为什么要刺杀我们的国王和丞相呢？

春：（又稍稍振作起来）你们晓得不晓得国王和丞相的罪呢？①

改文：士长一：那么我再问你：聂政为什么要刺杀我们的国王和丞相呢？

春：（又稍稍振作起来）你们还不知道国王和丞相的罪恶吗？②

原文是正反问句，语气舒缓；改文是反问句，语气较强，激愤之情溢于言表。

[18] 原文：不忍卒读的伤心人语哟！读了这句话的人有没有不流眼泪的么？（《胜利的死》，见《沫若诗集》）

改文：不忍卒读的伤心人语哟！读了这句话的人有不流眼泪的吗？（同上，见《郭沫若全集，一》）

原文是正反问句，侧重于询问“不流眼泪的”有没有；改文是反问句，意在强调人人都会流眼泪。

## 第九节　各种变体句的同义手段

本节讲各种变体句的同义手段。这里的变本句只指下面四组在风格上不同的句子：口语句和书面语句，共同语句和方言语句，文言句和白话句，方言句和方言句。

### 一、口语句和书面语句同义

口语句式是在口语里经常出现而在书面语里较少出现的句式，如日常会话，即兴发言等等所用的句子。口语句亲切自然，活泼明快，多用于日常谈话和文学作品中。由于这一基本用途，决定了它在形式上出现显著的特点：

① 郭沫若：《聂荧》，上海光华书局 1925 年版。

② 郭沫若：《棠棣之花》，重庆作家书屋 1942 年版。

在句子形体上，短句用得多。在句子成分上，常用单词充当，很少使用长修饰语，好用语气助词，也好用称呼、应对、象声、感叹等词作特殊成分。在句法结构上，很少使用关联词，由于鲜明的语境的帮助，常用省略句、非主谓句等特殊句式。为了反映说话现状，达到生动感人的目的，常用一些习用的修辞方式，如比喻、比拟、摹状、夸张、顶针、反复等。很少使用已成过去的书面语句式和从国外吸收来的句法，具有极为鲜明的汉语的民族风格。如：

[1] 这点道理都不懂，还养鸡呢？穷折腾去吧。……再瞧瞧我们，全关笼子里，还编上号，受洋罪。……她还想全套家具，美的她。……这为啥？一点商品信息都不懂，还搞现代化呢，嚷嚷什么呀！（谌容《大公鸡的悲喜剧》）

[2] 今年你有四十岁了都，/我们有的要叫你老前辈了都；/天天听见你提倡这样，提倡那样，/觉得你真有点儿对了都！（赵元任贺胡适四十岁生日诗）①

书面语句式是在书面语里多见而在口语里少见的句式。其特点是结构严谨，层次分明，表意精确，较重视逻辑关系；多用于论说文以及公文中。在句式的选择运用上表现为：多用完全句，除了必须的承前蒙后省之外，很少用省略句。长句用得较多，或是带长修饰语或结构复杂的限制性定语、状语的单句，或是分句多、主要成分的结构复杂的复句。政论语体、科技语体中使用的长句往往是书面语句式的典型代表。文言语句属于书面语句，恰当使用可使表达庄重或诙谐。

[3] 美的享受在最浅显的层面上是通过审美主体的感官来实现的，表现为对美的形象感到“动听”或“悦目”。而在更深一些的层面上，它使人得到满足则主要因为审美活动能够调节审美者的心理生活。（金开诚《从审美心理看寓教于乐》）

[4] 我的母亲素来是不以我的虐待猫为然的。（鲁迅《猫和兔》）

[5] 当我读完了一节，静静地在翻阅后面的没有教过的地方的时候，我忽而觉得背后仿佛有人立在那里的样子。（郁达夫《微雪的早晨》）

---

① 《北京晨报》1930年12月18日。

在现代汉语中，口语和书面语基本上一致，但在使用场合、风格和修辞色彩等方面仍存在细微差别。所以，同样的内容，可用书面语句表达，也可用口语句表达，二者构成同义句式，只视使用场合而选择。

## 二、共同语句和方言句同义

这里所说的共同语，就是现代汉语普通话。共同语句，就是按照普通话的语音、词汇、语法要求组成的句子。方言语句，就是具有方言色彩的句子。对同一内容，可用共同语句表达，也可用方言句表达，二者构成同义手段。如：中国垃圾派自由网刊载陈衍强新实验文本：四川方言版《邓小平文选》的一部分，将句子形式的汉民族共同语句转写成了四川方言句（原文无标点）：

[1] 毛泽东思想

毛泽东思想不仅过去引导我们取得革命的胜利，现在和将来还应该是中国党和国家的宝贵财富。（摘自《答意大利记者奥琳埃娜·法拉奇问》1980.8.21、23）

[四川方言] 毛泽东思想不仅前些年带起我们把革命整巴适喽眼目下和二天也应该是中国党和国家的金宝卵

[2] 华国锋同志

华国锋同志的名字在这里需要点，因为合乎实际。如果不点名就没有理由变动华国锋同志的工作。（摘自《对起草〈关于建国以来党的若干历史问题的决议〉的意见》1980.3—1981.6）

[四川方言] 华国锋同志的大名在这儿要落上事情的由来就是弄个的如果不提他的名字就莫得道理把华老坎的职务除脱嘠

[3] 香港问题

如果中国在一九九七年，也就是中华人民共和国成立四十八年后还不把香港收回，任何一个中国领导人和政府都应该下野。（摘自《我们对香港问题的基本立场》1982.9.24）

[四川方言] 如果中国在一九九七年哈也就是中华人民共和国雄起四十八年后还不把香港收转身来哪个中国领套人和政府都应该下课

［4］ 中日关系

悬案是一个钓鱼岛，那是一个很小的地方，上面没有人烟。（摘自《结束过去，开辟未来》1989. 5. 16）

［四川方言］悬吊吊的一坨钓鱼岛那么低低儿点上边人花花儿都莫得（本帖由陈衍强于2006年5月08日19：13：55在［北京评论］发表）

**三、文言句和白话句同义**

这里有必要先简单说说文言文和白话文的关系。

文言文是古代汉语书面语言之一，它是在先秦口语基础上提炼形成，经后世文人加工而有所发展。在我国长期的封建社会中，文言文一直受到历代封建政权和士大夫的重视和推行，居于统治地位。汉魏以后，它在发展过程中逐渐脱离了与口语的联系，尤其是唐宋以后，与口语的距离越来越大，“五四”新文化运动后终于为白话文所取代。但文言文不仅在历史上影响深远，对记录古代文献资料尤其是经典文献——中华民族文化的正源——起过重要作用，而且今天仍然是研究古代文化遗产所必需的工具，是学习古代汉语的主要对象。它的某些精神，也为现代语文所吸收。文言文是中华民族文化的宗，且微言大义，要想写出好的白话文作品，一定要有好的文言文功底，以文言文为基础，这样才能做到一（文言文）生二，二生三，三生万物（白话文）。

白话文，有古代白话和现代白话。古白话是古代汉语书面语言之一。是唐宋以来逐渐摆脱文言文的束缚、在北方方言基础上形成的接近口语、富有生气的一种书面语言，为通俗文学作品所使用。“五四”新文化运动之后，被现代白话文批判继承，发展成为现代汉语书面语言。古白话在汉语发展史上也起过重要作用。现代白话包括现代书面语和现代口语。

用现代人的眼光看，白话文与文言文的最大不同是，前者古奥难解，后者通俗易懂。有人认为：文言文简洁而白话文啰嗦，有一定道理，但不是绝对的，问题的关键是看你如何表达。百度网上有这样一段话：

［1］ 胡适在北大讲课时，许多醉心于文言文的学生对白话文颇有抵触情绪。一次，当胡适在课堂上大讲白话文的好处时，有位同学不服气地问：胡先生，难道说白话文一点缺点都没有吗？胡适微笑道：没有。这位学生反驳道：怎会没有呢，白话文语言不简洁，打电报用字就

多，花钱多。胡适说：不一定吧。要不我们做个试验。前几天，行政院有位朋友给我发信，邀我去做行政院秘书，我不愿从政，便发电报拒绝了。复电便是用白话文写的，而且非常省钱。同学们如有兴趣，可代我用文言文拟一则电文，看看是白话文省钱，还是文言文省钱。

同学们果然纷纷拟稿，最后胡适从电稿中挑出一份字数最少的、表达完整的，其内容是："才学疏浅，恐难胜任，恕不从命。"胡适念毕，不无幽默地说："这份电稿仅12个字，算是言简意确，但还是太长了。我用白话文，只须5个字：干不了，谢谢。"随后，胡适解释道：干不了，已含有才学疏浅、恐难胜任的意思，而谢谢既有对友人费心介绍表示感谢，又有婉拒之意。可见，语言的简练，并不在于是用白话文，还是用文言文的差别，而是确定表述内容的重点和结果，用字恰当，白话也能做到文言文的简练。

胡适一番精辟的阐述，同学们听后不由点头赞同，也逐渐改变了对白话文的看法。

反对白话文最厉害的，并非是学生，更多的是一些资深的教授。比如黄侃，此人乃国学大师章太炎门下的大弟子，在北大有怪才与狂人之称，他与辜鸿铭、刘师培曾被称老北大的"三怪杰"，也是反对白话文最凶的一个。有次，黄侃给学生讲课，赞美文言文的高明和不可替代时，甚至还举例说：如果胡适太太死了，他的家人用白话文发电报必云：你太太死了，赶快回来啊！长达10个字，而文言文仅需"妻亡速归"四个字便可，费用能省三分之二。

当然，五四运动推行白话文，其意义并不在于发电报是否省钱，而是为推动文学革命和文化大众化。近百年的事实证明，推行白话文让国人得益非浅，白话文早已深得人心。

可以看出，文言文和白话文各有千秋。

文言句是用文言词语遵照文言语法组合而成的句子，它是文言语篇中最小的能表达完整意义的成分，是构成文言语篇的基本语法单位。同理，白话句是用现代词语遵照现代语法组合而成的句子，它是白话语篇中最小的能表达完整意义的成分，是构成白话语篇的基本语法单位。同样的意思，可用文言文句表达，也可用白话文句表达，二者是同义的。从文言文和白话文的对照中即可看出。如：《孙子兵法》中的句子：

[2] 文言文：孙子曰：兵者，国之大事，死生之地，存亡之道，

不可不察也。(《始计第一》)

白话文：孙子说：战争是一个国家的头等大事，关系到军民的生死，国家的存亡，是不能不慎重周密地观察、分析、研究的。

[3] 文言文：故经之以五事，校之以七计，而索其情。(《始计第一》)

白话文：因此，必须通过敌我双方五个方面的分析，七种情况的比较，得到详情，来预测战争胜负的可能性。

[4] 文言文：一曰道，二曰天，三曰地，四曰将，五曰法。道者，令民与上同意，可与之死，可与之生，而不畏危也。天者，阴阳、寒暑、时制也。地者，高下、远近、险易、广狭、死生也。将者，智、信、仁、勇、严也。法者，曲制、官道、主用也。凡此五者，将莫不闻，知之者胜，不知之者不胜。(《始计第一》)

白话文：一是道，二是天，三是地，四是将，五是法。道，指君主和民众目标相同，意志统一，可以同生共死，而不会惧怕危险。天，指昼夜、阴晴、寒暑、四季更替。地，指地势的高低，路程的远近，地势的险要、平坦与否，战场的广阔、狭窄，是生地还是死地等地理条件。将，指将领足智多谋，赏罚有信，对部下真心关爱，勇敢果断，军纪严明。法，指组织结构，责权划分，人员编制，管理制度，资源保障，物资调配。对这五个方面，将领都不能不做深刻了解。了解就能胜利，否则就不能胜利。

再看三十六计之“金蝉脱壳”：

[5] 文言文：存其形，完其势，友不疑，敌不动，巽而止，蛊。

白话文：保存阵地的原形，造成强大的声势，使友军不怀疑，敌人也不敢贸然进犯，而我却隐蔽地转移主力，迷惑敌人。①

再看《吕氏春秋·察今·刻舟求剑》：

[6] 文言文：楚人有涉江者，其剑自舟中坠于水，遽契其舟，曰：“是吾剑之所从坠。”舟止，从其所契者入水求之。舟已行矣，而剑不行，求剑若此，不亦惑乎！

---

① 无谷译注《三十六计》，吉林人民出版社 1979 年版，第 67 页。

白话文：有个楚国人乘船渡江，一不小心，把佩带的剑掉进了江里。他急忙在船沿上刻上一个记号，说："我的剑就是从这儿掉下去的。"船靠岸后，这个人顺着船沿上刻的记号下水去找剑，但找了半天也没有找到。船已经走了很远，而剑还在原来的地方。

用刻舟求剑的办法来找剑，不是很胡涂吗？

## 四、方言句和方言句同义

我国地域辽阔，方言众多，不仅有大方言，还有次方言。同样意思的句子，用不同的方言表达，有不同的发音、不同的词语、不同的句法结构，真是各有韵味，各呈风采。如普通话句群"今天我就站这里了，你有本事动我试试。别看你个子大，逼急了老子拿砖头砸死你！"中的两个句子，用不同的方言表达，意思相同，但神采各异，如：

北京话："今儿爷就站这儿了，你丫动我一试试。别看你丫个儿不小，逼急了老子拿板砖 hai（一声）你丫挺的！"

天津话："近儿我揍赞借害儿了，你动我一四四。甭看泥葛大，必急了我自接那钻头拍泥脑袋！"

山东威海话："今日老子就站遮，泥赶渣呼试试。别看泥掌地镐，惹窝火了拿砖头冒你头上！"

东北话："今儿你大爷我就赞介儿，你妈地动我下四四。别你妈看你个儿不小，能（四声）急了我拿砖头儿呼死你！"

大连话："今天我就 tm 赞这儿了，你动我四四来。小样儿，你傻大个儿怎么，惹火了我那钻头 xie 死个 biang 的！"

陕西话："今儿饿奏立到这儿，你娃司伙把饿动嘎子。保看你娃陪瓜子美，把饿兜急咧，饿端直猫个砖赔到你萨哈！"

青海乐都话："谨天脑（一声）就占（二声）刀这（二声）哈巴留，你把脑（一声）咚（二声）给一挂适当个。保球看你知么大自国爱，着粉留喝脑直接头大上一块（一声）板状拍球航道！"

四川成都话："今天老子就站到这堂沟，你碰哈我告一哈。不要以为你长得莽戳戳的，毛了我直接捡块砖头焊你娃儿脑壳高头！"

重庆话："今天老子豆站勒点老，你娃动动老子看。不要看你娃颗钻大，惹猫老子直接汗块砖头在你娃脑壳高头！"

上海话："今糟吴就列了个的，侬旁旁吴四四看诺。伐要看侬亩子嘎度饿，丝古港侬只册落吧吴萨了户气上来吴乃块纂豆伐色侬！"

江苏镇江话："今各偶就灯得个快了，泥 pong 偶四四看奈。表看泥长得接棍，跟偶玩嘎三，当心偶业砖头不死泥个小瘪三！"

江苏镇江话第 2 版："更早偶休站个块哩，泥狗动偶死死扣。费奥扣泥块豆大，比急乐偶哲接努块砖头震泥头让！"

（百度《论坛》《一句话教你全国方言》，楼主愚者，发表于 2006 - 05 - 29 18：23：46）

# 第八章　超句同义手段

同义手段不仅存在于语音、语素、词、短语、句子平面，它还存在于超句的语言单位平面，即存在于句群、语篇（段落、篇章）平面。如网络《大话西游》中一个男人买不起房，女朋友的爆笑台词：

男人说："亲爱的，俺的钱目前不够买房子，咱俩也老大不小了，我们还是先领证结婚吧！都是我赚钱少，没能耐，以后我会玩命赚钱的，行吗？"

以下是女方几个版本的回答，意思基本一样——构成同义手段。

周星驰版：

你在跟我说话吗？不是跟我说的吧，认错人啦。我是一个感情很现实的人，一个感情很现实的人如果和一个没有房子的人结婚的话，将会变得感情有缺陷，一个感情有缺陷的人，你就算永远的拥有她，也是没用的，所以没房子我不结婚，走了先。

古龙版：

女人面如死灰："你终于说出来了。"

男人："是。"

女人："原以为我们处得这样好你不会这么说。"

男人："我说了。"

女人："没有商量的余地了吗？"

男人："是。"

女人："你不该说。"说罢一个乾坤猫爪将男人的手表取走，不见了踪影，空气中传来："物归原主，分手！"

林黛玉版：

女人梨花带雨地哭了起来，哭得飞沙走石；昏天暗地，哭得哽咽着说："哥哥还是找个有金有银；有权有势；有房有车的大户小姐娶了吧，也免得和我这苦命女人受苦……"

赵本山版：

有道是十二级台风不是吹的，四川盆地不是推的，喜马拉雅山不是堆的，葫芦岛也不是勒的，我脸上两个小酒坑儿也不是锥的。想让我没房子和你结婚，那是不可能的！

范伟版：

你这么一说吧，我还真要仔细看看你，从头到脚，从裤子到袄，从心灵到外表，都觉得你是开玩笑呢，你是在忽悠我吧，愚昧，太愚昧！你老愚昧了你！知道不？

这五个不同版本的回答，言语形式不同，风格不同，修辞色彩不同，但表达的中心意思是一样的：没有房，就分手！

## 第一节　句群的同义手段

### 一、句群的基本特征

句群又叫句组或语段，是由两个以上在结构上各自独立、在意义上密切联系的几个句子组成的具有一个明晰的中心意思的语言片段。

句群有三个基本特征：

第一，由两个以上在结构上各自独立的句子所组成。组成句群的句子可以都是单句，可以都是复句，也可以是单句同复句的搭配。每个句子都有各自的语法结构和语调语气，书面上都有句号、问号或感叹号。

第二，组成句群的各个句子在意义上前后衔接，语义连贯，有密切的逻辑事理关系，绝非杂乱无章的拼凑。

第三，每一个句群都有一个明晰的语义中心，即各个句子紧紧围绕着一个明晰的中心意思或中心话题展开。这个中心意思或需从整个句群中归纳，或由某个句子直接表明。

## 二、句群与句群的同义手段

句群之间也存在同义手段，即同义的句群。如在《水浒传》第三十回武松血溅鸳鸯楼中，差人检验杀人现场后回禀知府大人时说：

> 先从马院里入来，就杀了养马后槽一人，有脱下旧衣二件，次到厨房里，灶下杀死两个丫鬟，后门边遗下行凶缺刀一把。楼上杀死张督监一员，并亲随两人，外有请到客官张团练与蒋门神二人。白粉壁上，衣襟蘸血，大写八个字道："杀人者打虎武松也。"楼下搠死夫人一口，在外搠死玉兰并奶娘二口、儿女三口。共计杀死男女一十五名。掳掠去金银酒器六件。

而武松本人事后对朋友张青夫妇却是这样说道：

> 一更四点进去，马院里先杀了一个养马的后槽，爬入墙内去，就厨房里杀了两个丫鬟。直上鸳鸯楼上，把张督监、张团练、蒋门神三个都杀了，又砍了两个亲随，下楼来又把他老婆儿女养娘戳死了。

显然，这里的两个句群的表述是一种同义手段，只不过是语体风格不同而已。

## 三、句群、复句互转构成的同义手段

### （一）句群与复句的联系与区别

句群与复句都是大于单句的语言单位，二者既有联系又有区别。

句群与复句的联系在于：

表意效果上具有相通之处。一个复句可用几个密切相关的分句来表达一个比较复杂的意思，一个句群可用几个在意思上互相关联的句子共同表达一个比较复杂的意思。

逻辑关系上具有同一性。复句中各分句间的逻辑关系有并列、顺承、解说、递进、选择、转折、条件、假设、因果、目的十种基本类型，句群中各句子之间也有这十种逻辑关系。

组合手段上具有一致性。复句有的靠语序直接组合，有的借助关联词语组合；句群中句与句的组合也靠语序或关联词语组合。

由于句群与复句有上述联系，所以，很多时候，二者可以相互转化，即有些复句可以转化成句群，有些句群可以转化成复句，它们可构成同义手段。例如：

［1］我疑心他是自杀。因为他是浮水的好手，不容易淹死的。（鲁迅《范爱农》）

［2］说巧也巧，我们正好走进一座柏树林，阴森森的，亮了的天又变黑了，好像黄昏提前到了人间，汗不但不下去，还觉得身子发冷，无怪乎人们把这里叫做柏洞。（李健吾《雨中登泰山》）

例［1］只要改第一句后的句号为逗号，因果句群就变成了因果复句。例［2］如果把最后一个逗号改为句号，复句就变成了句群。

但句群与复句也有区别：

语调形式不同。复句是一个句子，全句只有一个统一的语调；句群由几个句子组成，每个句子可以有各自的语调，整个句群的语调可以不统一。

成分结构疏密不同。复句中各分句之间的结构关系是句子的内部关系，因而联系比较紧密；句群中各个句子之间的结构关系是外部关系，因而联系较为松散。

内部语音停顿长短不同。复句中分句之间的语音停顿较短，是接续性的；句群中句子之间的语音停顿较长，是隔离性的。

关联词语的使用不同。复句中的各个分句之间常常使用或者可以补上成对的关联词语；句群中很少使用成对的关联词语，往往只在后一个句子的开头单用关联词语。

正因为句群与复句有上述区别，所以二者的表达效果不同。复句与句群都能表达比较复杂的意思，但复句的语意表达紧凑、严密，句群的语意表达舒缓、细致。

（二）句群与复句相互转化

句群可以转化成复句，复句也可以转化成句群。转化之后，二者是同义的。

句群向复句的转化是指：将有些句群的完整的语气停顿（书面上用句号，叹号，问号）改为不完整的语气停顿（书面上用分号、逗号），使由两个以上在意义上密切关联、结构上互不包含的句子构成的群体，转化成由前后连贯、共同表示一个中心意思的几个不能独立的分句构成的句子。

复句向句群的转化程序正好与句群转化成复句的相反，是指将有些复句的不完整的语气停顿（书面上用分号、逗号）改为完整的语气停顿（书面上用句号，叹号，问号）使由两个以上在意义上密切关联、结构上互不包含的分句构成的一个句子转化成由前后连贯共同表示一个中心意思的几个独立的句子。

复句与句群之所以能相互转化，是因为复句的分句间的关系类型同句群的句子间的关系类型基本相同。

复句转化成句群之后，复句中的分句在句群中就成了独立的句子。原复句同其转化成的句群相比语义相同，只是复句结构严谨、语气急促连贯，但某些分句的独立性和重要性不能得到明显强调；而句群虽结构松散，语气节奏较为舒缓，但可明显地突出强调某些句子的独立性和重要性。如“历史是过去的事实，但我更认为历史是过去与现在的无终止的对话。”这是一个转折复句。如果要强调“历史是过去的事实”的重要性和独立性，即可将这一复句转化为一个具有转折关系的句群：“历史是过去的事实。但我更认为历史是过去与现在的无终止的对话。”转化的方法是将表示句内停顿的逗号或分号改为表示句末停顿的句号。又如：

[3] A 幸运并非没有许多的恐惧和烦恼；厄运也并非没有许多的安慰与希望。(《培根论说文集》)(并列复句)

B 幸运并非没有许多的恐惧与烦恼。厄运也并非没有许多的安慰与希望。(并列句群)

[4] A 我这时突然感到一种异样的感觉，觉得他满身灰尘的后影，刹时高大了，而且愈走愈大，须仰视才见，而且他对于我，渐渐的又几乎变成一种威压，甚而至于要榨出皮袍下面藏着的“小”来。(递进复句)

B 我这时突然感到一种异样的感觉，觉得他满身灰尘的后影，刹时高大了，而且愈走愈大，须仰视才见。而且他对于我，渐渐的又几乎变成一种威压，甚而至于要榨出皮袍下面藏着的“小”来。(鲁迅《一件小事》)(递进句群)

[5] A 希望是附丽于存在的，有存在，便有希望，有希望，便是光明。(《鲁迅全集》)(因果复句)

B 希望是附丽于存在的。有存在，便有希望，有希望，便是光明。(因果句群)

[6] A 有了退休制度，人人都知道自己到哪年该怎么样，这就比较好办，否则一个人一个人地处理问题，处理不下去。(条件复句)

B 有了退休制度，人人都知道自己到哪年该怎么样，这就比较好

办。否则一个人一个人地处理问题，处理不下去。（《邓小平文选》）（条件句群）

例［3］［4］是联合复句转化成了句群。例［5］［6］是偏正复句转化成了句群。句群同原复句相比：例［3］是将原分句内连续性停顿的分号改成了句号，这样一来，强调了“幸运……”、“厄运……”句各自的独立性。例［4］是将原句内停顿的逗号改成句末停顿的句号，突出了车夫人格的高大。例［5］中的句群同原复句相比，用句号转换了第一分句后的逗号，强调了“希望”与“存在”的关系，但结构不紧凑，语气舒缓，“存在”、“希望”、“光明”三者的连锁关系也显得松散了。例［6］中A的第三个分句后的逗号改成句号，就转化成了B，于是B这个句群中的第一个复句的独立性突显出来，“退休制度”的正面意义得到了强调。

句群转化复句、复句转化句群的关键是某个句子、某个分句后标点的改换。

有无必要把复句转化为句群或把句群转化为复句，要根据修辞或表达的需要来决定。

## 第二节　语篇的同义手段

我们这里所说的“语篇的同义手段”是指同义手段的存在形式是段落或篇章（包括韵文和非韵文）。所以，语篇的同义手段就是意义相同或相近但具有不同表达作用或修辞效果的一组段落或篇章形式。语篇的同义手段有下面几种类型。

### 一、文本翻译的语篇同义手段

（一）不同语种的文本翻译构成的语篇同义手段

不同民族的人有个性，也有共性；不同语种的语言有个性，但也有共性。人类语言的共性能使不同语种的文本相互翻译，这保证了使用不同语种的人之间的思想、信息、感情的相互交流。从一种文本翻译成另一种文本，基本信息相同或相近，但在表达形式的风格、色彩效果等方面有差异，这就形成了不同语种的文本之间的同义手段。如英—汉文本互相翻译。

不同语种的文本之间因翻译而形成的语篇同义手段有如下两种情况：

第一种情况是，一个原语种文本对应于另一语种的翻译文本，这又可有两种情况：一是一个原语种文本对应于另一语种的一个翻译文本，即一对一，这种情况很多；二是一个原语种文本对应于另一语种的多个翻译文本，即一对多，这种情况也不少见，在诗歌的翻译中最多。如英国著名诗人华兹华斯的名篇 *The Daffodils*（《水仙》），潘文国在《诗歌翻译中的几个语言问题——评华兹华斯〈水仙〉的几种中译本》一文中就汇集了 ABCDE 五个中文译文。而汉语的唐人绝句《江雪》，据黄国文在《静态与动态在翻译中的表现——柳宗元的〈江雪〉英译文分析》一文所收集到的资料，至少有十一种英文译本。无论是从英语到汉语，还是从汉语到英语，这里的五种或十一种译本各自既和原语种文本之间是一种同义手段，也和同是译文形式的其他译本构成同义表达，形成一种"同义语篇"集群。① 再如英国作家哈代的小说 *The Return of fhe Native*（吕天石译为《归来》，张谷若译作《还乡》）的题诗，可看作一个独立的小篇章：

[1] To sorrow /I bade good morrow, /And thought to leave her far away behind; /But cheerly, cheerly, /Shloves me dearly; /Sheis so constant to me, and so kind. /I would deceive her, /And so leave her, /But ah! she is so constant and so Kind.

吕天石译为：

我向悲哀告别了，/我要把她远远地抛在后面；/但她却欢欣地，欢欣地，/亲密地恋着我；/她对我是这样的忠实，这样的亲切呀。/我要欺瞒了她，/从此抛开了她，/但是，啊！她对我是这样地忠实，/这样的亲切呀。

张谷若译作：

我向"愁烦"，说了声再见，/本打算，和她一别天样远；/谁知她，念念，/爱我似心肝；/ 意惹不自持，情牵更难断。/我想弄机关，/把她巧欺骗，却又转念，她对我，情不断。

两个翻译者用完全不同的个人风格对原诗进行翻译，但基本意思和感情却是相同的。

---

① 郑庆君：《同义手段的语篇视野》，见《求索》2006 年第 3 期。

杜牧《清明》诗歌也有多个英译本，不仅原诗同译诗构成了一组同义手段，而且多种译诗之间也是同义的。

第二种情况是，一个原语种文本对应于多个语种的多个翻译文本，也即一对多，也可分为：

一个原语种文本对应于多个语种中的每一语种的一个翻译文本。这其中有两层同义手段：一层是原语种文本同所有的翻译文本构成一个大的同义聚合体，另一层是所有翻译文本构成的同义聚合体。

一个原语种文本对应于多个语种中的每一语种的多个翻译文本。这其中有三层同义手段：一层是原语种文本同所有的不同语种的翻译文本构成一个大的同义聚合体；第二层是所有的不同语种的翻译文本构成一个同义聚合体；第三层是同一个语种的不同的翻译文本构成一个同义聚合体。

（二）同语种不同时代文本的翻译构成的同义手段

同一语种的文本有时代色彩的差别，不同时代的文本可以互译，这就构成了篇章的基本意义相同但时代色彩有别的同义手段。常见的是将古代的翻译成现当代的，汉语里的古文今译最典型，诸如《诗经》、《论语》、楚辞、汉魏六朝名赋、唐诗、宋词等等一些名著名篇被翻译成现代汉语。其中有两种情况：一是一篇古文只有一种今译；二是一篇古文有多种今译。举几例如下：

［2］《关雎》：

| 原文 | 余冠英译文 | 袁梅译文 |
|---|---|---|
| 关关雎鸠， | 关雎鸟关关和唱， | 雎鸠关关叫得欢， |
| 在河之洲。 | 在河心小小洲上。 | 双双对对在河滩。 |
| 窈窕淑女， | 好姑娘苗苗条条， | 姑娘文静又秀丽， |
| 君子好逑。 | 哥儿想和她成双。 | 美男求她结情侣。 |
| 参差荇菜， | 水荇菜长短不齐， | 长短不齐青荇菜， |
| 左右流之。 | 采荇菜左右东西。 | 姑娘左右采呀采。 |
| 窈窕淑女， | 好姑娘苗苗条条， | 文静秀丽好姑娘， |
| 寤寐求之。 | 追求她直到梦里。 | 醒来梦里把她想。 |
| 求之不得， | 追求她成了空想， | 追求她，求不到， |
| 寤寐思服。 | 睁眼想闭眼也想。 | 日夜渴慕思如潮。 |
| 悠哉悠哉， | 夜长长相思不断， | 相忆绵绵恨重重， |

辗转反侧。　尽翻身直到天光。　翻来覆去睡不宁。

参差荇菜，　长和短水边荇菜，　青青荇菜短又长，
左右采之。　采荇人左采右采。　姑娘采摘左右忙。
窈窕淑女，　好姑娘苗苗条条，　文静秀丽好姑娘，
琴瑟友之。　弹琴瑟迎她过来。　弹琴娶她喜洋洋。

参差荇菜，　水荇菜长长短短，　青青荇菜长又短，
左右芼之。　采荇人左拣右拣。　姑娘左右把它拣。
窈窕淑女，　好姑娘苗苗条条，　文静秀丽好姑娘，
钟鼓乐之。　娶她来钟鼓喧喧。　钟鼓齐鸣两交欢。

（余冠英注译《诗经选》）（袁梅《诗经译注》国风部分）（人民文学出版社1982年版，第5页）（齐鲁书社1980年版，第76—77页）

［3］屈原《橘颂》原文：

后皇嘉树，橘徕服兮。
受命不迁，生南国兮。
深固难徙，更壹志兮。
绿叶素荣，纷其可喜兮。
曾枝剡棘，圆果抟兮。
青黄杂糅，文章爛兮。
精色内白，类任道兮。
粉媪宜修，姱而不醜兮。
嗟尔幼志，有以异兮。
独立不迁，岂不可喜兮？
深固难徙，廓其无求兮。
苏世独立，横而不流兮。
闭心自慎，终不失过兮。
秉德无私，参天地兮。
愿岁并谢，与长友兮。
淑离不淫，梗其有理兮。
年岁虽少，可师长兮。
行比伯夷，置以为像兮。

屈原《橘颂》译文：

天地之间啊有一种最美好的果木，
它生来就习惯江南水土名叫橘树。
大自然给了它坚定不移的本性啊，
生长繁殖着在这绚丽的南方国度。

根儿深扎沃野啊难以动摇地牢固，
更表现了它专一不二的嘉美禀赋。
翠绿的叶儿衬着那雪白的花朵啊，
那样的繁盛丰茂真令人欣喜欢呼。

重叠叠的枝条护着锐利的棘刺啊，
圆团团的硕果饱满丰腴难计其数。
碧青色赤黄色的圆果错杂辉映啊，
画面的优美文采斑斓又色泽显著。

鲜亮晶莹的外表与洁白的胸怀啊，
恰恰是那能负重任者的磊落气度。
清芬弥漫是如此地宜人而又持久，
这是出类拔萃的美好啊绝无丑处。

啊，橘树，你年幼者的情趣志向啊，
已就如此地崇高伟大啊不同凡响。
你屹立的丰姿和坚贞不渝的节操，
怎能不令人啊心花喜放爱慕欢畅。

你具有根深蒂固难以迁移的美质，
胸襟豁达啊绝无非分地希求企望。
你能清醒地超然世俗昂首而立啊。
就像那横髒的大木绝不随波流淌。

你能严闭心扉谨慎地洁身守志啊，
始终杜绝了荒疏过失而欣欣向上。

你永葆着无私无畏的美好品德啊，
这确实可与高天厚地啊并寿齐光。
但愿能与你一道直至年岁的凋谢，
你我做个朋友吧，直到地老天荒。
既善良又美丽啊却绝不苟且放荡，
既真挚又坚强啊纹理是这般辉煌。

啊，美丽的橘树，你虽然年纪轻轻，
却可以做为我敬仰并效法的师长。
你的品行能与古代的伯夷比美啊，
我种你在园中永远做为光辉榜样！①

［4］陶渊明《归去来兮辞并序》原文：

余家贫，耕植不足以自给。幼稚盈室，瓶无储粟，生生所资，未见其术。亲故多劝余为长吏，脱然有怀，求之靡途。会有四方之事，诸侯以惠爱为德，家叔以余贫苦，遂见用于小邑。于时风波未静，心惮远役，彭泽去家百里，公田之利，足以为酒，故便求之。及少日，眷然有归欤之情。何则？质性自然，非矫励所得；饥冻虽切，违己交病。尝从人事，皆口腹自役。于是怅然慷慨，深愧平生之志。犹望一稔，当敛裳宵逝。寻程氏妹丧于武昌，情在骏奔，自免去职。仲秋至冬，在官八十余日。因事顺心，命篇曰《归去来兮》。乙巳岁十一月也。

归去来兮，田园将芜胡不归？既自以心为形役，奚惆怅而独悲？悟已往之不谏，知来者之可追。实迷途其未远，觉今是而昨非。

舟遥遥以轻飏，风飘飘而吹衣。问征夫以前路，恨晨光之熹微。乃瞻衡宇，载欣载奔。僮仆欢迎，稚子候门。三径就荒，松菊犹存。携幼入室，有酒盈樽。引壶觞以自酌，眄庭柯以怡颜。倚南窗以寄傲，审容膝之易安。园日涉以成趣，门虽设而常关。策扶老以流憩，时矫首而遐观。云无心以出岫，鸟倦飞而知还。景翳翳以将入，抚孤松而盘桓。

归去来兮，请息交以绝游。世与我而相违，复驾言兮焉求！悦亲戚之情话，乐琴书以消忧。农人告余以春及，将有事于西畴。或命巾车，或棹孤舟；既窈窕以寻壑，亦崎岖而经丘。木欣欣以向荣，泉涓涓而始

① 李增林：《离骚通解》，宁夏人民出版社1996年版，第305—306页。

流。善万物之得时，感吾生之行休。

已矣乎！寓形宇内复几时，曷不委心任去留？胡为乎遑遑兮欲何之？富贵非吾愿，帝乡不可期。怀良辰以孤往，或植杖而耘耔。登东皋以舒啸，临清流而赋诗。聊乘化以归尽，乐夫天命复奚疑！

王茂福译文：

我家境贫寒，仅以农桑为业不足以自给。家中小孩众多，室无余粮，又谋生无术。亲朋故交多劝我去做长吏，我闻此怦然心动，但求职无门。恰逢皇室多事、四方勤王之秋，地方长官都以爱惜人才以显其德，叔父因我贫苦而加引荐，故被任用于小县。当时战火未熄，我又惧怕到远方供职。而彭泽县离家仅百余里，公田之收益足以酿酒自娱，因此便求而为彭泽令。但上任不几日，即思恋田园而生辞归之情。为什么呢？天性自然率真，不能矫情勉强；饥寒冻馁虽然至关紧要，但违背本心则更是倍加痛苦。我曾数次混迹官场，都只是为了养家糊口而役使自己。想到这一点，便满腹怅然，心潮难平，深感有愧于自己平生之志向。但还想等到公田谷物成熟，收获后即卷装夜奔。然而不久程氏妹逝世于武昌，赴丧之情急如奔马，于是便弃官而归。自仲秋上任到冬天，在职八十余日。因上述之事，故随意命笔，成此《归去来兮》之辞。时为乙巳年十一月。

归去吧，
田园即将荒芜为什么还不归？
既然是自驱灵魂为躯体做奴隶，
又何必心怀失意独伤悲？
想透了，
过去的事情虽然难补救，
今后的时光尚可再挽回。
觉悟了，
实在是迷路不远快掉头，
是昨天错了今天才算对。
轻舟摇摇在江面上飞驰，
衣袖翩翩在清风中飘拂。
急切地向行人探问路径，
只恨曙光微弱难辨归途。

远远地望见了旧居草舍，
欢喜得我一直向前飞奔。
仆人们高高兴兴出来迎接，
孩子们惊喜地等候在门前。
院中的小路已长满荒草，
松树和菊花还生意欣欣。
手拉着幼子我进入室内，
喷香的醇醪装满了酒樽。
执壶举杯惬意地自斟自饮，
闲观庭树不由我喜上容颜。
斜倚南窗寄托这傲世情怀，
身居斗室更容易感到心安。
小园内每天信步兴趣盎然，
茅庐中虽设门而八九常关。
手持竹杖逍遥地或游或息，
不时地举首送目闲眺远观。
白云悠悠在山间随意飘荡，
飞鸟翩翩飞累了便知飞还。
日色昏暗见夕阳就要西沉，
我还抚摸着孤松流连忘返。
归去啊！
请让我与世人断绝一切交游。
这世道同我的意愿全然相背，
那我还驱车驾马又何所追求？
亲戚们知心的话语使我高兴，
每日间抚琴读书则乐而忘忧。
农夫们告诉我春天已经来到，
西村土地的农事该早早筹谋。
有时驾上一辆篷车，
有时荡起一叶扁舟。
既弯弯曲曲地寻访幽幽深涧，
又高高低低地行经崎岖山丘。
四野的树木再一度欣欣向荣，
山中的清泉又吐出涓涓细流。

真羡慕这世间万物正得其时，
只慨叹我的生命将走向尽头。
算了吧！
寄身这天地间还能有几时？
是行是止何不随自己的心意？
何苦急遑遑你还想奔到哪里？
追求富贵不是我的愿望，
神仙世界更不可能企及。
盼着有好日子去独自遨游，
或是撇开手杖除草培苗灌畦。
登上东头的高地放声长啸，
又来到清清的溪边吟哦赋诗。
且随着造物的变化终了今生，
快乐地顺从天命还有什么怀疑！①

将赋译成白话诗歌，二者理性意义基本相同，构成同义手段，但赋之神韵却荡然无存了。

（三）不同语体的文本之间的翻译或转化

比如一个诗歌文本，被编译成与原来文本不同的诗歌文本，或被译成散文的形式，甚至是叙述型的小说文体。这些不同的语体，构成了同义表达，也就是一种同义形式。如唐·杜牧的七言绝句《清明》诗被转编成五种不同体式的文学样式，其中有与原诗不同格式的诗歌，也有戏剧体。

［5］杜牧《清明》诗原本：

清明时节雨纷纷，路上行人欲断魂。
借问酒家何处有，牧童遥指杏花村。

改本有——

（1）重新断句为词：

清明时节雨，纷纷路上行人，欲断魂。
借问酒家何处？有牧童，遥指杏花村。

① 王茂福：《汉魏六朝名赋诗译》，陕西人民出版社 1993 年版，第 216—219 页。

（2）六言诗：

清明时节雨纷，路上行人断魂。
问酒家何处有，童遥指杏花村。

（3）压缩为五言诗：

清明雨纷纷，行人欲断魂。
酒家何处有，遥指杏花村。

（4）杂言诗：

清明时，雨纷纷。路上人，欲断魂。
借问酒家何处？有牧童，遥指杏花村。

（5）微型独幕戏剧小品：

清明时节。雨纷纷。路上。
行人：（欲断魂）借问酒家何处有？
牧童：（遥指）杏花村！

（5）这个小剧本有时间地点、人物、动作、台词，全剧具有诗情画意和生活气息。剧本同原诗相比，未增减一字，只是借着标点符号和语言节奏改变了其文学体式，但所表达的内容和丰富的情思却是依然如故。

此例中，不仅原诗同五种改本构成篇章同义手段的一个聚合体，而且五种改本之间也是同义关系。

**二、不同语体、不同风格的文本表达构成的同义手段**

“语言风格，就是语言的区别性特征的总和。”“语言的语体风格，就是某一语体所独有的、能够同其他语体相互区别的那些区别性特征的总和。”①语言风格是在相互比较中显示出来的。

基本意义相同或相似但语体和风格不同的句群、段落和篇章形式可构成

① 王希杰：《修辞学通论》，南京大学出版社1996年版，第498页。

语篇的同义手段。

（一）不同语体的文本表达同义

语体首先可分为书面语语体和口语语体。书面语语体又可粗分为政论语体、科技语体、文艺语体和公众事务语体。同一内容可用不同的语体来表达，这些表达了同一内容的不同的语体文本就构成了语篇的同义手段。在内容相同或相近的前提下，不同的语体之间都可以相互转换，不仅原体和转换体可构成同义手段，而且各个转换体的集合也是同义手段。司空图的二十四诗品是诗歌风格论，按常规，应以论说语体的文本出现，但它却别具一格地以诗歌形式的文本而闻名于世。如将其转换成论说体散文，则二者是同义的。这里选录几品原文，以飨读者：

［1］雄浑

大用外腓，真体内充，反虚入浑，积健为雄。具备万物，横绝太空，荒荒油云，寥寥长风。超以象外，得其环中，持之匪强，来之无穷。

［2］冲淡

素处以默，妙机其微。饮之太和，独鹤与飞。犹之惠风，荏苒在衣，阅音修篁，美曰载归。遇之匪深，即之愈稀，脱有形似，握手已违。

［3］沈著

绿林野屋，落日气清，脱巾独步，时闻鸟声。鸿雁不来，之子远行，所思不远，若为平生。海风碧云，夜渚月明。如有佳语，大河前横。

［4］典雅

玉壶买春，赏雨茆屋，坐中佳士，左右修竹。白云初晴，幽鸟相逐，眠琴绿阴，上有飞瀑。落花无言，人澹如菊，书之岁华，其曰可读。

再如，普通话与方言之间、方言与方言之间对同一文本的不同表达形式也构成语篇的同义手段。如中国垃圾派自由网刊载陈衍强新实验文本：四川方言版《邓小平文选》，将共同语语义段落（不是篇章结构段落）文本转写成了方言语篇文本（方言文本原文无标点），现选录几条：

［5］台湾问题

美国有一种议论说，对中国的统一问题，即台湾问题，美国采取不介入的态度。这个话不真实。因为美国历来是介入的。（摘自《答美国记

者迈克·华莱士问》1986.9.2)

［四川方言］美国有一些人撒烂药对中国和拢一堆的事儿就是台湾的事儿美国不会搅窝子的这是跟老子假打因为美国向来都是十处打锣九处在

(本帖由陈衍强于2006年5月8日19：13：55在［北京评论］发表)

［6］党的领导集体

我们党的领导集体，是从遵义会议开始逐步形成的，也就是毛刘周朱和任弼时同志，弼时同志去世后，又加了陈云同志。到了党的八大，成立了由毛刘周朱陈邓六个人组成的常委会，后来又加了一个林彪。(摘自《第三代领导集体的当务之急》1989.6.16)

［四川方言］我们党的领导集体是的噻从遵义开会那哈儿起就慢慢形成喽也就是毛刘周朱和任老哥子弼时双脚长伸后又加了陈帅成立了包括我矮子在里头的六个人组成的说话关火的后头又加了林彪那个虾子

［7］到敌人后方去

毛主席打了个极秘密的电报给刘邓，写的是陕北“甚为困难”。当时我们二话没说，立即复电，半个月后行动，跃进到敌人后方去。北方人到南方，真不容易，果然一过淮河，好多人拉肚子。(摘自《对二野历史的回顾》1989.11.20)

［四川方言］毛主席把一封悄咪咪的电报打给眼镜儿和我说陕北实在搁不平当时我们没有还价钱而是立马扎起半个月后摸夜螺丝跳脚罗嗦的到龟儿子箩篼后头北方幺哥儿来南边实在泼烦果不其然一过喽淮河好些人就拉稀摆带

［8］形式主义

电视一打开，尽是会议。会议多，文章太长，讲话也太长，而且内容重复。周总理四届人大的报告，毛主席指定我负责起草，要求不得超过五千字，我完成了任务。五千字，不是也很管用吗。(摘自《在武昌、深圳、珠海、上海等地的谈话要点》1992.1.18—2.21)

［四川方言］电视机一开开尽是些开会的会开得起串串文章罗嗦一扯起来就长甩甩的内容翻过来牛皮渣翻过去渣牛皮总理四届人大那个报告主席叫

我负责弄扎服不得标出五千字我硬是整伸展喽低低儿点字照样要得噻

［9］质的变化

如果不是开放，我们生产的汽车还会像过去一样用锤子敲敲打打。现在大不相同了，这是质的变化。要克服一个怕字。试第一个就要准备失败，失败也不要紧。（摘自《视察上海的讲话》1991. 1. 28—2. 18）

［四川方言］要不是开放我们整的车车儿还会跟前些年一样的歪货整个锤子现在不摆喽噻这就是脑壳打得滑要麻起胆子的干一开头就要想到背蚀跨杆喽也谈化的

（本帖由陈衍强于2006年5月20日13：35：53在［北京评论］发表）

再如，在网络《大话西游》中，不仅语篇原版与几十种不同方言版构成了同义集合体，而且不同的方言版也构成了同义集合体，选择几条如下：

［10］大话原版：——曾经有一份真挚的感情摆在我面前，我没去珍惜，当我失去它的时候，我感到后悔。人世间最大的痛苦莫过于此。如果，上天给我机会让我从头来过的话，我会对那个女孩说：我爱你！如果，非要把这段感情加上个期限的话，我希望是——一万年！

北京话版：——先头有份儿特粘呼的那?? 什么，搁我跟前儿，我愣没上心。等醒过味儿，我后悔都没地儿哭去。这世上最腻歪的事儿，也就这么地了。要是老天爷给我个机会从头再来，我准对那小妞儿说仨字儿：艾拉夫幼！如果非得在这份儿感情上加一期限，我琢磨吧，一万年，成不？

东北话版：——曾经有一份贼拉子纯的爱情，搁在俺跟前，俺没咋当回事，直到整没了，俺才发现，世界上最憋屈的事也就这样了。如果老天爷再给俺一个机会，俺愿意对那个小丫头说："俺稀罕你！"如果非要给这件事整个年头的话，俺希望这个年头是——一万年！

上海话版：——老历八早，有一段老刮三的感情摆勒吾的眼门前，碰到赤佬了，吾没去睬伊，等到格段感情窝死空勒以后，吾再晓得。奈么这记僵特了，假使讲老天爷令的清让吾再来一趟，吾勿会神之呜之了，呆卜落笃看伊跑特，吾会帮伊讲吾老欢喜侬额，假使来讲一定要拨伊敲定一段日节，格么吾想随便哪能总归要一万年。

湖南话版：——本来有杂好韵味的话胡子站兜我门口，我连冒克醅神，如至今后悔得下不得地。四路子只拟对我最 N IA 腮??。要是天老牙再给我一次基肥，我会对那杂话胡子港：我要跟拟谈爱！如果硬要问我么时候才了难，我惟愿是一万年。

广东话版：——有份真诚即爱情摆响我面前，我都无好好甘去珍惜，等到后尾先至后悔，人世间最疼就系甘拉??，如果个天比多次机会我，我就会同个女仔讲三只字，我爱你，如果一定要响呢份爱上面加翻个日子即话，我希望系———鸭万年！！

（二）不同风格的文本表达同义

“风格，就是某一事物区别于其他同类事物的区别性特征的总和。”[①] 语篇的风格，就是某些语篇所独有的、能够同其他语篇相互区别的那些区别性特征的总和。风格可有藻丽—平实、明快—含蓄、简洁—繁丰、典雅—通俗等不同标准的类别。相同的语体可以有不同的风格，也可以有相同的风格，不同的语体也可以有相同的风格、不同的风格。意义相同或相近的不同风格的语篇可构成同义手段。

例如：2006 年 3 月 4 日，中共中央总书记胡锦涛在看望政协委员时强调：“要引导广大干部群众特别是青少年树立社会主义荣辱观，坚持以热爱祖国为荣，以危害祖国为耻；以服务人民为荣，以背离人民为耻；以崇尚科学为荣，以愚昧无知为耻；以辛勤劳动为荣，以好逸恶劳为耻；以团结互助为荣，以损人利己为耻；以诚实守信为荣，以见利忘义为耻；以遵纪守法为荣，以违法乱纪为耻；以艰苦奋斗为荣，以骄奢淫逸为耻。”

胡锦涛所强调的具体内容虽是一个政论语体的复句形式，但却被改编成了下列两首“八荣八耻”童谣，这两首歌谣构成了不同风格文本的同义表达：

［11］校园传唱“八荣八耻”童谣：

八荣八耻“拍手歌”：“你拍一，我拍一，八荣八耻要牢记；你拍二，我拍二，为了祖国要出劲；你拍三，我拍三，铺张浪费要揭穿；你拍四，我拍四，做人不能自顾自；你拍五，我拍五，好逸恶劳是耻辱；你拍六，我拍六，我们尊老也爱幼；你拍七，我拍七，崇尚科学属第一；你拍八，我拍八，诚实守信人人夸；你拍九，我拍九，法律法规要遵守；你拍十，我拍十，争做文明小卫士！”

八荣八耻“七字歌谣”：“八荣八耻”要牢记，“八荣八耻”要明

① 王希杰：《修辞学通论》，南京大学出版社 1996 年版，第 497 页。

> 晰。爱国爱校爱集体，为了祖国齐努力。做人不能顾自己，服务他人记心里。好逸恶劳是耻辱，参加劳动要积极。勤俭节约不能忘，铺张浪费要摒弃。尊老爱幼是美德，团结友爱创美誉。诚实守信最重要，做人诚信要牢记。克服困难争上游，崇尚科学数第一。自觉遵纪又守法，不要违规又违纪。知晓荣辱会做事，争做文明小卫士。

“拍手歌”中插入了“你拍一，我拍一……你拍十，我拍十”这些表达儿童游戏动作的词语，显示出轻松、活泼、明快的风格；而“七字歌谣”与前者相比，则显得较为庄重。

# 第九章 超语言要素的同义手段

一般认为，语言系统有三个要素：语音、词汇、语法。语音是语言的物质外壳，词汇是语言的建筑材料，语法是语言的结构规律。但是人们用语言进行交际，除了运用语言本体的要素之外，还有一些其他的辅助材料和手段，如文字、书面语排列造型、标点符号及语气停顿等。我们把这些非语言本体要素的材料称为超语言要素。运用文字形体的变异、文字群体造型的奇特、标点的变异使用及语气停顿的变异等手段可以使表达情趣顿生，提高交际效果。但这些变异用法所负载的主要意义同常规用法的相同，于是它们便构成同义手段。

## 第一节 文字符号的同义手段

### 一、异形字构成的同义手段

汉字经过人们长期的积累、演变和使用，出现了许多变异，如异体字、通假字以及表示相近意义的不同字形的字，这些字形在特定语境中表示了相同或相近的意义，它们给人们的选择提供了较大余地。当然，对这类字的选择使用有积极和消极之别。如：

[1] 譬之于汙邪，水潦集焉，菅蒲生焉。(《尚书大传·略说》)
譬之如污池，水潦注焉，菅蒲生焉。(刘向《说苑》)

[2] 外障距诸侯四邻之士。(《韩非子·难三》)
外鄣距诸侯宾客。(刘向《说苑》)

上两例为字体本身的演变所形成的不同字形，但意义相同。[1]的“汙”和“污”是同一篆体的楷化形式，“障”和“鄣”是楷隶偏旁移位。

[3] 崎岖山海閒，譬若汉一郡。(《陆贾列传》)
崎岖山海之间，譬若汉一郡。(刘向《说苑》)

上例为同一构造方式所造的异形字，"閒"、"间"都是会意字，只是偏旁不一，"日"、"月"同类，二者照入门中都是"间"。

［4］取之则燕民悦，则取之。（《孟子·梁惠王下》）
秦伯说，与郑人盟。（《左传·僖公三十年》）

此例是为分化意义而更换偏旁产生的同义异形字。"说"本有"学说、劝说、高兴"等多义，将偏旁"讠"更换为"忄"后，就将多义限定为单义"高兴"了。在上例中，"悦""说"同为"高兴"义。

有时对字的形式的选用无明确约定，使用中可这样也可以那样写，就造成了异形同义字的出现，如：

［5］宿沙之民，皆自攻其主。（《汉书·杨王孙传》）
夙沙之民，自攻其主。（刘向《说苑》）

上例中"宿"与"夙"异形而同义。

## 二、析字同常规用法构成的同义手段

汉字是方块形的，它是由基本笔画所组成的部件（偏旁）构成。每个汉字都是一个独特的结构体，都有其特定的结构形式。有意改变汉字的结构形体，使其固有结构发生变化，以表达特定的言语信息。在语言表达中，人们往往有意或把一个字拆成几个部件，或增加笔画或减少笔画而不直用本字，但意义同本字整体的相同，且幽默诙谐、曲折含蓄、风趣俏皮，所以在修辞学上有析字辞格。我们这里所说的"析字"包括拆字、并字、减笔、增笔四种方式。

### （一）拆字格与常规用法构成同义

将一个固定的汉字整体结构拆分为几个汉字或偏旁，以达到特定表达效果，这种修辞现象叫拆字格。拆字格，表达者的思维方向是：整体—部件。拆字格与汉字的常规用法构成同义，但增添了情趣。如不说"谢"，而说"言身寸"，不说"尘"，而说"小土"，不说"半租界亭"，而说"且介亭"等等。

再如：

［1］凡鸟偏从末世来，都知爱慕此生才；一从二令三人木，哭向

金陵事更哀。(《红楼梦》第五回)

“凡鸟”即“凤”之繁体“鳳”，指王熙凤，“二令”即“冷”，“三人木”即“休”，暗指贾琏对王熙凤冷淡和休弃的态度，表达含蓄曲折。

[2] 有些服务员也瞧不起她，叫她“木木”，“木偶”，“十八小姐”，或添枝加叶编笑料，拿她开心取乐……(段荃法《天棚趣话录》)

“十八”即木的析离：“木”由“十”和“八”两个偏旁构成。

陈白尘先生的《大风歌》在写到吕后独揽大权、肆无忌惮时，编了一首民歌，选用了汉字的造型变异表达式：

[3] 口加口，难开口，
魑魅魍魉遍地走！
口咬口，口难开，
王孙冤死实堪哀！
口对口，口难张，
丞相饮酒无主张！
口背口，张口难，
太尉一出天下安！

“口加口，口咬口，口对口，口背口”都是“吕”的析字，指吕后。如果直接用“吕”，而不用析字手法，意义未变，但表达效果却不是十分好。

[4] 上(宋神宗)曰：“自山路来，木公、木母如何?”涛曰：“木公正傲岁，木母正含春。”(元·无名氏《湖海新闻·含春》)

“木公”，松也，“木母”，梅也。在表达者一方，是将“松”、“梅”拆开说了，修辞是就表达者一方而言的；但接受者在理解时，却要将被拆开的部件合并。

[5] 你共人女边着子，怎知我门里安心。(黄庭坚《虞美人》)

“女边着子”、“门里安心”，是将“好”、“闷”二字拆开表达，但与

“好”、“闷”同义。

[6] 何处合成愁，离人心上秋。（吴文英《唐多令》）

将“愁”拆成了“心上秋”。“心上秋”与“愁”同义。

[7] 一人正月初一出门拜节，云：“头一日必得利市方妙。”遂于桌上写一“吉”字。不意连走数家，茶水都没得入口，及归家，将“吉”字倒过来看良久，曰：“写了‘口干’二字，自然没得吃。”（陈眉公《时兴笑话》）

将“吉”倒看，拆为“口干”，“口干”与倒看的“吉”同义。这是对算命者的嘲笑。

[8] 第一我先得发个声明，我叫熊丙岚，不是兰花的兰，是山上吹下来的风，上边一个“山”字，底下一个“风”字，可不是男人取了女人名，像扫帚星一样给你们大赵庄带来不顺气。（蒋子龙《燕赵悲歌》）

将“岚”拆成“山”“风”，幽默风趣。

（二）并字格与常规用法构成同义

将几个汉字或偏旁并合成一个新的汉字来达到特定的表达效果，这种修辞现象叫并字格。并字格，表达者的思维方向是：部件—整体。并字格中的“几个汉字或偏旁”与合成的“新字”构成同义，但增添了情趣。如：

[9] 工力成功功报国。
士心是志志兴邦。（引自王玉鼎《汉字文化学》）

将“工”、“力”合成“功”，把“士”、“心”合成“志”，“工力”与“功”、“士心”与“志”同义。如果不用并字格，而直接说成“建功报国，立志兴邦”也无不可，但直白枯燥乏味。

[10] 岳麓山，山山出小大尖峰，四维罗绕；
汉阳口，口口回上下卡道，千里重关。（转引自王希杰《修辞学通论》）

上联的“山山”合成“出”，“小大”合成“尖”，“四维”合成“罗”；下联的“口口”并成“回”，“上下”并成“卡”，“千里”并成“重”。这些合并，自然妥切，对仗工整，且与对联的语义整体和谐天成。

［11］日月明朝昏，山风岚自起，石皮破仍坚，古木枯不死。（南宋《苕溪集》）

“日月”合成“明”，“山风合成“岚”，“石皮”合成“破”，“古木”合成“枯”，共用了四个并字格，表达了特定的情趣和意味；每格的两部分在特定语境中意义相同。

（三）减笔格与直接表达构成同义

直接或间解地有意减少一些汉字的笔画以构成新的表意符号来表达特定含义或情趣，这种修辞现象叫减笔格。减笔格与直接表达构成同义。但“减笔”之法曲折，耐人寻味。减笔格有直接减笔和间接减笔之别。

直接减笔就是直接在汉字形体上减去某些笔画形成新的汉字，这新汉字直接出现在言语作品中。例如：

［12］花港观魚（将“魚”下四点写成三点）[①]

这是康熙皇帝1699年驾临西湖时为西湖十景之一“花港观魚”所作的题词。“魚”字的下部原为四点，现写成三点。在汉字的偏旁中，四点（灬）为“火”，三点为“水”。魚在火上可怎受得了！于是，康熙皇帝将“魚”的四点故意改写成三点（据说原本是三点，魚儿离不开水也）。

间接减笔与直接减笔不同，它是通过语言描述，使读者在联想和想象中减少原字笔画后并形成新的汉字，但这新汉字并不直接出现。例如：

［13］黄鹤楼，鲁班修，灵芝草，被人偷，骑龙跨虎自由去，八仙飘海各自休。（引自唐松波、黄建霖《汉语修辞格大辞典》）

“黄”字被不断地减笔，最后变成了“一”字，这是一个字谜的谜底。

① 引自曹石珠：《汉字修辞学》，西安出版社2004年版，第124页。

“一”同减笔表达的结果同义，但如果用“一”直接表达，便没有了字谜。

［14］下楼来，金钱“卜”落。
问苍天，“人”在何方？
恨王孙，一直去了。
詈冤家，“言”去难留。
悔当初，“吾”错失口。
有上“交”，无下“交”。
“皂”白何须问，
“分”开不用“刀”，
从今莫把“仇”“人”靠，
“千”里相思一撇消。（朱淑真《断肠谜》）

每句包含一个数字——从“一”到“十”。“下”去掉“卜”成“一”，“天”去掉“人”成“二”，“王”去掉“一”（竖）成“三”，“詈”去掉“言”成“四”，“吾”去掉“口”成“五”，“交”无“乂”变成“六”，“皂”无“白”便是“七”，“分”少“刀”就是“八”，“仇”无“人”即是“九”，“千”删“一”成为“十”。谜面与谜底同义。但谜面婉转曲折，颇有情趣。

（四）增笔格与直接表达构成同义

直接或间接地有意增加一些汉字的笔画以构成新的表意符号来传情达意，这种修辞现象叫增笔格。在言语中，对增笔情况的“描述语”与增笔后产生的新符号同义。增笔格有直接增笔、间接增笔之别。

直接增笔，就是直接在原有汉字的基础上添加一些笔画，形成新的直接出现在言语作品中的表意符号。如：

［15］据《笑笑录》卷五载，江南无锡令卜大有，善戏谑，闻新任宜兴方令有口才，思窘之，与武进令预构造一令。会公宴，举觞曰：“两火为炎，此非盐酱之盐，既非盐酱之盐，何以添水便淡？”武进令曰：“两日为昌，此非娼妓之娼，既非娼妓之娼，何以开口便唱？”方令也不含糊，他对的是“两土为圭，此非乌龟之龟，既非乌龟之龟。何以添卜成卦？”（王玉鼎《汉字文化学》）

此例中的“两火为炎”，“添水便淡”，是在“炎”字上加了“氵”；

“两日为昌”，“开口便唱”，是在“昌”字上增了“口”；“两土为圭”，“添卜成卦”，是在“圭”字上添了“卜”。这些都是直接增笔法。本人推测，此方令名叫方炎昌，否则，卜大有与武进令便不会有此戏谑之辞。这里，“炎”增“水”与“淡”同义，“昌”加“口”与“唱”同义，“圭”添“卜”与“卦”同义。

[16] 有一家人姓王，弟兄八人，求人替起名字，并求替起绰号；所起名字还要形象不离本姓。一日有人替他起道：第一个，王字头上加一点，名还王主，绰号叫做“硬出头的王大”；第二个，王字身旁加一点，名唤王玉，绰号叫做“偷酒壶的王二”；……第四个，名唤王丰，绰号叫做“扛铁枪的王四”；第五个，就叫王五，绰号叫做“硬拐弯的王五”；……第七个，名唤王毛，叫做“拖尾巴的王七”；第八个名唤王全，这个全字本归“入”部，并非“人”部，所以，绰号叫做“不成人的王八”。（李汝珍《镜化缘》第二八十六回）

上例中的“主”、“玉”、“丰”、“五”、“毛”、“全”都是由“王”字增笔而来的。“王字头上加一点”与“主”同义，“王字身旁加一点”与“玉”同义，“硬拐弯的王”与“五”同义，“拖尾巴的王”与“毛”同义，“不成人的王八”与“全”同义等。

间接增笔，就是通过语言描述，使读者在联想和想象中增加原字笔画后并形成新的汉字，但这新汉字并不直接出现。

[17] 有马能行千里，
有水能养鱼虾，
有人不是你我，
有土能种庄稼。（字谜，打一汉字）①

此字谜的谜底为“也”字。以“也”为基础，分别加上“马”、“氵”（“水”的变体）、“亻”（“人”的变体）、“土”，便分别成了“奔驰”的“驰”，意味着“能行千里”；成了“池塘”的“池”，意味着“能养鱼虾”；成了“你我他”的“他”，意味着“不是你我”；成了“土地”的“地”，意味着“能种庄稼”。

① 引自曹石珠：《汉字修辞学》，西安出版社2004年版，第141页。

［18］有心走不快，
见水装不完，
长草难收拾，
遇食就可餐。（字谜，打一汉字）①

此字谜的谜底为“曼”字。以“曼”为基础，分别加上“忄”（心的变体）、“氵”（“水”的变体）、“艹”（“草”字头）、“饣”（“食”的变体），就分别成了“快慢”的“慢”，意味着“走不快”；成了“漫出”的“漫”，意味着“装不完”；成了“蔓草”的“蔓”，意味着“难收拾”；成了“馒头”的“馒”，意味着“就可餐”。

### 三、字趣格与常规手法构成的同义手段

字趣格，指在书面语中，利用汉字形体的变化和组合来增加信息，造成某种特殊情趣的辞格。是一种常规表达的变异形式，是正偏离。这种变异形式所表达的意义同常规形式表达的意义相同，但却增添了诸多情趣。

#### （一）神智体与常规表达同义手段

字趣格最典型的表现形式是神智体诗歌。

神智体是一种特殊形式的诗谜，是利用汉字字形变化、笔画增减、位置变换等方式作谜面的谜语诗。它设想新奇，启人神智，须有如神之智才能破解，故名“神智体诗”；因它的发明人是苏东坡故又名“长亭诗体”，现代也有叫神意体的。从苏东坡创此诗体之后，文人们竞相效仿，流传下来许多类似神智体的“画诗”，其中也不乏效颦的佳作。

神智体诗与“回文诗”、“剥皮诗”、“缺腿诗”、“打油诗”等等一样，是古代文人们的游戏文字。神智体诗以意写图，以诗入图，构思巧妙，令人自悟。这些诗或抒情、或叙事、或状物、或绘景，从不同侧面反映了古代文人的幽默、诙谐、机智、风趣的性格，看图读诗，让你叹为观止。人们常说“以小见大”，这个小玩意儿确实显示了文人们的大智慧。

宋代桑世昌《回文类聚》载：“宋神宗熙宁间，辽使以诗诘轼，轼曰：‘赋诗易事也，观诗难事也！’遂作神智体《晚眺》诗以示之。辽使观之，惶惑不知所云，自是不复言诗。”

［1］苏东坡的《晚眺》诗是神智体诗中最著名的一首。按照诗中各个字形构图的特点，把这首诗歌读出来，就是：

① 引自曹石珠：《汉字修辞学》，西安出版社2004年版，第146页。

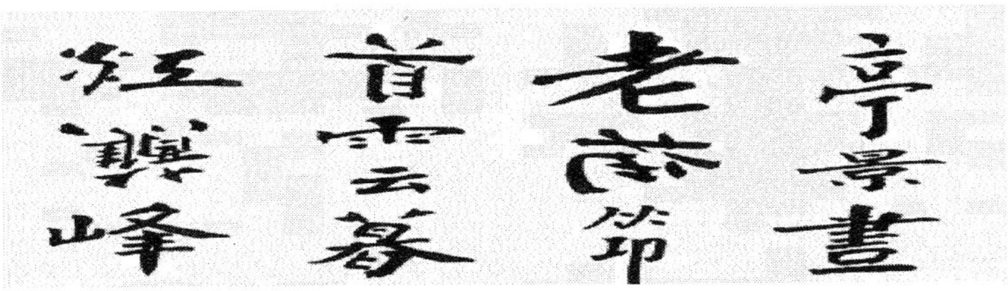

长亭短景无一画，老大横拖瘦竹筇。

回首断云斜日暮，曲江倒蘸侧山峰。

（注：“无一画”或作“无人画”。）

原作中只有十二个字，采用对原字形体和笔画进行长、短、大、瘦、横、斜、倒、反、断、缺、曲等变化手法，使人在联想和想象中看到了一幅美景。这首通过字体形象设构的诗歌，其意义同语言表达的诗歌相同，但却充满着幽默、诙谐、机智、风趣。

［2］潮州才女尤孟娘的“神智体”《闺怨》：

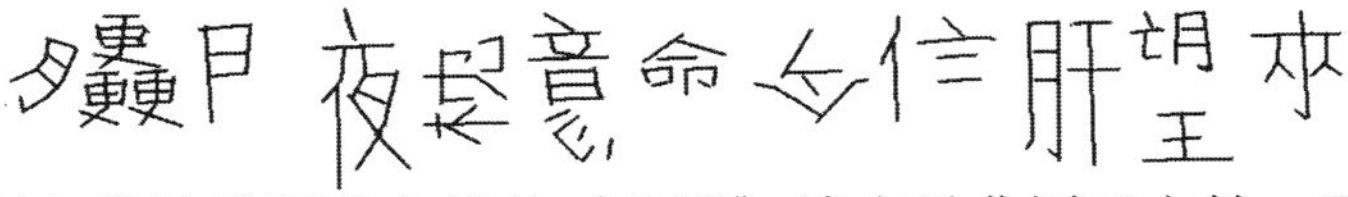

这首神智体诗歌同苏东坡的《晚眺》诗有异曲同工之妙，通过对十二个字的书写变化构图，让人在联想和想象的意象中，体会到主人公一腔浓重的闺怨之情。它与下面的语言表达形式同义：

斜月三更门半开，夜长横枕意心歪。

短命到今无口信，肝肠望断没人来。

〔注：到（倒）今，肝肠（长）。〕

［3］佚名《秋思》：

将这十三个变异的符号集合形成的意象转译成与之同义的语言表达形式，便是：

山高水阔路口长，疏林细雨兼斜阳。

扁舟横过无人渡，风卷残花半日香。

从诗中显现的秋景中可感悟到作者孤独、凄清、悲凉的内心世界。

［4］人皆浊世发，我只蓬门贴。
闲看焰火熚红夜，独忆芳草踏青步。

这首诗的奇特之处在于将“财”横写，代替词语“横财”，将“福”倒写，通过谐音代替词语“福到”，文字变形意和语言表达浑然一体。将其转写成常规语言形式便是：

人皆浊世发横财，我只蓬门贴倒福。
闲看焰火熚红夜，独忆芳草踏青步。

（注：熚红：温州习俗，结婚迎新人时，门口设置一堆燃烧物，女孩必须跨过才能出嫁。）

神智诗也有用数字构成的。据传晚清时有一个穷秀才过年，缺吃少穿，便构思了一副春联贴在门上，联曰：

［5］二　三　四　五
六　七　八　九

横联是：南北

全联并合起来，表达的字面意思是：缺一少十无东西。利用谐音解读，其深层意义是：缺衣少食无东西。

（二）汉字形体大小的排列与常规表达同义

用汉字形体的大小不同可增添新意新趣，但与常规表达同义。如：

［6］人和狗

这种文字造型的组合，或与“一个大人和一条小狗”同义，或与“一个块头大的人与一只形体小的狗”同义，或与“一个伟人和一条卑微的狗”同义。将人与狗形成鲜明对照，以在视觉上突出“人”在某方面超过狗。有多关功能。

［7］人和狗

这种文字造型的组合，或与“一个小孩和一条老狗”同义，或与“一个形体矮小的人和一条形体高大的狗”同义，或与“一个道德低下的人和一条品质优良的狗”同义。也是将人与狗形成鲜明对照，以在视觉上突出“人”在某方面不如狗。有多关功能。

［8］……人人人人人人（由小到大）

［9］人人人人人人……（由大到小）

这两例通过对同一个“人”字形体大小的有序变异，让读者在想象中体悟图式中的某种含义。不管图式蕴涵的是哪种含义，都和与之相应的语言表达式构成同义。［8］中的“人”由小到大，可能蕴涵着三种含义：(1)“我”所等待的人向我走来，越走越近；(2)这个人与“我”在感情或某种关系上越来越近；(3)在“我”看来，这个人的生理形象或精神形象越来越高大。例［9］中的“人”由大到小，也可能蕴涵着三种含义：(1)“我”送别的人或看到某个人离“我”而去，越走越远，逐渐消失在“我”的视线中；(2)这个人与“我”在感情或某种关系上越来越疏远；(3)在“我”看来，这个人的生理形象或精神形象越来越“小”。

## 第二节　汉字群体造型的同义手段

通过一些汉字的排列组合方式而形成别异的表达方式，叫汉字群体造型。汉字群体造型与常规安排可构成同义手段。在小说、散文、诗歌中都有汉字群体造型的文本。这些文本以其独特、别致的文字排列方式给人以惊异、赏心悦目之感觉，有的如方阵，有的像楼梯，有的宛若山峰，有的酷似宝塔，有的犹如龟形等，但其所表达的意义却与常规排列的相同。

### 一、小说文字群体造型与常规排列同义

小说是广义的散文体，本身的特点决定了它的表意符号的常规排列呈不整齐型。但有的小说却打破了这一零度形式，以其独特的文字群体造型——正偏离形态呈现在读者面前，给人耳目一新之感。如：

一年过去老记者的报道给上

级扣发了三年小钱任厂长两
月市里停职审查他二百天文
革后枪决的现行反革命日后
发现是女英雄枪决前十五位
领导划了圈孙李夫妇提出离
婚二十年法院还说有和好可
能调节员最好是他们的女儿
（阿吾《时间的指针还需要拨动》）

这段文字，打破正常的小说文本分行规律，利用汉字群的变异造型，构成一个整齐的方阵图块，将多项内容连贯性铺成，在视觉上给人以诗的感觉。

## 二、诗歌文字群体造型与常规排列同义

诗歌文字的常规排列与小说不同，它一般是以句为单位占用一行，而且行头整齐划一。但有的诗歌文本却打破这一常规，呈现出诡异别样的文字群体造型，它和常规排列形式的基本意义相同，但增添了形体美。中国古今诗歌都有利用汉字群体造型的“另类”方式来提高美感效应的。如现代诗歌：

［1］就在那山冈！
那雪野！
那冰川！
那高粱红了的青纱帐！
　　　　　一个，
　　　　两个，
　　　十个，
　　百个，
　千个，
万个，
……
抬起了头！
挺起了胸膛！
放下了锄头犁耙，
拿起了所有的刀枪！

（高兰《我们家在黑龙江》）

这首诗歌的造型可以说独一无二，其中的“楼梯”极富形象性。

［2］“楼形”诗

好月儿
　刚伴我
　　过元宵
半夜里
　雨淋漓
　　风怒号

（田汉《暴风雨后的春朝》）

《暴风雨后的春朝》由四段构成，每段都是这样的符号群体造型，这只是其中之一段。这种难得一见的“楼梯”使得各段乃至全篇都明显与众不同。

诗歌文本的有些造型更显奇特。例如：

［3］山形诗

一
尊
巨
大
的
磨
刀
石
砥砺着
民族的意志

（周振中《英雄纪念碑》）

这山一样雄伟的“纪念碑”造型，令人敬仰，它熔铸着我们民族英雄的意志。

在诗歌文字群体造型中，风格各异的“宝塔诗”更是令人眼花缭乱，尤以古人的最为奇特。宝塔诗，顾名思义，是宝塔形状的诗，底大顶小，由唐代的“一七体”发展而来。“一七体”，即诗的第一句为诗题，一字，以下逐句递增字数，由二至七，后来增加到十字，甚至十五字的。宝塔诗是我国民族文化独有的艺术形式，也是我国文学画廊中的一朵耀眼的奇葩。有的宛若单塔独耸，有的酷似双塔对峙，有的犹如正塔巍然，有的俨然塔影倒映。不管哪种造型文本，诗的意境义都与常规的文字排列形式的相同。多举几例，以飨读者。

单塔独耸型的，如：

［4］一至七言尖塔诗

呆
秀才
吃长斋
胡须满腮
经书揭不开
纸笔自己安排
明年不请我自来
（吴敬梓《儒林外史》）

［5］一至十言尖塔诗

红
圆融
路路通
认识古董
不怕大亏空
围棋马吊中中
梨园子弟殷勤奉
衣服整齐言语从容
主恩宪眷满口常称颂
座上客常满樽中酒不空
（《笑笑录·十字令》）

［6］一三五七九言尖塔诗

游
愁
赤县远
丹思抽
鹫岭塞风驰
龙河激水流
既喜朝闻日复日
不觉年颓秋复秋
已毕耆山本愿诚难佳
终生持经振锡往神州
（隋朝　慧英和尚所作）

这首一三五七九言宝塔诗，字数由“塔”顶的一字逐增到“塔”底的九字。

［7］二五七言秃塔诗

杨柳
杨柳
袅袅随风急
西楼美人春梦长
绣帘斜卷千条入
（唐夷陵女子的《杨柳歌》）

［8］二至八双言秃塔诗

山山
八里
山第有山
华到转路
山好我弯高山
华道说响水流
山间人人潺潺深山
在日日身声声鸟百
云游客孤叫路上行
作莫君劝难步步人
（引自刘元《中华趣味语文》）

按照一定方式，这些文字可以读成下列一首诗，同塔形的文字排列同义：

山里有山路转弯，高山流水响潺潺。
深山百鸟声声叫，路上行人步步难。
劝君莫作云游客，孤身日日在山间。
人人说道华山好，我到华山第八山。

［9］三五七言秃塔诗

新安路
人来去
早潮复晚潮
明日知何处
潮水无情亦解归
自怜长在新安住
（刘长卿《新安路》）

［10］三五六七言秃塔诗

响深涧
思啼猿
暗入蘋州暖
轻随柳陌喧
淡荡乍移云影
芳菲遍满花源
寂寞春江别君处
和烟带雨送征轩
（权德舆诗）

双塔对峙型的，如：
［11］一至七言尖塔诗

茶
香叶，嫩芽
慕诗客，爱僧家
碾雕白玉，罗织红纱
铫前黄蕊色，婉转曲尘花
前后邀陪明月，晨前命对朝霞
洗尽古今人不倦，将知醉后岂堪夸
（唐·元缜《茶》）

［12］一至七言尖塔诗，同一首诗有如下三种造型：

花　花
深浅　芬葩
凝为雪　错为霞
莺和蝶到　苑占宫遮
已迷金谷路　频驻玉人车
芳草欲陵芳树　东家半落西家
愿得春风相伴去　一攀一折向天涯
（唐·张南史《花》）

花　　　　　　花
深浅　　　　　芬葩
凝为雪　　　　错为霞
莺和蝶到　　　苑占宫遮
已迷金谷路　　频驻玉人车
芳草欲陵芳树　东家半落西家
愿得春风相伴去一攀一折向天涯

花　　　　　　　　　　　　　花
深浅　　　　　　　　　　　芬葩
凝为雪　　　　　　　　　错为霞
莺和蝶到　　　　　　　苑占宫遮
已迷金谷路　　　　　频驻玉人车
芳草欲陵芳树　　　东家半落西家
愿得春风相伴去一攀一折向天涯

第二种造型更能显示出双塔诗的特点。同一首诗，用三种塔式造型构建，这三者同义；同一意义，用常规版式排列与用塔形呈现同义。

［13］一至七言尖塔诗

诗
绮美　瑰奇
明月夜　落花时
能助欢笑　亦伤别离
调清金石怨　吟苦鬼神悲
天下只应我爱　世间唯有君知
自从都尉别苏句　便对司空送白辞
（白居易《诗》）

［14］一至九言尖塔诗

竹 竹
森寒 洁绿
湘江滨 渭水曲
帷幔翠锦 戈矛苍玉
心虚异众草 节劲逾凡木
化龙杖入仙陂 呼凤律鸣神谷
月娥巾披静苒苒 凤女笙竽清簌簌
林间饮酒碎影摇樽 石上围棋轻荫复局
屈大夫逐去徒悦椒兰 陶先生归来但寻松菊
（宋代文同《咏竹》）

塔影倒映型的，如（15）：

［15］

阴阳
天地大
黑白分明
傍早做人家
为人易做人难
你叽呱我也叽呱
穷不读书富不教学
读书造化不读书告化
清明不拆絮到老不成器
告化子遁走猢狲就没戏耍
要知未来路径须问过来人家
周活三千年不知天知地知
有书不苦读不如睁眼瞎
黑眼乌珠难见白铜钱
男大当婚女大当嫁
善恶到头终有报
前船是后船涯
世上无难事
有德终发
回味甜
由他

这座“宝塔”由清代王有光摘吴越俗谚俚语目录构筑而成，巍巍乎高哉！

［16］

鸭鸭
嘴喽喽
春满生
荡漾木兰船
中有双少年
少年醉
鸭不起
（张籍《春水曲》）

［15］［16］造型酷似宝塔临池，倒影水中，虚实相合，浑然天成。

此外还有“盘中诗”、“龟形诗”等文字的群体造型。

［17］龟形诗：

睽

乡　离

还　　已

早　是

教 政 客 十 秋 强

天子愿　　　　对镜那

献　　　　　　　　堪

形龟作　　　　妆理重

绣　　　闻

肠　　　雁

砧更断　　　　几回修

调　　　　　　　　尺

杵拂泪　　　　霜见素

垂 先 练 制 为 先

叠 衣

箱 裳

开

（转引自《再赏奇诗》）

这首诗歌的整体文字造型像龟，有头部，四只脚和一条尾巴。“龟”谐音“归”，有盼夫归来之意。据说是唐代边将张睽防戎十余年不归，其妻侯氏遂绣回文作龟形，进献给皇上，唐武宗览诗放张睽还乡，并赐绢三百匹与侯氏，以彰其才美。这首诗从龟头“睽”字读起，得七言律诗一首：

睽离已是十秋强，对镜那堪重理妆。
闻雁几回修尺素，见霜先为制衣裳。
开箱叠练先垂泪，拂杵调砧更断肠。
绣作龟形献天子，愿教征客早还乡。

此诗表达对丈夫的深切思念，哀怨感人。

### 三、散文文字群体造型与常规排列同义

散文文字的常规排列与小说相同，但有的也可以见到诗歌式的个性造型，在外形上极富个性，这种个性造型式的文字排列与常规排列构成同义手段。例如：

我踩！
我再踩！
我用力踩！
我很用力踩！
我非常用力踩！
我用尽全力去踩！
就算鞋子烂也要踩！
就算腾讯倒闭也要踩！
就算天塌下来我都要踩！
要是天真塌下来了继续踩！
要是地面凹了我不管继续踩！
要是踩到我脚骨折我也继续踩！
要是别人见了骂我傻我还是要踩！
要是警察敢过来阻止我就更加要踩！
要是你看我不爽我没办法还要继续踩！
要是你觉得感兴趣你也可以过来一起踩！
踩到地下水喷发造成洪灾损失惨重我也踩！
踩到益阳地震山崩地裂地下水泛滥我还要踩！
踩到火山喷发太平洋海啸我还要继续往死里踩！
踩到阎罗王说我制造噪音我叼根烟看看他继续踩！
踩到日天昏地暗惊天地泣鬼神我不管我还要继续踩！
踩到刚刚重建好的伊拉克房屋又倒塌了我不管还要踩！
（引自搜狐网）

这段文字排列的外形犹如半边“宝塔”，也似供人步步登高的台阶，真是难得一见！

其实，从理论上说，同一个意思可以有无数个文字群体造型的可能，它们都能构成同义手段，只不过不同的人或同一个人根据个人意图或需求有不

同的选择而已。

## 第三节　标点变异使用的同义手段

标点符号是辅助文字记录语言的符号，是书面语的有机组成部分，用来表示停顿、语气或词语的性质和作用。句号“。”表示陈述句末尾的停顿；问号“？”表示疑问句末尾的停顿；叹号“！”表示感叹句末尾的停顿，语气强烈的祈使句、反问句末尾要用叹号；逗号“，”表示句子内部的一般性停顿；顿号“、”表示语句内部较短的并列词语之间的停顿；分号“；”主要表示复句中并列分句之间的停顿，有分清分句层次的作用；冒号“：”表示提示性话语后或总括语前的停顿；引号““””表示文中直接引用的话；括号“（）”表示文中注释的话；此外还有破折号、省略号、着重号、连接号、间隔号、书名号、专名号都各有用途。

语言符号的组合具有有序性、连续性、完整性和别异性。当人们在书面语交际中使用标点符号时，会有停顿的长短大小和语调的高低曲直以及其他情况，于是行文中就有了与之相应的标点符号。然而有时候，人们为了表达某种感情或语气的需求，突破标点符号的运用常规：或需要使用标点符号时不使用；或在不需要停顿之处插入某种标点符号等。但是，对于同一段文字来说，这种标点符号使用的变异，却不能改变其理性意义，也就是说，对同一段话语，常规使用了标点符号的和变异使用了标点符号的是同义手段。

### 一、有标点与无标点形式构成同义手段

近一二十年来，文学作品中（尤其是在诗歌、小说中）出现了不少“零标点形式”。“采取‘零标点形式’，铺排语言符号，突破语言的线性序列限制，形成张力十足、浑然一体的‘言语流’，这也是一种变异性的表达方式”[①] 这种方式使得语言符号的排列更加紧凑而集中，具有不同寻常的感染力和吸引力。具体来说，它有四个方面的修辞作用：（1）表达急切连贯性的语气；（2）表达剀切肯定的语气；（3）表达幽默调侃的语气；（4）表现朦胧的意识流动。[②] 例如：

---

① 冯广艺：《变异修辞学》（修订本），湖北教育出版社2004年版，第75页。

② 田懋勤：《关于“无标点文字和它的修辞作用”》，《语言教学与研究》1989年第1期。

[1] 好，你们如果和本公司合作，你们得答应以下几点：不许想法太多不许花样太多不许做气太多不许大声喊不许放声唱不许粗野不许复杂不许让人听不懂不许让人学不会不许个性太强不许标新立异不许动真感情不许无动于衷不许没有微笑不许眯起眼睛不许咧开大嘴不许肌肉变形不许苛求施绊不许讲究和声不许拒绝发嗲不许拒绝调情不许要求过高不许什么都懂不必作曲配器忘掉歌剧式的拐弯旋律忘掉不值钱的复调和声忘掉山里的粗俗除非香港大师唱过或把它加了工同意就合作不同意就拉倒固执己见管不了饭签不签字你们看着办我难道会亏待你们吗（刘索拉《寻找歌王》）

这是个假设一重长复句。第二个分句的宾语是同位结构，它的后一部分是由 27 个短语构成的联合结构，而且中间没有一处语音停顿，一气直下，如奔马疾蹄、如江河湍流、如串雷霹雳，语气急速，结构紧密，意思集中，表达了说话主人公不容许别人思考、商量的口气和态度，为人物形象的塑造着了很光彩的一笔。

[2] 乐队队长说鼓手你打打试试看能不能用合成器手编的程序合成器手大叫我费了一天工夫难道就这样取消了这可不行，点吉他手说你小子就会干这吃力不讨好的事纯属书呆子一个你想把全世界所有的歌曲伴奏都使在一首歌里弄个七拼八凑的大杂烩让大家听了笑话咱们？鼓手走到鼓前咚咚咚打着没完没了可他也糊涂了打出来的节奏和编出来的程序一样难合成器手说与其让你这么累不如就用我的程序算了呢可鼓手不干他说他打得比电子鼓有味道，合成器手就来来回回放他的电子鼓程序吵得所有人不得安宁鼓手想打也打不成点倍司手鼻尖淌汗已经使得比程序还熟练了。（刘索拉《你别无选择》）

[3] 就是那个人把我害死的他说他要帮助我我就用一把刀子把我割了好几块还说这块怎么不好那块怎么不好嚼了一下又吐出来还吐了好多痰我用手绢擦干净我只求他看我一眼后来他还说他为我很难过呢还为我哭了呢可他的眼泪不是从眼睛里流出来的他没有眼睛只有两个枪眼枪孔呀……（王蒙《一嚏千娇》）

[4] 现代化意味着工业的自动化农业的集约化科学的超前化国防的综合化思维的任意化名词的难解化艺术的变态化争论的无边化学者的清淡化观念的莫名化和人的硬气功化即特异功能化。（王蒙《坚硬的稀粥》）

[5] 打这儿，没有再提这金匣子。不说不想不猜不疑不争不斗不闹不急不愁不恨不狠，这才相安无事。(冯骥才《阴阳八卦》)

[6] 不消多日，拿这些陈货旧货老货长霉长毛苔长虫子的压手货，愣当作古董，给用户挨家送上门卖掉。(冯骥才《阴阳八卦》)

[7] 玩鱼玩鸟玩蛐蛐玩钱玩吃玩字画玩女人，……玩命地玩，直玩得人醒了醉，醉了醒，也玩得青龙旗、黄米字旗、红膏药旗、白狗牙子旗走马灯似地走了落了升……(孙鸷翔《阴阳鱼》)

[8] 一下子，鸡鸭鱼蟹猪羊牛马驴狗雁雀兔子王八，头尾翅脚肚肠肝肺心腰子下水，有煎有炒有烹有炸有煮有炖有蒸有熬有爆有烤有拌，外加一坛子水酒，碟架碟碗架碗，严严实实地把这僧人围在中央。(冯骥才《阴阳八卦》)

无标点形式“故意打破句子选择的常规，混淆句子之间的界限，把许多不同的句子组合成为一个混沌体，增加了阅读的困难，这是一种变态形式，应当加以控制。但如果运用恰当，可以形象逼真地表现某种特殊的气氛和情景、人物的特殊心态和神态变态的心理以及迫不及待的心情，给读者以某种特殊感受”。① 如：

[9] (他) 走过一家餐馆一家照相馆一家鞋帽店一直走到街口在拐角一家冷饮店的玻璃窗外看见刘美萍正坐在湿漉漉的桌旁边边喝酸奶边哭。(王朔《顽主》)

[10] “我们学西方现代派。”一个勇敢的女孩子说，“两眼一抹黑两耳不闻窗外事就在文献本体上倒腾先谓语后主语光杆动词没有名词一百多句不点标点看晕一个算一个!”(王朔《一点正经没有》)

有些诗歌也不用标点，但诗句所表达的意义与有标点相同。如：

[11]

江岸
黑暗的边沿
　渡口
光明的起点

① 王希杰：《修辞学导论》，浙江教育出版社1999年版，第308页。

别了
朋友
哪天出了太阳
哪天就能见面

死亡的
　快要死亡了
新生的
走向胜利的明天

（刘沙河《送别》）

## 二、在不需标点处插入标点与常规用法构成同义手段

在书面的言语形式中，按常规，不需要标点的地方，却冷不丁杀出一个标点符号，以表达特殊感情。常见的是以括号夹叹号或问号。如：

［1］他的大手掌中肯定握着不锈钢的小烟灰碟，而那些烟灰却肯定总是落在烟灰碟外边，然后被他那双沉重的牛皮鞋踩进地毯！我几乎能尖锐地感觉皮鞋底在怎样地把烟灰死死地揉进（！）又揉进（！）地毯……（张辛欣《这次你演哪一半》）

在“揉进”后插入感叹号，在“又揉进”后又插入感叹号，这就使“我”对“他”把烟灰踩进地毯的强烈不满的感情得到了反复强调。

［2］他在介绍思想发展（?）（转变?）（进步?）过程中说到，某某年春节，他仍作为监管对象被恩准回家探望老母，前往派出所报到、销号的细节。（张洁《他不是一个难猜的谜》）

在“思想发展”后插入问号，表达对“他”所谓“思想发展”的怀疑。

新加坡林万菁在《论鲁迅修辞：从技巧到规律》（万里书局出版　1986年）中对鲁迅作品中的“以括号加感叹号或问号”作过研究。他说：“鲁迅匠心独运地以括号加感叹号或问号，代替文字的评点。这种标点用法，几与注解相等而较注解简明风趣。凡鲁迅用上括号加感叹号或问号处，必表示讽刺、怀疑、感叹、否定等意义。”“鲁迅这类标点，中断了文意，却具体地传达了作者的感受。后来写杂文者大都效法鲁迅，以此类标点夹入行文之

中，形成‘鲁迅风’的一部分。”（同上书，第258页）林万菁举的例子是：

[3] 好在盐谷氏的书听说（?）已有人译成（?）中文，两书的异点如何，怎样“整大本地剽窃”，还是做“蓝本”不久（?）就可以明白了。（《不是信》）

[4] 此外便是吴君对于这七种书报的“平情衡理”的批评（?）了。（《“一是之学说”》）

[5] 智识高超而眼光远大的先生开导我们：生下来的倘不是圣贤，豪杰，天才，就不要生；写出来的倘不是不朽之作，就不要写；改革的事倘不是一下子变成极乐世界，或者，至少能给我（!）有更多的好处，就万万不要动！……（《这个与那个》）

[6] 总之：百年之内，将有陈源教授的许多（?）书，百年以后，将有陶孟和教授的一部书出现。（《有趣的消息》）

[7] 不断的（?）努力一些，切勿想以一年半载、几篇文字合计本期刊，便立了空前绝后的大勋业。……初出阵的时候，幼稚和浅薄都不要紧，然而也许不断的（!）生长起来才好。（《鲁迅译著书目》）

[8] 无论古今，谁都知道，一个男人有许多女人，一味纵欲，后来是不但天天喝三鞭酒也无效，简直是“寿（?）终正寝”不可的。（《中国的寄想》）

再举几例，以飨读者：

[9] 她一知道，拍桌打凳的（?）大怒了一通之后，便将那孩子取到天上，要看机会将他害死。（鲁迅《风马牛》）

[10]“海，从水，每声”，画一条河，一位戴帽（?）的太太，也三样。总之，如果要写字就非永远画画不成。（鲁迅《门外文谈》）

[11] 民元革命时候，我在S城，来了一个都督。他虽然也出自绿林大学，未尝“读经”（?），但倒是还算顾大局，听舆论的，可是自绅士以至庶民，又用了祖传的捧法，群起而捧之了。（《华盖集·这个与那个》，《鲁迅全集》三卷，105页）

标点的这种用法一般只出现在小说、散文、杂文等艺术语体中，科技、政论、公文事务等语体中尚未发现。

### 三、标点的迭用与非迭用构成同义手段

同一种标点重叠使用，与非重叠使用相比，话语的基本意义未变，只是表达的某种语气更为强烈，因而标点的迭用与非迭用构成同义手段。标点的迭用主要是在文学作品中对问号和惊叹号的使用。如：

[1] “道翁!!!”四铭愤愤的叫。道统给这一喝，不笑了。（鲁迅《肥皂》）

[2] 他们又彼此看了看，还正在犹疑不定，李子芊又给了他们一句：“跑!!!”（老舍《二马》）

这两例都是在人物的话语后迭用三个惊叹号表示强烈逼人的语气，以突出紧急迫切的心情。例［1］的“道翁!!!”表达了四铭愤怒的呼喝语气；例［2］的“跑!!!”表达了强烈的祈使语气。

[3] 难处是在这里：把自己撇开不提；那点钱！那点钱!! 那点钱!!! 在她看，他自己有了吃喝，就必须把所挣的钱全部交给家中，这才对得起大家。（老舍《牛天赐传》）

[4] “SOS!”“SOS!!”“SOS!!!”塞浦路斯商船“艾琳娜食霍浦号”不断发出紧急呼号。（柯岩《船长》）

这两例的惊叹号重叠运用是依次增加的，由连续用两个到连续用三个。例［3］表达感叹语气的递增；例［4］表示呼叫语气的越来越强烈。

问号也可迭用，表示发问语气的强烈，如：

[5] 这世界，忠厚善良者举步维艰，奸佞恶歹者通行无阻，这是为什么？为什么?? 为什么???

这例中的后两问，句末问号迭次增加，迭用由两个到三个，既增强了疑问语气，又表达了疑问的语气一次比一次强烈。

## 第四节 停顿与不停顿构成的同义手段

语言线条有连续性，按常规，在连续出现的时候是不应停顿的，否则会

破坏其连续性，但为了表达特殊的思想感情，在不改变其基本意义的情况下，将本来应该在语言线条上连续不断出现的单位，通过有意停顿，形成断了线的单位，这是对语言线条连续性的一种正偏离，这种偏离同连续性的常规形式构成同义手段。如：

［1］上半天，西头，老富的中风，他的儿子，说：因为，社神不安，之故。这样一来，将来，万一有，什么，鸡犬不宁，的事，就难免要到，府上……是的，都要来到府上，麻烦。（鲁迅《长明灯》）

这段文字中的标点如果按常规应该是："上半天，西头老富的中风，他的儿子说：因为社神不安之故。这样一来，将来万一有什么鸡犬不宁的事，就难免要到府上……是的，都要来到府上麻烦。"但现在却在不该停顿的地方停了多次。两者比较，表达的理性意义是相同的，但原文因有停顿，却把一个病重的老头子挣扎着说话的神气表现出来了：老人神志不清，有气无力，说话若断若续，这些都通过标点符号而呈现出来。

［2］我、要、吃、烙、饼！

时隔三年之后，守诚过四十岁的生日的时候，他决绝地宣布。（王蒙《烙饼》）

"我、要、吃、烙、饼！"常规的形式是各个词之间不用顿号，但这里以断线的形式出现，一字一顿，表达了守诚坚决要吃烙饼的态度。

［3］只见南飞生早已走上讲台，向大家深深鞠了一躬。"鄙人，今天，那么，无才，无德，何堪，当此，重任"……"诸位，请坐，我们，为公，不是，为私，何苦，争执，小端。"主席依然提高调门，两个字一句地说。（老舍《老张的哲学》）

此例用逗号把南飞生的话两个字两个字地点开，逼真地表现出南飞生讲话时两字一顿的情态，刻画出了一个才浅口拙而又故作庄重的"学务大人"的形象。

［4］那，我将在整个春天，整个夏天，很多年很多年，为你，穿着丧服。（张辛欣《女为悦己者容》）

此例本是一个单句，一般的常规形式应是："那我将在整个春天、整个夏天，很多年很多年为你穿着丧服。"但现在的形式却突破了其连续性，不仅在"很多年很多年"后出现停顿，而且在"为你"这个介词短语后出现停顿，更特别的是将动词"穿着"和其宾语"丧服"排列成两行，这样一来就既突出了"穿着"，又突出了"丧服"。

[5]"不要抱怨、诅咒、诽谤它比战争的毁灭……还残酷……因为我们都还活着，更不要诽谤它使我们……学会了……屈服……忍耐……坚强……诽谤它……使我们上交了……关于爱的真谛的爱的苦难的……学费，你，我，是在学会了……爱……之后，才分手的，这就是万幸。感谢它吧……这段爱……与被爱……的生活，我们各自爱得前程远大，将会爱得……更好……我们毕竟没有……烈士那样倒在……硝烟之下，毕竟还活着……你起誓……"

"我……起誓……"她颤抖着闭上眼睛。（刘恒志《共和国正在裁军》）

这段文字有23次出现省略号，在"你"和"我"之间也有逗号停顿，将整个连续性的结构切成了若干片断，这就突出了作品中人物激动不已、欲言又止、欲止又言的感情。如果改成常规形式，便没有这样的效果。

[6]山，在那上面等他。从一切历书以前，峻峻然，巍巍然，从五行和八卦以前，就在那上面等他了。树，在那上面等他。从汉时云秦时月从战国的鼓声以前，就在那上面。就在那上面等他了，虬虬蟠蟠，那原始林。太阳，在那上面等他。赫赫洪洪荒荒。太阳就在玉山背后。新铸的古铜锣，哨地一声轰响，天一下就亮了。（余光中《山盟》）

《山盟》，盟的是什么？是回到故乡，回到生己育己的故乡去。那山、树，那太阳都在等他。他有无限的情思时时萦绕，有满腔的热血时时沸腾，有无形的心灵潜流时时翻滚。表达时，作者为加强语意、强调感情，在许多一般不停顿的地方加了停顿，如为突出主语，在主语和谓语之间加了逗号："山，在那上面等他。""树，在那上面等他。""太阳，在那上面等他。"

此外下列形式，也是一种"断线"形式，它与不断线可构成同义手段：

[7]群众，——尤其是中国的，——永远是戏剧的看客。（《坟·安娜走后怎样》，《鲁迅全集》一卷，274页）

# 第十章　辞格的同义手段

人类生活在辞格的海洋中！

人类创造了辞格，无时不在运用辞格。人类从思维和认知始就运用辞格了，从使用语言始，就运用辞格了。人类的思维和认知如果不用辞格，那一定是相当艰难和痛苦的；人类的语言表达如果没有辞格，那该是多么的干瘪和无味！辞格是思维之花、认知之花，是语言表达中的精灵。

人类对辞格的研究早就开始了，对汉语辞格的研究也早就开始了，在文学评论中，在诗词例话中，尤其是在修辞学中，辞格一直是其重要的主要的组成部分，如果没有修辞格，那个“学”就不能叫做修辞学，但只讲修辞格，却可以叫做修辞学，尽管实际上辞格只是修辞学的一部分。由此可见辞格在修辞学中地位的重要性。

## 第一节　辞格的定义与本质

### 一、辞格的定义

“定义”是揭示概念内涵的逻辑方法，科学研究的一个重要方面是准确地揭示构成学科体系的一系列概念的内涵。对于辞格研究来说，最基本的就是要准确地界定“辞格”是什么。唐钺第一个使用了“修辞格”这一概念，同时也第一次给“修辞格”下了定义：

> 凡语文中因为要增大或者确定词句所有的效力，不用通常语气而用变格的语法，这种地方叫做修辞格（又叫语格）。①

唐钺的定义“抓住了修辞格的两个最重要的特征。第一，‘效力’就是表达效果，这是修辞格的生命线，也是修辞学的生命线。第二，‘变格的语法’，突破常规是修辞学的关键。所谓‘变格’，就是变异，就是偏离。”

① 唐钺：《修辞格》，商务印书馆1923年版，第1页。

"正是唐钺引导了汉语修辞格的研究大方向，在他之后短短几年里，出现了许多新的修辞格研究的新成果。"① 尽管这种"变格说"，把辞格看做是语言的超常表达方式，这种观点主要来源于西方传统修辞学理论，没有完全摆脱西方传统修辞学的某些局限，模仿的痕迹比较明显，但是他们的观点和理论是现代汉语辞格学研究的基础，也是现代汉语辞格学理论大厦的奠基石，影响深远。这种影响一直延续到汉语修辞史上另一个新的辞格学理论体系的出现。这个完整而严密的辞格学理论的提出者是陈望道。

陈氏在《修辞学发凡》中建立了另一个新的修辞学体系—"两大分野"，提出了积极修辞和消极修辞，积极修辞就是辞格。他从内容和形式两个方面描述了辞格：

> 内容方面大体都是基于经验的融合。对于题旨、情境、遗产等等为综合的运用。就中尤以情境的适应为主要条项。所以颇有人以所谓联想做这方面的各种手法分类的依据。形式方面，大体是我们对于语言文字的一切感性的因素的利用，简单说，就是语感的利用。……辞格便是两方面综合的利用。②

陈氏认为辞格是基于经验的融合和语感的利用。

张弓的《现代汉语修辞学》完全同意陈望道的主张，但是他在辞格是形式和内容的统一体的基础上，强调辞格的"语言因素"这一特质，指出所谓的修辞方式（辞格）是指：

> 适应社会交际的需要，根据民族语言的内部发展规律创造的具体修辞手法，如比喻、拟人、夸张、代替、对照、对偶、反复、排叠、同语、反语、问语、幽默、讽刺等式。③

认为辞格是语言因素创造性运用的结果，辞格在几千年的历史发展过程中，有自己的系统性，提出要根据语言因素研究辞格系统，建立科学的辞格理论体系。

吴士文在比较前人的修辞格定义之后，提出了他的定义：

---

① 王希杰：《二十世纪汉语修辞格研究》，陈芝芥、郑荣馨主编：《修辞学新视野》，中国文联出版社2005年版，第79页。

② 陈望道：《修辞学发凡》，上海世纪出版集团2001年版，第71页。

③ 张弓：《现代汉语修辞学》，天津人民出版社1963年版，第63页。

> 辞格是在言语活动中长期形成的具有特定功能、特定结构、特定方法、符合特定类聚系统的模式。①

这一定义的关键是“符合特定类聚系统”。他的定义得到了修辞学界的充分肯定，因为它有助于解决辞格之间交叉的问题，划清了辞格和非辞格之间的界限。

此外，有人认为辞格是美化语言的方法（郑远汉）；有的认为辞格是独具效果的言语方式（刘焕辉）；有的认为辞格是具有特定效果的语句结构格式（濮侃）……这些见解不一的定义，说明了大家对辞格本质特征的认识还很不一致，甚至有的人在涉及辞格问题时避而不谈。

王希杰在《修辞学通论》中，对辞格提出了广义的和最广义的两个定义：

> 修辞格是一种语言中为了提高表达效果有意识地偏离语言的和语用的常规的固定格式、特定模式。包括已经逐渐形成了的、和现在还没有出现的、但是可能会出现的在内。（第40页）

这是广义辞格——显辞格＋潜辞格。

> 修辞格是一种语言中能够提高表达效果或者是将会导致效果损耗的、有意识地或无意地偏离语言和语用常规的、包括已经逐渐形成了的或可能形成但是现在还没有出现的固定格式、特定模式。（404—405页）

这是最广义辞格——显辞格＋潜辞格＋正辞格＋负辞格。

狭义的辞格是相当于传统修辞学所说的“艺术化的语言”，除了包括“已经逐渐形成了的”之外，还包括“现在还没有出现的、但是可能会出现的”在内。最广义的辞格则将“狭义的辞格”和“广义的辞格”的外延都囊括于其中了。

王希杰的辞格定义打破了以往辞格定义的纯“效果”樊篱，既以“效果”为角度，从“能够提高表达效果”，同时也能够“导致效果损耗”两个方面来加以说明，而没有把对辞格的认识仅仅停留在有助于提高语言表达效

---

① 吴士文：《修辞格论析》，上海教育出版社1986年版，第13页。

果的格式上，这有助于说明交际活动中复杂的辞格现象；又以“潜显”为视野，指出修辞格可以包括已经形成或可能形成但是现在还没有形成的辞格，从而扩大了辞格的范围，大大丰富了汉语辞格的系统。

## 二、辞格的本质

定义是揭示概念内涵的逻辑方法，概念的内涵就是概念所反映的对象的本质属性。“辞格”这一概念的定义应能揭示出辞格的本质属性。从上述辞格的定义中，可看出定义者的不同辞格观：一是类聚系统观，二是表达模式观。

类聚系统观以吴士文的定义为代表，他认为辞格在本质上是一个系统性的模式，确定辞格的主要标准是看它是否符合特定的类聚系统，类聚系统是由特定功能、特定结构、特定方法形成的。

表达模式观的代表有唐钺、陈望道，张弓、郑远汉、刘焕辉、濮侃、王希杰等。尽管在表达模式观的内部又有不尽相同的看法，但从主要方面看，他们都是把辞格看成语言表达的模式（或方式、方法、手段等）。

王希杰在《修辞学通论》中说：“从本质上来说，‘偏离’就是修辞格的生命。”① 他在辞格的定义中明确指出：辞格是一种语言中偏离了语言的和语用的常规而逐渐形成的固定格式、特定模式，包含有意识的偏离和无意识的偏离。这就揭示出了辞格的本质。因此他在《汉语修辞论》中高度概括了自己的辞格观：“王希杰的辞格的核心是‘偏离’。他的辞格观是对唐钺的‘变格语法’的进一步发展。”（第 314 页）具体的“言语”是对抽象的“语言”的偏离，而辞格是偏离语用常规之后而形成的一些固定格式，即它又是对“言语”的偏离，因此，对抽象的语言来说，它不仅是偏离，而且是二度偏离。偏离就是修辞格的生命，没有偏离，就没有修辞格。

此外，有人还提出了辞格有表达性的和认知性的两类说法，就认知性辞格的角度而言，可以把这种观点称为“认知工具观”，如刘大伟。刘大伟在《比喻、近喻与自喻》（上海教育出版社 2001 年）中将辞格分为表达性辞格和认知性辞格，前者是与后者相对而言的。该著作只选用了七种基本辞格（比喻、比拟、借代、象征、移就、夸张、通感）作为认知性辞格的描写对象，只是为了说明与传统辞格研究不同的立场和态度，但并非为了证明辞格的认知性，也没有从认知的角度给辞格作出明确的

---

① 王希杰：《修辞学通论》，南京大学出版社 1996 年版，第 402 页。

定义。

## 第二节　辞格的地位和价值

### 一、辞格在修辞学中的地位

“把修辞格当作修辞学的中心组成部分，这不但是修辞学的传统，也是深入人心的一种观念。甚至把修辞格同修辞学等同起来，直到现在也还是被广泛承认的。今天台湾修辞著作大都只讨论修辞格，例如沈谦的《修辞学》和黄丽贞的《修辞学》等，就是一个证明。70年代末，修辞学中出现过‘冲破辞格中心论’的思潮，但是，修辞格研究依然是八九十年代修辞学中最活跃最有成绩的一个部门，也是新世纪里首先应当反思的对象。”① 辞格在修辞现象中占有十分重要的地位，辞格研究也就成了修辞学的一个重要组成部分。古今的修辞学者一谈到修辞，都喜欢谈论修辞格，好像修辞学的任务就只在研究修辞格而已。这是因为：第一，修辞格是修辞学的核心部分；第二，修辞格是修辞学中最有趣味的部分；第三，修辞格也是修辞现象中研究得最多的部分、形式化模式化程度最高的部分，比较容易把握。

自我国古代孟子对夸张的特点做过比较深刻的阐释以来，我国辞格研究的历史就开始了。20世纪20年代唐钺的《修辞格》问世，自此一直到70年代中期，辞格研究在修辞学研究中一直占有相当重要的地位，有时甚至被看作是修辞学唯一的研究对象，将修辞格和修辞学等同。对于这一偏激倾向，70年代末，学术界以王希杰为代表的许多人曾经提出要打破“修辞格中心论”、“唯修辞格论”的传统，支持新辞格的发现和对传统辞格的再认识。指出修辞格只是提高语言表达效果的方式之一，只能是汉语修辞学的一部分内容。修辞学的范围应当是广阔的。可是70年代末到80年代初，我国修辞学界开展了一场重新评价辞格的实用价值和研究价值的讨论，在讨论中一些很有影响的语言学家也发表了“辞格无用论”的意见，说辞格仅仅是语言的“装饰品”。面对这种状况，王希杰明确指出：修辞格的的确确在修辞学中占有极其重要的地位，是不可缺少的，不可忽视的。修辞格过去是、现在是、将来也一定还是修辞学中最重要的内容，迷信修辞格是不对的，贬低修辞格也是不对的。

---

① 王希杰：《二十世纪汉语辞格研究》，载陈之芥、郑荣馨：《修辞学新视野》，中国文联出版社2005年版，第75—76页。

既反对辞格中心论，又十分重视辞格，既不把辞格看成是修辞学的全部，又不忽视、轻视辞格，这既是对辞格的十分公允的态度，也是对修辞学研究对象的科学认识。

## 二、辞格的价值

辞格的价值和功能是多方面的：辞格有提高话语表达效果的价值，有帮助正确解码的价值，有审美教育的价值，有帮助布局谋篇、构思和艺术描写的价值，还有很高的认识价值和游戏娱乐价值等等。"修辞格的地位和功用首先表现在它的表达功能上，是说和写的一个基础，即使是一个没有学过修辞格、也不知道修辞格是何物的人，他的说和写也是离不开修辞格的。同时体现在他的接受和理解能力上，没有起码的修辞格知识，就无法听懂、读懂他人的话语，更不必说是鉴赏了。""修辞格也是人类认识世界的一种方法，是人类各种创造活动的一种手段。不仅各种艺术活动，而且潜意识中，例如梦的构造和解析，就都离不开修辞格。修辞格贯穿在人类的整个文化活动中。对修辞格的研究，对揭示人类的文化现象是不可缺少的。"[①] 在《二十世纪汉语辞格研究》中，王希杰从思想方法的高度考察了辞格的价值：

修辞格是一种认识方式——修辞格其实也是、甚至本质上是认识活动的一种手段。从本质上看，修辞格其实是人类认识世界的一种最基本的方式。人类认识世界的最基本方式是把握对象之间的同和异的关系，其中最主要的就是相似关系和相关关系。修辞格的基础其实就是相似关系和相关关系。最重要的两种辞格比喻和借代就是分别建立在相似关系和相关关系基础上的。

修辞格是一种思维方式——每一种辞格其实都是思维方式，是人们解释和表达世界的一种手段。修辞格也是构思和篇章结构的模式。辞格之所以能够成为人们喜闻乐见的最有成效的表达手段，就在于它符合正常人的思维方式，它首先是建立在人们正确思维的基础上的。辞格首先是一种思维方法，然后才成为一种表达方法的。

辞格是表达的方法和方法论原则——辞格是构思的方法和方法论原则。例如比喻、比拟、借代、对偶、对照、映衬、双关、夸张、婉曲等。辞格也是结构篇章的方法和方法论原则。例如对偶、对照、映衬、反复、排比、顶针、回环、错综等。有些辞格甚至是一些文体的方法论原则或者说是生命线。修辞格也是文学艺术中所共同运用的手段。

王希杰特别强调辞格的方法和方法论价值，认为辞格的方法和方法论价

---

① 王希杰：《修辞学导论》，浙江教育出版社2000年版，第481—482页。

值有三个方面：第一，辞格是一种表达方法；第二，辞格是一种思维手段、认知方式；第三，辞格也是一种研究方法，具有方法论的意义。（陈之芥、郑荣馨主编《修辞学新视野》，中国文联出版社 78 页）王希杰还认为：修辞格不仅仅是修辞学的问题，从更广的视域来看，它还是文化学、哲学和心理学等问题。当他对辞格的地位、功能和价值及辞格研究中存在的问题进行了重新评估后认为：时至今日我们对它的研究还很不够，为了使修辞格的研究上一个新台阶，更加科学化，就必须更新观念，改进方法。

王希杰对辞格的这些认识是符合实际的，是在分析客观事实的基础上得出的正确结论。辞格并不是修辞学的一块“鸡肋”，我们既不能贬低和无视辞格的特殊表达效果，把它排除在修辞学研究范围之外，但也不能无限抬高辞格的地位和价值，将辞格等同于修辞学。

## 第三节　辞格的同义手段

“既然同义手段是同一个零度形式的一切偏离形式，而修辞格只不过是一种固定化的偏离形式，那么修辞格从本质上来看，就是一种能产的固定化了的同义手段模式，就是把潜偏离形式转化为显性形式的一种方便的模式。”① 因此，“修辞格也存在着多种多样的同义手段选择问题。不仅修辞格和非辞格可以构成同义手段，而且不同的辞格可以构成同义手段。……同一辞格内部的各种格式也可以构成同义手段。”② 此外，有些辞格的语义结构模式本身就是同义手段的产物。于是对辞格的同义手段可从四方面来认识：一是辞格的语义结构模式本身就是同义手段的产物；二是相同辞格中的小类构成的同义手段；三是不同辞格构成的同义手段；四是辞格和非辞格构成的同义手段。

### 一、辞格的语义结构模式与同义手段

辞格是一种语言中偏离了语言和语用常规的能够影响表达效果的特定模式。辞格模式是有结构的，但其结构同语言的结构不尽相同：语言的结构一般来说是线性的，可根据其构成成分进行再分析，但辞格的结构从根本上看却是非线性的，辞格的运用是对线性语言的超越。在辞格话语中，表达对象需要通过一定的修辞关系投射（或者说辞格化）为修辞实体。辞格话语的

---

① 王希杰：《修辞学通论》，南京大学出版社 1996 年版，第 410 页。

② 王希杰《修辞学新论》，北京语言学院出版社 1993 年版，第 322 页。

语义结构有三个部分：本源体、修辞体和修辞关系。辞格话语所要表达的语义实体称为本源体，把经过辞格化的语义实体称为修辞体。把本源体和修辞体之间的关系称为修辞关系。修辞关系有类符号关系和语义结构关系。辞格结构是由本源体、修辞体和修辞关系构成的非线性结构。① 一种辞格就是一种由本源体和修辞体构成的具有修辞关系的语义结构模式。“辞格语义就是辞格的修辞体和本源体之间发生的语义映射。”② 辞格“是修辞语义域的部分义素映射到本源语义域而形成的。”③ 语义映射无法直接观察到，但是可以通过辞格语义操作的模式来观察。辞格形成的最根本机制是修辞体语义域的部分义素转移到本源体的语义域中，“义素转移的基础是本源体与修辞体的语义等值”④。从这一角度看，修辞体和本源体就是同义的，因而，我们可以说，辞格的语义结构模式本身就是本源体和修辞体这一组同义手段以修辞关系为纽带而组合的产物。

本源体、修辞体其实是所有辞格深层结构的两个要素，是抽象化或概括化的说法，但不同的辞格，其本源体和修辞体是不同的，因而，可以相对具体化，给以另外的名称。如比喻结构的本源体叫“本体”，修辞体叫“喻体”，等等。在这里，我们仅以几种最常见辞格为例，说明辞格的语义结构模式本身就是同义手段组合的结果。如：

比喻是根据联想，利用乙对象来说明、描写、灵化、强化与其本质不同而又有相似之处的甲对象的一种辞格。甲对象是本源体，乙对象是修辞体，在比喻话语中，乙对象称为喻体，甲对象成为本体。在构成比喻的想象和联想的过程中，修辞者超越了不同认知域的界限，从一个认知域跨越到了另一个认知域，使本不相关的不同对象在思维中相互联系，产生相互映射，这样，就不仅使修辞者加深了对所要表达对象的认识深度，而且听读者也很容易从认知储备中提取与修辞者的话语意象对应的形象，从而在其心理上产生相应的表象，于是，也就促使了话语理解者对认知对象理解的深化，而且更有利于实现交际双方的信息交流。比喻的辞格语义是将喻体的修辞语义域的部分义素映射到本体的语义域而产生的，其修辞意图是通过喻体而认知本体。如：

［1］中年是人生的秋天，思想成熟，子女长大，事业有成，经济

① 李晗蕾：《辞格学新论》，黑龙江人民出版社 2004 年版，第 77 页。

② 同上书，第 103 页。

③ 同上书，第 148 页。

④ 同上书，第 103 页。

富裕，从此迈向人生的坦途。（丁思逸《友谊与爱情》）

“中年”是人生的成熟期，“秋天”是自然界万物的成熟期，二者的性质相似，有相似类比性，通过相似联想，将“秋天”语义域的“万物的成熟期”这一义素映射到人生的“中年”的语义域中，从而来认知人生的中年。就此而言，喻体同本体的语义是等值的。

象征是借用某种具体的形象或事物来暗示特定的人物或事理，以表达真挚感情和深刻寓意的表达方式。象征的本源体是被暗示的特定的人物或事理，修辞体是某种具体的形象或事物。在象征话语中，本源体叫本体（或被象征体），修辞体叫象征体。象征辞格的深层结构模式其实就是比喻的深层结构模式，本体与象征体之间的联系是两个对象的相似性，就此而言，象征中的本体就是比喻的本体，象征体就是比喻的喻体。那么，人们为什么把象征和比喻看作两种不同的辞格呢？愚以为有如下几个原因：（1）比喻的本体和喻体分别都可以是抽象的或具体的，即抽象⟷具体，但象征的本体一般是抽象的理念或情感等，即使本体是一个具体的对象（如人），也指的是这个对象的属性等，而象征体一定是具体的；就此而言，象征只是比喻的一种，即以具体物象喻抽象对象。（2）比喻有多种表层的结构模式，被分成不同的种类，如明喻、暗喻、借喻等，而象征只出现象征体，本体根本不出现，即象征只是比喻中的借喻，其外延较比喻小得多。（3）象征是经过人们多次反复使用而逐渐定型化了的物喻，而一般的比喻，喻体和本体的关系则是临时的，不固定的。（4）二者出现的言内语境不同：比喻出现的言内语境（即前后文或语）会涉及其本体或直接谈到本体，但象征则根本不提本体。如果把象征看作比喻的一种，如果把比喻的喻体和本体看作是同义的，那么把象征的本体和象征体也视为同义，那就是符合逻辑的。如：

［2］两个黄鹂鸣翠柳，一行白鹭上青天。
窗含西岭千秋雪，门泊东吴万里船。
（杜甫《绝句》）

根据作者写此诗的特定背景和心理，上例以不同的具体图景象征不同的抽象对象：“黄鹂鸣翠柳”，象征“大地回春之气象”；“白鹭上青天”象征“脱离避难生涯”；“西岭千秋雪”，象征“久滞客中的绝望”；“东吴万里船”，象征“希望终于到来”。这里的象征体和本体的修辞语义是等值的。全诗通过几个小象征体的组合，表达了诗人将摆脱颠沛流离的客旅生活、渴望早日回乡的无限喜悦之情。

比拟是把甲对象（人或物）当作乙对象（物或人）来描写的辞格。被描写的对象是本源体，用以描写的对象是修辞体。在比拟话语中，被描写的对象称为本体，用以描写的对象称为拟体。在本体事物和拟作事物之间的可拟性是比拟的基础，联想是本体事物和拟作事物之间的桥梁，想象是比拟的翅膀。但拟体并未显现，是潜性存在，显现的只是拟体的属性。这种辞格是将拟体的属性转移到本体上。如：

［3］油蛉在这里低唱，蟋蟀们在这里弹琴，……（鲁迅《从百草园到三味书屋》）

“油蛉”和“蟋蟀”原本是非人类的昆虫，它们不具有低唱、弹琴的属性，但是作者说它们在“低唱”和“弹琴”，这是把它们人格化，写成了艺术家（潜性），把艺术家低唱、弹琴的属性转移到自然物身上。比拟的辞格语义是将拟体的修辞语义域的义素完全映射到本体的语义域而产生的。其修辞意图是通过联想以拟体的属性而认知本体。拟体和本体的语义是等值的。

借代是选用与本体对象有对应关系或外部联系的其他对象的名称来代替本体对象名称的辞格。那本来的对象是本源体，借用的对象是修辞体。在借代话语中，本来的对象叫本体，借用的对象称借体。借代的特点是，表达时不出现本体，只出现借体。如：

［4］田园寥落干戈后，骨肉流离道路中。（白居易《望月有感》）

相关性是不同对象之间可以相互替换的基础。借代之所以能够成立，是因借体和本体之间有相关性（或外部的，或内部的），于是用借体名称来替换本体名称，从而达成对本体的认知。“干戈”本身是两种武器的名称，是武器中的部分，二者的关系是部分同整体的关系，“干戈”的主要义素同“武器”的相同，因而用前者代替了后者。“骨肉”是人体的组成部分，与人体紧密相关，于是用它来代替人体。在借代的语义结构中，代体同本体的语义是等值的。

拈连是在叙述有关对象时，把本来适用于甲对象的词语顺势巧妙地用于乙对象的一种辞格。“拈”就是将某一词语从通行的语言环境拈到一般不可通行的语言环境；“连”就是使两种不同语言环境同时出现，从而把甲乙两对象连在一起。在拈连话语中，有本体和拈体。“本体”是常格搭配形式，合乎逻辑规范，“拈体”是变格搭配形式，超越了逻辑规范。在拈连的语义结构中，本源体是常格搭配形式，修辞体是变格搭配形式。在本源体和修辞体中，有一个共用的词语，可称为“拈词”，它是本来适合于甲对象却用来与乙对象搭配的词，即把甲乙对象连接起来的词。甲乙两个不同的对象分别能与同一个词语组合，是因为两对象有可类比性，在拈连的修辞结构中，两个组合的语义是等值的。如：

[5] 天寒热泪也冻成冰，
冻不住心头的爱和恨。（阮章竞《漳河水》）

“冻”同“热泪”的搭配是合乎逻辑的，因热泪是液体，能被冻结；而“冻”同“心头的爱和恨”的搭配是不合事理的，因心头的爱和恨是两种感情，不是液体，无法冻结，但它们却被硬性搭配了。这是在沟通不同事物之间的内在联系、使人们由此及彼、由表及里地揭示事物的内在含义的修辞意图的驱动下，将拈体的语义域——“冻心头的爱和恨”——映射到本体的语义域——“冻热泪”——上，这是运用联想和类比的结果。在这例中，“冻心头的爱和恨”与“冻热泪”（或者“心头的爱和恨”与“热泪”）是等值的。

夸张是为了更突出更鲜明地表达事物或感情而故意张皇夸大、言过其实的修辞手法，也称夸饰、饰辞、扬厉、增语、形容、铺张、铺饰等。夸张的本源体是客观事实，修辞体是夸张辞，即超过客观事实的话语。在夸张的话语结构中，被反映的客观事实是本体，用以反映客观事实的话语叫夸张体。高尔基说：夸张“也就是夸大好的东西，使它显得更好；夸大有害于人类的东西，使人望而生厌”。夸张必须是如下情况：客观事物反映到人们头脑里以后，引起人们感情的冲动；人们从主观情意出发，通过想象，说写出源于客观事实却又超出客观事实的话语，让读者或听者产生心理共鸣，获得深刻的艺术感受，觉得确实如此，并不追究其言过其实。夸张的真实不是现象或数字的真实，而是艺术的真实、心理的真实。表达者并不是以夸张事实为目的，而是以夸张为类比手法来突显自己的心理状态。从程度上看，夸张体与本体不合，但在情理和心理上却是相合的，即从感受的角度看，二者是等值的。如：

[6] 山，快马加鞭未下鞍。
惊回首，离天三尺三。（毛泽东《十六字令三首·其一》）

这里的“山”指红军长征时经过的贵州的骷髅山和八宝山等。这些山与江西苏区的丘陵山不同，它们巍峨矗立，到处是悬崖绝壁，茂密的树木生长于悬崖绝壁的石缝上，在低处远望，十分壮观。当地民谣言：“上有骷髅山，下有八宝山，离天三尺三，人过要低头，马过要下鞍。”骷髅山、八宝山高大雄伟是真，但说它们“离天三尺三，人过要低头，马过要下鞍”却是对客观实际的超越。毛泽东将民谣中的“离天三尺三”引入词中，形象地写出了山的高大，意在突显红军战士翻山越岭的雄姿和神威。本来的山是本体，“离天三尺三”的山是夸张体，夸张体的山更突出、鲜明地表达了人们的感受，在心理情感上同本体的山是同等的。

婉曲是说写时不直接道出本意，而用委婉含蓄的话来烘托暗示的一种辞格。由于其用语曲折，故又名婉言，婉转等。婉曲的本源体是直陈的对象，修辞体是婉转曲折地表达出来的对象。婉曲话语由婉辞和直陈词语构成，二者之间的修辞语义是等值的。如：

[7] 母亲现在离我而去了，我将永远不能再见她一面！这个哀痛是无法补救的。(朱德《母亲的回忆》)

“去世了”是本体，“离我而去”是婉辞，用与本体“去世”相关的婉言来代替本体，语义相同，但更突出了作者因母亲去世而生的哀痛，表达了作者对母亲的深切怀念之情。

**二、相同辞格中的小类构成的同义手段**

辞格有深层结构和表层结构。深层结构是辞格的语义模式，表层结构是该辞格的语言表达结构式即结构模式，这些结构模式被具体化后，就成了该辞格的语言表达形式。凡是从同一个深层的辞格结构转换而来的表层辞格，尽管因其具体的表达形式不同而有不同的分类，但意义是相同的，所以也都是同义辞格。以比喻为例：

凡是从同一个深层的比喻结构投射、衍生、变化而来的表层的比喻，不问它们形式上有多大的差异，都应当看作为同一个比喻，是同一个比喻的表层的不同的变体。比喻，在深层有由本体、喻体、相似点三要素构成的结构模式，而在表层结构中，有明喻、暗喻、借喻、较喻以及种类繁多的变体模式，尽管它们的表达形式变化多端，甚至有些要素可以不显现，然而都是同一个深层比喻结构模式的投射、衍生、变化体，这就是“同义比喻”或“比喻的同义手段”。

两对象在本质不同这一大前提下构成的比喻，其深层结构只有三个要素：本体、喻体和相似点。其深层应有两个结构：

深层思维结构：（$B_{(X)}$　∧ $Y_{(X)}$）－→（B ←→Y）

深层信息结构：（梨花$_{(白)}$＋ 雪$_{(白)}$）那么（梨花 ＝雪）

在深层思维结构中：B 为本体，Y 为喻体，X 为相似点。整个公式意为：如果同时存在具有相似点 X 的甲乙两个对象 B 和 Y，那么在特定情境中，B 和 Y 就等值而构成比喻。

虽然“深层信息结构”比“深层思维结构”较具体，但仍然是某一个比喻的抽象模式，要想将其投放到语言交际环境中去，还必须转化为表层的语言结构。

在比喻的表层语言结构有四种成分：本体（B）、喻体（Y）、联结方式（F）和相似点（X）。这些成分由于有的可以不出现，即其中的四个成分在不同情况下，可以省去一个、两个甚或三个。除省去的成分以外，出现的成分由于在线性组合中排列顺序的不同，就会出现各种各样不同的表层语言结构，用演绎法进行穷尽性的推导，比喻表层结构有 15 类 64 种语言模式（巧合 64 卦之数），如第一类，本体、喻体、联结方式、相似点都出现，按其排列方式，共有 24 种模式：

BXFY：梨花白似雪。……

BFYX：梨花如雪白。……

BYFX：梨花雪一样的白。……

BFXY：梨花如白雪。……

BYXF：梨花雪白似的。……

BXYF：梨花白雪似的。……

YFXB：雪像白梨花。……（本体同喻体换位）

YXBF：雪白得梨花似的。（本体同喻体换位）

YBFX：雪梨花似的白。（本体同喻体换位）

YBXF：雪梨花白似。（似乎不能说）

YFBX：雪如梨花白。……（本体同喻体换位）

YXFB：雪白得像梨花。……（本体同喻体换位）

FXBY：如白梨花般的雪。……（本体同喻体换位）

FBYX：像梨花似的雪白。

FBXY：如梨花似的白雪。……（本体同喻体换位）

FXYB：如白雪似的梨花。……

FYBX：如雪梨花白。……（似乎不能说）

FYXB：如雪的白梨花。比雪还白的梨花。……

XBYF：白梨花雪似的（纯洁）。……（增添词语）

XYFB：白雪一样的梨花。……

XYBF：白雪，梨花似的。……（本体同喻体换位，添加联结方式“，”）

XFBY：洁白胜过梨花的雪。（本体同喻体换位）

XFYB：洁白胜过雪的梨花。

XBFY：洁白的梨花胜过雪。/白梨花犹如雪。

以上 24 种模式是同义的，每一种模式具体化后的不同的语言表达式也是同义的。

比喻的千变万化的表层结构（语言表达模式和具体的语言表达式）是由同一深层结构（思维结构和信息结构）投射、衍生、变化而来的，所以，从理论上说，会形成五个层次的同义世界：

第一个是深层思维结构和深层信息结构构成的同义世界，它们之间的关系是前者转化成了后者，后者是对前者的具体化。

第二个是表层结构模式同具体比喻的语言表达形式构成的同义世界，它们之间的关系也是前者转化成了后者，后者是对前者的具体化。

第三个是 64 种表层结构模式聚合而成的同义世界。

第四个是在本体、喻体、相似点已然确定的情况下，丰富多彩的具体的比喻构成的同义世界。

第五个是由比喻的深层结构和表层结构共同组成的同义世界，这是最大的比喻同义世界。

同一深层结构通过逐层转化而构成的比喻的同义大世界是有层级性的一个系统。

许多独立的辞格都有下位分类，下位的几个类尽管各有特征，但同属于一个上位类，具有上位类的特点或属性，因而这些下位类是同义的。再如夸张，其下位有三种：扩大夸张、缩小夸张和超前夸张，但都是故意张皇夸大、言过其实以突显某种情理；对偶，有正对、反对和串对，但其共同的修辞义是字数相等、结构相同或相似、平仄相对的两个语言格式并列在一起，来对称地表达具有某种关系的意义，等等。

此外，同一个修辞格的同一个下位格式内部的组成部分之间也可以构成同义手段。如一个博喻中的几个单独比喻，虽然其喻体不同，但由于本体相同，所以，这几个单独的比喻就是同义的，因为他们共指同一个对象。如：姚姬传《复鲁洁非书》是这样刻画文章的刚健风格的：“其得于阳与刚之美者，则其文如霆，如电，如长风之出谷，如崇山峻崖，如决大川，如奔麒麟。”“其文”是本体，而“霆”、“电”、“长风之出谷”、“崇山峻崖”、“决大川”、“奔麒麟”都是喻体，其实，这个博喻是由六个简单比喻构成的，它们共同反映同一个对象，因而，这六个简单比喻之间是同义的，构成了同义手段。台湾诗人秦松有一首诗叫《九十六种月亮》，以“月亮”为本体，九十六个对象为喻体，构成了“月亮是……”的一个大博喻，其中第一部分有这样几个比喻：“月亮是诗的传说/月亮是传说的诗/月亮是诗的鬼魂/月亮是诗的躯壳/月亮是诗人的鸦片/月亮是诗人的酒精/月亮是诗人的囚笼/月亮是杀死诗人的凶手。”九十六个“月亮是……”其实是等值的，都说的是月亮，是诗人对月亮从不同角度的联想和想象，主要是文化的心理的联想与想象。

### 三、不同辞格构成的同义手段

不同辞格也可以构成广义的同义手段，可从两方面来观察。

#### （一）辞格的一种类聚就是一组同义手段

辞格研究的一个重要内容，就是对其进行分类。许多修辞学著作对修辞格的分类中的每一种，其实是广义的辞格同义手段，因为分类总是有一定标准的，一个“类”就是一个“意义”的角度，都有共同的语义特点，这是它们形成同类聚合的根据。从某个特定角度看，一个“类”中的多个辞格就是在某种意义上有共同点的一个集合体，即同义手段。修辞学研究者对辞格的分类就说明了这个问题。如：

陈望道在《修辞学发凡》中“大体依据组织，间或依据作用”将38种辞格分成如下四类：“（甲类）材料上的辞格：一、比喻　二、借代　三、反衬　四、摹状　五、双关　六、引用　七、仿拟　八、拈连　九、移就；（乙类）意境上的辞格：一、比拟　二、讽喻　三、示现　四、呼告　五、夸张　六、倒反　七、婉转　八、避讳　九、设问　十、感叹；（丙类）词语上的辞格：一、析字　二、藏词　三、飞白　四、镶嵌　五、复叠　六、节缩　七、省略　八、警策　九、折绕　十、转类　十一、回文；（丁类）章句上的辞格：一、反复　二、对偶　三、排比　四、层递　五、错综　六、顶针　七、倒装　八、跳脱。”① 这四类，每一类就是一组同义手段。

吴士文在《修辞讲话》（甘肃人民出版社1982年）中，把常见的25种

---

① 上海教育出版社1979年新一版，第71—72页。

辞格分成四类：

描绘体　描绘对象体：比喻、比拟、移觉、夸张、摹状、讽喻

换代体　换代本事体：借代、折绕、反语、双关、象征、飞白、引用

引导体　引导随从体：拈连、对偶、排比、层递、反复、顶针、回文、对比、衬托、设问、错综

形变体　形变原形体：反问、跳脱、仿拟

如第一类的6种辞格，从结构上看，其中的每种都有两个要件：描绘体和描绘对象体。“描绘体是对对象表示形象的修辞体。对象体是被描绘的对象。”[①] 这类中前4种辞格的描绘体和描绘对象体分别是：

| 辞格 | 描绘体 | 描绘对象体 | 例举 |
| --- | --- | --- | --- |
| 比喻 | 喻体 | 本体 | 共产党像太阳/诗是跳舞 |
| 比拟 | 拟体 | 本体 | 群山低头/我们可以飞 |
| 移觉 | 甲对象的感觉 | 乙对象 | 无味的语言/锐利的眼睛 |
| 夸张 | 扩大或缩小体 | 原体 | 千呼万唤/巴掌大的根据地 |

这些辞格都是通过某一描绘体对某个对象的描绘来提高表达效果的，就此而言，它们在结构上是同义的，因而构成了同义集合体。

刘焕辉在《修辞学纲要》（百花洲文艺出版社1993年）中，根据辞格组合的不同特点，把辞格分成如下几类：

1. 转义组合而成的辞格：比喻、比拟、借代、移就、拈连、讳饰、接通
2. 反义组合而成的辞格：倒反、移色、反缀、抑扬、互衬、反衬、撇语、反诘
3. 同义组合而成的辞格：同语、复迭、复称、反讥、引证
4. 兼义组合而成的辞格：双关、参互、婉曲
5. 篡义组合而成的辞格：别解、反译、换义、巧缀、断取、移时
6. 超级组合而成的辞格：降用、升用、闪避、夸张、较物
7. 语音汉字组合而成的辞格
8. 话语结构组合而成的辞格

这些分类中的每一类都是一个聚合体，聚合体中的若干不同辞格从某个角度看，是同义的，是同义聚合体。

刘大伟《比喻、近喻与自喻》[②] 中认为：“语言不仅以比喻的方式

---

① 吴士文：《修辞讲话》，甘肃人民出版社1982年版，第78页。

② 刘大伟：《比喻、近喻与自喻》，上海教育出版社2001年版，第106页。

承受了‘相似即同一’的认知关系的改变，而且以比喻的不同类型承受了从相似走向同一的不同程度。从这一角度来研究比喻，观察由于比喻各要素的隐现以及相应语言要素的变化而造成的同一程度的变化，并且根据这种变化的大小来排列比喻的各种类型，就能得到一个比喻类型的同一性梯度。”他大致确定，在这一梯度上，同一性由弱到强有这样一个序列：

正常表述→明喻→暗喻→比拟→借喻→比喻性象征。[①]

他又根据“接近即同一”的原则列出了一个与比喻对称的近喻的同一性梯度：

正常表述→相当于明喻的近喻→相当于暗喻的近喻→移就→借代→象征。[②]

他还根据“自变关系”，认为：“如果强调夸张、通感词义变化中自变的特点，那么将它们称为自喻是顺理成章的。”[③] 并且认为：“换一个角度看，夸张、通感在寻求形象支撑时同样可以利用接近关系，这样寻求到的形象就能作为介体而将夸张、通感发展为近喻。”[④]

从第一个同一性梯度的序列中，可以看出，比喻（包括明喻、暗喻、借喻）、比拟、比喻性象征是同义的；从第二个同一性梯度的序列中，可以看出，近喻、移就、借代、象征是同义的。从把夸张、通感都归为“自喻”看，夸张、通感是同义辞格。从夸张、通感能发展为近喻看，近喻、移就、借代、象征、夸张、通感就是同义的。如果我们从更高的层次看问题，则比喻、比拟、移就、借代、象征、夸张、通感就都是同义的，即它们是不同辞格构成的同义聚合体。

王希杰在《汉语修辞学》（修订本）中，按照美质原则，将常用的41种辞格分为均衡、变化、侧重、联系四个同义系列，每一系列中的辞格都是语言美的一种体现形式，因此一个系列就是一组同义手段的聚合体：

均衡：对偶、对照、排比、顶针、回环、互文、列举分承

变化：双关、反语、夸张、婉曲、相反相成、顾名思义、拆字、拆词、释义、析词、顿跌、曲说、拟误、存误、转类、返源、藏词、歇后

① 刘大伟：《比喻、近喻与自喻》，上海教育出版社2001年版，第106页。

② 同上书，第120页。

③ 同上书，第120—121页。

④ 同上书，第131页。

侧重：反复、递进、映衬、设问、反问、类聚、同语、撇除

联系：比喻、比拟、借代、图示、拈连、移就、仿拟、引用

如在“联系”这一类中的比喻、比拟、借代、图示等辞格从美质的角度看，都有联系美，即每一种辞格的两个构成要件相联系。如在比喻中，喻体和本体相联系；在比拟中，乙对象的属性和甲对象相联系；在借代中，代体与本体相联系；在图示中，图像与本体对象相联系等等。它们便是同义的。更何况，比喻和比拟虽然表层结构不同形，但深层结构却是相同的，二者只不过是同一深层结构的表层变异表达形式而已，所以也是同义的。

李颔蕾的《辞格学新论》阐述了辞格语义的生成机制，运用零度和偏离概念描写辞格的语义系统和认知系统，根据语言辞格的元语言功能，对语言辞格的转写形式进行了认知分析，总结了辞格意义的类型，提出研究辞格意义的两种模式：“语言—言语模式”和“零度—偏离模式”，将零度偏离理论作为最重要的方法论原则，同时运用了四个世界的说法，推出了作为自成体系的新的辞格系统构成成分的许多新概念，初次构建了一个融语言意义和认知意义于一体的汉语辞格语义系统。这是新世纪里关于辞格学的一部重要著作，给我们展现了一个辞格研究的新天地。其辞格系统如下表（见 295 页）。

如果我们从大视野的角度看，整个辞格系统就是一个大的同义类聚，在这个类聚中，又有不同角度、不同层次的小类聚，每一层中的每一个类聚都是同义手段的聚合体。从上表可清楚地观察到：辞格系统首先可分为语言的辞格系统（零度的、原辞格的）和言语的辞格系统（偏离的、对象辞格的），这是运用“语言—言语”和“零度—偏离”的方法论构建的辞格语义模式，它们是辞格系统中最高层次的两个同义聚合体；在语言的辞格系统中，又有语义辞格、语法辞格和语文辞格，在言语的辞格系统中，又有物理辞格、文化辞格和心理辞格，这是运用四个世界的方法论构建的辞格语义模式，是辞格系统中第二层级的同义聚合体；在语文辞格、物理辞格、文化辞格、心理辞格中，又有第三层（甚至第四层）同义聚合体，最后一层同义聚合体是由相对独立的不同的具体辞格构成的集合，如语义辞格中的 23 种辞格、语法辞格中的 16 种辞格等，它们分别都是不同辞格构成的同义手段。

**辞格系统一览表**

<table>
<tr><th colspan="4">辞格系统</th><th>辞格成员示例</th></tr>
<tr><td rowspan="4">语言辞格系统（零度系统）（元辞格）</td><td colspan="3">语义辞格</td><td>比喻、比拟、移就、拈连、双关、换义、别解、增动、换算、体变、借代、夸张、断取、避讳、析数、仿拟、移时、语义飞白、倒反、矛盾、对比、易色、同异、</td></tr>
<tr><td colspan="3">语法辞格</td><td>迭映、顶真、回环、序换、互文、倒装、藏词、排比、反复、反问、拆词、语法飞白、对偶、错综、转类、递归</td></tr>
<tr><td rowspan="2">语文辞格</td><td colspan="2">语音辞格</td><td>摹声、同字、呵成、叠音、谐音、语音飞白、绕口、衬字、反切</td></tr>
<tr><td colspan="2">文字辞格</td><td>回文、析字、镶嵌、联边、离合</td></tr>
<tr><td rowspan="11">言语辞格系统（偏离系统）（对象辞格）</td><td rowspan="3">物理辞格</td><td colspan="2">时变格</td><td>物候格、时间序位格</td></tr>
<tr><td colspan="2">空变格</td><td>空间序位格</td></tr>
<tr><td colspan="2">数变格</td><td>数字序位格</td></tr>
<tr><td rowspan="7">文化辞格</td><td rowspan="2">语用辞格</td><td>会话辞格</td><td>质离格、息余格、息缺格、隐晦格、暗转格、返射、谲辞、旁逸</td></tr>
<tr><td>叙述辞格</td><td>叙述时间辞格、叙述人称辞格</td></tr>
<tr><td colspan="2">文学辞格</td><td>文学象征、词典辞格</td></tr>
<tr><td colspan="2">影像辞格</td><td>蒙太奇辞格</td></tr>
<tr><td colspan="2">音响辞格</td><td>声乐辞格、器乐辞格</td></tr>
<tr><td colspan="2">建筑辞格</td><td>结构辞格、风格辞格</td></tr>
<tr><td colspan="2">游戏辞格</td><td>字谜、酒令、牌词</td></tr>
<tr><td>心理辞格</td><td colspan="2">梦的辞格</td><td></td></tr>
</table>

### （二）不同辞格形式的言语构成同义手段

从理论上说，各种不同类型的辞格之间都可能构成同义手段，但其同义关系的实现，还须具备一定条件。假如某人长得胖，人们称他为“胖子”，这就是借代；如果他个子高，人们叫他为“电线杆子”，这就是比喻；如果他长得很丑，人们称呼他为“美男子”，这就是反语；倘若他能言善辩，人们叫他为“铁嘴铜牙”，这就是比喻性夸张，等等。总之，这些不同的称呼都指的是同一个对象，因此，它们构成同义手段。

## 四、辞格和非辞格构成的同义手段

辞格是一种特殊的表达方式、思维方式和认知方式，非辞格是常规表达方式。如果把常规表达方式视为零度，那么辞格就是对“常规”的偏离，零度和偏离共同构成了同义手段，因此辞格和非辞格就能构成同义手段，即相同或相近的意义可以用辞格形式表达、也可以用非辞格形式表达，如毛泽东曾用“将革命进行到底”和“宜将剩勇追穷寇，不可沽名学霸王”两种说法表达了同样的意思，前者是非辞格的一般表达法，而后者则是对偶和用典的辞格表达法。这里，我们不想一一论述每一种辞格和与之相对应的非辞格表达之间的同义关系，只进行举例性地说明。

### （一）反复辞格与一般表达法构成同义手段

“语言线性特点要求它依次出现的语言单位具有别异性，即不能总是或接连出现相同的单位。但言语表达者有时用相同的单位进行线性的排列组合，可以起到强调语义内容、增强语言感染力的作用。”① 用相同的单位进行线性的排列组合就形成了反复辞格。这有两种情况：

一是用同本身相同的语言单位修饰自己，构成偏正结构，如

［1］关键的关键，仍然是那封信，这一步我们还是迈不过去。（戴少军《荒野的裁决》）

［2］钱、房子、吃饭、睡觉、撒尿拉屎，一切的一切，都希望小林在单位混得如何。（刘震云《单位》）

［3］每扇门里摆满了“世界杯”，
我也想踢一场足球了，……
若干年后的若干年后
我就有一个儿子，
这唯一例外的奇迹，
飞跑在足球场上……（车前子《日常生活》）

例［1］的“关键的关键”、例［2］的“一切的一切”、例［3］的“若干年后的若干年后”都是用同本身相同的语言单位修饰自己，构成偏正结构，来加强语义的。

二是语言单位的连续反复和间隔反复。客观事物的反复出现、反复变

① 冯广艺：《变异修辞学》（修订本），湖北教育出版社 2004 年版，第 70 页。

化，并反映到人们的头脑里，这是反复辞格产生的客观基础。当人们对事物有热切的感触并一而再再而三地在脑海里产生某种意念时，常常需要用话语反复地表达出来，这是反复产生的心理基础。反复的修辞作用在于：突出事物，强调感情；分清层次，加强节奏；细致地描绘情态，深刻地揭示人物的心理活动。反复多用于各种文艺语体中，如：

［4］……但总而言之，边疆上（热河一带）是炸，炸，炸；腹地里（江西等红军根据地）也是炸，炸，炸。虽然一面是别人炸，一面是自己炸，炸手不同，而被炸则一。（鲁迅《中国人的生命圈》）

［5］读书呀，读书呀，不错，学生是应该读书的，但一方面也要大人老爷们不至于葬送土地。这才能够安心读书。（鲁迅《"友邦惊诧"论》）

［6］无耻啊！无耻啊！这是某集团的无耻，恰是李先生的光荣！（闻一多《最后一次的讲演》）

例［4］是词反复，两处反复，突出重点，起到愤然怒斥日本帝国主义和国民党反动派的作用。例［5］是短语反复，表达了鲁迅先生对国民党反动派的卖国政策无比愤激的感情。例［6］是句子反复，抒发出作者对暗杀李公朴先生的蒋介石反动集团的切齿痛恨。

［7］

红酥手，黄藤酒，
满城春色宫墙柳。
东风恶，欢情薄，
一怀愁绪，几年离索。
错，错，错！

春如旧，人空瘦，
泪痕红浥鲛绡透。
桃花落，闲池阁，
山盟虽在，锦书难托。
莫，莫，莫！（陆游《钗头凤》）

"错，错，错！"三个独词分句连续反复，表达的是一种深悔之情；"莫，莫，莫！"三个独词分句连续反复，既表达深情难言、刻骨铭心的思念，又表达绝望、无可奈何、只好作罢的感情。再如：

[8] 丧葬费，赡养费，医药费，食品费，费、费、费、费！（刘恒《连环套》）

四个“费”连用，突出、强调了收费繁多的语义内容。

[9] 这天晚上，我怀着极度的痛苦，坐在我和你一同睡过的那间房里。就是在这房里，你曾向我倾吐过你对罗群的深深的爱；就是在这房里，我们不断响起欢乐的青春的笑声；也就是在这房里，我们谈到对党对事业对爱情都应无限忠贞。（鲁彦周《天云山传奇》）

例 [9]“就是在这房里”间隔三次出现，从三个方面表现了崇高的富有青春特点的精神世界。而三次反复都是对“我和你一同睡过的那间房里”这同一地点进行强调，突出过去在这间房里闪光的生活，并让它与“这天晚上”“我”的极度的痛苦进行对照。

鲁迅先生著名短篇小说《风波》，写的是张勋复辟在江南一个农村里引起的风波，通过这场风波真实地反映了辛亥革命后的农村现状，并深刻地批判了辛亥革命的不彻底性。小说中有个九斤老太（据说她的丈夫出生时重九斤），是个保守落后的人物，她有句口头禅，小说里竟重复了八次之多：

[10] 九斤老太……仍旧自己说：“这真是一代不如一代”。（这时是因为曾孙女六斤骂她。）

所以伊（九斤老太）又用劲说：“这真是一代不如一代”。（这时是因为六斤出生时比曾祖父轻了三斤，比父亲轻了一斤。）

她又说：“一代不如一代。”（这是因为七斤嫂子竟敢和她争辩。）

“一代不如一代！”九斤老太说。（这是因为七斤回家太晚。）

“一代不如一代，——”九斤老太正在不平，……对赵七爷说，“现在的长毛，只是剪人家的辫子，僧不僧，道不道的……”

六斤躺着哭，九斤老太拉了伊的手，连说着“一代不如一代”；一同走了。

（七斤想）“辫子呢辫子？丈八蛇矛。一代不如一代！皇帝坐龙庭。……”

九斤老太很不高兴地说，“一代不如一代，我是活够了。三文钱一个钉（补碗用）；从前的钉是这样的吗？”

“一代不如一代”是九斤老太评价“时世”和发泄“不平”的口头禅，她盲目地留恋过去，不满新的时世，脑子里全是顽固保守思想。鲁迅先生让她反复念叨“一代不如一代”，渲染了停滞不前的农村生活的凝重气氛。

反复是为了突出某个意思、强调某种感情，特意重复某个词语或句子的修辞方式。如果不用反复法，用常规方式表达，就没有“突出”、“强调”的作用，但基本意义是一样的，因而二者可构成同义手段。

（二）截取与完整形式构成同义手段

在汉语修辞中，有截取之法，也称为断取，这是在形式方面对信息编码的减省，应该是一种辞格，与其完整形式构成同义手段，这也可看作辞格与非辞格的同义手段。

词语都有完整的形式，但在言语中，根据需要，往往打破完整的形式，截取其中的一部分，与别的语言单位组合，产生特殊的表达效果。如：杨柳细（腰）、秋胡戏（妻）、瓮中捉（鳖）、下马威（风）、牛头马（面）、胡里胡（涂）、（司）马迁、（司）马相如等。

截取在古代表现为“藏词”，“藏词”进一步发展为“歇后语”。

藏词截取有三种类型：

（1）截前取后，即藏头，以后代前。如：

凤凰来仪→来仪＝凤凰
天马徕兮龙之媒→龙媒＝天马
二十弱冠→弱冠（之年）＝二十岁
三十而立→而立（之年）＝三十岁
四十而不惑→不惑（之年）＝四十岁
五十而知天命→知天命（之年）＝五十岁
六十而耳顺→耳顺（之年）＝六十岁
六十花甲→耳顺（之年）＝六十岁
人生七十古来稀→古稀（之年）＝七十岁
祸兮福所倚，福兮祸所伏→倚伏＝祸福

（2）截后取前，即藏尾。有两种情况：

A 以前代后，如：

夫人自称曰小童→夫人自称曰＝小童
君子不以言举人→君子不以言＝举人
友于兄弟→友于＝兄弟
愿言思子→愿言＝思子
莞尔一笑→莞尔＝笑

B 以前代整体，如：

刮目相看→刮目＝刮目相看
金玉其外，败絮其中→金玉其外＝金玉其外，败絮其中

（3）截中取前后，即藏腰，以前后代整体。如：

与人为善→与善＝与人为善
从善如流→从流＝从善如流

歇后语其实是藏词演变为只截后取前的形式。歇后语是由类似于谜面和谜底的引导体和解说体组成，解说体可以“歇”去不说，听读者通过引导体的引发，推出解说体，其实是以引导体代替了解说体，但同其完整形式的意思是一样的，也构成了同义手段。如：

哑巴吃黄连——有苦说不出→哑巴吃黄连＝有苦说不出
千里送鹅毛——礼轻情谊重→千里送鹅毛＝礼轻情谊重
徐庶进曹营——（一言不发）
贼娃子打官司——（场场输）
瞎子点灯——（白费蜡）

如作品中的例子：

［11］杨意不逢，赋凌云而自惜。钟期既遇，奏流水以何惭。（王勃《滕王阁序》）

“杨意”即人名“杨得意”的断取，“钟期”即“钟子期”的断取，这是为适应骈体文格式的需求。

［12］惜秦皇汉武，略输文采；
唐宗宋祖，稍逊风骚。（毛泽东《沁园春·雪》）

“秦皇”即“秦始皇”，“汉武”即“汉武帝”，“唐宗”即“唐太宗”，“宋祖”即“宋太祖”，前者都是对后者的断取，是为适应古诗词中音节数量的需要。

［13］屯田之设，曹魏破蜀，业以兴师，马晋平吴，兵因取给。（李延寿《北史·崔挺传》）

“马晋”中的“马”是复姓“司马”的压缩，为了构成四字格以适合当时崇尚的四六对偶。

（三）“顿跌”与常规表达构成同义

“顿跌”是把本来可以一口气说完的话，却故意不流畅顺当地说出来，折成几句话，使语势先抑后扬，犹如先闸住流水提高水位，然后再倾泻下来，使水势更为迅猛。如：

［14］火车走出居庸关，经过了一段崎岖的山路后，自然便在我们面前敞开了一个广阔的原野，一个用望远镜都望不到边际的原野，这就是古之所谓塞外。（翦伯赞《内蒙访古》）

这段话如果改成一般说法便是：“火车走出居庸关，经过了一段崎岖的山路后，自然便在我们面前敞开了一个广阔的、用望远镜都望不到边际的原野，这就是古之所谓塞外。”但这样说，便显得平淡，而且“原野”前有两个定语，句子显得拖沓、语气紧迫。用顿跌法表达，则不仅舒缓了语气，增强了语势，还突出了“原野”的两个定语的内容。

（四）迂回型比喻同常规表达构成同义

比喻作为辞格之首，同常规表达相比，其效果显而易见。表达同样的内容或意义，一用比喻，便使语句顿时生辉。比喻格式异彩纷呈，这里仅以迂回型比喻为例，说明它同常规表达的同义。

迂回型比喻的特点是迂回作比，跌宕生姿。它有多种形式：

一是先提出喻体（一个或几个），再否定喻体，最后引出本体。如：

［15］站在高山往西看，

一条白带绕丛山，
不是带，
原是新开公路上岭来。（《红旗歌谣·站在高山上》）

“一条白带绕丛山”是喻体，紧接着说“不是带”，这是对喻体的否定，最后说出本体“新开公路上岭来”。这种表达与“站在高山往西看”，“新开公路上岭来”的常规表达同义。

[16] 荒野里偶尔能看到一种树，树枝上密密麻麻地挂满了果实，那不是果实，都是鸟巢。这种鸟非洲人叫做黑头织鸟，织鸟的巢像果实一样挂在树枝上。（杨朔《生命泉》）

这种表达与常规说法“树枝上密密麻麻地挂满了鸟巢”同义。

[17] 刚去的当晚，是个阴天，偶尔倚着楼窗一望，奇怪啊，怎么楼前平空涌起那么多黑黝黝的小山，一重一重的，起伏不断？记得楼前是一片比较平坦的园林，不是山。这到底是什么幻景呢？赶到天明一看，忍不住笑了。原来是满野的荔枝树，一棵连一棵，每棵的叶子都密得不透风，黑夜看去，可不就像小山似的！（杨朔《荔枝蜜》）

这种说法与“楼前是满野的、一棵连一棵、每棵的叶子都密得不透风的荔枝树”同义。

二是先提出本体，再引出喻体，然后否定原喻体，接着引出新喻体。如：

[18] 唉！人的一生，宛如一个梦，不！不！不！不是一个梦，这比喻太普通、太平凡了；不如说，人的一生好像是个傀儡，被一条命运的线牵着在场上跳动，要东就东，要西就西，无意识地、不由自主地回旋舞蹈，要依着划定的轨道上跑，不准你稍越雷池一步，真的是命运的恶作剧呵！（杨华在《薄命》）

这段话里的比喻，先提出本体“人的一生”，再引出喻体“一个梦”，然后用“不！不！不！不是一个梦，这比喻太普通、太平凡了”否定喻体，再引出一个新喻体“傀儡”，这样迂回曲折地解释人的一生，解释人间的不幸和幸运的事情，层层迭进，形象而生动。它同“人的一生由命运决定，充满了许多的幸运和不幸”同义。再如：

三是先提出本体，再否定本体，然后引出喻体。如：

[19] 再说我们那两库水，它不是水，它是黄橙橙的粮食呀！（李准《耕耘记》）

“那两库水”是本体，“它不是水”是对本体的否定，“黄橙橙的粮食”是引出的喻体。

这种表达与非辞格表达“我们用那两库水浇地，才能收获到黄橙橙的粮食呀！”同义。

四是先用否定方式将本体和喻体（一个或几个）联结，紧接着用肯定方式将本体同一个新的喻体联结，肯定否定并现，但在意念上选择的是肯定式，有人称其为“选择式比喻”，我们将其归到“迂回喻”中，不单列一类。如民谚说“困难不是铁，困难不是钢，困难是弹簧，看你强不强。你强它就弱，你弱它就强”。这是以“困难”为本体先打两个否定式比喻，紧接着选用新喻体同原本体构成肯定式比喻，说明“困难”是欺软怕硬的玩艺儿，鼓励人们在困难面前不要畏缩。再如理由在《痴情》中写道：“才华，再不是知识分子产生飘然之感的鲜花，而是触动悲伤之情的苦药。”这些迂回式比喻同不拘一格的常规表达都是同义的。

五是先说出喻体，再以这个喻体为本体引出二度喻体，再否定这些喻体而引出新喻体，最后点出本体。如：

[20] 他专注地看着那两杯酒，酒愈发洁白了，像霍林河的浪花，像一团山洞里飘逸出的白云，像十五的夜晚才才爬上树梢的圆月。不，都不是，这是不能见底的海啊，是海，真的是海，在无穷无尽的洁白的云雾后边是一双肯定的墨黑的眸子。（白雪林《成长》）

“那两杯酒”是借喻的喻体，本体是什么，暂且不说，然后又以“那两杯酒”做本体，二度引出新喻体“霍林河的浪花”、“一团山洞里飘逸出的白云”和“十五的夜晚才才爬上树梢的圆月”构成博喻，紧接着用“不，都不是”否定前面所有的喻体，而引出新喻体“不能见底的海”，最后才点出本体是“一双肯定的墨黑的眸子”。这样一波三折，迂回婉转地来描写“眸子”，给人以山重水复、柳暗花明之美感。用迂回曲折的比喻进行描写，同直接说“他专注地看着那一双肯定的很黑的眸子”，理性意义是相同的，但效果却是大不相同的。

六是先提出本体，再否定本体，然后引出喻体，再否定喻体。如：

[21] 这是一种什么样的梨啊！它不是梨，简直是糖葫芦，不，糖葫芦又怎么能比得上它呢！（峻青《海燕》）

作者先以赞扬的语气肯定本体“梨”，接着又加以否定，说它不是梨，然后又肯定地引出喻体“糖葫芦”，最后又用否定副词和反问句否定喻体，说“糖葫芦又怎么能比得上它呢！”这种反复肯定否定的比喻说法，虽然同直接说成“它是非常甜的一种梨”意义相同，但却曲折多变，波澜起伏，语气强烈，跌宕生姿。

迂回型比喻其实是“本体 + 像 + 喻体”或“本体 + 是 + 喻体”的变体，或是这些变体的组合。“文似看山喜不平”，迂回型比喻正取的是这样一种效果。但它所表达的理性意义不仅与一般比喻话语的相同，也同非辞格话语的一样，它们构成了同义手段。

# 第十一章　语言风格的同义手段

语言风格是语言表达上特有的格调和气派，是运用语言时所表现出来的各种特点的总和。“风格就是对零度形式的一种偏离。没有偏离就没有风格。”① 偏离同零度构成风格的同义手段，各种各样的平行式偏离也构成风格的同义手段。语言风格其实就是最广义的同义手段聚合体，对语言风格的研究其实就是对一种最广义、最巨大的同义手段的研究。

## 第一节　风格与同义手段

### 一、风格概说

“风格，就是区别性特征的总和。所谓区别性特征就是某一事物所特有的、其他事物所无的偏离差。风格，就是某一事物区别于其他同类事物的区别性特征的总和。”②

“语言风格，就是语言的区别性特征的总和。”③

布达哥夫说：“语言风格是全民共同语的变体，它是历史上形成的，以语言特征的某种总合为其特点，其中的一部分特征独特的，按照自己的样式在其他语言风格里重复着，而这些特征的一定组合则使一种语言风格和另外一种语言风格区分开来。”④

根据索绪尔的语言理论，如果区分了语言和言语，那么“语言风格”就可分为语言的风格和言语的风格。语言的风格有语体风格、民族风格、时代风格、地域风格；言语风格有个人风格和表现风格。“语言的民族风格，就是某一民族语言所独有而其他民族语言所无的区别性特征的总和。语言的时代风格，就是某一时代的语言所独有而其他时代的语言所不具有的那些区别性特征的总和。语言的地域风格就是某一地方语言所具有而其他地方语言所不具有的那些区别性特征的总和。语言的语体风格，就是某一语体所独有

---

① 王希杰：《修辞学通论》，南京大学出版社 1996 年版，第 493 页。

② 同上书，第 497 页。

③ 同上书，第 498 页。

④ 同上书，第 495—496 页。

的、能够同其他语体相互区别的那些区别性特征的总和。言语风格，就是语言运用中所表现出来的区别性特征的总和。言语的个人风格，或者说是个人的言语风格，就是一个人运用语言所表现出来的区别于一切其他人的独有区别性特征的总和。文学作品的言语风格，就是一部文学作品中所表现出来的区别于其他作品的独有区别性特征的总和。”①

人们一般所说的语言包括了静态的语言（系统）和动态的言语（话语），于是，语言风格就又可分为广义的和狭义的。广义的包括静态的语言（系统）的风格和动态的言语（话语）的风格，狭义的只指动态的言语（话语）的风格。

## 二、风格与同义手段

语言风格有深层结构和表层结构。语言风格的深层结构由风格要素构成，风格要素是指能够形成风格的所有实体因素，它包括语言的风格要素和非语言的风格要素。语言的风格要素，指语言结构内语音、词汇、语法和一般修辞手段中一切具有风格功能的语言要素。它是形成语言风格的物质基础。非语言风格要素，是指能起风格作用而又不属于语言结构体系的风格材料，如修辞格的运用、文章段落的组织和篇章的结构等。由风格要素构成的风格的深层结构投射、衍生、变化而来的语体风格、时代风格、民族风格、个人风格、地域风格、表现风格这些表层结构，就是语言风格的“同义手段”，因为它们虽有差异，但具有平行、并列、对应的关系，并且在一定条件下可以互相代替。至于语言风格的不同的小范畴从理论上来说，也应有各自的深层结构和与之相应的表层结构，它们的表层结构如果有平行的、并列的、对应的关系并且可以有条件地相互代替的话，也就是风格的“同义手段”。如由“语体风格”深层结构投射而来的“口头语体”和“书面语体”这两个表层结构，在一定条件下就是“语体风格”的“同义手段”，因为同样或相近的意义可用书面语表达，也可用口语表达；由“书面语体”的深层结构投射而来的典型的艺术语体、政论语体、科技语体、事务语体这四个表层结构，在一定条件下就是典型的“书面语体”的“同义手段”，因为不管用哪一种语体，它们所表达的意义是相同或基本一致的。再如“表现风格”，王希杰在《汉语修辞学》（修订本）里将其分为四组相互对立的八种类型：藻丽—平实；明快—含蓄；简洁—繁丰；典雅—通俗。这些表现风格，既可以将八种视为一大组同义手段，也可以将四组类型中的每一对看作

① 王希杰：《修辞学通论》，南京大学出版社 1996 年版，第 498 页。

同义手段，因为在所表达的基本意义相同的前提下，只是运用语言的特点不同，它们互为同义手段。再如民族风格、时代风格、地域风格、个人风格都分别是意义相同或相近但风格不同的同义集合体。

## 第二节　语体风格及其同义手段

语体又称语言的功能风格，它是根据不同的交际领域、交际目的、传递媒介、交际方式、反复使用不同的语言材料而形成的语言运用的区别性特征的总和，是运用民族共同语的功能变体。语体是适应语言环境的偏离形式，是同义手段产生的重要原因，是选择语言材料和修辞手法的制约因素。

不同的交际需要和交际环境，对语言运用提出了不同的要求，比方说，通知的语言力求简明平实，诗歌的语言力求形象生动。因为写通知的目的在于确切明白地告诉别人一些事情，写诗的目的在于用文学形象去感动人，二者的交际需要不同。因此为了适应不同的交际需要和环境，以语言运用特点为主要特征的各种言语体式即语体也就形成了。

语体的语言运用特点，表现在语言运用功能的分化上。例如，离开“花儿”、“鸟儿”、“晨雾”、“夕阳”之类富于色彩的词语，文艺语体是难以形成的；同样，如果离开了“特此通知”、“请批示”一类的公文用语，公文语体也难以存在。某些词语，即使表示同一概念，也仍然存在着功能上的分化问题，如“花儿”、“鸟儿”常用于文艺语体，而“花”、“鸟”则常用于科技语体。某些句式即便是表示同一种语法关系，也仍然有功能上的分化问题，比如，“为实现四个现代化而奋斗”的句式，常用于书面语中的政论语体，显示着一种庄重的语体色彩，而“不要为这点小事儿着急”的句式，则常用于口语中的谈话语体，显示了一种平实亲切的语体色彩。当然，我们说语言材料在功能上的分化，并不等于说语言中的任何一个词语在不同的语体中都一定有所归属或不同的语体都存在一套与别的语体毫无相同的词语和句式。事实上，大多数的词语和句式，对各种语体来说，都是适用的。我们只不过是说，各种不同的语体，竭力运用着不同功能的语言材料，以此显示着各自的特点，适应不同的交际需要和环境而已。

语体对个人运用语言的活动有一定的约束作用，即一个人在选择语言材料和修辞方式时，应当遵循某种语体的一般要求。比如说，一个诗人在写通知或请假条时，是不能用诗的形象化语言的。

我们应当区分语体和文体。语体和文体是两个不同的概念：第一，语体是运用不同的语言材料而形成的言语特点的体系，是民族共同语的功能变体，要从语言的角度来观察分析，属于语言学范畴；而文体则指的是文章的体式，由于写作手法的不同，分为议论文、说明文、记叙文、抒情文等，要从写作学的角度来观察分析，两者属于不同的科学范畴。第二，每一种语体都以语言的表现形式或存在形式为依据，包括口头语和书面语，而文体只以书面语为依据。第三，文体和语体不存在一一对应的关系，即文体的分类不能反映语体分类的情况，因为口头语体既可用于口头语，也可用于书面语，如小说、戏剧中的人物对话尽管是口头语，但却出现在书面上；书面语体既可用于书面语，也可用于口语，如在庆典大会上宣读的贺词，尽管有书面语体的特点，却用口语形式来传达。

我们应当区分语体和语言形式。在将语体分类时，人们往往从高层分为两个层面：口头语体和书面语体，在将语言形式分类时，人们往往也从高层分为两个层面：口语形式和书面语形式。但语体和语言形式是不同的概念：口头语体和书面语体是根据交际目的、交际环境等因素选择语言材料的结果，而口语和书面语是人们运用语言的表现形式或语言存在的方式。每种语体都能以两种语言形式出现，书面语体靠声音来传播就成了口语，如中央电视台的《新闻联播》节目；口头语体靠文字来传播就成了书面语，如人们之间谈话的记录文稿。语体和语言形式不可混同。

我们应当区分语体与语言风格。语言风格“它是言语成品在语言运用中所形成的特有格调和气派”[①]。“语体是言语成品具有的格式，有着约定俗成的特点，具有强烈的系统规范性，对于全社会都具有强大的约束力量。任何人只要运用某种语体，就必然要受该语体的系统和规律的支配。这种体式是民族共同语的功能变体，是千百万人长期共同创造的结果，是客观存在的，是不以个人意志为转移的。风格则不同，它是言语成品所体现出来的格调和气派，具有独特的个性、变异性，表达者的主观作用特别明显，其民族习惯、文化积淀、时代印迹、感情色彩、美学情趣都渗透在言语成品之中，显示出其特定的附丽性。风格与语体的关系有点像‘灵’与‘肉’的关系。如果说风格学研究的是人的性格、气质，那么语体学研究的就是人的解剖和生理。”[②]

我们也应当区分语体与语体风格。语体与语体风格虽然紧密联系，但又是两个不尽相同的概念。当交际目的、内容、对象和条件等因素相同时，在选择语言材料和修辞方式等方面就会出现一些共同的特点，表现出比较一致

① 袁晖、李熙宗主编：《汉语语体概论》，商务印书馆 2005 年版，第 9 页。

② 同上书，第 9—10 页。

的语言风格，这种语言风格就叫做语体风格。根据语体风格的异同划分出来的类别，就叫做语体。可见，语体的特点就是语体的风格，以选择语言材料和修辞方式等的共同的特点为依据划分出来的类别就是语体。

## 一、语体的类型及其特点

语体在不断地发展变化，至今对语体的分类还无定说。有人分得比较简单，有人分得十分细致。最有影响的分类是将其先分为口语语体和书面语语体，再进行下位分类。王希杰在《修辞学通论》里将语体主要分为五种：日常会话语体、学术科技语体、公文事务语体、报刊媒介语体和文艺审美语体，在《汉语修辞学》修订本中将其分为四种：公文语体、科技语体、政论语体和文艺语体；袁晖、李熙宗主编的《汉语语体概论》将其分为七种：谈话语体、公文语体、科技语体、新闻语体、文艺语体、演讲语体和广告语体。我们在这里将语体分为五种：会话语体、事务语体、科技语体、政论语体和文艺语体，原因是：（1）任何分类都不能穷尽所有的语体类别；（2）虽说每种语体都可表现为口语和书面语，但有典型和非典型之别。口头语体的典型表现形式是口语，书面语体的典型表现形式是书面语，我们只从语体的典型表现形式的角度入手，会话语体是口语的典型语体，其余四种语体是书面语的典型语体；（3）我们谈说语体的着眼点不在于对其进行十分完善的分类，而在于通过几种主要语体说明语体风格也是同义手段的一种聚合体。

### （一）会话语体

会话语体的典型表现形式是口语，所以有人称之为口头语体，它是一切语体中最重要、最早产生的一种，其他的一切语体都是从这种语体中产生和分化出来的。会话语体是人们在日常谈话中形成的，是直接表达的语体，所以，又称日常会话语体。从表现形式来看，会话语体有一人独说，两人对说，众人议说三种形式。口头语体有不同于书面语体的特点。

第一，表达的有声性。口头语体是以声表意、以声传道的直接表达形式。它要求善于运用各种语音手段，为了表达的需要，可适当运用启发思维的语音停顿，巧妙地运用增强语势的重音与淡化音量的轻音，造成声音的起伏；还可运用徐缓、急促相间的语速而形成铿锵的语调和鲜明的节奏。这种语体，色彩丰富，真切感人，可感性强。

第二，使用的广泛性。口头语体使用的范围是十分广泛的，一般正常的人都可以使用，与书面语体相比，口头语体的表达比较自由松散，话题往往是随意的；语言材料的选择比较自由，用语通俗，多用俗语、熟语，少用关联词语、专门术语及古语词；句法上多用短句及省略句；在修辞方面，比喻、反复、拟人等辞格运用较多。

第三，用语的简略性。与书面语体相比，口头语体在词语的使用上有简洁通俗的特征。如在公共汽车上，乘客或乘务员说一声“票！”虽然是一个词，而表达的意思是不同的，但他们都能了解这个词的具体含义。这是因为口头语体的运用，总是在一定的具体环境之中，这对听、说双方都是不言而喻的。其次，口头说话往往是即时的，人们选择词语、组织句子的时间是很短的，一般不可能造出结构复杂、内容众多的句子。再者，句子太长，一口气说不完，受呼气吸气的影响而作几次停顿，意思被分割开来，自然难以表达清楚，所以，口头语体多用结构简单、节奏短促的短句和省略句。

第四，口头语体还可以借助表情、手势、眼神等体态语言来帮助表达意思，增强表达效果，这是书面语所没有的。

口头语体有两种类型：

1. 会话议论体。它主要包括人们在日常生活、工作和学习中的对话交谈、口试、咨询、论文答辩及座谈会、讨论会的发言等。它的主要方式是两人对说或众人议论。在自由交谈时，随意性强，话题多变，对语境的依赖性强，用语自由；口试对话及论文答辩则针对性较强，话题比较集中，它要求根据不同对象，运用不同的词语、语气，语句精练明白，用词相对准确。如路遥《平凡的世界》中孙少安住旅社时同旅社登记员的一段对话：

[1]“我住旅社……”

“几个人?”

“就我一个。”

“证件。”

“证件?”

“你是哪儿来的？什么单位?”

“我是个农民，来这里找我弟弟，没证……件。”

“那你带着介绍信吗?”

“我走得忙，忘记在队里开介绍信了。”

“按规定，没介绍信，我们不能让你住。”

“啊呀，好同志哩！我这是初出远门，人生地不熟，一条街走过来也没找下个住处，你就行行好，让我住一晚上……”

“那你明天得另找地方住。交十八元钱！”

这是最常见的日常生活中的对话形式，句形简短，有的只有一个词；用语通俗，全是大白话，成分大量地省略。在对话中双方肯定还有大量的表情、手势、眼神等体态语言。再看下面问答式对话的摘录部分：问者是一群青年，答者是教育艺术家、当代著名讲演家、时（1983 年）任国家体委竞赛局党委书记的刘吉先生。

［2］问：你干工作的动机是什么？

答：信念与抱负。

问：你的信念是什么？

答：共产主义。

问：你能见到共产主义吗？（笑）

答：共产主义作为一种运动，我们正在实践中；作为一种社会形态，我见不到，你们也见不到。但它是客观真理，我们都要去为之奋斗。（鼓掌）

问：你的抱负是什么？

答：我所干的事情都想争第一。（鼓掌）

问：你信守的格言是什么？

答：一个工厂要有名气，一个队伍要有士气，一个人要有志气。

问：你喜欢的名言？

答："只能用爱来交换爱，只能用信任来交换信任。"这是马克思说的。

问：你不喜欢的格言呢？

答：躲为贵，混为高，凑凑合合是上招。

问：你喜欢的古诗？

答：我喜欢扬州八怪之一郑板桥在《墨竹图》上写的一首题竹诗：新竹高于旧竹枝，全凭老干为扶持。明年再有新生者，十丈龙孙绕凤池。

问：你最珍重的品德是什么？

答：热情诚实。

问：你的兴趣是什么？

答：我对一切美好的东西都有兴趣。

问：你最大的乐趣是什么？

答：事业的成功。

问：你最怕的是什么？

答：干事情没有信心。

问：你最爱惜的是什么？

答：时间。

问：你追求的是什么？

答：效率。

问：你怎样对待你的追求和爱惜？

答：时间就是金钱，效率就是生命。

问：你有过感叹吗？

答：感叹是弱者的习气，行动是强者的性格。（鼓掌）

问：有人说跳舞场中常混进坏人，所以要阻止，你说对吗？

答：不对。不能因“病从口入”，就不吃饭。

问：你喜欢青年穿什么样的服装？

答：美观大方而又与众不同。（鼓掌）

问：有些领导干部拿一把剪刀、一把尺子站在厂门口去量工人的头发与裤脚，对此你有什么看法？

答：青年对自己的生活有决策权，穿衣戴帽各有所好，不能规定头发只许多长，裤脚只许多宽，鞋跟只许多高。只要不伤风败俗，就不要横加干涉。

问：你喜欢青年留什么样的发型？

答：发型要因各人头的大小、脸形的方圆长短以及男女而异，切不可千头一律。（鼓掌、笑）

问：你对披肩长发、高跟皮鞋、华灯舞会、美酒佳肴有反感吗？

答：恩格斯说：人有三种要求：要生存，要享受，要发展。只要是勤劳致富，正当所得，美化美化生活是文明的表现，对此反感是愚昧。（鼓掌）

问：这与资产阶级生活方式有什么不同？

答：资产阶级生活方式的核心是利己主义，金钱万能，而不是美的追求。依靠自己劳动所得，美化生活，决不等于资产阶级生活方式。

问：你喜欢什么样的生活方式？

答：高尔基说：生活方式只有两种——腐烂与燃烧。随波逐流，知难而退，就会腐烂。冲破陋习，知难而进，就会燃烧。我喜欢燃烧，燃尽自己，照亮大家。

问：你喜欢什么样的青工？

答：上班积极干，下班痛快玩，挤出时间拼命学。

问：你不喜欢什么样的青工？

答：无所事事，吊儿郎当，混混日子。

……

问：你对自己的希望？

答：努力成为青年们信得过的朋友。（热烈鼓掌）

……

问：你处理青年问题有什么秘诀吗？

答：怪不得，急不得，松不得，等不得。（鼓掌）

问：你知道我们青年人最关心的是什么吗？

答：振兴中华。（热烈鼓掌）

问：你怎样对待青年中的老大难问题？

答：老大难，老大难，老大抓去就不难。（鼓掌）

问：你的思想方法是什么？

答：实事求是。

问：你最关心别人的是什么？

答：长处。（鼓掌）

……

问：扬州大明寺一进门有尊大肚佛，两侧有副对联。上联是“大腹能忍忍尽人间难忍之事”，下联是“慈颜常笑笑尽天下可笑之人”。你能做到吗？

答：我如果能做到，我就成佛了。（笑、鼓掌）

问：你对死都不怕的青年怎么办？

答：那就想办法，引导他活得好些。（鼓掌、笑）

……

问：你是怎样一下子就成了党委书记的？

答：我是先成为共产党员，然后才成为党委书记的，不是一下子，而是两下子。（鼓掌、笑）

……

问：你喜欢整人吗？

答：没有真理的人才去整人。

问：你对整人的人抱什么态度？

答：憎恨，批评，不改者挖苦。（鼓掌、笑）

问：对你往死里整你的人抱什么态度？（笑）

答：本人没被人往死里整过，所以对此无可奉告。（鼓掌、笑）

……

问：你有烦恼与痛苦吗？

答：越有追求的人，烦恼与痛苦越多。成功之后将是欢乐。（鼓掌）

……

问：你喜欢听小汇报吗？（笑）

答：不喜欢。

……

问：你喜欢哪部电影？

答：《快乐的单身汉》。（鼓掌）

问：你喜欢哪部电视剧？

答：《蹉跎岁月》。

问：平时你最喜欢看什么书？

答：没事我就翻看《辞海》。

……

问：你认为一个人最可悲的是什么？

答：不会爱人，也不被人所爱。

问：你干事情给不给自己留退路？

答：我不留退路。因为很多成功往往是在绝路里逼出来的。（热烈鼓掌）①

这是一段典型的一对多或多对一的咨询式对话，从头到尾是一问一答，问者是一群人，而答者只有一人。这组对话整体由120个问题组成，其中包括个人的兴趣爱好，社会的种种现象，现代青年的思想困扰等等，内容丰富，包罗万象。回答者面对众人提出的不同问题即兴欣然作答，或庄或谐，或平实或激昂，或正面说理或反面论证，思想内容的精湛自不待说，单就语言特色看，选词用语上的通俗性、丰富性，句式锻炼上的简短性，修辞文本构造上的灵活性、生动性，充分体现了对话语体的风格。

2. 陈述说明体。这是人们有目的、有准备地向别人陈述自己的思想或转述介绍情况时所用的一种语体。它包括课堂教学、专题报告、演讲、情况汇报、经验或单位情况介绍及各种解说等。这种语体基本上是一人独说，其

① 刘吉：《我是党委书记》，戴锡琦主编：《中国演讲辞珍品赏析》，湖南人民出版社2001年版。

特点是事先有准备、有提纲、有腹稿，陈述时，在把握中心的基础上选择生动的词句和典型的事例，加以发挥渲染。它要求叙述详尽、连贯、完整、系统、语言清晰，层次清楚、中心明确。这种语体与书面语有密切的联系，它是建立在文学语言的基础上的，具有一定的目的性、针对性和趣味性。这种语体不仅是干部、教师经常使用的语体，也是一般人所应当掌握的一种语体。如毛泽东 1928 年在井冈山给红军军事干部进行战术讲演的一段记录：

> [3] 白军强大，红军弱小，我们以弱斗强，只能采取游击战术。什么是游击战术？简单扼要地说是“敌进我退，敌住我扰，敌疲我打，敌退我追”十六个大字。
>
> 从前井冈山有个山大王，叫朱聋子，他和当时的统治者斗了好几年，总结了一条经验：不要会打仗，只要会打圈。朱聋子前一句话不对，后一句话是对的。我们改它一下就好了：既要会打仗，又要会打圈。这样才能歼灭敌人，使根据地不断巩固壮大。
>
> 打圈是为了避实就虚，迷惑敌人。强敌来了，先领他兜几个圈子；看出他的弱点，抓准就打。要打得干净利落，要缴到炮，抓到人。打得赢就打，打不赢就走。赚钱就来，蚀本不干。（毛泽东《游击战术十六字诀》，戴锡琦主编：《中国演讲辞珍品赏析》，湖南人民出版社 2001 年）

这段讲演辞语言通俗明白，跳脱活泼，层次清楚、中心明确，以当地山大王朱聋子“不要会打仗，只要会打圈”的战术作衬，论说了红军“既要会打仗，又要会打圈”的高超的战略战术。“打得赢就打，打不赢就走”这种纯朴无华的家常说法，更成了我国人民灵活机动的斗争艺术的名言，闪烁着智慧之光。

（二）事务语体

事务语体是适应事务公文交际目的而形成的全民语言的功能变体。它是在国家机关、社会团体的行政事务交流和个人之间的事务交流中形成的一种语体。它的范围很广，包括命令、指令、决定、决议、指示、布告、通告、通知、通报、报告、请示、批复、公函、便函、计划、规章制度、合同、纪要、聘书、请柬、简报、提案、总结等。事务语体同人们的社会生活有密切的联系，它是处理实际事务、解决实际问题所使用的一种语体，其实践性很强。它的性质决定了它必须以说明为主，结合记叙议论进行综合表达。这种语体不需要去激发人们的感情，也无须给读者以艺术享受，一般不追求语言的艺术性。其特点是：

第一，准确性。它要求表达明确，实事求是，要求对方做什么，不做什么，按什么标准去做，什么时间、地点、范围、条件都应说得一清二楚。如果用语不准确，说得模棱两可，对方不能准确理解公文的意思，必然会影响工作事务，甚至会造成误会，办错事情。因此，语言的准确性是事务语体的生命。事务语体的文种也很多，用语必须与具体的文种相适应，这也是其语言准确性的一个方面。

第二，简明性。事务语体主要是对客观情况进行说明的，语言应力求简明朴实，开门见山。在语言材料和修辞方式的选择上比较简单，它用词通俗浅显，句式大都用陈述句、完整句，很少用感叹句和省略句。一般不用夸张、拟人、双关、反语等修辞格，事务语体要以实际情况为依据，以提出解决问题的办法为核心，因此，这种语体的结构是严谨的，一般有前言、正文和结语三部分内容，层次是分明的。

第三，程式化。为了便于公文的撰写和审阅，事务语体按照不同的场合、内容、对象形成了一些相对固定的格式和一套专用的词语。事务语体都有其特定的语言格式。如党和政府的文件，一般包括标题、编码、收文单位、正文、附件、发文单位、发文日期、保密等级、传达范围等。公文用语有些比较固定，不能随意替换，如“命令”、“训令”、“批示”、“批复”、“提案”、“决议”、“呈请”、“申请”、“既往不咎”、“依法查处”、“申明作废”、“按时出席”、“特此通知”等等，不允许随意乱用或随意用同义词语替换。这些格式、样式、套语是严格规定的，有相对的稳定性。

第四，庄重性。为了保证其严肃性，事务语体常适当使用古语词和古代汉语的句式，并排斥方言土语、俚俗语、歇后语等，一般也较少使用口头词语，不用口语中特有的句式。一般说，事务语体保持中性色彩，较少用感情化的表现方式。

（三）科技语体

科技语体又称为“知识性语体”或“理智语体”，是适应科技交际的目的而形成的全民语言的功能变体，它是系统地表述自然、社会和思维现象与规律的语体。在当代社会，在科学技术飞速发展的时代，科技语体同每一个人，同社会生活的各个方面的联系越来越密切。科技语体包括学术专著、学术论文、科学报告、科技情报文献及部分教科书、科技读书笔记等。科技语体有下列三个显著特点：

第一，词语的准确性。这种语体的功能是准确地系统地论述自然现象、社会现象及其规律的，这就要求它在词语的运用上严格保证精确无歧义。在概括现实现象、揭示概念内涵、论证事物的规律时，大量使用意义精确而单一的科技专门术语，如“元音”、“辅音”、“电子”、“超导体”、“B形超声波”、“软盘”等。这种语体排斥未经精确规定的多义的日常生活用语，也避免使用带有形象、感情色彩的词语和方言词语。词语的精确性是科技语体最基本最重要的要求，任何表达上的含糊都可能造成理解上的错误。

第二，论证的周密性。由于论证的逻辑性的需要，这种语体的句式力求完整，从而大量运用完全句、长句、复句，而一般不用省略句和变式句；句子成分的扩展、多重复句以及关联词语的使用是常见的语法现象。例如：

[4] 伟大的革命导师恩格斯在一八七六年写的《劳动在从猿到人转变过程中的作用》的著名著作中，运用辩证唯物主义的观点。揭示了人类起源和人类社会产生的规律，提出了劳动创造人的科学论断。恩格斯不仅肯定了人类与高等动物的一般的共同性，更重要的是指出了人类与动物最本质的区别，即人类能制造工具并使用工具从事劳动，来支配和改造自然；而一般动物则不能。本身具备着可能发展条件的人类的远祖，正是在一定的环境条件下从古猿分化出来之后，通过必要的生活活动，使前肢解放为手，用双手创造并使用生产工具来改造自然，在改造自然的过程中逐步改造了自身，终于由接近类人猿的原始人发展成为现代人。（李四光《天文、地质、古生物资料》）

从这段引文中可看到长句、复句、专门术语“辩证唯物主义”、“人类起源”、“古猿”、“类人猿”、“原始人”、“现代人”及关联词语“不仅……更重要的是”等的大量运用，从而使叙述完整，论证周密。

第三，语言的理智性。科技语体的功能是论证自然、社会等现象及其规律的，不是激发读者的感情，所以主要是运用理智的语言，以说明论证的表达方法，客观、冷静、准确、清晰地阐明事理，揭示规律，它不需用夸张、拟人、比喻等修辞方式。运用理智性的语言进行分析论证是科技语体的一个重要特征。

第四，大量运用符号、公式和图表等。

此外，随着语体的发展，科技语体还出现了一种分体，即“通俗科技语体”，这种语体的作用是向非专业人员深入浅出地解释各种科学问题，向广大读者普及科学知识。它和严格的科技语体在交际对象和交际目的上有所不同，它运用语言力求通俗，要求形象生动地说明科学道理，有一定的趣味性，兼有科技语体和文艺语体两者的某些特点，尽量少用术语、符号、公式，句子结构力求简洁；常用比喻、比拟等修辞方式说明科学现象。例如：

[5] 几千年来，劳动人民注意了草木荣枯、候鸟去来等自然现象同气候的关系，据以安排农事。杏花开了，就好像大自然传语要赶快耕地；桃花开了，又好像在暗示要赶快种谷子。布谷鸟开始唱歌，劳动人民懂得它在唱什么："阿公阿婆，割麦插禾。"这样看来，花香鸟语，草长莺飞，都是大自然的语言。(《大自然的语言》初中语文第二册　人民教育出版社 1978 年)

通俗科技语体的出现，不仅标志着当代科学技术的发展水平，同时也为语体开拓创造了一个新的、广阔的领域。

(四) 政论语体

政论语体是一种宣传鼓动语体，它阐述社会政治生活中的各种问题，主要功能是动员广大群众为本阶级本集团的利益积极地进行斗争。政论语体主要包括社论、政治评论、政治宣言、政治思想方面的理论文章及领导人的政治思想报告等。这种语体通常是运用概念、判断、推理等逻辑思维的形式，论证政治思想方面的观点，揭示其发展规律，引导人们为实现某种政治目的服务。

由于政论语体一方面要阐明道理，另一方面也要以情感人，使人受到鼓舞，因此它在语言材料和修辞方式的选择上比较自由。它的主要特点是：

第一，语言准确、鲜明，富有逻辑性。阐述社会政治问题，是非常严肃的，为了论证的准确，必然要广泛运用政治术语；同时，也要以精辟透彻的分析、严谨的论证，竭力从逻辑上使人信服某种观点的正确性，这样，在句法选择上就多用完全句、复句和长句。

第二，语言活泼、形象，具有情感性。政论文旨在宣传群众，鼓动群众，这不仅要有理论上的说服力，还要力求以情感人，因此，要运用多种修辞方式，以形象化的语言，深入浅出、生动活泼地阐述道理。如：

[6] 但我们所说的中国革命高潮快要到来，决不是如有些人所谓"有到来之可能"那样完全没有行动意义的、可望而不可及的一种空的东西。它是站在海岸遥望海中已经看得见桅杆尖头了的一只航船，它是立于高山之巅远看东方已见光芒四射喷薄欲出的一轮朝日，它是躁动于母腹中的快要成熟了的一个婴儿。(毛泽东《星星之火，可以燎原》)

[7] 现在，我们可以扬眉吐气地说：反动派摧残科学事业的那种情景，确实是一去不复返了！科学的春天来了！从我一生的经历，我悟出了一条千真万确的真理：只有社会主义才能解放科学，也只有在科学

的基础上才能建设社会主义。……

春风刚刚过去，清明即将到来。日出江花红胜火，春来江水绿如蓝。这是革命的春天！这是人民的春天！这是科学的春天！让我们张开双臂，热烈地拥抱这个春天吧！（郭沫若《科学的春天》）

［8］为了拉拢人民，贵族们把无产阶级的乞食袋当作旗帜来挥舞。但是，每当人民跟着他们走的时候，都发现他们的臀部带有旧的封建纹章，于是哈哈大笑，一哄而散。（马克思　恩格斯《共产党宣言》）

上几例都是把政治鼓动性和形象抒情性结合起来，感情蕴涵理性，语言生动活泼，比喻、引用、排比等辞格以及感叹，祈使句大量运用，读来令人回肠荡气，深受鼓舞。

（五）文艺语体

文艺语体也称艺术语体，是适应小说、散文、诗歌、戏剧等一切文学作品写作的需要而形成的全民语言的功能变体。一切文学作品都是通过艺术形象来反映世界、反映生活的，这是它区别于其他语体的最主要特征。但文学作品的艺术形象是通过高度艺术化的语言描绘出丰富多彩、栩栩如生、富有魅力的生活画面的，它的功能是通过形象的描绘、情绪的感染给人以美感教育。与其他语体相比，文艺语体的主要特点是：

第一，描述，具有生动的形象感。文艺作品诉诸读者的是具体的形态动作和心理感受，能唤起读者思维中的表象活动，这就要求作者必须采用形象化的手段来表达内容，其中最密切相关的是具体形象的描述。所以语言的形象性是其最基本的语体特征。

第二，表达，富有强烈的感情色彩。以情动人是文艺作品的功能之一，有鲜明的感情色彩是文艺语体的又一显著特点。文艺作品直接或间接地带着作者的主观感情色彩。直抒胸臆的诗歌、散文不言而喻，即使用第三人称写的小说、绘景状物的游记、通过剧中人物对话的剧本，也都渗透着作者的感情因素。文艺语体的感情色彩主要表现在选用词语的感情上。文艺作品中很多词语本身就显示出明确的褒贬，如坦率、纯真、敬重，猥亵、卑鄙、嫉妒等；有的词语本身并不明显地含有感情，但在特定的言语环境中，便显示出感情色彩。此外，文艺作品还较多地运用押韵、语调、节奏等语音修辞手段和设问、反问、排比、感叹等辞格，酣畅淋漓地表达出作品中的人物或作者的强烈感情。

第三，文句，回荡着音韵旋律。文艺作品的字里行间具有声调、语调、音韵、节奏等的音乐美，这方面，韵文最为突出。散文、小说、戏剧等语言也讲究声韵美。散文讲究情韵，也常常自由押韵，往往靠句子的整散结合表现出音乐美来。戏剧在选词、择句、押韵、用调等方面也是非常讲究的。

第四，词语，采纳得广泛多样。文艺语体拥有浩瀚的词汇渊源，它们精炼、生动、形象，华美，极富感染魅力，此外，还根据内容的需要从其他语体中吸收语言材料，古语词、方言词、外来词，甚至政治术语、科技术语在一定条件下，都有它们的用场。

第五，语言、体现出鲜明的作者个性。同样的题材，不同的作者，由于个人经历不同，个性气质不同，艺术修养不同，主观感受和表现意图不同，在语言的运用上就表现出不同程度的差异。

文艺语体的上述特点，决定了它在对语辞的运用和修辞手段的选用上有如下要求：

词语准确、鲜明、生动、凝练，富有形象性。注意选用准确、贴切的动词、形容词，形象地表现人、事、物的状貌、情态及变化。

适当地使用形象色彩词、象声词、叠字、双声词和叠韵词等，以加重语气和语义的质地，并不断吸收生动活泼的歇后语、谚语、古语词、方言词和外来词。

句式丰富，活泼多样。如恰当地选用完全句、省略句、独词句、直陈句、肯定句、否定句、紧句、松句、整句、散句、长句、短句、过渡句、主题句等。

大量地选用各种形式的修辞格和艺术手法，来增强作品的艺术魅力，比喻、拟人、夸张、对偶、排比、象征、反复、移就、示现等变异修辞在文艺语体中得到广泛运用。

艺术语体还可分为诗歌语体、散文语体、戏剧语体，它们又各有自己的特征。

诗歌语体（韵文体）包括诗、词、曲、赋、快板等。它们的最主要特征是讲求韵律和节奏，语言富有音乐美。如：

[9] 春江潮水连海平，海上明月共潮生。滟滟随波千万里，何处春江无月明。江流婉转绕芳甸，月照花林皆似霰。空里流霜不觉飞，汀上白沙看不见。江天一色无纤尘，皎皎空中孤月轮。江畔何人初见月？江月何年初照人？人生代代无穷已，江月年年只相似。不知江月照何人，但见长江送流水。白云一片去悠悠，清枫浦上不胜愁。谁家今夜扁舟子？何处相思明月楼？可怜楼上月徘徊，应照离人妆镜台。玉户帘中卷不去，捣衣砧上拂还来。此时相望不相闻，愿逐月华流照君。鸿雁长

飞光不度，鱼龙潜跃水成文。昨夜闲潭梦落花，可怜春半不回家。江水流春去欲尽，江潭落月复西斜。斜月沉沉藏海雾，碣石潇湘无限路。不知乘月几人归，落月摇情满江树。（［唐］张若虚《春江花月夜》）

此诗共三十六句，每四句押一韵，每句平仄协调，节奏明显；此外还用了诸如“滟滟”、“皎皎”、“代代”、“年年”、“悠悠”、“沉沉”叠音形式和“婉转”、“千万”、“徘徊”叠韵形式，使全文旋律回荡，优美、悦耳而感人。

［10］楼外垂杨千万缕，欲系青春，少住春还去。犹自风前飘柳絮，随春且看归何处？

绿满山川闻杜宇，便做无情，莫也愁人意。把酒送春春不语，黄昏却下潇潇雨。（朱淑真《蝶恋花》）

这首宋词上下两阕，按照《蝶恋花》调用字规定严格填词，共押一韵，读来回肠荡气。

［11］一声梧叶一声秋，一点芭蕉一点愁，三更归梦三更后。落灯花，棋未收，叹新丰孤馆淹留。枕上十年事，江南二老忧，都到心头。（徐再思《［双调］水仙子·夜雨》）

这首元曲写游子秋夜听雨引起的愁思，语言自然质朴且不多说，单以“秋”、“愁”、“后”、“收”、“留”、“忧”、“头”押韵而言，就朗朗上口，易唱易诵，再加上不露斧凿痕迹地嵌入数字，构成“一声梧叶一声秋，一点芭蕉一点愁，三更归梦三更后”、“枕上十年事，江南二老忧”这些对仗工稳、音调浏亮的状景抒情名句，具有独特的艺术感染力。

散文语体包括小说、散文、特写、报告等文学语体。它们的主要特征是语言材料多样，修辞方式广泛，短句多，句式灵活多变，结构自由无定格，辞藻繁丰华丽。例如：

［12］暖国的雨，向来没有变过冰冷的坚硬的灿烂的雪花。博识的人们觉得它单调，它自己也以为不幸否也？江南的雪，可是滋润美艳之至了；那是还正在隐约着的青春的消息，是极壮健的处子的皮肤。雪野中有血红的宝珠山茶，白中隐青的单瓣梅花，深黄的馨口的腊梅花；雪

下面还有冷绿的杂草。蝴蝶确乎没有；蜜蜂是否来采山茶花和梅花的蜜，我可记不真切了。但我的眼前仿佛看见冬花开在雪野中，有许多蜜蜂们忙碌地飞着，也听得它们嗡嗡地闹着。（鲁迅《雪》）

这段关于江南雪景的美妙描写，表现了鲁迅先生对美好生活的追求，其中的词语和句式结构、修辞方式、语气表达、景物描写等都是文艺语体所惯用而大不同于其他三种语体的。

戏剧语体（对白语体）包括地方戏，话剧、相声、电影中的人物对话形式等，它是日常谈话语体的艺术加工形式。戏剧语体中的人物语言是这种语体的主体部分，而作者的叙述语言则退居二线。戏剧语体中的语言的主要特点是接近日常口语，最讲究人物语言的个性化，自然明快、亲切生动，通俗易懂，且富于动作性。例如：

［13］**康顺子**　小花！小花！还没走哪？

**王小花**　康婆婆，干吗呀？

**康顺子**　小花，乖！婆婆再看你一眼！（抚弄王小花的头）多体面哪！吃的 不足啊，要不然还得更好看呢！

**周秀花**　大婶，您是要走吧？

**康顺子**　是呀！我走，好让你们省点嚼谷呀！大力是我拉扯大的，他叫我走，我怎能不走呢？当初，我刚到这里的时候，他还没有小花这么高呢！

**王小花**　看大力叔叔现在多么壮实，多么大气！

**康顺子**　是呀，虽然他只在这儿坐了一袋烟的工夫呀，可是叫我年轻了好几岁！我本来什么也没有，一见着他呀，好像忽然间我什么都有啦！我走，跟着 他走，受什么累，吃什么苦，也是香甜的！看他那两只大手，那两只大脚，简直是个顶天立地的男子汉！

**王小花**　婆婆，我也跟您去！

**康顺子**　小花，你乖乖地去上学，我会回来看你！

**王大栓**　小花，上学吧，别迟到！

**王小花**　婆婆，等我下了学您再走！

**康顺子**　哎！哎！去吧，乖！（王小花下）

（老舍《茶馆》第三幕选段）

这段话剧中四个人的语言都十分接近日常口语，尤其是“干吗”、

“乖”、“省点嚼谷”、“拉扯”、“壮实”、“大气”、“一袋烟的工夫”、“乖乖地去上学”、“下了学”、“哎！哎！去吧，乖！”更是口语化，自然、亲切、易懂，而且每个人物的话语都个性化，同时还伴随着丰富的动作和表情。

相声话语也是典型的对白语体，如侯宝林创作的传统相声《歪批三国》片段：

[14] 甲　还有三个不知道，问谁谁也不知道。

乙　你不知道问我呀，我全知道。

甲　你知道？我问你：周瑜他姥姥家姓什么？

乙　不知道。

甲　诸葛亮他姥姥家姓什么？

乙　不知道。

甲　张飞他姥姥家姓什么？

乙　也不知道。

甲　哎，这就是三不知道。你不知道，大家也不知道。

乙　那你知道吗？

甲　我当然知道。

乙　周瑜他姥姥家姓什么？

甲　姓纪。

乙　诸葛亮他姥姥家姓什么？

甲　姓何。

乙　张飞他姥姥家姓什么？

甲　姓吴。

乙　“三国”原文没有哇！

甲　有，周瑜在临死的时候，仰面长叹，说了一句。

乙　说什么？

甲　说：“既生瑜而何生亮？”这就是说，纪氏老太太生的周瑜，何氏老太太生的诸葛亮。

乙　哎，不对，人家是说既然生周瑜何必再生诸葛亮！

甲　我就这么体会！

乙　好，那张飞他姥姥家为什么姓吴哪？

甲　你没看老太太管小孩儿，不是有那么一句话嘛：“你这个孩子，总出去惹祸！真是无（吴）事（氏）生非（飞）！”这就是吴氏老太太生的张飞！

乙　噢，这么讲啊，像话吗！还有什么？

甲　还有三个做小买卖的。

乙　第一个？

甲　刘备卖过草鞋。

乙　不错，织席贩履嘛！第二个？

甲　张飞卖肉。

乙　对，屠户出身嘛。第三个？

甲　你没听明白吗？刘备卖草鞋。

乙　唉！我问你第三个？

甲　啊！是啊！张飞卖肉。

乙　哎！你等一等。第一个是刘备卖草鞋，第二个是张飞卖肉，这第三个哪？

甲　啊，有啊，你别着急呀！

乙　第三个？

甲　第三个……哎，赵云……

乙　赵云卖什么呀？

甲　赵云卖年糕嘛！

乙　赵云多会儿卖年糕？

甲　你看过《天水关》这出戏吗？

乙　看过呀！

甲　《天水关》这出戏，姜维在校场一传令，那几句（流水板），就把赵云卖年糕给唱出来啦。

乙　怎么唱的？

甲　（唱）“这一班五虎将俱都丧了，只剩下赵子龙老迈（卖）年（黏）高（糕）。”

他老卖年糕！

乙　去你的吧！

戏剧语言尤其是话剧，虽然以对白为主，但仍有作者的叙述语，但相声语言全是对白；它虽然最接近口语，又是对口语的加工形式，属于艺术语言；它白贲易懂，与表演者丰富的动作、神态、语气同时共现。

## 二、语体风格的同义手段

语言风格是一个庞大的同义手段集合体，语体风格是语言风格这个母集合体中的一个子集合体，但它是语言的民族风格、时代风格、地域风格、个人风格、表现风格得以展现的基础，或者说，语言的其他风格只有通过语体风格才能展示出来。语体风格本身就是一组同义手段。在表达目的和内容确定的前提下，对不同语体风格的选用，就是对同义手段的选用。

（一）会话语体同其他语体构成风格的同义手段

在表达的题旨和目的相同或相近时，即在理性意义相同的情况下，会话语体和其他语体可构成同义手段。如：

[1]（一个学生向老师请假）
学生：老师，您的这两节课我不能听了。
老师：为什么？
学生：我要上医院。
老师：怎么啦？
学生：感冒了。
老师：很厉害吗？
学生：头痛，发烧，浑身不舒服。
老师：那就去吧！要吃药、打针，多穿衣服呀。
学生：嗯。
老师：你写个假条吧！这是学校的规定。
学生：好的。
（学生写了请假条，交给老师，请假条是这样写的：）

**请　　假**

××老师：
我因患感冒，要上医院治疗，特请假两节。望批准。
此致
敬礼！

学生　×××
×年×月×日

老师在请假条上批了“同意”二字，写了自己的姓名和时间，交给学生。学生说：“谢谢！”

学生向老师口头请假，师生之间用的是对话语体，表达风格完全是口语化的；而同样的内容，学生写成请假条，老师批示，都用的是书面事务语体，二者语言风格全然不同，但意思和目的却是相同的。这是会话语体和事务语体构成了同义手段。会话语体和其他语体也能构成同义手段。譬如，可用对话形式谈论政治问题，也可将同样的内容写成一篇政治论文；教师的授课语言具有口语风格，但同样的内容写成一篇学术论文，其语言就有了科技语体的风格；同样一件事情、一种情感，可用口语形式向别人传达，也可写成一首诗、一篇散文或演绎成一篇小说、一部戏剧等等，如此，它们就构成了同义手段，只不过其语言风格不同而已。

（二）其他语体之间构成风格的同义手段

在表达内容相同或相近的前提下，不仅会话语体同其他语体之间可构成同义手段，其他语体之间也可构成同义关系。如：

［2］辜俨倬云女士如晤：

惊悉振甫先生遽归道山，哲人其萎，增我悲思。

振甫先生致力于两岸关系凡一十四年，夙慕屈平词赋，常怀国家统一，私志公义，每与道涵相契。汪辜会谈，两度执手；九二共识，一生然诺。而今风飒木萧，青史零落，沪上之晤，竟成永诀。天若有情，亦有憾焉。

两岸之道，唯和与合，势之所趋，事之必至。期我同胞，终能秉持九二共识与汪辜会谈之谛，续写协商与对话新页。庶几可告慰先生也。

深望女士与子侄辈节哀顺变，善自珍摄。

汪道涵

二〇〇五年一月三日

（《光明日报》2005 年 1 月 4 日）

这是海峡两岸关系协会会长汪道涵先生给辜俨倬云女士发去的唁电，以表示对台湾海峡交流基金会董事长辜振甫先生的哀悼。唁电中赞颂了辜振甫先生常怀国家统一的爱国精神以及为两岸早日统一曾所做的种种努力，回顾了他们二人在私志公义上的相契之情，同时表达了对两岸关系发展趋势的看法和希望，也寄予了对辜振甫先生逝世的深切哀悼。唁电是事务语体。但像这样的内容，根据交际语境，也可选用文艺语体，如可写成悼唁诗，写成散文、演绎成小说，也可用政论语体风格来表达。

同样的基本内容，在表达时，可选用政论语体、也可选用科技语体或文艺语体，只是风格不同而已。于是在理论上就可有下列语体风格互为同义手段：政论语体与科技语体、政论语体与事务语体、政论语体与文艺语体，科技语体与事务语体、科技语体与文艺语体。如可将一篇小说、一首诗歌改写成一篇政论文或调查报告等。此外，每一种语体的下位语体之间还可构成不同风格的同义手段，如同一个科技问题，可用严肃的科技语体表达，也可用通俗科技语体表达；同样的思想、意义、情感，可选用文艺语体中的诗歌、散文、小说、戏剧、报告文学等各种不同风格的小语体作为载体，它们之间也就构成了语体风格的同义手段。如毛泽东在 1948 年 12 月 30 日为新华社写的 1949 年新年献词的题目是《将革命进行到底》。在这篇政论文中，他陈述了解放战争走过的曲折道路，分析了敌我双方的政治、军事态势，并指出："敌人是不会自行消灭的。无论是中国的反动派，或是美国帝国主义在中国的侵略势力，都不会自行退出历史舞台。""现在摆在中国人民、各民主党派、各人民团体面前的问题，是将革命进行到底呢，还是使革命半途而废呢？如果要使革命进行到底，那就是用革命的方法，坚决彻底干净全部地消灭一切反动势力，不动摇地坚持打倒帝国主义，打倒封建主义，打倒官僚资本主义，在全国范围内推翻国民党的反动统治，在全国范围内建立无产阶级领导的以工农联盟为主体的人民民主专政的共和国。""中国人民决不怜惜蛇一样的恶人。""一九四九年中国人民解放军将向长江以南进军，将要获得比一九四八年更加伟大的胜利。""中国人民将要在伟大的解放战争中获得最后胜利。""几千年以来的封建压迫，一百年以来的帝国主义压迫，将在我们的奋斗中彻底地推翻掉。"① 同样是这一基本内容，当以刘伯承、邓小平为首的第二野战军和以陈毅、粟裕、谭震林为首的第三野战军在长达五百余公里的战线上强度长江，彻底摧毁了敌方苦心经营三个半月的长江防线，占领国民党老巢南京时，毛泽东在 1949 年 4 月又以诗的形式写了《七律·人民解放军占领南京》：

［3］钟山风雨起苍黄，百万雄师过大江。虎踞龙盘今胜昔，天翻地覆慨而慷。宜将剩勇追穷寇，不可沽名学霸王。天若有情天亦老，人间正道是沧桑。

诗的前四句偏重记事，是对人民解放军横渡长江、占领南京盛况的描写，抒发了一种慷慨激昂之情。后四句偏重论理，"宜将剩勇追穷寇，不可沽名学霸王"两句，引用楚霸王项羽沽名钓誉、在鸿门宴错失斩除刘邦之良机而后被刘邦逼得身败名裂的悲剧典故，表现了作为政治和军事战略家的作者"打倒蒋介石，解放全中国"的彻底革命精神；"天若有情天亦老，人

① 《毛泽东选集》第四卷，人民出版社 1991 年版。

间正道是沧桑”，前句是借用李贺《金铜仙人辞汉歌》的诗句，来衬托革命行动的暴烈、人民解放战争的惊天动地，后句用一警策之言暗示出打倒蒋介石、解放全中国是符合人类社会的发展规律的。这首诗的基本内容同政论文《将革命进行到底》的是一致的，二者构成同义手段，只是语体风格有差别。再如：

［4］望三门，三门开：
“黄河之水天上来！”
神门险，鬼门窄，
人门以上百丈崖。
黄水劈门千声雷，
狂风万里走东海。

望三门，三门开：
黄河东去不回来。
昆仑山高邛山矮，
禹王马蹄长青苔。
马去“门”开不见家，
门旁空留“梳妆台”。

梳妆台啊，千万载，
梳妆台上何人在？
乌云遮明镜，
黄水吞金钗。
但见那：辈辈艄工洒泪去，
却不见：黄河女儿梳妆来。

梳妆来啊，梳妆来！
——黄河女儿头发白。
挽断“白发三千丈”，
愁杀黄河万年灾！
登三门，向东海：
问我青春何时来?!

何时来啊，何时来？……
——盘古生我新一代！

举红旗，天地开，
史书万卷脚下踩。
大笔大字写新篇：
社会主义——我们来！

我们来呵，我们来，
昆仑山惊邙山呆：
展我治黄万里图，
先扎黄河腰中带——
神门平，鬼门削，
人门三声化尘埃！

望三门，门不在，
明日要看水闸开。
责令李白改诗句：
“黄河之水‘手中’来！”
银河星光落天下，
清水清风走东海。

走东海，去又来，
讨回黄河万年债！
黄河女儿容颜改，
为你重整梳妆台。
青天悬明镜，
湖水映光彩——
黄河女儿梳妆来！

梳妆来呵，梳妆来！
百花任你戴，
春光任你采，
万里锦绣任你裁！

三门闸工正年少，
幸福闸门为你开。
并肩挽手唱高歌呵，
无限青春向未来！
（贺敬之《三门峡——梳妆台》）

对三门峡的今昔对比，同样的内容，可以用科学考察报告或报告文学的式样，也可以用诗歌形式。但前二者属于科技语体或散文体，后者则属于文艺语体中的韵文体，它们在使用语言材料上会形成不同的风格。贺敬之的《三门峡——梳妆台》以诗歌的形式反映了三门峡的今昔变化，调动了各种修辞手段，形象、生动，具有优美的音乐旋律和浓郁的抒情色彩，给人以强烈的美感效应，而科学考察报告则一定是质实、理性，冷静而严谨的。如果写成报告文学，它虽然也是文艺语体，但不是韵文体，而是散文体，其言语风格肯定是不同于诗歌体的。再如，一部《三国演义》，罗贯中以章回小说的形式作为载体，洋洋洒洒 72.6 万字，从汉献帝写起一直到三国归晋，可是后人以一篇古风就概括了这段历史：

[5] 高祖提剑入咸阳，炎炎红日升扶桑；
光武龙兴成大统，金乌飞上天中央。
哀哉献帝绍海宇，红轮西坠咸池旁！
何进无谋中贵乱，凉州董卓居朝堂；
王允定计诛逆党，李傕郭汜动刀枪；
四方盗贼如蚁聚，六合奸雄皆鹰扬；
孙坚孙策起江左，袁绍袁术兴河梁；
刘焉父子居巴蜀，刘表军旅屯荆襄；
张燕张鲁霸南郑，马腾韩遂守西凉；
陶谦张绣公孙瓒，各呈雄才占一方。
曹操专权居相府，牢笼英俊用文武；
威挟天子令诸侯，总领貔貅镇中土。
楼桑玄德本皇孙，义结关张愿扶主；
东西奔走恨无家，将寡兵微作羁旅；
南阳三顾情何深，卧龙一见分寰宇；
先取荆州后取川，霸业图王在天府；
呜呼三载逝升遐，白帝托孤堪痛楚！

孔明六出祁山前，愿以只手将天补；
何期历数到此终，长星半夜落山坞！
姜维独凭气力高，九伐中原空劬劳；
钟会邓艾分兵进，汉室江山尽属曹。
丕睿芳髦才及奂，司马又将天下交；
受禅台前云雾起，石头城下无波涛；
陈留归命与安乐，王侯公爵从根苗；
纷纷世事无穷尽，天数茫茫不可逃；
鼎足三分已成梦，后人凭吊空牢骚。
（罗贯中《三国演义》第一百二十回）

这首诗歌同小说的基本内容是一致的，它们构成了一组同义手段。

## 第三节　语言的民族风格、时代风格、地域风格及其同义手段

这里所说的语言风格指的是同言语风格相对的风格类型，是区分了语言和言语之后的“语言”的风格。语言风格本来包括语体风格、民族风格、时代风格和地域风格，但语体风格是诸多风格中最重要的一种风格，因而已单列一节论述了。这里只谈民族风格、时代风格、地域风格这三种语言风格及其同义手段。

### 一、语言的民族风格及其同义手段

#### （一）语言的民族风格

语言的民族风格是指某一民族语言同其他民族语言相区别的特征的总和。某一民族，由于其语言体系和运用语言的习惯不同，必然表现出不同的特点来，这就形成了语言的民族风格。

每一种民族语言的风格都是由它的区别性特征所构成的。恩格斯在给威·格勒伯兄弟的信中用诗的语言对欧洲重要语言的民族风格作了如下描述：

[1] 但是，我可爱的德文，却拥有这一切的一切：荷马的洪亮的语言好像是大海翻腾的波涛，埃斯库罗斯从山顶把一块块岩石投向深谷，罗马语言是威武的恺撒向军队的讲话，他大胆地抓住石头——词

句，一层层地堆垒起巍峨的大厦。年轻的意大利语言温柔而优雅，像诗人迁居到南方最绮丽的花园，佩脱拉克在那里采花，阿里欧斯在那里徘徊。西班牙语言，你听着，好像大风高傲地从绿叶茂盛的树巅掠过，向我们传来美妙的古歌，而环绕在树干上的千条藤萝各自在绿荫中不停摆动。荡漾到满是花朵的岸上的微波是葡萄牙语言。从它那里可以听到如和风送来的水神的低吟，法兰西语言宛如一条小河湍湍流去，不停地冲洗着顽强的石头。英国古老的语言，强壮的武士的遗迹，经过风吹雨打，已经长满了野草，暴风嚎叫和呼啸，枉然而想把它摧倒。但是德国语言，就像喧哗的波浪，拍打在气候美好的珊瑚岛岸上。在那里迸出了荷马的永远翻腾的浪花，在那里，埃斯库罗斯的巨大岩石引起回响，在那里你可以看到巍然耸立的大厦。在那里浓荫的树巅发出和谐的喧吐，在那里水神低吟，波浪冲洗着石头，古代勇士修建的高楼大厦耸入天空。这就是不朽的无尚光荣的德国语言。

这些诗性式的描述，虽然不是科学界定，但也可看出荷马语、罗马语、意大利语、西班牙语、法兰西语、英语、德语的各具特色的民族风格。

语言的民族风格的形成首先是同该民族语言的语音、词汇、语法等语言要素有关。如现代汉语的特点是：语音上，音节中元音占优势，无复辅音，声调能区别意义；词汇上，双音节占优势，词的音节较整齐，长短变化不大；语法上，以语序和虚词为主要语法手段，量词、语气词丰富，句法结构有很大的一致性等。现代汉语在语言系统上的这些特点是其他民族语言所不具备的。这些都决定了现代汉语具有语音优美、形象鲜明、句式简单、表达明快等基本的民族风格。

语言的民族风格的形成还同该民族生存的社会环境、自然环境、民族历史及民族文化（风俗、习惯、生活方式、心理状态）以及不同民族对事物的认识和态度等相联系。例如，台湾高山族以水来比喻姑娘之美，是同他们因山高缺水，视水为美的象征有关。蒙古族逢年过节喜欢穿白的，平时喜欢吃白色的食物，喜欢住白色的蒙古包，喜欢吃白羊的肉、喜欢骑着白马去接新娘，客人久别重逢时喜欢敬献或交换白色的哈达等，这都与他们把白色视作吉祥、长寿和心灵的纯洁等民族心理有关。欧美人喜欢用“小老鼠”来比喻可爱的少女，古希腊人可以用苍蝇来比喻勇敢的战士，中国人喜欢用鸳鸯来比喻情侣、用狗来比喻小人等，这些语用上的不同特点也是民族文化、民族心理、不同民族对事物的认识和态度的体现。

此外，即使同一种语言，由于使用的民族不同，也会显示出不同的作风和气派。

（二）语言民族风格的同义手段

“语言的民族风格，指的是它所独有的、一切其他语言所不具有的那些特点的总和，那些使得它同其他语言相互区别开来的区别性特征的总和，这是把它放到世界各种语言中去考察和比较的结果。假设存在着对世界上一切语言都是共同的那个零度形式，一切语言都是这个零度形式的投射，而任何一种投射都是一种偏离。”① 就此而言，不仅那个假设的超越民族的零度形式同一切偏离形式构成了同义手段，而且那些平行并列的偏离形式之间也互为同义，构成了一个庞大的具有不同民族风格的同义集合体。

语言的民族风格是一种同义类聚，它最典型的体现，就是对同一内容的作品用不同的民族语言进行翻译而体现出不同的民族格调和气派。如莎士比亚的文学作品有多种语言的翻译文本，但每一种文本在语言上都有不同的民族风格。裴多斐的《自由与爱情》诗之所以能在中国广为流传，是因为殷夫先生运用了汉语特有的诗体形式，将其翻译为：“生命诚可贵，爱情价更高；若为自由故，二者皆可抛。”这种翻译讲究平仄、诗句匀整，体现了汉语特有的民族风格。中国古典诗歌《诗经·召南·野有死麇》：“野有死麇，白茅包之。有女怀春，吉士诱之。林有朴樕，野有死鹿，白茅纯束。有女如玉。‘舒而脱脱兮！无感我帨兮！无使尨也吠！’”许渊冲将其翻译成英语：

［2］An antelope is killed
And wrapped in white afild.
A maid for love does long,
Tempted by a hunter strong.
He cuts down trees amain
And kills a deer again.
He sees the white-drest maid
As beautiful as jade.
“O soft slow, sweetheart,
Don’ t tear my sash apert!”
The jadelike maid says, “Hark!
Do not let the dog bark!”

---

① 王希杰：《修辞学通论》，南京大学出版社 1996 年版，第 499 页。

这显然是汉语和英语的两种不同的语言风格。唐代诗人孟浩然《春晓》诗的英译本有几十种，请看如下三种：

[3] **春晓** Waken on A Spring Morning
春眠不觉晓， I can barely wake up in spring slumber,
处处闻啼鸟。 As the chirping of birds is heard there and here.
夜来风雨声，Last night came a stormy rain,
花落知多少。To try to count the fallen petals would be in vain.
[4] **春晓** (At Dream in Spring) by Meng Haoran
春眠不觉晓 Slept so well I didn't know it was dawn
处处闻啼鸟 birds singing in every countyard woke me up
夜来风雨声 the wind and rain troubled my dream last night
花落知多少 I think of all those petals swept to the ground
[5] **春晓** 孟浩然 Spring Morning Meng Haoran
春眠不觉晓，I slept so well, not knowing spring dawn's here,
处处闻啼鸟。Awakened by birds singing everywhere.
夜来风雨声， All through last night there were strong winds and showers.
花落知多少？Do you know the number of fallen flowers?

这些英语文本同汉语文本相比，虽然音节长短不一，节奏不太整齐、和谐，韵脚不如原文响亮，体现不出汉语用韵的语音理据，也弱化了原文中因春天到来的那种苏醒、欣喜的微妙情感，但二者的理性意义相同，构成了民族风格不同的同义手段。

## 二、语言的时代风格及其同义手段

### （一）语言的时代风格

语言的时代风格指同一民族的语言在不同历史条件下形成的区别性特征的总和。同一个民族在不同时代有不同的社会生活、思想情操、语言修养等，这些精神风貌和社会风尚反映到语言风格上，就有不同时代的烙印。因此，不同时代的语言风格，是时代精神在语言中的反映。同一时代的人，运用语言材料、表达方式形成的特点是时代风格的物质体现。

时代风格与这一时代的生活内容相联系，这些生活内容概括了特定时代的历史和社会风貌，它们可以通过言语行为、言语作品表现出来，使语言带上时代特点。汉代《毛诗序》："治世之音安以乐"，"乱世之音怨以怒"，"亡国之音哀以思"，这表明了作家诗人处于不同时代就有不同的风格。我国古代不同的历史时代的语言作品都分别有不同时代的印迹。如：

[1] 投我以木瓜，报之以琼琚。匪报也，永以为好也。
投我以木桃，报之以琼瑶。匪报也，永以为好也。
投我以木李，报之以琼玖。匪报也，永以为好也。
(《诗经·卫风·木瓜》)

这是公元前6世纪前的中国古人诗歌的语言风格。细细品味，既可体会到古代情人间的赠答方式，它反映了当时的社会风情。

[2] 我们不能只当留声机，要当微机。要编制贯彻大政策、发展小气候的软件。(《人民日报》1991年1月10日)

这是20世纪90年代中国人的语言风格。"留声机"、"微机"、"软件"是科学高度发展的时代所具有的术语，尤其是"微机"、"软件"在文中的使用，给人以一种新鲜的活力、时代的脉搏。

(二) 语言时代风格的同义手段

"假设在一种语言的不同时代的表现形式之上，还存在着某种共同的形式，即零度形式，那么这种语言的不同时代的表现和存在的形式都是这个零度形式的投射和体现，一种偏离形式。同一语言不同时代的变体之间，由于各自偏离的方式和程度不同而形成不同的风格。"① 就此而言，不仅那个假设的超越时代的零度形式同一切偏离形式构成了同义手段，而且那些平行并列的偏离形式之间也互为同义，构成了一个庞大的具有不同时代风格的同义集合体。

语言的时代风格也是一种同义类聚。它最典型的体现，就是对同一内容的作品用具有不同时代特点的语言进行表达而体现出不同时代的格调和气派。例如：

[3] 东门之杨，其叶牂牂。昏以为期，明星煌煌。
东门之杨，其叶肺肺。昏以为期，明星晢晢。(《诗经·陈风

① 王希杰：《修辞学通论》，南京大学出版社1996年版，第499—500页。

东门之杨》）

这样的内容，以诗歌形式，如果用现代汉语来表达，便可以是：

东门东门有白杨，白杨叶儿沙沙响。约郎约在黄昏后，长庚星儿亮堂堂。

东门有个白杨林，叶儿拍拍响声轻。约郎约在黄昏后，闪闪灼灼长庚星。（余冠英注译《诗经选》人民文学出版社 1982 年，141 页）

二者构成了时代风格不同的同义手段。

［4］子曰："学而时习之，不亦说乎？有朋自远方来，不亦乐乎？人不知，而不愠，不亦君子乎？"（《论语·学而第一》）

这段话用现代汉语表达，可以这样说：

孔子说："对学习过的东西按时进行复习，难道不感到高兴吗？有志同道合的朋友自远方来，难道不感到快乐吗？（有真才实学）并不为人所知，但自己并不感到懊丧，这样的人，难道算不得一个有道德的人吗？"①

这两种表达法也构成了时代风格不同的同义手段。

## 三、语言的地域风格及其同义手段

### （一）语言的地域风格

语言的地域风格主要指的是同一民族共同语的各个地方变体的风格。

居住在不同地域的同一民族由于自然环境，生活环境、物产风情等的不同，折射在语言上，就会有不同的语言风格。如同样是汉民族，生活在北方和生活在江南的人，因地域的不同，他们的语言中都分别带有自己地区特色的风格。"骏马秋风塞上，杏花春雨江南。"既可用来描写我国北方和江南的风物，也可用以比喻北方和江南人的不同的语言风格。

北方尤其是大西北，高入云霄的崇山峻岭，浩瀚的戈壁沙漠，奔腾的大

① 王滋源编著：《论语新编》，黑龙江人民出版社 1991 年版，第 61 页。

河，辽阔的草原，这些雄浑而壮阔的自然风物，造就了北方人勇悍、率直、豪爽、坦真的阳刚性格，因此他们的语言风格的主体基调是粗犷豪放、刚劲有力。如：

> [1] 当铁色的苍鹰在广袤的旷野，傲慢而从容地盘旋之后，箭一般地射向穹旻，大漠便回荡着金属的声音。天山的喉结高高突起，啸一支雄浑的大风歌，马队掠过，驼队掠过。天边任何一帧剪影，都不会使人产生联想：它属于女性。①

新疆诗人杨牧的这段诗文，运用雄伟壮丽的名词，遒劲有力的动词，铺张扬厉的形容词，外延阔大的数量词等组构了一幅震撼人心的音像画面，语言风格豪放而雄健。

江南丘陵起伏，河流曲折，植被丰富，景观变化多样，自然韵味微妙，能给人以细腻的审美感受，因此其语言委婉缠绵，有曲折、清细、柔和的格调。如江苏作家陆文夫的《介绍》：

> [2] 苏州有个沧浪亭，地方很是古朴，也十分安静；碧水绕着花园，绿荫掩映石门。临水处有一条弯弯曲曲的游廊，游廊的一边是白粉墙，墙上安了许多漏窗，可以窥视园中的林木竹石、台阁楼榭；游廊的另一边是粼粼的池水，隔河的岸边种着垂柳与桃树。眼下正是杨柳飞絮、桃树落花的季节，站在游廊上望望，真叫人心情宽畅，耳目明亮。②

这段文章所摄入的台阁楼榭、碧水花园、游廊粉墙、林木竹石、杨柳飞絮等都是细小的风物景致，因此语言风格柔婉清新。

不同的民族，处于不同的自然环境，也会产生不同的语言风格，如蒙古人喜欢“白”，是同皑皑雪原、朵朵白云、簇簇羊群、桶桶鲜奶等美好自然景物、生活条件相联系的。阿拉伯人喜欢用“月亮”来比喻美丽的姑娘，因为那里天气炎热，只有夜色降临，月亮出来时，才会给人们带来凉爽和舒适。于是，这些都在语言中显示了出来。

不同的民族生活在同一地域，使用同一种语言，也会形成同一种地域风

① 杨牧：《大西北，是雄性的》，《边塞三人集》，新疆人民出版社 1993 年版。
② 《小巷人物志》第一集，中国文艺联合出版公司 1984 年版。

格，但也会有一些民族风格的因素。因此，地域风格同民族风格有时是交融的，即民族风格中有地域风格的因素，地域风格中有民族风格的因素。

我们所说的地域风格，主要是指某一地区语言的主体风格，尤其是指使用同一种语言的同一民族生活在不同地域而形成的语言的主体风格。

（二）语言的地域风格的同义手段

“地域风格指的是语言的各个地方变体的风格。假设在这些地方变体之上存在着共同形式，零度形式，那么这些地方变体就全都是这个零度形式的投射和体现，都是对这个零度形式的偏离。它们各自不同的偏离方式和偏离程度就构成了它们各自的风格。”① 就此而言，不仅那个假设的超越地域的零度形式同一切偏离形式构成了同义手段，因为任何同义手段都是零度形式和偏离形式的集合体，而且那些平行并列的偏离形式之间也互为同义，构成了一个庞大的同义集合体，这个集合体就是地域风格的同义手段。

任何一个民族的语言都有方言，同一内容，用不同的方言表达，就有不同的地域风格，它们就构成了地域风格的同义手段。汉语方言区众多，不仅有大方言区，而且在一个大方言区里还存在众多的小方言区，对同一内容，生活在不同方言区的人们会用不同方言的风格进行表达而体现出不同地域的格调和气派，它们构成了汉语地域风格的同义手段。如同是“今天我就站在这里了，你有本事动我试试。别看你个子大，逼急了老子拿砖头砸死你”这样的意思，在不同的方言区就有众多风格的表达法，如：

浙江杭州话：“跟早老子就暂了个的的，你碰碰老子试试看。表看你亏得都，凑社袄，袄照样请块砖头直接色你！”

浙江温州话：“恩 gi 尼 gi 勒，尼似似东恩。fai 次你难头盖，dei 阿巴 juo jia i 次阿巴掰勒居都噶尼都勒得！”

浙江宁波话：“接吗我巨烈了给低，no 四四绑绑我 ken。猫看 no 桑得强豆，犯的我吼了，捞快钻头 zen 杀！”

安徽广德话：“跟到老子就站捏哈不走了，你搞老子一下试试看。表看过子高把老子搞火了～你看老子不搞砖头把你头砸翻过来！”

湖北武汉话：“激日老子就站倒在这块，你动老子试哈子看。不要以为你有蛮大国块头，把老子逼急了老子捡块砖头擂死你地！”

湖南话：“今天我就站到噶里哒，你动我试哈看。莫看你胚子大，搞得我发宝哒拿块砖头就擂死你！”

① 王希杰：《修辞学通论》，南京大学出版社1996年版，第501页。

江西九江话："真着偶就簪在跌地，恩动哈偶勘勘啥。莫勘恩锅子比我大畏么一点，搞的偶发了铆，偶照样切砖头儿作 s 恩！"

云南东川话："老子就天就站的制点，恨么你挝我嘛。毛看的你长得块，逗滋得老子拿大甲汗你！"

贵州贵阳话："今天老子就站在 zi 点，si 儿你动我哈试哈！？biao 看你是个哈大，把老子整毛哦老子一砖头给你勒脑壳 gang 过来！"

广东茂名话："今日我就企系呢度！你郁下我睇?！唔好睇你甘大个，逗嘿？我我就一砖头拍嘿死你?！"

广西玉林话："根日鹅到可还根路，你肉虾鹅体。某体你干大这，破到我我撇死你！"

潮州话："我就企在少块，你敢哩来扒我试试看。勿蜡做是大冬瓜，惹我火夺就卡你头"（百度《论坛》《一句话教你全国方言》楼主 愚者 发表于 2006－05－29 18：23：46）

上例中的各个地区的方言语构成地域风格有差异的同义手段，它们在语音、词汇、语法、修辞手段、语调等各个方面各呈异彩、各具风味、各涵情韵。

## 第四节　言语风格及其同义手段

言语风格包括个人风格和表现风格，它是个人已经说写出来的话语中所显现出来的区别性特征的总和。言语风格，从语言使用者的角度而言，就是个人风格，从言语作品的角度而言，就是作品风格，又称表现风格。

### 一、言语的个人风格及其同义手段

#### （一）言语的个人风格

言语的个人风格，是个人的话语所特有的作风和气派，它是个人在运用语言时由于思想作风、生活经历、语言修养等因素的影响而形成的。言语的个人风格就是个人加在自己言语之上的思想的"顺序和波动"，是从语言运用者身上剥离了那些所有的不属于他本人的言语特点之后所获得的剩余或内核。冯时可在《雨航杂录》中说："曾子固介然而文典，则苏长公达而文遒畅，次公恬而文澄蓄，介甫矫厉而文简劲。文如其人，人如其文哉！"也是从个人的角度来看待风格现象的。

言语的个人风格与个人的思想性格有关。鲁迅与周作人是同胞兄弟，处于同一家庭、同一时代，有同样的生活遭遇，受过同样的教育，但两人的思想性格不同，因此，语言风格也不同。鲁迅语言风格的基本特点是：尖锐泼辣，冷峻凌厉。周作人语言的基本风格是：清淡自然。同样是散文，鲁迅的杂文如战斗的檄文，战歌催人奋进，强烈要求改变现实；周作人的小品则如田园牧歌，牧歌使人麻痹，甘心安于现状。

言语的个人风格与言语者的知识和文化修养相关。毛泽东、鲁迅、俞平伯的文章风格印证了他们厚实的中国传统文化根底；钱钟书、茅盾、巴金、曹禺的作品体现出他们接受西洋文化的印迹；朱自清的作品，有许多句法上的倒装、利用不同虚词改变词性等特点，显示出言语欧化的风格特征，等等。

言语的个人风格与言语者的生活经历和生活环境相关。高晓声历经艰辛，童年和青年时代经受了生活的磨难。30 岁时被打成右派，逼迫当了 20 年的农民。生活的折磨，形成了他独特的语言风格：在平静的外表下奔腾着感情的激流，在明朗中蕴有深沉，在清淡中蕴有浓烈，在叙述中蕴有抨击，在幽默风趣中含有强烈的讽刺。老舍出生并长期生活在北京，他能纯熟地使用北京口语语汇。他的小说《骆驼祥子》在朴实的叙述中同时注意如何"从容调动口语"，从而避免了平易所易导致的沉闷、板滞，"给平易的文字添上些亲切、新鲜、恰当、活泼的味儿"。（老舍《我怎样写〈骆驼祥子〉》）由于作者熟练地运用加工过的北京方言，使作品的语言朴实平易，具有浓郁的地方特色和生活气息。老舍先生不愧"语言大师"的称号。①

"个人风格以个人惯有的选词造句和特有的表现手段以及修辞方式的运用等特点系列为物质体现。它是运用民族语言时，在遵循民族语言的共同规则和规范的前提下，对民族语言进行创造性运用的产物。"② 那些大手笔们总是以其惯有的选词造句和特有的表现手段，体现出其言语风格的独特性、创造性。我国当代作家杨朔散文的言语就自成清新自然、朴实无华的独特风格，对平常动词"颤"、"插"的频繁地艺术化运用，从某种程度上就体现了他的这种个人风格。如：

［1］要是冬天，你从北地来，满身带着霜雪，一到昆明，准会叫起来："哎呀！怎么还开花呢？"正开的是茶花。白的，红的，各种各样，色彩那么鲜亮，你见了，心都会乐得发颤。（《滇池边上的报春花》）

---

① 骆小所：《现代修辞学》，云南人民出版社 1994 年版，第 356—357 页。

② 同上书，第 354—357 页。

[2] 年年十月一那天，只要我站在天安门的观礼台上，听见礼炮，听见军乐奏起激昂的国歌，我的心就要发颤，我的眼就要发酸，忍不住流下欢乐的眼泪。(《走进太阳里去》)

[3] 当我觉察到我们的人民竟是生活在理想的明天里，我的心都震动得有点发颤。(《龙马赞》)

[4] 我的心不禁一颤，多可爱的小生灵啊，对人无所求，给人的却是极好的东西。(《荔枝蜜》)

[5] 葛伯勒沉吟着，慢慢说："……我有时夜间做梦，梦见回到自己的家乡，见到自己的亲人，欢喜得心都发颤。……"(《晚潮急》)

[6] 写到这儿，我的心微微颤抖，从心底涌出一些聪俊的影子：有舞态轻盈的少女，有神采飞扬的少年乐师，有刚强英俊的战士，有端庄敦厚的长者。……我仿佛看到了巴厘的火山。(《巴厘的火山》)

上几例中的"颤"表达不同的感情，都是美好的人或事物对作者心弦的拨动所致。

[7] 我拿这一朵红石榴花要给那小女孩，老大娘望着那小女孩笑着说："花！花！"自己却伸手接过去，歪着头斜插到后鬓上，还对水影照了照。(《蓬莱仙境》)

[8] 有一个青年妇女却不动手，鬓角上插着枝野花。(《海市》)

[9] 一些吉卜赛女人打扮得更鲜艳：头顶上高高支起尖顶的绸子披巾，两鬓插着珠子花……(《印度情思》)

[10] 老人……弯腰从路边掐了枝野花，插到车上，才又推着车慢慢走了，一直走进火红的霞光里去。(《雪浪花》)

[11] ……剪下了两枝紫色的玫瑰，我把玫瑰插在衣襟上。(《阿拉伯沙漠里的玫瑰》)

上几例中的"插"，或表现了人们热爱生活的精神面貌，或写出了人们的装饰打扮及洒脱大方的风度等。

布丰的名言"风格即人"就说的是个人风格。每个人都有自己的言语风格，就此而言，每个人的言语世界就是一个独特的风格世界，是自己独有而他人所无的世界。但个人风格有定型和不定型、自成体系与不自成体系之别。因此，典型的独特的个人风格的形成是个人使用语言的成熟的标志，正如威克纳格在《诗学·修辞学·风格学》中所说："独特的风格就是不平凡作家的标志。”

言语的个人风格其实也是同言语者的民族、时代、地域等因素相互联系的，因为每一个个人都是一定民族、一定时代、一定地域的人。

言语的个人风格不是一成不变的，会因各种主客观因素的影响而发生变化。

（二）言语个人风格的同义手段

言语的个人风格存在的前提是，假设存在着一种对任何人都共有的零度形式的风格，那么任何个人的话语风格就都是对那个零度风格的偏离，当然有正偏离和负偏离之别，正偏离就是好的风格，负偏离就是不好的风格。就此而言，个人言语的偏离风格同零度风格构成同义手段，互相平行的一切偏离风格又构成同义手段。

在内容相同的前提下，使用同一语言的同一民族的个人话语，有不同的风格，这些不同的风格构成同义手段。从对古诗文的翻译、对外文的翻译以及对同一题材运用不同言语风格表达的作品中即可看出言语个人风格的同义性。

同一篇古代诗文，不同的翻译者会保持自己独特的言语风格。如《诗经·国风·王风·采葛》：“彼采葛兮，一日不见，如三月兮！彼采萧兮，一日不见，如三秋兮！彼采艾兮，一日不见，如三岁兮！”袁枚和余冠英分别翻译为：

［12］那个采葛的好姑娘啊，
一天一日不见她，
好像三月长又长啊！

那个采蒿的好姑娘啊，
一天一日不见她，
好像三秋长又长啊！

那个采艾的好姑娘啊，
一天一日不见她，
好像三年长又长啊！[①]

① 袁枚：《诗经注译》（国风部分），齐鲁书社1980年版，第235—236页。

[13] 那人正在采葛藤。
一天不见她，
就像过了三月整。

那人正在采香蒿香。
一天不见她，
就像三季那么长。

那人正在采苍艾。
一天不见她，
就像熬过三年来。①

两种翻译文本的句子长短、词语、标点的选用以及语气、情感的表达等都体现出两位翻译者不同的言语风格。

同一篇外文作品，不同的翻译者会保持自己独特的言语风格。如对匈牙利诗人裴多斐的《自由与爱情》诗的汉文翻译：

[14] 自由与爱情！
我都为之倾心。
为了爱情，
我宁愿牺牲生命，
为了自由，
我宁愿牺牲爱情。（兴万生译《自由与爱情》1847 年 1 月 1 日于佩斯）

[15] 生命诚可贵，爱情价更高。
若为自由故，两者皆可抛。（殷夫译《自由与爱情》）

此外，使用同一语言的同一个人因其他因素的影响，对同一内容会用不同的言语风格表达，这也会形成个人风格的同义手段。如前举裴多斐的《自由与爱情》诗，殷夫先翻译成六行自由诗歌的形式：

---

① 余冠英注释：《诗经选》，人民文学出版社 1982 年版，第 78 页。

［16］自由与爱情，
我需要这两样。
为了爱情，
我牺牲我的生命，
为了自由，
我又牺牲我的爱情。

后来经过仔细推敲，又将其翻译为五言绝句，这也是两种风格不同的表达形式。

同样内容的书信，不同的人会表现出不同的言语风格；同样内容的讲话，不同的领导会有不同的言语格调；同样内容的学术论著，不同的学者有不同的表述方法；同样题材的文艺作品，不同的作者会显现自己独特的个人风格。如同样是以花隐喻雪，唐代边塞诗人岑参《白雪歌送武判官归京》："忽如一夜春风来，千树万树梨花开。"一夜大风大雪，处处银装素裹，一片晶莹世界；琼枝玉叶，宛如千树怒放的梨花。作者运用明喻，传神地描绘出雪的皎洁、鲜润和明丽，透露出诗人的惊喜之情。而韩愈《春雪》："白雪却嫌春色晚，故穿庭树作飞花。"作者以移情的表现手法，却先用拟人，后用比喻，将自己嫌春之晚的心情寄寓到白雪身上，说白雪嫌春晚，作花穿庭树，写出了雪的深通人性、灵动，富有神韵。虽然两人的咏雪诗都是名作，但个人风格却不相同。再如，同样是写壮阔的雪景，毛泽东说：

［17］北国风光，千里冰封，万里雪飘。
望长城内外，惟馀莽莽；大河上下，顿失滔滔。
山舞银蛇，原驰蜡象，欲与天公试比高。
须晴日，看红装素裹，分外妖娆。
江山如此多娇，引无数英雄竞折腰。（《沁园春·雪》1936.02，上阕）

唐朝张打油说：

［18］江上一笼统，
井上黑窟窿。
黄狗身上白，
白狗身上肿。（《咏雪》）

这两例用的是同一题材，但个人风格截然不同。毛泽东是宏观描写，直接点明写“雪”，用了许多气势宏大的壮雅词语，如“北国”、“大河上下”、“长城内外”、“千里”、“万里”、“莽莽”等，还用了“山舞银蛇，原驰蜡象”的比喻以及“欲与天公试比高”的拟人手法，将雪景写得灵动而活现。此诗通过描写北国雪景，以大气豪放的格调赞美了祖国宏伟壮丽的大好河山，从而展示了一代伟人的博大胸襟。而张打油用打油诗的形式，从微观上写江、井、狗在雪景中给人的静态视觉观感，含而不露地描绘雪景。全诗不着一个“雪”字，却句句尽扣“雪”字。选用了“笼统”、“窟窿”、“狗”、“肿”等一般不入诗的俚俗词语，还有色彩词“黑”、“黄”、“白”，并且每一句中都有一个方位名词“上”，这些都使这首诗充满了“打油”味。此诗粗放却准确，俚俗却传神，极具诱人的娱乐性，自有其独特的美学价值。

最有趣的是1923年仲夏之夜，朱自清和俞平伯同泛六朝金粉遗址秦淮河，两人相约各自同以《桨声灯影里的秦淮河》为题作文，各表心迹，两篇同一题材、同一题目而风格不同的文章在中国近代散文史上，被称为白话美文之佳作。这里各摘录部分段落以供体察其个人言语风格：

[19] 秦淮河的水是碧阴阴的；看起来厚而不腻，或者是六朝金粉所凝么？我们初上船的时候，天色还未断黑，那漾漾的柔波是这样的恬静，委婉，使我们一面有水阔天空之想，一面又憧憬着纸醉金迷之境了。等到灯火明时，阴阴的变为沉沉了：黯淡的水光，像梦一般；那偶然闪烁着的光芒，就是梦的眼睛了。我们坐在舱前，因了那隆起的顶棚，仿佛总是昂着首向前走着似的；于是飘飘然如御风而行的我们，看着那些自在的湾泊着的船，船里走马灯般的人物，便像是下界一般，迢迢的远了，又像在雾里看花，尽朦朦胧胧的。这时我们已过了利涉桥，望见东关头了。沿路听见断续的歌声：有从沿河的妓楼飘来的，有从河上船里渡来的。我们明知那些歌声，只是些因袭的言词，从生涩的歌喉里机械的发出来的；但它们经了夏夜的微风的吹漾和水波的摇拂，袅娜着到我们耳边的时候，已经不单是她们的歌声，而混着微风和河水的密语了。于是我们不得不被牵惹着，震撼着，相与浮沉于这歌声里了。从东关头转弯，不久就到大中桥。大中桥共有三个桥拱，都很阔大，俨然是三座门儿；使我们觉得我们的船和船里的我们，在桥下过去时，真是太无颜色了。桥砖是深褐色，表明它的历史的长久；但都完好无缺，令人太息于古昔工程的坚美。桥上两旁都是木壁的房子，中间应该有街

路？这些房子都破旧了，多年烟熏的迹，遮没了当年的美丽。我想象秦淮河的极盛时，在这样宏阔的桥上，特地盖了房子，必然是髹漆得富富丽丽的；晚间必然是灯火通明的。现在却只剩下一片黑沉沉！但是桥上造着房子，毕竟使我们多少可以想见往日的繁华；这也慰情聊胜无了。过了大中桥，便到了灯月交辉，笙歌彻夜的秦淮河；这才是秦淮河的真面目哩。

大中桥外，顿然空阔，和桥内两岸排着密密的人家的大异了。一眼望去，疏疏的林，淡淡的月，衬着蓝蔚的天，颇像荒江野渡光景；那边呢，郁丛丛的，阴森森的，又似乎藏着无边的黑暗：令人几乎不信那是繁华的秦淮河了。但是河中眩晕着的灯光，纵横着的画舫，悠扬着的笛韵，夹着那吱吱的胡琴声，终于使我们认识绿如茵陈酒的秦淮水了。此地天裸露着的多些，故觉夜来的独迟些；从清清的水影里，我们感到的只是薄薄的夜——这正是秦淮河的夜。大中桥外，……我们下船后，借着新生的晚凉和河上的微风，暑气已渐渐消散；到了此地，豁然开朗，身子顿然轻了——习习的清风荏苒在面上，手上，衣上，这便又感到了一缕新凉了。南京的日光，大概没有杭州猛烈；西湖的夏夜老是热蓬蓬的，水像沸着一般，秦淮河的水却尽是这样冷冷的绿着。任你人影的憧憧，歌声的扰扰，总像隔着一层薄薄的绿纱面幂似的；它尽是这样静静的，冷冷的绿着。我们出了大中桥，走不上半里路，船夫便将船划到一旁，停了桨由它宕着。他以为那里正是繁华的极点，再过去就是荒凉了；所以让我们多多赏鉴一会儿。……

那时河里热闹极了；船大半泊着，小半在水上穿梭似的来往。停泊着的都在近市的那一边，我们的船自然也夹在其中。因为这边略略的挤，便觉得那边十分的疏了。在每一只船从那边过去时，我们能画出它的轻轻的影和曲曲的波，在我们的心上；这显着是空，且显着是静了。那时处处都是歌声和凄厉的胡琴声，圆润的喉咙，确乎是很少的。但那生涩的，尖脆的调子能使人有少年的，粗率不拘的感觉，也正可快我们的意。况且多少隔开些儿听着，因为想象与渴慕的做美，总觉更有滋味；而竞发的喧嚣，抑扬的不齐，远近的杂沓，和乐器的嘈嘈切切，合成另一意味的谐音，也使我们无所适从，如随着大风而走。这实在因为我们的心枯涩久了，变为脆弱；故偶然润泽一下，便疯狂似的不能自主了。但秦淮河确也腻人。即如船里的人面，无论是和我们一堆儿泊着的，无论是从我们眼前过去的，总是模模糊糊的，甚至渺渺茫茫的；任你张圆了眼睛，揩净了眦垢，也是枉然。这真够人想呢。在我们停泊的地方，灯光原是纷然的；不过这些灯光都是黄而有晕的。黄已经不能明了，再加上了晕，便更不成了。灯愈多，晕就愈甚；在繁星般的黄的交错里，秦淮河仿佛笼上了一团光雾。光芒与雾气腾腾的晕着，什么都只剩了轮廓了；所以人面的详细的曲线，便消失于我们的眼底了。但灯光究竟夺不了那边的月色；灯光是浑的，月色是清的，在混沌的灯光里，渗入了一派清辉，却真是奇迹！那晚月儿已瘦削了两三分。她晚妆才罢，盈盈的上了柳梢头。天是蓝得可爱，仿佛一汪水似的；月儿便更出落得精神了。岸上原有三株两株的垂杨树，淡淡的影子，在水里摇曳着。它们那柔细的枝条浴着月光，就像一支支美人的臂膊，交互的缠着，挽着；又像是月儿披着的发。而月儿偶然也从它们的交叉处偷偷窥看我们，大有小姑娘怕羞的样子。岸上另有几株不知名的老树，光光的立着；在月光里照起来。却又俨然是精神矍铄的老人。远处——快到天际线了，才有一两片白云，亮得现出异彩，像美丽的贝壳一般。白云下便是黑黑的一带轮廓；是一条随意画的不规则的曲线。这一段光景，和河中的风味大异了。但灯与月竟能并存着，交融着，使月成了缠绵的月，灯射着渺渺的灵辉；这正是天之所以厚秦淮河，也正是天之所以厚我们了。（朱自清《桨声灯影里的秦淮河》）

朱自清在这篇散文里，勾勒出了秦淮河秀美的轮廓，着意描绘了秦淮河的夜景，并且融情于景，情景交融，把自己的感情和思绪，融注进他所创造的形象里：他笔下的河水是冷色调的，“碧阴阴的”、“冷冷的绿着”、“暗淡的水光，像梦一般”，“森森的水影，如黑暗张着巨口”，仿佛“要将我们的船吞了下去”。这些迷离、清灵、幽冷的修饰，无法叫人痛快地畅朗，隐隐传达出作者主观执著与拘谨并存的矛盾情思；其描景手法细腻、秾丽而深秀；其抒情缠绵、眷恋而悱恻；其情绪基调委婉纤丽又夹杂着淡淡愁绪与丝丝惆怅，“充满幻灭的情思”，涂抹着一层浓重的个性色彩和自我情调。值得注意的是，在行文中，竟然有 84 个句子的末尾用了语气词或动态助词“了”，以之表达肯定的陈述语气或动作、性状的已然。他通过文字的描绘，使桨声灯影里的秦淮河构成工笔油画效果。在记述自然景色时，不仅写出了自己细致独到的观察，进行了“加倍的描写”，运用泼墨似的技法作出了充分的勾勒；而且还用华美、纤秾的辞藻精雕细刻，这就使他画幅中的许多形象十分精确、丰满和浑厚。他的语言风格尽管是华丽和纤秾的，却又一点儿不显斧凿之痕，读起来自然而朗朗上口。

总之，朱自清《桨声灯影里的秦淮河》将华美的文采，与朴素的风格、平常的构思紧密结合在一起，他一路描写过来的景色和人事，都是从平凡常见的境界中显出新颖的发现，从朴素无华的构思中显出精警的思想，其华美来自朴素、其腴厚出自平淡。

[20] 我们消受得秦淮河上的灯影，当圆月犹皎的仲夏之夜。

……

小的灯舫初次在河中荡漾；于我，情景是颇朦胧，滋味是怪羞涩的。

……

又早是夕阳西下，河上妆成一抹胭脂的薄媚。是被青溪的姊妹们所薰染的吗？还是匀得她们脸上的残脂呢？寂寂的河水，随双桨打它，终是没言语。密匝匝的绮恨逐老去的年华，已都如蜜饧似的融在流波的心窝里、连呜咽也将嫌它多事，更哪里论到哀嘶。心头，宛转的凄怀；口内，徘徊的低唱；留在夜夜的秦淮河上。

在利涉桥边买了一匣烟，荡过东关头，渐荡出大中桥了。船儿悄悄地穿出连环着的三个壮阔的涵洞，青溪夏夜的韶华已如巨幅的画豁然而抖落。哦！凄厉而繁的弦索，颤岔而涩的歌喉，杂着吓哈的笑语声，噼啪的竹牌响，更能把诸楼船上的华灯彩绘，显出火样的鲜明，火样的温煦了，小船儿载着我们，在大船缝里挤着，挨着人抹着走。它忘了自己也是今宵河上的一星灯火。

既踏进所谓“六朝金粉气”的销金锅，谁不笑笑呢！今天的一晚，且默了滔滔的言说，且舒了恻恻的情怀，暂且学着，姑且学着我们平时认为在醉里梦里的他们的憨痴笑语。看！初上的灯儿们一点点掠剪柔腻的波心，梭织地往来，把河水都皴得微明了。纸薄的心旌，我的，尽无休息地跟着它们飘荡，以至于怦怦而内热。这还好说什么的！如此说，诱惑是诚然有的，且于我已留下不易磨灭的印记。

……

我们，醉不以涩味的酒，以微漾着，轻晕着的夜的风华。不是什么欣悦，不是什么慰，只感到一种怪陌生，怪异样的朦胧。朦胧之中似乎胎孕着一个如花的笑——这么淡，那么淡的倩笑。淡到已不可说，已不可拟，且已不可想，但我们终究是眩晕它离合的神光之下的。我们没法使人信它是有，我们不信它是没有。勉强哲学地说，这或近于佛家的所谓“空”，既不当鲁莽说它是“无”，也不能径直说它是“有”。或者说“有”是有的，只因无可比拟形容那“有”的光景；故从表面看，与“没有”似不生分别。

……

时有小小的艇子急忙忙打桨，向灯影密流里横冲直撞。冷静孤独的油灯映见黯淡久的画船（？）头上，秦淮河姑娘们的靓妆。茉莉的香，白兰花的香，脂粉的香，纱衣裳的……微波泛滥出甜的暗香，随着她们那些船儿荡，惯着我们这船儿荡，随着大大小小一切的船儿荡。有的互相笑语，有的默然不响，有的衬着胡琴亮着嗓子唱。一个，三两个，五六七个，比肩坐在船头的两旁，也无非多添些淡薄的影儿葬在我们的心上——太过火了，不至于罢，早消失在我们的眼皮上。谁都是这样急忙忙的打着桨，谁都是这样向灯影的密流里冲着撞；又何况久沉沦的她们，又何况飘泊惯的我们俩，当时浅浅的醉，今朝空空的惆怅；老实说，咱们萍泛的绮思不过如此而已，至多也不过如此而已。你且别讲，你且别想！这无非是梦中的电光，这无非是无明的幻相，这无非是以零星的火种微炎在大欲的根苗上。扮戏的咱们，散了场一个样，然而，上场锣，下场锣，天天忙，人人忙。看！吓！载送女郎的艇子才过去，货郎担的小船不是又来了？一盏小煤油灯，一舱的什物，他也忙得像手里的摇铃，这样叮咚而啷当。

杨枝绿影下有条华灯璀璨的彩舫在那边停泊。我们那船不禁也依傍短柳的腰肢，欹侧地歇了。游客们的大船，歌女们的艇子，靠着。唱的拉着嗓子；听的歪着头，斜着眼，有的甚至于跳过她们的船头。如那时有严重些的声音，必然说：“这哪里是什么旖旎风光！”咱们是不知道，只模糊地觉着在秦淮河船上板起方正的脸是怪不好意思的。咱们本是在旅馆里，为什么不早早入睡，掂着牙儿，领略那“卧后清宵细细长”；而偏这样急急忙忙跑到河上来无聊浪荡？

还说那时的话，从杨柳枝的乱鬟里所得的境界，照规矩，外带三分风华的。况且今宵此地，动荡着有灯火的明姿。况且今宵此地，又是圆月缺未缺，欲上未上的黄昏时候。叮当的小锣，伊轧的胡琴，沉填的大鼓……弦吹声腾沸遍了三里的秦淮河。喳嚷嚷的一片，分不出谁是谁，分不出那儿是那儿，只有整个的繁喧来把我们包填。仿佛都抢着说笑，这儿夜夜尽是如此的，不过初上城的乡下老是第一次呢。真是乡下人、真是，第一次。（俞平伯《桨声灯影里的秦淮河》）

俞平伯以创作抒情散文著名，他的感情极为纤细、沉郁，想象力十分丰富。他体现在散文中的感情是亲身感受和体验的结晶。他的散文的最大特点之一是渲染朦胧虚幻的意境，书写玄妙感伤的心情。《桨声灯影里的秦淮河》是他散文中最享盛誉的代表作，文章充满了灵气和朦胧的美感。作者通过描写自己的感觉、视觉、听觉和嗅觉，写出了桨声灯影里的秦淮河的情景和迷眩的神情，也真实细腻地写出了自己夜泛秦淮河时的“浅浅的醉”和写作时的空空的惆怅之情。在他的笔下，感觉：“情景是颇朦胧，滋味是怪羞涩的。”听觉：“凄厉而繁的弦索，颤岔而涩的歌喉，杂着吓哈的笑语声，噼啪的竹牌响，更能把诸楼船上的华灯彩绘，显出火样的鲜明，火样的温煦了。”“叮当的小锣，伊轧的胡琴，沉填的大鼓……弦吹声腾沸遍了三里的秦淮河。”视觉：“夕阳西下，河上妆成一抹胭脂的薄媚。”“初上的灯儿们一点点掠剪柔腻的波心，梭织地往来，把河水都皴得微明了。”嗅觉：“茉莉的香，白兰花的香，脂粉的香，纱衣裳的……微波泛滥出甜的暗香，随着她们那些船儿荡，惯着我们这船儿荡，随着大大小小一切的船儿荡。”在这样的氛围中，作者沉醉了，“只感到一种怪陌生，怪异样的朦胧。朦胧之中似乎胎孕着一个如花的笑——这么淡，那么淡的倩笑。”在文章中，作者以似醉非醉的心态自始至终描写的都是“模糊的”、“朦胧的”、“轻晕着的”东西，力图使你感受当时的气氛，借此传达作者的感情。“这与朱自清同名散文中朴实而工细的素描，和超脱于秦淮河之上的观察与欣赏，显然意蕴和感受是截然不同的。他传达给读者的是朦胧和浑然之感和不离不着的况味。”①

俞平伯《桨声灯影里的秦淮河》无论是写形还是传神，其辞脱口而出，无一矫揉造作之态；语言以口语为基础，再加上欧化句，古文、方言及众多的修辞手法等，适宜地安排起来，将知识与趣味结合，造出了有雅致的俗语文。文中体现的那种“涩味”与“简单味”是艰深含蓄与活泼顺畅两种风格的共存。

总之，与朱自清同名散文相比，俞平伯《桨声灯影里的秦淮河》的言语风格是：自然朴素的趣味，略尽笔墨而形神毕现的写景传神，全不着力而得妙肖的简古，大方雅致的气派。

## 二、言语的表现风格及其同义手段

### （一）言语的表现风格

表现风格是个人在长期的言语实践中所形成的一种独特的语言风貌和格调。语体风格、时代风格、民族风格、地域风格和个人风格的稳定性，往往

① 孙玉蓉：《俞平伯散文选集·序》，百花文艺出版社1990年版，第12页。

形成不同的表现风格。表现风格是语言作品风格，同时也是作者个人风格。

表现风格是非常复杂的，不同的人的表现风格是不同的，同一个人的不同作品的风格也是不同的。这是自异者而观之；但自同者而观之，表现风格总是有规律可循的，它可概括为一些大的类别。对表现风格的研究自古迄今不断，但究竟可分为哪些类别，言人言殊，尚无定论。如司空图在《诗品》中把表现风格概括为二十四种：雄浑、冲淡、纤浓、沉著、高古、典雅、洗练、劲健、绮丽、自然、含蓄、豪放、精神、缜密、疏野、清奇、委曲、实境、悲慨、形容、超诣、飘逸、旷达、流动。这种分法过于细密，不好把握。刘勰在《文心雕龙·体性》中把表现风格归纳为八种："若总其归途，则数穷八体：一曰典雅，二曰远奥，三曰精约，四曰显附，五曰繁缛，六曰壮丽，七曰新奇，八曰轻靡。"陈望道在《修辞学发凡》中把表现风格分为四组八种："（1）组——由内容和形式的比例，分为简约和繁丰；（2）组——由气象的刚健和柔和，分为刚健和柔婉；（3）组由华丽辞藻的多少，分为平淡和绚烂；（4）组——由检点工夫的多少，分为谨严疏放。"王希杰在《修辞学通论》里将其分为七组对立的十四种类型：刚健—柔婉；平实—藻丽；明快—含蓄；简洁—繁丰；严谨—疏放；庄重—诡奇；典雅—通俗，等等。这些分类，都给我们提供了十分宝贵的借鉴。

（二）言语表现风格的同义手段

这里，我们不想对表现风格重新分类，因为我们研究的重点只是想说明表现风格是一种同义手段。因此我们采选王希杰在《修辞学通论》的分类，它们都是社会文化传统所公认、所推崇的优秀风格。我们认为，可以将七组类型中的每一组对立的风格作品看作一组同义手段，因为同一内容的言语作品可用不同的甚至对立的风格表现出来。

1. 豪放—柔婉

豪放，也叫刚健，雄健。气势浩瀚博大，雄浑豪放，粗犷放达，遒劲有力。"其得于阳与刚之美者，则其文如霆，如电，如长风之出谷，如崇山峻崖，如决大川，如奔麒麟。"（姚姬传《复鲁涤非书》）它往往多用短句，多用排比、对偶、夸张、借喻等修辞方式，语气高昂向上，声调雄伟。韵脚大都是开口度较大而发音响亮的"中东"、"江阳"、"寒山"等韵母。如毛泽东的《沁园春·雪》、苏东坡的《念奴娇·赤壁怀古》、刘白羽的《长江三日》、郭沫若的《凤凰涅槃》等。此外李白、辛弃疾、陆游、梁启超、鲁迅、贺敬之等人的代表作品都是刚健风格的典型。

豪放过了度，就是生硬粗野，是负偏离。

柔婉，也叫婉约。气势舒缓徐迂，格调柔和婉转，刻画纤巧细腻，情感缠绵优美。“其得于阴与柔之美者，则其文如升初日，如清风，如云，如霞，如烟，如幽林曲涧，如沦，如漾，如珠玉之辉，如鸿鹄之鸣而入寥廓。”（姚姬传《复鲁涤非书》）往往选用深沉细致的抒情句式。韵脚大都是开口度较小、不太响亮、比较柔和的“一七”、“灰堆”、“姑苏”、“乜斜”等韵母，如李清照的《声声慢》：“寻寻觅觅冷冷清清凄凄惨惨戚戚……”吕本中的《采桑子》：

［1］恨君不似江楼月，南北东西，南北东西，只有相随无别离。
恨君却似江楼月，暂满还亏，暂满还亏，待得圆时是几时？

运用比喻，选用“一七”、“灰堆”韵，表情不明言，不直说，缠缠绵绵、婉婉转转，给人以阴柔之美。

此外如柳永、温庭筠、秦观、朱自清、杨朔、茹志鹃等人的作品都是柔婉风格的代表。

柔婉过了度，就是绵软无力，是负偏离。

2. 藻丽—平实

藻丽，又叫华美、富丽、绚丽、绚烂。藻丽风格，格调精美，铺叙堂皇，词采艳丽多姿，句式繁丰多变，辞格多样而奇巧，节奏和谐，声情并茂，富于音乐美。如：

［2］原来姹紫嫣红开遍，这般都付与断井颓垣。良辰美景奈何天，赏心乐事谁家院？朝飞暮卷，云霞翠轩，雨丝风片，烟波画船。锦屏人忒看的这韶光贱！（汤显祖《牡丹亭·游园·皂罗袍》）

［3］碧云天，黄叶地，秋风紧，北雁南飞，
晓来谁染霜林醉，总是离人泪。（王实甫《西厢记》）

此外茅盾、朱自清、吴伯箫、刘白羽、徐志摩等的主要作品都是藻丽风格的代表。

藻丽过了度，就是堆砌轻靡，是负偏离。

平实，又叫平易、质朴。平实风格，老老实实地叙述事实，明白自然地铺景剖物，显得实实在在、大大方方，不多用比喻、夸张、比拟等形象性辞格，词语质朴无华，多用短句。所谓清水出芙蓉，天然去雕饰，所谓有真意，无粉饰、少做作，勿卖弄，正说的是作品的平实风格。如高晓声的小说《陈奂生上城》中的前四段：

［4］“漏斗户主”陈奂生，今日悠悠上城来。

一次寒潮刚过，天气已经好转，轻风微微吹，太阳暖烘烘，陈奂生肚里吃得饱，身上穿得新，手里提着一个装满东西的干干净净的旅行包，也许是气力大，也许是包儿轻，简直像拎了束灯草，全不放在心上。他个儿又高，腿儿又长，上城三十里，经不起他几晃荡；往常挑了重担都不乘车，今天等于是空身，自更不用说，何况太阳还高，到城嫌早，他尽量放慢脚步，一路如游春看风光。

他到城里去干啥？他到城里去做买卖。稻子收好了，麦垄种完了，公粮余粮卖掉了，口粮柴草分到了，乘这个空当，出门活动活动，赚几个活钱买零碎。自由市场开放了，他又不投机倒把，卖一点农副产品，冠冕堂皇。

他去卖什么？卖油绳，自家的面粉，自家的油，自己动手做成的。今天做好今天卖，格啦嘣脆，又香又酥，比店里的新鲜，比店里的好吃，这旅行包里装的尽是它；还用小塑料袋包装好，有五根一袋的，有十根一袋的，又好看，又干净。一共六斤，卖完了，稳赚三元钱。①

叙述语言平白、质朴、自然，好像拉家常，句子短而上口，简洁顺口。鲁迅、赵树理、叶圣陶、孙犁、曹靖华、张天翼等作家的作品大都以平实风格著称于世。公文事务语体是以平实为特征的。

平实过了度，就是平庸粗糙，是负偏离。

3. 明快—含蓄

明快风格，往往直抒胸臆，直言其事，直接议论，一针见血，快人快语，不绕弯，不兜圈，明白晓畅。汉代王充所谓“口则务在明言，笔则务在露文”（《论衡》）正说的是明快风格。李白《静夜思》：“床前明月光，疑是地上霜。举头望明月，低头思故乡。”是明快风格的典型作品。此外，田间的抗战诗歌、梁启超的散文都以明快而闻名。

明快过了度，就是飘浮浅薄，是负偏离。

含蓄风格，不直言其事，不尽说其意，表达委婉曲折，深沉厚重，言有尽而意无穷。刘勰“隐也者，文外之重旨者也”（《文心雕龙·体性》），梅圣俞之“含不尽之意见于言外”都说的是含蓄风格的特点。含蓄风格的作品常用比喻、比拟、婉曲、双关、反语、矛盾等辞格来描绘形象，创造意境。如温庭筠的《望江南》：

① 原载《人民文学》1980年第2期。

[5] 梳洗罢，独倚望江楼。过尽千帆皆不是，斜辉脉脉水悠悠，肠断白苹州。

诗中并未直言少妇深沉的思念之情，而是以她从早到晚独自在江楼上的眺望行为来渲染烘托的。再如李商隐的《锦瑟》诗：

[6] 锦瑟无端五十弦，一弦一柱思华年。
庄生晓梦迷蝴蝶，望帝春心托杜鹃。
沧海月明珠有泪，蓝田日暖玉生烟。
此情可待成追忆，只是当时已惘然！

《锦瑟》，有人将其看作无题诗，它辞藻华丽，情意缠绵，景象迷离，含义深邈，但究竟说的是什么，一直争论不休。相传宋朝时，“江西诗派”的创始人黄庭坚读了《锦瑟》也觉不好理解，甚至曾找他的老师苏东坡请教。一千多年来，这首诗成了文学界的“哥德巴赫猜想”。这首诗的每一联都是含蓄的。首联两句，聆锦瑟之繁弦，思年华之往事；音繁绪乱，惆怅难言。千重往事，九曲情肠，形成了诗的多层次含蓄的内蕴。颔联由庄周梦蝶，写到杜宇化为鸟。这是朦胧的梦境和空灵虚幻的人魂化鸟。诗人写梦迷，写冤禽，所要表达的，仍然是朦胧的内心世界的悲戚与怨愤。颈联以“泪”、“暖”为诗眼，写了明珠和良玉，全联写的是阴阳冷暖，美玉明珠，境界虽异，而怅恨则一，朦胧的自然景象所体现出的，是朦胧的感情世界。尾联两句更是多层次的、曲折的感情世界的剖析：如此情怀，今朝已化为不堪回首的往事，然而，当初是何等地使人怅惘迷恋呵！通读全诗，我们便会发现：诗人托物传情、一往情深所追求的对象，究竟是一位情人呢，还是某种令其神往、促其献身的政治目标？诗中既未明说，也未暗示。诗人把这最大的“一团模糊不清”交给了读者。许多人都曾对此诗作过解释，其中有苏东坡和元好问。元好问的解释是：望帝春心托杜鹃，佳人锦瑟怨华年。诗家总爱西昆好，独恨无人作郑笺。但我们说，一部作品可有多种解读，因人而异，尤其是含蓄之作。李商隐的《锦瑟》诗之所以如此难解，是太含蓄所致。

李商隐、李贺的某些诗以及鲁迅的杂文都显得含蓄深沉，委婉曲折。

含蓄得过了头，就是朦胧晦涩，是负偏离。

4. 繁丰—简洁

繁丰，又叫细致、繁缛、繁富。其特点是不厌其烦，反复陈词，洋洋洒洒，侃侃而谈，泼墨如水，淋漓尽致；多用多音词、长句；大量运用排比、反复、博喻、递进等修辞手法。如梁启超的《少年中国说》："故今日之责任不在他人，而在我少年。少年智则国智，少年富则国富，少年强则国强，少年独立则国独立，少年自由则国自由，少年进步则国进步，少年胜于欧洲则国胜于欧洲，少年雄于地球，则国雄于地球。……"真是尽情发挥，恣肆汪洋。郭沫若的《凤凰涅槃》也是繁丰的典型。如"凤凰和鸣"一节：

［7］我们更生了。
我们更生了。
一切的一，更生了。
一的一切，更生了。
我们便是他，他们便是我。
我中也有你，你中也有我。
我便是你。
你便是我。
火便是凤。
凤便是火。
翱翔！翱翔！
欢唱！欢唱！

我们光明，我们新鲜，
我们华美，我们芬芳，
一切的一，芬芳。
一的一切，芬芳。
芬芳便是你，芬芳便是我。
芬芳便是他，芬芳便是火。
火便是你。
火便是我。
火便是他。
火便是火。
翱翔！翱翔！
欢唱！欢唱！

我们热诚，我们挚爱，

我们欢乐，我们和谐。
一切的一，和谐。
一的一切，和谐。
和谐便是你，和谐便是我。
和谐便是他，和谐便是火。
火便是你。

这节诗大量运用反复和排比、回环之法，给人以震撼力，这是无法压抑的情感喷发的高潮。特别在放声朗读时，会有这种感觉，会有一泻千里的爽快。诗人也说：“在晚上行将就寝的时候，诗（指本诗）的后半的意趣又袭来了。伏在枕上用着铅笔只是火速地写，全身都有点作寒作冷，连牙关都在打战。”“诗语的定型反复，是受华格讷歌剧的影响，是在企图着诗歌的音乐化，但由精神病学的立场上看来，那明白地是表现着一种神经性的发作。那种发作大约也就是所谓‘灵感’吧?”于是，诗人以百余行的篇幅分别礼赞了“光明”、“新鲜”、“华美”、“芬芳”、“和谐”、“欢乐”、“热诚”、“雄浑”、“生动”、“自由”、“恍惚”、“神秘”、“悠久”等反映时代精神的范畴。每段格式相同，仅在固定位置替换上不同的中心词汇，一唱三叹，反复无穷，是民族新生的时代颂歌．给人一气呵成之感。“欢唱”使人想起贝多芬（第九交响乐）结尾的大型合唱“欢乐颂”，反映了“五四”时代没有一点儿阴影的大欢乐和新生感。

此外如司马迁、李白、毛泽东、刘白羽等人的大部分作品是繁丰的代表。

繁丰过头，就是冗长赘余，是负偏离。

简洁风格，惜墨如金，寓繁于简，以一当十，无冗词赘句，言简意赅，“文约而事丰”。（刘知己《史通·序事》）姜夔所谓“意则期多，字则惟少”，“句中无余字，篇外无长语”（《白石道人诗话》），正说的是简洁的特色。简洁风格的话语作品多用单音词、成语、短句等词语，常用跳脱、比拟、转品等辞格，也多用白描手法。高尔基说：“简洁的语言中有着最伟大的哲理。”（《论写作技巧》）如俞平伯《燕知草自序》：

[8] “浮生若梦为欢几何?”真一句老话。然而不说是梦又说什么呢?

犹记髫年视梦为真。梦见某人醒而询之，彼大茫然我亦骇愕；以为我既见汝，汝岂不我见？我曰有，汝何独言无？此虽童心，颇得暗解。

及渐长大，渐有真幻诚妄诸念纷来胸中，麾之不去，悲矣！

昔之以梦犹真者，今且以真作梦，是非孰辨之耶？惟昔日之我与今日之我不同也，既如此其甚则寥寥数十寒暑，我之所以为我者亦微矣，又岂不可怪也哉。

追挽已逝的流光，珍重当前之欢乐，两无著落，以究竟将无所得也。回首生平，亦曰“洞然”而已。至其间悲欢陈迹，跳跃若轻尘而曾不得暂驻者，此何物耶？殆吾生之幻见耳。

曰幻明其非必真，曰见盖信其有所见也。如剧楚而呻，乍喜便笑，笑也呻也，故以真视之可。——夫有何不可。“家有敝帚享之千金”。在他人亦曰某人某事耳。我则逢人而语，一而再，再而三，而四五，而七八，絮絮叨叨，抑何其不达人情耳？然此亦人之情也。犹说梦者强人从彼于梦中也。若同梦之人，则茫茫今世，渺渺他生，岂可必得乎。此书作者亦逢人说梦之辈，自愧阅世深而童心就泯，遂曰“燕知”耳。仍一草草书也，亦曰“燕知草”耳。

一九二八年二月末日于北京

短短470字，写就一本书的序言，其中对人生的认识，对生活的慨叹，对自编书名的意蕴做了交代，文约事丰，言简意赅，当深思体悟，方能得其真意。

《吕氏春秋》、《道德经》都是微言大义之作，欧阳修、鲁迅、叶圣陶以及俞平伯的大部分散文作品是简洁风格的代表。

倘若简洁过头，就是苟简残缺，是负偏离。

5. 严谨—疏放

严谨风格，细心检点，毫无漏洞，精雕细刻，一丝不苟。如：

[9] 四月来了，接着五月也来了。这是繁花似锦的时节。这时节，杜鹃花好像火一样地开放在山坡上，给大自然增加了美丽。这时节，在我们村庄的西岸和树林里的草地上，篱笆旁边崖下的石缝边和池沼旁边，酢浆草、野菊和许多不知名的小草都开花了。它们开放黄色的花，白色的花；它们开放蓝色的花，粉红色的花，紫色的花；它们的花，有的像小小的酒杯，有的像小铃铛；它们的花和花在草间互相祝福并且谈心；它们的花，有的和蝴蝶一起做游戏，有的好像在赞美日光，或者赞美下雨的日子；有的好像在做一个小小的粉红色的梦；它们的花，有的很快结成种子，落入泥土中；有的种子好像雪花，在南风中飞扬；它们

真心真意地开放花朵，在不很显眼的地方，给大自然增加了美丽。（郭风《花卉、风景画》之“酢浆草·野菊”）

这篇小散文，用拟人的手法工细地刻画了酢浆草和野菊花开放的时间、地点，花的颜色、形状及其种子的形状、动态等，从生存环境和花的色彩上，把酢浆草、野菊与杜鹃加以对比，突出了前二者的平凡和不显眼，揭示了平凡和不平凡都能给大自然增加美丽的意蕴。

吴敬梓的《儒林外史》、班固的《汉书》、曹雪芹的《红楼梦》都是严谨风格的作品。闻一多的《死水》是严谨的代表作。公文事务语体、科技语体以及格律诗都以严谨为主要特色。

严谨过头，就成了拘谨死板，是负偏离。

疏放风格，大大咧咧，不拘小节，纯循自然，不加雕琢，不论粗细，随意写说。如郭沫若的《太阳礼赞》：

[10] 青沈沈的大海，波涛汹涌着，潮向东方。
光芒万丈地，将要出现了哟——新生的太阳！
天海中的云岛都已笑得火一样地鲜明！
我恨不得，把我眼前的障碍一概划平！
出现了哟！出现了哟！耿晶晶地白灼的圆光！
从我两眸中有无限道的金丝向着太阳飞放。
太阳哟！我背立在大海边头紧觑着你。
太阳哟！你不把我照得个通明，我不回去！
太阳哟！你请永远照在我的面前，不使退转！
太阳哟！我眼光背开了你时，四面都是黑暗！
太阳哟！你请把我全部的生命照成道鲜红的血流！
太阳哟！你请把我全部的诗歌照成些金色的浮沤！
太阳哟！我心海中的云岛也已笑得火一样地鲜明了！
太阳哟！你请永远倾听着，倾听着，我心海中的怒涛！

整首诗似乎漫不经心，随口喊出，随意写来，毫不斟酌雕饰，其实是作者艺术功力的结晶。

与严谨作品相比，李汝珍的《镜花缘》、司马迁的《史记》、吴承恩的《西游记》、郭沫若的《天狗》、《凤凰涅槃》等都是疏放风格的作品。日常会话语体、自由诗都以疏放为主要特色。

疏放过头，就陷于粗糙，是负偏离。

6. 庄重—诡异

庄重风格，庄严郑重，同重大事体、严肃问题相联系，用于歌颂伟大崇高的人物、论证科学道理等。用词庄严，避免歧义，句式完整，不用双关、反语等辞式，公文事务语体、学术科技语体以庄重为主要特色，尤其是法律文件更是庄重风格的典范。宪法、二十五史中的帝王本纪、《诗经》中的《大雅》给人以崇高、严肃、郑重之感，如《诗经·大雅·文王》：

[11] 文王在上，于昭于天！
周虽旧邦，其命维新。
有周不显，帝命不时。
文王陟降，在帝左右。

整首诗庄严、肃穆，凝重，与赞颂文王之大德与“在上”之地位相得益彰。

庄重过头，就陷于呆板僵化，是负偏离。

诡异风格，对常规大胆突破和背离，出人意表，追求诧异新奇。诡奇风格之作品，多用同语言风格不协调的词语，常用讽喻、反语、双关、夸张等辞式，给人以轻松愉快、诙谐幽默、新鲜诧异之感。李贺的诗歌、吴承恩的《西游记》、现代意识流小说、荒诞小说、黑色幽默作品等都有诡异情味。例如李贺《秋来》：

[12] 桐风惊心壮士苦，衰灯络纬啼寒素。
谁看青简一编书，不遣花虫粉空蠹？
思牵今夜肠应直，雨冷香魂吊书客。
秋魂鬼唱鲍家诗，恨血千年土中碧！

李贺被称为“鬼才”，在其留存至今的二百多首诗中，有十余首鬼诗，《秋来》就是其中一首冷峭幽森，鬼影绰绰的代表作。诗歌融主观情思与孤坟野鬼于一体，托物传情，借“鬼”寄慨，以瑰丽奇特的艺术形象来抒发诗人抑郁未伸、怀才不遇的深广忧愤，读来令人胆战心惊，毛骨悚然。

[13] 很久很久没有看到日出了。太阳无论出于何处都是动人的。目前外烟比较紧俏。出生的婴儿不美，初升的太阳富有朝气，月光来自

阳光。电是人自己发出来的。大兴安岭的火是人点燃的也是人扑灭的。熊猫称作活化石。修葺一新的长城怎么看都是假的。核武器叫人类谨慎。艾滋病也叫人类谨慎。家庭内部离婚。气功真是一件不可思议的玩艺儿。白宫里有许多老鼠。我的墙上挂着电子石英钟。白天黑夜地走着，停电也走。秒钟无休止地划着圈，不饶恕任何人。任何印象都是对钟的印象。据说，外星有人。（陈村《日出·印象》）

这段话中的每个句子，孤立地看都通顺明白有意义，从整体看，却句与句之间无中心明确的语义联系，东一榔头，西一棒槌，不三不四、不伦不类。正是这种看似杂乱无章的意识流式的意象组合，体现了作者的匠心独运，给人以诡异怪诞之感。此外，神智体诗歌，汉字群体造型中的宝塔诗、碑形诗、梯形诗、龟形诗，现代作品中的无标点文字、绕口令等都有风格诡异的特点（实例请参看第九章“超语言要素的同义手段”）。

诡异过头就是荒诞不经，是负偏离。

7. 典雅—通俗

典雅风格，典范高雅，格调优美。多用文言词、双声叠韵词、连绵词、委婉词语等，避免方言土语、俚俗粗野词语，追求语言的音乐美，结构美，意境美。如朱自清的散文《荷塘月色》、《绿》等是典雅风格的杰作。典雅风格是人们所追求的一种优秀风格。

［14］十年生死两茫茫。
不思量，自难忘。
千里孤坟，无处话凄凉。
纵使相逢应不识。
尘满面，鬓如霜。

夜来幽梦忽还乡。
小轩窗，正梳妆。
相顾无言，惟有泪千行。
料得年年断肠处，
明月夜，短松冈。（苏轼《江城子·记梦》）

这首词严格遵守“江城子”格律，用词典雅，音韵和谐，平仄相间，节奏协调，声情并茂，意境优美。

典雅过头，就陷于苛刻板滞，是负偏离。

通俗风格，适应大众，通常平朴，明白如话，自然清新。尽量选用人民大众熟悉的口语词语和句子。赵树理的小说《登记》、《李有才板话》是典型的通俗作品。此外，民间文学、民间谣谚、民间故事、相声曲艺等都以通俗为特色。例如：

［15］一类人，是公仆，高高在上享清福。
二类人，作官倒，投机倒把有人保。
三类人，搞承包，吃喝嫖赌全报销。
四类人，来租赁，坐在家里拿利润。
五类人，大盖帽，吃了原告吃被告。
六类人，手术刀，腰里揣满红纸包。
七类人，当演员，扭扭屁股赚大钱。
八类人，搞宣传，隔三岔五解个馋。
九类人，为教员，山珍海味认不全。
十类人，主人翁，老老实实学雷锋。（《十类人》）

这首很流行的民间歌谣用了好多十分平朴的口头词句，如“吃喝嫖赌”、“大盖帽”、“扭扭屁股”、“隔三岔五解个馋”等，揭露了现实中的一些腐败和不平等现象。

［16］分不在高，及格就行。学不在深，作弊则灵。斯是教室，唯吾闲情。小说传得快，杂志翻得勤。琢磨下象棋，寻思看电影。可以打瞌睡，写情信。无书声之乱耳，无学习之劳心。虽非跳舞场，堪比游乐厅。心里云：混账文凭。（《教室铭》）

这篇仿拟刘禹锡《陋室铭》而创作的大学校园流行小散文，通俗而幽默，讽刺了一些大学生的浮躁、懒散、精力旁骛，不认真学习等不正之风，针砭之力入木三分。

通俗是人民大众所喜闻乐见的一种风格。

通俗过头，就陷于庸俗低级。是负偏离。

# 第十二章　方法论角度的同义手段

同义手段还可从方法论角度分类。本章从语言和言语、四个世界、显性和潜性、零度和偏离、历时和共时这些方法论角度将同义手段进行分类。

## 第一节　语言的同义手段和言语的同义手段

如果我们严格区分语言和言语，并且区分语言的意义和言语的意义的话，那么，同义手段首先可分为语言的同义手段和言语的同义手段。

### 一、语言的同义手段

“语言的同义手段，存在于语言系统之中，对整个语言社会是一视同仁的，是相对稳定的，是不因个人意志而转移或改变的，也不取决于具体的语言环境。”① 语言的同义手段就是客观地存在于语言系统中的同义手段，在语言系统的各个要素——语音、词汇、语法中，都有同义手段，但主要有同义词语和同义句式。

在语言系统中，同一个语言符号、词语和句子等，都有多种同义形式，这就是语言的同义手段。如：在语音方面，音韵不同的、音节不同的、叠音与否的、音位、与语流音变相对应的原体、异读中的规范读法、与有意误读相对应的正确读音等，当属于语言的同义手段（详见第五章第二节“语音的同义手段”）；在词汇方面，凡是理性意义相同或相近的不同形式的词语都属于同义手段，如“团结—勾结”；在语法方面，凡语法意义或理性意义相同但形式不同的语法单位都属于语法的同义手段，如：“洪水把公路冲断了。/洪水冲断了公路。/公路被洪水冲断了。”这三个句子中的“洪水”是施事，“公路”是受事，等等。

### 二、言语的同义手段

“言语的同义手段，指交际活动中，在特定上下文和交际情景中，能够

① 王希杰：《汉语修辞学》修订本，商务印书馆2004年版，第77页。

指称同一事物，或表达相同思想内容的语言材料。它可以是语言系统中的同义手段，也可以是语言系统中并不同义的语言材料。”①

言语同义手段有广义和狭义之分。广义的是指在交际活动中能够表达相同、相近意义的一切表达形式，包括语言的同义手段在内；狭义的则只指在语言系统中本来并不同义，但在言语活动中由于上下文与情景的配合和帮助，临时地有条件地表达了相同、相近意义的表达形式。如在语音方面，凡在特定语境中表达了相同或相近意义的不同的语音形式都属言语的同义手段，诸如音位变体、语流音变、异读中的不规范读法、有意误读等属于言语的同义手段。在词汇方面，凡在特定语境中表达了相同或相近意义的不同的词汇形式都属言语的同义手段，如：解手、方便、上厕所、出恭、大小便、打个电话、去化妆室、轻松一下、放包袱、办事等都是广义的言语的同义手段。杀凯子、白相、面首、弄臣、警卫、姘夫、靓仔、种猪、帅哥，在词汇系统中它们并不同义，但在下面的语境中，却指的是同一对象：“老茶客总结说对于男妓也有不同的别称。小姐玩的叫‘杀凯子’；老板娘养的叫白相；书面语叫面首；皇帝宠的叫弄臣；女领导身边的叫警卫；布告上叫姘夫；电视里叫靓仔；农民叫他们种猪；他们自称为帅哥……”（王跃《老茶客闲话》，四川文艺出版社 1999 年）。在语法方面，凡是在一定语境中表达了大体相同或相近的理性意义或语法意义但语法形式不同的表达形式都属语法的同义手段。

如两个熟人的下列对话：

甲：你去哪儿？
乙：上车站。
甲：送人吗？
乙：不，买车票。

其实是甲上火车站买火车票，但他却说“上车站”，“买车票”，这里的“车站—火车站”、“车票—火车票”中的前后词语本来分别属上位词和下位词，理性意义不同，但在这特定语境中，所指对象却是相同的，因而理性意义也是相同的了。

言语的同义手段是临时的、有条件的，是同语境紧密联系在一起的，如果离开了特定语境，“同义”关系便不存在。

---

① 王希杰：《汉语修辞学》（修订本），商务印书馆 2004 年版，第 78 页。

在《语言学百题》（修订本）里，王希杰把语言的同义手段和言语的同义手段、广义的同义手段和狭义的同义手段之间的关系用下表反映出来：

- 广义同义手段
  - 语言同义手段
    - 词汇同义手段
      - 理性同义手段
      - 指称同义手段
      - 内涵同义手段
      - 色彩同义手段
      - 风格同义手段
    - 语法同义手段
      - 显性语法同义手段
      - 隐性语法同义手段
      - ……
    - （以上为）狭义同义手段（1）
  - 言语同义手段
    - 狭义言语同义手段
      - 语流同义手段
      - 情景同义手段
        - 话题同义手段
        - 替代同义手段
        - 联想同义手段
        - 情感同义手段
        - ……
    - （内容、信息、思想）——同息手段
  - 狭义同义手段（2）（语言同义手段 + 狭义言语同义手段）

从表中可看出，最广义的同义手段包括语言的和言语的，狭义的同义手段有两层：一是仅指语言的，二是包括语言的和狭义言语的。区分语言体系中的同义手段和言语表达中的同义手段是就“义”的性质而言的，抓住的是静态和动态的区别。

## 第二节　四个世界的同义手段

“真正科学的修辞学就是从语言世界与物理世界、文化世界、心理世界之间的关系模式中考察语言的表达效果而得到的规律规则的理论体系。”①而在引进了四个世界的理论之后，也就可以把“同义手段”中的“义”分化为四种：语言世界的意义、物理世界的意义、文化世界的意义和心理世界的意义。于是，也就可以把同义手段分为四个世界的同义手段，即语言世界

① 王希杰：《修辞学通论》，南京大学出版社1996年版，第76页。

的、物理世界的、文化世界的、心理世界的，后三个世界的同义手段就是言语的同义手段。

### 一、语言世界的同义手段

在语言系中，负载了同一意义的不同的表达形式，就是语言世界的同义手段。语言系统中的各要素，诸如语音、词汇、语法都能构成同义手段。如果从语言单位的角度看，语言世界的同义手段主要指同义词语和同义句子，二者都有理性意义和语法意义。

同义词语的意义指词汇意义和语法功能义。语言世界词语的同义手段指词汇意义或语法功能义相同而形式不同的一组词语。

在汉语的词语中，相同或相近的词汇意义可有不同的符号形式，尤其是可用不同音节的形式来表达：单音节、双音节、多音节的词语都可表达同一个意义，如“中—中国—中华人民共和国”、“文革—文化大革命”、“地—土地”、“通胀—通货膨胀”、“国企—国有企业”等等。此外，词语形式的专用名称、成语、惯用语以及句子形式的谚语、歇后语、格言、警句及诗词名句等都有同义形式，令人眼花缭乱。如表示“没跑”、“跑不了”这一意思的歇后语就有：

关门打狗——跑不了
顺沟摸鱼——跑不了
罩网游鱼——跑不了
关门摸瞎子——跑不了
老牛上鼻绳——跑不了
死胡同里逮猪——跑不了
缸里掷骰子——跑不了
窝里的家雀——跑不了
磨道里等驴——跑不了
罐里捉王八——跑不了
三条腿的毛驴——跑不了
下油锅的王八——跑不了
口袋里抓兔子——跑不了
夹子上的老鼠——跑不了
板子上钉钉子——跑不了
猪篓里的泥鳅——跑不了

渔船上打儿子——跑不了
笼里抓获小鸡——跑不了
猫嘴里的老鼠——跑不了
断了腿的青蛙——跑不了
进了套的黄鼠狼——跑不了
坷垃地里撵瘸子——跑不了
套马杆里的狼——跑不了
落进热汤锅里的王八——跑不了
网里的鱼儿笼中的鸟——跑不了
……①

有相同或相近的语法功能意义的词语也构成了同义手段。词有各种语法分类，如实词类、虚词类，每一个类以及其下位类都具有相同、相近的语法功能方面的类别意义，如名词都可做主语、宾语，动词都可做谓语，形容词都可做状语等等。

同义句子的意义指理性意义或语法结构义或结构类别义。语言世界句子的同义手段指理性意义或语法结构义相同而句法形式不同的句子。

有些句子的理性意义相同而结构形式不同。如“他进来坐下。”与“他进来，坐下。”理性意义相同，但前者是连动短语做谓语的单句，后者是顺承复句。有些句子的理性意义和语法意义都相同而结构形式不同。如：“鸡吃完了米。”“鸡把米吃完了。”“米被鸡吃完了。”“米，鸡吃完了。”这几个单句的理性意义和语法义都相同而句式不同。有些复句的形式不同，但其逻辑语义却是相同的，如：“海上起了龙卷风，渔船不能出海。”“渔船不能出海，海上起了龙卷风。” “因为海上起了龙卷风，所以渔船不能出海。”“渔船不能出海，是因为海上起了龙卷风。”“渔船之所以不能出海，是因为海上起了龙卷风。”

句子的同义手段还指结构类别义相同而形式不同。句子首先分为单句和复句。单句中有主谓句和非主谓句。主谓句根据充当谓语词语的性质，又可分为动词性的、形容词性的、名词性的等，每一类又有下位分类；非主谓句还可分为短语型的和独词型的，每小类还可有更细的分类，这些不同层级的类别都是单句的语法意义，即结构类别义。每一或大或小的“类”，就各是一组同义手段。复句根据逻辑语义关系，首先可分为联合复句和偏正复句。

① 转引自王希杰：《修辞学通论》，南京大学出版社1996年版，第269页。

联合复句又可分为：并列、解说、顺承、选择、递进关系的，偏正复句又可分为：转折、条件、因果、目的关系的。复句的每一小类还可有下位分类，这些也是复句的逻辑类别意义。复句的这些不同层级的逻辑“类”，也可看作同义手段。

## 二、物理世界的同义手段

就同客观事物的关系而言，不同的语言符号表示的是物理世界中的同一个事实，这就是物理世界的同义手段。如：太阳、日头、阳婆儿、老阳儿等。同一事物从不同的角度命名，就是不同的称呼，这些不同的称呼就构成同义手段。

物理世界的同义手段有广义的和狭义的。

广义的物理世界的同义手段包括：（1）在语言世界中同义并且在物理世界中也同义的；（2）在语言世界中不同义而在物理世界中却同义的。

狭义的物理世界的同义手段只指：在语言世界中不同义而在物理世界中却同义的。

在语言世界中同义并且在物理世界中也同义的其实是语言世界的同义手段，即一组不同形式的语言符号在语言世界中是同义的，在物理世界中也指称的是同一对象（包括人、事、物、动作行为、性质状态等）。如“洋芋—马铃薯—土豆—山药蛋”都指这样一种物：多年生草本植物，羽状复叶，小叶有柄，卵圆形，花白色或蓝紫色，底下块茎肥大，供食用。“老者—老人—老头—老汉—老人家—老同志—老先生—老头儿—老头子”都指这样一种人：年龄大的人。“感激—感谢”都指这样一种行为：“得到好处或帮助后，用好意回敬对方。”“良好—优良—优秀—优异”都只指这样一种性质：好的，使人满意的。

有些语言符号在语言系统中它们指代的并非同一对象，但是在特定语境中，即临时地有条件地却指代了同一个物理事实。如：

［1］老茶客说，十四岁的少女化妆叫画眉鸟、红嘴玉、乌脚鸡；十八岁化妆叫姑娘十八一朵花；二十多岁化妆叫吃过血馒头；三十岁还化妆叫抓住青春不放；四十岁的女人化妆是自我感觉良好；五十岁化妆是别有所图；六十岁化妆是老不正经；七十岁化妆叫老妖精；八十岁化妆是在火葬场别人给你整遗容；九十岁化妆是患了老年痴呆症。（王跃：《老茶客闲话》，四川文艺出版社 1999 年版，第 82 页。）

此例中，给十个不同年龄段的女人的化妆起了不同的名称或赋予了不同的性状，其实是用这些不同的名称或不同的性状代替了与之对应的不同年龄的女人，而这些名称或性状在物理世界中分别与不同年龄段的女人不是同义的。如把“十四岁的少女化妆”叫“画眉鸟、红嘴玉、乌脚鸡”，但不仅“十四岁的少女化妆”这些符号同“画眉鸟、红嘴玉、乌脚鸡”在语言世界里不同义，而且“画眉鸟、红嘴玉、乌脚鸡”这三个词在语言世界里也不同义，而在这里，四种说法却都指的是同一种女人。再如“七十岁化妆”与“老妖精”都指七十岁化妆的女人。再如：

[2] 老茶客搞不懂街上怎么会出现许多新字新词，饼干成了克力架，自来水装瓶叫格瓦斯，理发店叫整容院，酒店叫水吧，糕点铺成了饼屋……小茶客说照此推断屠宰场应改叫解剖室，停尸房应改叫休闲庄，减肥药叫迷魂汤，巫术叫超现实主义。（王跃《老茶客闲话》，四川文艺出版社 1999 年，82 页）

“饼干—克力架”、“自来水装瓶—格瓦斯”这两组词语分别是语言世界的两组同义手段，每组在物理世界中同指一种物理对象；而“理发店—整容院”、“酒店—水吧”、“糕点铺—饼屋”、“屠宰场—解剖室”、“停尸房—休闲庄”、“减肥药—迷魂汤”、“巫术—超现实主义”在语言世界里并不同义，在物理世界中却分别指同一种事物，这就是狭义的物理世界的同义手段。王希杰说：“物理世界里相关关系和相似关系是无穷多的，因此物理世界中的同义手段在理论上也是无穷多的，是我们永远也开发和利用不完的。这是非常宝贵的财富。”①

### 三、文化世界的同义手段

在文化世界中，就语言符号同文化的关系而言，凡是在同一文化背景中能够表达相同文化义的语言符号，就属于同一文化世界的同义手段。文化世界的同义手段指的是具有相同文化含义的语言材料。如在汉文化中：鸳鸯、蝴蝶、红豆、比翼鸟、比目鱼、连理枝、同心结等都是“爱情”的比喻说法；“老虎嘴里拔牙”、“老虎背上拍苍蝇”、“老虎嘴上拔胡子”、“阎王爷嘴上拔胡子”都是“危险”的意象符号。

就语言是文化载体、语言本身就是一种文化现象的角度说，语言世界的

---

① 王希杰：《修辞学通论》，南京大学出版社 1996 年版，第 272 页。

同义手段就是文化世界的同义手段。这是就广义的“文化”而言的。但就狭义的“文化”而言，语言世界的同义手段并不都是文化世界的同义手段，也就是说，有些语言世界的同义手段就是文化世界的同义手段，有些则不是；有些文化世界的同义手段就是语言世界的同义手段，而有些则不是，即文化世界的同义手段与语言世界的同义手段是交叉的。在语言世界中同义的符号，从“文化”的角度观照，有些却并不是同义的，如“母亲”、“妈妈”、“娘”这一组人们最熟悉、最简单的符号，从语言世界的角度看，是同义的，但从文化世界的角度看，却并不是等价的，它们各有自己的文化色彩和价值，人们在使用时，在哪种语境里选用哪一种符号，是有一定条件的，不能随意替换。有些在文化世界中同义的符号，在语言世界里也不是同义的，如“天鹅”、“凤凰”、“仙鹤”的文化含义是相同的，但在语言世界里的词汇意义却是完全不同的。

文化世界同义手段形成的一个重要途径或方法就是一些辞格——比喻、象征、借代等——的广泛、经常的运用，如：

比喻：木讷之人—木头
高个子—电线杆子
风骚女人—狐狸精
坏人—狗
象征：志向远大之人—鸿鹄、雄鹰（最初是比喻，后来固定化，具有象征意义）
高洁之人—松、柏、竹、菊、梅、兰
借代：聪慧之人—诸葛亮
矮子—武大郎
美人—西施、王昭君、杨贵妃、貂蝉
性格暴烈之人—张飞
他（她）—爱人、情人、心上人

在中国文化中，“他”并不只是一个简单的第三人称代词，他也是“爱人、情人、小冤家、前世的对头、心上人、男朋友、白马王子、老公”的同义手段。

［1］七彩的虹霓五色的花，春风秋月金色的太阳，世上美好的东西都是“她”，“她”就是你心爱的姑娘。“他”一个男娃家，“他”却

胜过春花秋月冬天的太阳。世上只有一个“他”。白马王子活在小女的心坎上。(孟君《代词·“他”和“她”》)

这里的“她”已经不是抽象的指女性的第三人称代词，而是汉语文化世界中“心爱的姑娘”的同义手段；“他”也不是抽象的指男性的第三人称代词，而是汉语文化世界中“活在小女的心坎上”的“白马王子”的同义手段。

在客观物理世界中，事物之间有相关关系和相似关系，在文化世界中，也有相关关系和相似关系。人不仅是物理世界的人，更是文化世界的人。在语言交际活动中，人特别重视从文化世界的角度来把握事物之间的相关关系和相似关系，于是在语言世界和物理世界中不同义的语言符号，在文化世界里就具有了同义的属性，成为文化世界的同义手段。如在中国的五行学说、道家文化、中医理论、天文学中，利用事物在文化上的等同价值形成了许多文化世界的同义手段。

如利用五行学说的推演，在万事万物之间建立了文化上的某种联系：

金：西—秋—白虎—白—辛—听—肺—义—庚辛—申酉……
木：东—春—苍龙—青—酸—视—肝—仁—甲乙—寅卯……
水：北—冬—玄武—黑—咸—貌—肾—智—壬癸—子亥……
火：南—夏—朱雀—赤—苦—言—心—礼—丙丁—己午……
土：中—季夏—黄龙—黄—甘—思—脾—信—戊巳—未戌……

上五组中的每一组符号，都是文化世界的同义集合体。

中国的神秘文化以道家为最，道家文化中，也十分重视不同事物之间的文化联系，构成了不少的文化同义手段，如《钟吕传道集·论朝元第十五》：

［2］如阳升也，多想为男，为龙、为火、为天、为云、为鹤、为日、为马、为烟、为霞、为车、为花、为气。若此之类，皆内观存想，如是以应阳升之象也。如阴降，多想为女，为虎、为水、为地、为雨、为龟、为月、为牛、为泉、为泥、为船、为叶。而此之类，皆内观存想，如是以应阴降之象也。(《金真秘要》42页)

这里的“阳—男—龙—火—天—云—鹤—日—马—烟—霞—车—花—

气”和“阴—女—虎—水—地—雨—龟—月—牛—泉—泥—船—叶”各是一组文化世界的同义手段。

《周易》的世界是一个阴（- -）和阳（—）二元对立的世界，这个世界中的两个母卦“乾”和“坤”分别所统帅的事物的符号各是一组开放的文化世界的同义手段：

> 乾—阳—刚—动—天—日—上—前—明—男—君—父—贵—尊—高—吉……
>
> 坤—阴—柔—静—地—月—下—后—暗—女—臣—母—贱—卑—低—凶……

中国传统医学将人置于阴阳五行的框架中，把人的五脏五府也以五行作比：“肝象木，旺于春。”“心象火，旺于夏。”“脾象土，旺于长夏。”“肺象金，旺于秋。”“肾象水，旺于冬。”“胆象木。旺于春。”“小肠象火，旺于夏。”“胃象土，旺于长夏。……为水谷之海。”“大肠象金，旺于秋。”“膀胱象水，旺于冬。”① 这些比喻其实形成了五组文化世界的同义手段：心—小肠—火，脾—胃—土，肺—大肠—金，肾—膀胱—水，肝—胆—木。

中国古代天文家为了观测天象及日、月、五星在天空中的运行，在黄道带与赤道带的两侧绕天一周，选取了二十八个星官作为观测时的标志，称为“二十八宿”，这二十八宿的名称其实是描绘二十八个星象的喻体，它们被五行统摄，分为四组，与四个动物为喻体的“四象”和四方相配，构成了一个天象比喻系统：

> 东方苍龙（木）：角　亢　氐　房　心　尾　箕
>
> 北方玄武（水）：斗　牛　女　虚　危　室　壁
>
> 西方白虎（金）：奎　娄　胃　昴　毕　觜　参
>
> 南方朱雀（火）：井　鬼　柳　星　张　翼　轸

这个系统中的每一子系统就是一组文化世界中的同义手段。

## 四、心理世界的同义手段

在心理世界中，就语言符号同人们的心理世界的关系来看，凡是能够引

① （明）龚廷贤编：《寿世保元·五脏六府脉病虚实》，上海科学技术出版社 1989 年版。

起交际对象相同心理联想的语言符号，都是心理世界的同义手段。

心理世界的同义手段有两个来源。一是有些语言世界的同义手段在心理世界中可引起相同的心理联想，产生相同的交际效果，也是心理世界的同义手段，如“美丽—漂亮”等。一是在语言世界中并没有同义关系的语言材料，在特定语境中，引起了人们相同的心理联想，这就构成了同义手段。如对阿 Q 来说，“光、亮、灯、烛、癞”的意义是一样的，尽管在语言世界中它们并不是同义词，但因阿 Q 头上有癞疮疤，这些词语能够引起他心理上的相同联想。

汉语中利用同音近音而构成的谐音联想也是构成心理世界同义手段的途径之一，如谐音歇后语“飞机上放炮——响得高”与“飞机上放炮——想得高”就构成了同义手段。利用谐音双关也能构成同义手段，如：

> 江南岸，柳枝，江北岸，柳枝，折送行人无尽时，恨别离，柳枝。
>
> 酒一杯，柳枝，泪双垂，柳枝，君到长安百事违，几时归，柳枝。（宋·朱敦儒《柳枝》）

“柳枝”谐音“留子”，双关两层意思。古人有折柳送行的习俗。由“柳枝”联想到“留子”，这是一种文化心理现象。

## 第三节 显性和潜性的同义手段

在《修辞学通论》中，王希杰提出了“显性修辞学”和“潜性修辞学”的概念，并指出：“修辞活动是一种选择过程。这种选择活动主要是在同义手段中间进行的。显性修辞主要是研究显性同义手段的选择问题。”① 而潜性修辞就自然是以各种潜性语言现象、潜性同义手段选择为研究对象的。显性同义手段和潜性同义手段的分类仍然是以语义的显、潜为基础的。潜同义手段和显同义手段的划分，则是以“义”的层次为依据的，正如王希杰引用弗洛伊德的话作比的那样，显同义手段不过是冰山的露出水面的那一小部分，而潜同义手段则是藏在水面下的那个十分巨大的部分。潜、显同义手段的划分揭示出在同义手段中隐藏着的而以往又不为人们所注意的一个十分重要的层次。显性的话语意义是指言语作品的表层的意义，是离开说写者的表达意图也能解读出来的意义；潜性的话语意义是指话语的表达者隐藏

① 王希杰：《修辞学通论》，南京大学出版社 1996 年版，第 231 页。

在言语作品当中的意义。如唐代诗人朱庆余的诗《闺意献张水部》，就是显性意义和潜性意义的有机结合。从理论上说，任何话语的潜性意义都是很多的，数量甚至是大得惊人的。但是在实际交际活动中，所实现的意义却只能够是其中的一个。既然话语的意义有显性的和潜性的，那么，同义手段就又可以分为显性同义手段和潜性同义手段。在语音、词汇、语法范畴中都存在显性同义手段和潜性同义手段。

### 一、显性同义手段

已经出现了的同义手段就是显性同义手段，在语音、词汇、语法范畴中都存在显性同义手段。

语音方面已经显现的同义手段是语音的显同义手段。在本书第五章第二节“语音的同义手段”中所列语音的同义手段都是显性同义手段。

词汇方面，如表示人的生命终结的同义词：死、薨、卒、逝世、去世、弃世、仙逝、过世、谢世、离世、长眠、长逝、圆寂、驾崩、牺牲、就义、安息、亡故、永别、诀别、疾终、献身、捐躯、殉国、殉职、遇难、夭折、病故、玩儿完、上西天、山陵崩、一命呜呼、呜呼哀哉、寿终正寝、与世长辞、心脏停止了跳动、停止了呼吸、去见马克思、去黄泥公社报到等是显性同义手段。在汉文化中，围棋有不少有趣的别称：

根据围棋的外观，有人称它为“方圆”，这是因为围棋棋盘是方的，棋子、棋盒是圆的。

棋盘上纵横交叉的线条犹如河网、地图一般，有人称它为“河洛”或“吴图”。

根据围棋的棋子色彩，有人称它为“乌鹭”，这是因为围棋分黑白两色，黑子似乌鸦，白子似白鹭。又称“黑白”。

围棋又称“手谈”。这是因为下棋时默不作声，仅靠手的中指、食指运筹棋子来斗智斗勇。围棋又称“烂柯”，是根据古代王质观仙人对弈，一局未终而所持斧柄已烂的神话故事而得名。

由于棋手下棋时专心致志，诸事不闻，犹如隐士一般，故围棋又称“坐隐”或“坐稳”。

对弈时思想集中，忘记一切烦恼和忧虑，故称“忘忧”。

古代围棋子儿多用玉石所做，以楸木做成棋盘，故称“玉楸枰”（“枰：即棋盘）。此外，“略阵”、“围猎”、“坐藩”等都是围棋的别称。

围棋的上述一系列称呼都是已经显现的，就构成了一组物理和文化世界的显性同义手段。

在语法方面，已经出现的一切语法意义相同而表达形式不同的语法现象，诸如词法和句法现象都是语法的显性同义手段。

## 二、潜性同义手段

虽然还未出现，但有可能出现的同义手段就是潜性同义手段。在言语表达的过程中，常常出现一些临时性的同义现象，这些现象或手段在原先的语言体系中根本就不可能同义，而现在却有了相同的表达效果，甚至会使表达更加生动。

潜性同义手段可以指那些与已经出现的语言材料同义的潜性表达形式，也可以指全是潜性的一组表达形式。

在语音、词汇、语法范畴中都存在潜性同义手段。

在语音方面，或曾经显现后又潜藏、或将来有可能显现但现在未显现的则是语音的潜同义手段。因为语音在被人们使用的历史长河中是不断发展变化的，或显或潜，随势而成，不可能恒久不变。

在词汇方面，“假如一个人对另一个人说，‘你的胡子好教人害怕！’于是他们就把胡子叫作‘害怕’，这也就是‘胡子’的同义手段”。但是这些手段“在他们这样使用之前只是潜性现象”。[①] 再如“男羊”与“公羊”、“女猫”与“母猫”、“鸡蛋妈妈的爱人”/“男鸡”与“公鸡”等都构成同义手段，但“男羊”、“女猫”、“鸡蛋妈妈的爱人”/“男鸡”在我们这样说之前都是未曾出现的，所以，它们分别同与之对应的显性表达形式而言，是潜性同义手段。

在语法方面，还没有出现的与已经出现的语法意义相同的那些语法结构、语法形式就是语法的潜性同义手段。

在语言宝库中，潜同义手段是丰富多彩的。潜同义手段有的是潜语言系统中的一个成员，它们是潜词、潜句、潜义、潜辞格等，客观地存在于语言的深层。潜同义手段也可能是从古代汉语中，从方言中，从国内的兄弟民族语言中，临时地借用的。潜性同义手段一旦具备了它出现的社会文化语用条件，就可能成为显同义手段。潜性同义手段是一个语言的宝库，它取之不尽，用之不竭。要提高语言表达的效果，就必须很好地开发、利用潜语言现象，掌握潜性同义手段的选择规律。

说写者对同义手段的选择也有显性和潜性之分。所谓选择的显性，指的是自觉的有意识的选择；所谓选择的潜性，指的是不自觉的无意识的选择。

---

① 王希杰：《修辞学通论》，南京大学出版社1996年版，第238页。

而先前有的学者认为，许多情况下，说写者并没有一个选择同义手段的过程，因而否定同义手段选择的客观存在，这实际上是只看到了选择的显性的一面，而忽视了选择的潜性的一面。

## 第四节　零度和偏离的同义手段

同义手段，“指表达相同意义内容的语言材料。同义手段也可以定义为：‘某个零度形式和它的一切偏离形式的综和。’”① “同义手段其实就是同一个零度形式同它的一切偏离形式的总和，这些全部的形式所构成的是一个关系的网络，一个逻辑的矩阵。”② 同义手段是以零度形式为中心的偏离形式的集合。既然偏离分为正偏离和负偏离，那么同义手段也就可以分为正偏离同义手段和负偏离同义手段。

在语言的不同层级的单位上都有零度同义手段和偏离同义手段。

### 一 、零度同义手段和偏离同义手段

在相同或相近意义的不同表达手段中，规范的最常见的形式，称之为“零度形式”，而与规范的最常见的形式不一致的对应形式就是偏离形式。零度和偏离的同义手段有语音的、词的，短语的、句子的，还有句群的、篇章的、辞格的，语言风格的等。这里以语音的、词的，短语的、句子的同义手段为例。

语音范畴的零度同义手段和偏离同义手段：相对而言，非叠音、音位、与语流音变相对应的原体、异读中的规范读法、与有意误读相对应的正确读音等，是零度的语音同义手段；而叠音、音位变体、语流中的变体、异读中的不规范读法、与正确读音相对应的错误读音等，是偏离的语音同义手段。（详见本书第五章第二节“语音的同义手段”）

词范畴的零度同义手段和偏离同义手段：如“用粮食、水果等含淀粉或糖的物质经过发酵制成的含乙醇的饮料”这一意思的零度表达形式是“酒”，除此之外，还有云液、琼浆、玉液、玉浆、玉露、流霞、杜康、金波、销愁药、钩诗钩、马尿、黄汤、祸泉、狂水、魔浆、腐肠贼等等，这些就是“酒的偏离形式”。地球只有一个卫星，夜晚高高地悬在天空上，将清辉泻向大地，人们从不同角度给它以种种名称，仅在汉语中就有许多个关于

① 王希杰：《汉语修辞学》（修订本），商务印书馆 2004 年版，第 76 页。

② 王希杰：《修辞学通论》，南京大学出版社 1996 年版，第 191 页。

它的称呼的词语：月亮、月兔、月桂、月娥、月精、月轮、月浦、月魂、太阴、天灯、水精、丹桂、玉兔、玉环、玉轮、玉盘、玉蟾、玉镜、玉桂、玉鉴、玉魄、玄兔、玄度、玄晖、白兔、冰轮、明蟾、金蟾、金兔、金娥、金丸、金镜、兔轮、兔魄、兔月、娥轮、晶盘、宵魄、晚魄、桂月、桂窟、桂魄、桂轮、清虚、素魄、珠轮、清蟾、凉蟾、望舒、莹魄、碧华、圆景、银兔、银蟾、阴宗、阴兔、蟾兔、蟾魄、蟾轮、顾兔、廨月、嫦娥、清凉宫、玉蟾蜍……这些词都是同义的，构成一个同义集，但其中最常用的一个词就是“月亮”。“月亮”就是这一同义集的零度形式，其余的便是其偏离形式。

短语的零度同义手段和偏离同义手段：在短语范畴中，同义手段也有零度的和偏离的。如在下面几组同义成语中，最前面的一个就是其零度形式，后面的都是与零度对应的偏离形式：

望洋兴叹——望洋而兴叹、望洋而大兴其叹、望洋兴其叹
守株待兔——守株而待兔、守株而待其兔
谈虎色变——谈虎而色变、谈虎而其色大变
惩前毖后，治病救人——惩前意在毖后，治病为了救人

句子的零度同义手段和偏离同义手段：在一组意义内容相同或相近的句子中，最常见、常用的形式就是句子的零度形式，其余的就是其偏离形式。如：

我读了《红楼梦》。
我读了《石头记》。
我把《红楼梦》读了。
《红楼梦》我已经读过了。
《红楼梦》已经被我读了。
《红楼梦》，我读了。
我已经把《红楼梦》读了。
我读了曹雪芹最著名的著作。

其中最常见、常用的形式就是“我读了《红楼梦》”。因此它就是这组同义句的零度形式。其余的都是偏离形式。

### 二、正偏离同义手段和负偏离同义手段

一个意义的零度表达形式和偏离表达形式共同构成了一个同义手段的集

合体。所以，我们说：同义手段就是一个零度形式和它的一切偏离形式构成的集合体：同义手段 = 零度形式 + 偏离形式。但偏离又有正偏离和负偏离之别，于是，偏离的同义手段又可分为正偏离同义手段和负偏离同义手段。正、负偏离的同义手段不是就其交际效果而言的，而是就其某方面的色彩而言的，如在“酒”的偏离同义手段中，“马尿、黄汤、祸泉、狂水、魔浆、腐肠贼”便是负偏离同义手段，这是就其同酒的其他同义形式相比，它们具有贬斥的色彩。

正偏离同义手段和负偏离同义手段所产生的效果是交叉的：它们分别都可能产生正偏离效果或负偏离效果。不能简单地认为：正偏离同义手段只产生正偏离效果，负偏离同义手段只产生负偏离效果。这种交叉的表达效果显示了这两种同义手段的复杂性，而正是有了零度和偏离理论的介入，这样的复杂特性才得以充分显现。

将零度与偏离理论引入同义手段，揭示了同义手段的“义”所产生的不同表达效果的成因，所以，将同义手段分为零度同义手段和偏离同义手段，又将偏离同义手段分为正偏离同义手段和负偏离同义手段，这都可以看作是对同义手段的功能划分。

## 第五节　历时同义手段和共时同义手段

同义手段不仅可以从语言世界和非语言世界、显性和潜性、零度和偏离等角度划分，还可将其从时间的角度划分，于是就有历时同义手段和共时同义手段。历时同义手段和共时同义手段在语音、词汇、语法这语言的三要素中都有体现。

### 一、语音的历时、共时同义手段

在不同时段里表达了相同或相近意义的不同的语音形式就是语音的历时同义手段。古今音变（即古今读音不同）的同义手段是历时的同义手段。（详见本书第五章第二节“语音的同义手段”）

在同一时段里表达了相同或相近意义的不同的语音形式就是语音的共时同义手段。如音韵不同的同义手段、音节不同的同义手段、叠音与否的同义手段、节律不同的同义手段、音位变体的同义手段、语流音变的同义手段、多音符号（词/语素）中的同义手段、方普不同的语音同义手段、有意误读的同义手段等是共时的同义手段。（详见本书第五章第二节“语音的同义手段”）这些情况在古代汉语和现代汉语中都有。

## 二、词汇的历时、共时同义手段

在不同时段里表达了相同或相近意义的不同的词汇形式就是词汇的历时同义手段。意义相同或相近的古今词语就是词汇的历时同义手段。如：古代汉语的第一人称代词“吾—余—予—卬—朕”与现代汉语的“我”，古代汉语的近指代词“斯—此—是”与现代汉语的“这”，古代汉语的动词“之—适—造”与现代汉语的“到—往—去”，古代汉语的疑问代词“何”与现代汉语的“什么/为什么/怎么”，古代汉语的动词“为”与现代汉语的“做”等都是历时的同义词语。

在相同时段里表达了相同或相近意义的不同的词汇形式就是词汇的共时同义手段。这在古代汉语和现代汉语中都有。

前举“吾—余—予—卬—朕”、“斯—此—是”是古代汉语的同义词语。我国古代词典《尔雅》中的“释诂”、“释言”、“释训”中的每一组词都是同义的如：“弘、廓、宏、溥、介、纯、夏、幠、厖、坟、嘏、丕、奕、洪、诞、戎、骏、假、京、硕、濯、讦、宇、穹、壬、路、淫、甫、景、废、壮、冢、简、昄、晊、将、业、席，大也。”“如、适、之、嫁、徂、逝，往也。”“怡、怿、悦、欣、衎、喜、愉、豫、恺、康、妉、般，乐也。”（《释诂第一》）“还、复，返也。”“告、谒，请也。”“庇、庥，荫也。”“征、迈，行也。”（《释言第二》）“穆穆、肃肃，敬也。”“桓桓、烈烈，威也。”“殷殷、惸惸、忉忉、慱慱、钦钦、京京、忡忡、惙惙、怲怲、弈弈，忧也。”（《释训第三》）

现代汉语中的同义词更是多得数不胜数，如“手段—手法—方法”、“时候—时间—时刻”、“特点—特色—特性—特征”、“心境—心情—心绪”这都是名词的同义手段；“停顿—停留—停止—停滞—中止”、“推辞—推却—推脱—推托—推卸”、“消灭—消失—消逝—消亡”都是动词的同义手段；“亲近—亲密—亲昵—亲切—亲热”、“勤奋—勤恳—勤劳—勤勉”、“辛苦—辛劳—辛勤”都是形容词的同义手段；“二—两”是数词的同义手段等等。

## 三、语法的历时、共时同义手段

在不同时段里表达了相同或相近语法意义和理性意义的不同的语法形式就是语法的历时同义手段。在汉语中，语法的历时同义手段在词法和句法范畴内都有。

在词法范畴里，语法的历时同义手段反映在词的结构和词的类别上。古代汉语的词大多是单纯词，即一个词由一个成词语素转化而成，在现代汉语里，这种情况也有。如古代汉语的“道—曰—言—语—谓”和现代汉语的“说”，古代汉语的“闻”和现代汉语的“听”，古代汉语的“视—相—察—观”同现代汉语的“看”，古代汉语的“目”和现代汉语的“眼”，古代汉语的“豪”和现代汉语的“富”等都是单纯同义词。在古代汉语中，也有合成词，即两个以上的语素组合而成的词，在现代汉语里，这种情况也有。如古代汉语的“嘉节”与现代汉语的“佳节”，古代汉语的“而已”和现代汉语的“罢了”，古代汉语的“然而”和现代汉语的“但是”，古代汉语的“倘若”和现代汉语的“如果—假设—假如”，古代汉语的“宛如—宛若—俨然—犹如”与现代汉语的“好像—好似”等都是合成同义词。前所举例，不管是古今的单纯词还是合成词，不仅它们的结构相同，而且语法类别意义和理性意义也相同，但形式却不同，于是它们构成历时的词法同义手段。

在句法范畴里，语法的历时同义手段指的是：不同时段的短语和句子的结构关系、语义关系或功能相同或相近，但语法形式不同。如同样是动宾结构，在古汉语中，有如下三种情况宾语有时可以前置，但在现代汉语中，宾语仍在动词之后，它们构成句法同义手段：

（1）疑问代词作宾语时，如：

［1］梁王即终，欲谁立？（《史记·梁孝王世家》）

“谁立”与“立谁”同义。

［2］沛公安在？（《史记·项羽本纪》）

“安在”与“在哪儿”同义。

［3］彼且奚适矣。（《庄子·秋水》）

“奚适”与“去哪儿”同义。

（2）否定句代词作宾语时，如：

［4］不患人之不己知，患不知人也。（《论语·学而》）

“己知”与“了解自己”同义。

［5］尔无我诈，我无尔虞。（《左传·定公十三年》）

“我诈”与“欺骗我”、“尔虞”与“欺骗你”分别同义。

［6］彼不我思也。（柳宗元《童书寄传》）

“我思”与“想念我”同义。

（3）利用结构助词“是”、“之”等时，如：

［7］当臣之临河持竿，心无杂虑，唯鱼之念。（《列子·汤问》）

“唯鱼之念”与“只想鱼”同义。

［8］父母唯其疾之忧。（《论语·为政》）

“唯其疾之忧”与“只担心他的疾病”同义。

［9］今商王受，唯妇言是用。（《尚书·牧誓》）

“唯妇言是用”与“只听信女人的话”同义。此外如“唯才是举”、“唯利是图”、“唯命是从”等“唯……是……”的古代语法现象，分别与现代的“只任用有才能的人”、“只贪图利益”等构成语法同义手段。

再如古代汉语的判断句往往用“……者，……也”的形式，它与现代汉语的“……是……”形式同义，如：“陈胜者，阳城人也，字涉。吴广者，阳夏人也，字叔。”（《史记·陈胜吴广列传》）与现代汉语的“陈胜是阳城人……吴广是阳夏人……”同义。

在相同时段里表达了相同或相近语法意义和理性意义的不同的语法形式就是语法的共时同义手段。语法的共时同义手段在汉语的词法和句法上都能观察出来。

从古代汉语的词法上看，首先，词的结构有单纯词和合成词，它们分别都能构成同义集合。如单纯词的同义集合体：“允、孚、亶、展、谌、诚、亮、询，信也。”“永、悠、迥、远，遐也。”“卬、吾、台、予、朕、身、甫、余、言，我也。”（《尔雅·释诂第一》）合成词的同义集合体：“晏晏、温温，柔也。”“业业、翘翘，危也。”“惴惴、恍恍，惧也。”“番番、矫矫，勇也。”“桓桓、烈烈，威也。”（《尔雅·释训第三》）还有的是单纯词与合成词共同构成同义集合体：“暀暀、皇皇、藐藐、穆穆、休、嘉、珍、祎、懿、铄，美也。”（《尔雅·释诂第一》）其次，词的不同的类别中的同类语法意义相同，构成了同义集合体。在我国第一部系统地阐述古代汉语语法的著作马建忠的《马氏文通》中，将古代汉语的词分为“名字”、“代字”、“静字”、“动字”、“介字”、“连字”、“助字”、“叹字”八类，每一类中的成员其语法功能或语法意义是相同的，这八类词就是八个语法同义聚合体。

从古代汉语的句法上看，句法形式不同，但语法意义和理性意义相同的短语或句子也可以构成同义类别，其中有的形式是零度（常式）的，有的是偏离（变式）的，这当是不言而喻的，如：

［10］常式：恃陋而不备，大罪也。

变式：恃陋而不备，罪之大者也。

［11］常式：带陆离之长铗兮，冠崔嵬之切云。

变式：带长铗之陆离兮，冠切云之崔嵬。（《楚辞·涉江》）

此外，古代汉语句法系统中句子的结构类和短语类也应该是语法的同义类聚。《马氏文通》说：“凡字相配而辞意已全者，曰句。”① 又说：“凡有起词、语辞而辞意已全者曰句，未全者曰读。”② 这里的“句”和“读”（今人所谓主谓短语）是马氏语法系统的结构类，各是一种语法的同义手段。

共时的语法同义手段，在现代汉语的词法和句法上同样反映得很充分。（见第六章、第七章）

对同义手段的分类还必须说明两点：

第一，每一类的划分，只是从某一个特定角度而言的，但从整体看，它们是相互联系、错综复杂、立体交叉的完整的网络系统，是一个科学的、严密的同义手段体系。

第二，对同义手段的分类，其实主要是以对同义中“义”的分类为前提的，是建立在“义”的不同类别的基础之上的。

---

① 《马氏文通》，商务印书馆 1983 年版，第 24 页。

② 同上书，第 385 页。

# 第十三章　同义手段的选择

同义手段本身无所谓选择不选择，只有在修辞主体运用语言材料时，才能谈到对同义手段的选择问题。单纯地研究“同义手段”，只是语义学的问题，而研究“同义手段的选择”才是真正意义上的修辞学问题。

同义手段的存在，是对同义手段进行选择的可能和必要条件。

正因为语言中有大量的同义手段，于是同一个事物、思想、观念、感情就有了多种不同的表达方式，给人们适应不同的交际场景和不同的交际目的进行选择提供了可能性。如果没有同义手段，任何交际者在任何交际场合对任何一个话题，只能用同样的语言材料——语音材料、词汇材料、语法材料，那么就没有选择的可能性。

从哲学上看，事物的同一性本身就是与差异性（示差性）紧密联系、互为条件的。任何同一之中都已经包含着差异，任何差异之中都必然地包含着同一的因素。“凡同义手段其实都是有一定差异的。同义手段是有条件的同一，是包含着差异的同一。同一性是以示差性作为自己的一个条件的。这就是研究同义手段的一个重要的出发点。”① 这就是说，同义手段本身就是“同”和“异”的对立统一。如果没有“同”，就不能构成同义手段，如果没有“异”，就谈不到“选择”活动。只有同中有异，才既有同义手段，又有对同义手段的选择。同义手段中有“异”，才决定了选择的必要性。

同义手段的存在，给对同义手段选择提供了可能性；同义手段“同中有异”的性质决定了其存在的价值，这个价值决定了对其进行选择的意义。

对“同义手段选择”之说，有人以为这是只谈选择而忽视了组合。我们认为这是误会。我们对“选择”的解释是：从小处着眼，可以认为是在需要组合时才对某一单个的语言材料进行选择的，选择的目的就是为了组合；再放开眼界，可以说选择活动其实是在某种组合的框架中需要某一语言材料时而进行的；还可以说，选择的对象本身就是一个组合体。如对王安石诗句“春风又绿江南岸”的确定过程，宋代洪迈的《容斋随笔》是这样记载的：

---

① 王希杰：《修辞学通论》，南京大学出版社 1996 年版，第 263 页。

吴中士人家中藏其草，初曰："又到江南岸"，圈去"到"字，注曰"不好"，改为"过"，复圈而改为"入"，旋改为"满"，凡如是十许字，始定为"绿"。

王安石确定"春风又绿江南岸"的过程其实是一个对言语的同义手段进行选择的过程。一般认为，是从"到"、"过"、"满"、"绿"等十余个同义单音词中选择了"绿"，这只是从小处着眼的，其实表达者在选择之前就有了一个将被选择者置入其中的框架："春风又×江南岸"，这已经是一个组合结构了；再者，我们还可以这样看问题："春风又绿江南岸"这句话是从"春风又到江南岸"、"春风又入江南岸"、"春风又满江南岸"、"春风又绿江南岸"等十余个同义句中选择出来的，这十余句本身就各是一个组合体。

如果我们把同义手段理解为一切零度形式和偏离形式的集合，又把偏离形式理解为正偏离形式（提高了表达效果的）和负偏离（降低了表达效果的，即语病），那么，同义手段选择的对象也就应该包括零度形式、正偏离形式和负偏离形式。

## 第一节　同义手段的选择和语境

任何修辞活动都是在特定语境中进行的。语境是选择同义手段的框架或参照系，离开了语境，就谈不上同义手段的选择问题，更谈不上修辞问题。

### 一、语境概说

语境（context），也叫"交际场"，指人们使用语言进行交际时的环境。语境，作为交际活动的一个重要因素，是众多学科共同关心的一个问题。从哲学上说，语境是语言赖以产生、存在、运用和发展的必要条件，它制约着语言，决定着语言的命运。

有各种不同的语境、语用学的语境，语篇学的语境和修辞学的语境。

语用学研究的是语言符号同其使用者之间的关系，或者说，语用学就是研究语境中的意义的科学，这里的"意义"包括语言义和言语义。语用学中的语境包括哪些因素，许多学者曾做过概括，其中英国语言学家利奇在《语用学原则》中将其概括为以下五个方面：

（1）言语发出者，言语接收者；

（2）话语语境；

（3）话语目的；

（4）作为行为或活动形式的话语：言语行为；

（5）作为言辞行为的结果的话语。

在语用学中，语境被看作理解意义的主要因素。语用学所说的语境是话语语境，其作用是确认语言符号的“实指”或“真指”；语用语境是改变语义的语境，它关注的只是话语在什么样的环境下可能改变含义；语用语境对言语交际活动的作用主要体现在话语接受主体依据程序规则利用语境推导所接受语言符号负载的各种语义上；语用语境具有类型性和复现性，具有不依赖于言语交际行为的客观性。

语篇学是研究语篇建构规则规律的科学。狭义的语篇仅指篇章，广义的则指一切有述谓功能的言语形式。“在生产语篇时，篇章生产者将篇章置于一定的社会、语言和物质世界的制约之中，这种与篇章相互作用的社会、语言和物质世界被称为语境（context）。”① 在语篇学中，语境被视为建构语篇的主要因素，与建构语篇有关的一切因素都是语篇语境的构成成分，包括语言的和非语言的，它也侧重于语境的客观性。

修辞学是研究在特定语境中恰当选择同义手段以提高语言表达效果的规则、规律的科学。在修辞学中，语境被看作选择同义手段的基础和参考框架；看作影响表达效果的主要因素，修辞效果的好坏是通过将话语和语境统一起来进行考察而得出的；修辞语境具有灵活性和创造功能；具有个别性和一次性；具有较强的主观性。修辞学的语境包括哪些因素，尽管学者们的看法不尽相同，但被共识的有以下几个方面：语言的、情景的和文化心理的。

语境是现代修辞学中的一个特别重要的概念。王希杰说：“同义手段是一种聚合关系，潜在关系；话语是一种组合关系，显性的关系。编码过程其实就是一个从聚合关系向组合关系转化的过程。是什么因素决定了聚合关系向组合关系的转化呢？这就是语言环境。”② 同义手段的选择，这并不是同义手段本身的事情，而是交际者的一种自觉或不自觉的社会心理行为。交际者选择同义手段的目的是努力提高话语的表达效果，选择依据是交际的环境。同义手段的仓库提供了选择的可能性，但进入语境之前，不需要选择，也无法进行选择。同义手段的选择活动是在特定的语境中进行的。

不同的学者从不同角度对语境曾作过各种各样的分类。其中王希杰对语境的分类既有微观的审视，又有宏观的观照，综合如下：（1）广义语境和

① 刘晨涎：《教学篇章语言学》，上海外语教育出版社 1999 年版，第 84 页。

② 王希杰：《修辞学通论》，南京大学出版社 1996 年版，第 308 页。

狭义语境；（2）语言语境和非语言语境；（3）口头语语境和书面语语境；（4）表达语境和接受语境；（5）静态语境和动态语境；（6）共时语境和历时语境；（7）显性语境和潜性语境；（8）零度语境和偏离语境；（9）现实语境和可能语境。这些不同分类中的每一组都概括了语境的所有因素。

美国当代修辞学领袖肯尼斯·伯克的新修辞学思想认为：人主要是通过语言来改变态度，诱发行动，对于人来说，修辞环境是永恒的，人一旦运用语言，就不可避免地进入修辞环境。① 修辞当然是在运用语言。如果说修辞过程是对同义手段的选择过程，一切修辞现象是自觉、不自觉地对同义手段选择的结果，那么，选择的依据或制约因素就是语境。一切修辞现象都只能发生在特定的语言环境之中。在语言环境之外的修辞是根本不存在的。即使是一个人单独进行某种语言文字游戏，那也是以一个假设的语境为依据的。所以，我们说，语境是修辞得以产生、存在的必要条件，即没有语境，就没有修辞，如果有修辞，那就一定有语境。修辞活动是在语言和言语的同义手段之间作出选择的一种活动，因此，在修辞活动中，不管是对同义词语的选择、同义句式的选择，还是对语体、风格的选择等，都主要是以语境为参考框架的，都要受到语境的制约，语境制约着同义手段的选择方式。

我们从语言语境和非语言语境的角度着眼，讨论语境对同义手段选择的制约或影响。不过，我们这里所说的语境是指修辞主体已经认识或把握了的与语言交际有关的制约或影响修辞活动的各种因素。

表达者自身是否是语境因素，这在学界有不同看法。绝大多数中外修辞研究者认为表达者和接受者都属于语境因素。但也有人认为，表达者和接受者都不属于语境因素。如张宗正在《理论修辞学——宏观视野下的大修辞》中说："编码和解码双方都可能是具有修辞能力的人，都是修辞活动的主体。"②（按：在任何一次具体交际的一个话论中，编码和解码双方不可能同时都是修辞主体，即不可能同时都实施修辞行为，只有发话者一方是修辞主体，听话者是客体。）"修辞语境是修辞主体以外的客观存在。"③ 由此可知，他认为表达者和接受者不属于语境因素。他的理由是："从性质来看，人，不论是对于编码者来说是对象、是本体外存在的解码者，还是对于解码者来说是对象、是本体外存在的编码者，作为语境的项目它们都与纯物质性质的语境项目有本质区别。纯物质性质的语境项目是纯客观的，它们的存在只是

① 转引自温科学：《二十世纪西方修辞理论研究》，中国社会科学出版社 2006 年版，第 29 页。

② 张宗正：《理论修辞学——宏观视野下的大修辞》，中国社会科学出版社 2004 年版，第 132 页。

③ 同上书，第 131 页。

为主体的认识、调动、利用提供了可能。而作为主体外存在的人，他们既是客观的存在，同时又具有发挥作用的主动性，他们不是简单被动地被主体认识、调动和利用，而是更能主动地发挥自己的修辞能力去积极影响对应角色的修辞活动。所以，从这个角度看，不应把交际活动的一方，把有修辞能力的人，与别的影响修辞主体活动的纯客观的物等同看待，不应把这样的人完全看成是修辞行为的纯语境因素。……显然，行为主体不能成为自己发出行为的环境，把修辞活动的主体当作修辞活动的语境，把行为的主体当作修辞的环境是不合逻辑的。”①

表达者的说写所关注的对象是接受者即听读者，这“听读者”或是真正的现实中的听读者，或是想象中的听读者。西方当代新修辞学的领袖美国修辞学家肯尼斯·伯克（Kenneth Burke，1897—1993）不仅承认听众“本质上是说话的对象”，并将其作为修辞的一个条件，而且他还相信，修辞也能涉及自我，表达者会把自我作为听众或读者，即一个表达者既可以是修辞主体，又可以是自己修辞话语的听众或读者，甚至在他/她私下的思想里，可以培养自己的某种观念或意象，产生自己所希望的效果，这时，自己就成了自己修辞时所关注的对象，这正如他/她用愉悦的意象影响外在的听众而不是内在的听众一样。在伯克看来，不仅听众是修辞话语的接受者，是对象，而且表达者自己也可以是自己修辞话语的接受者，是对象。几乎所有的修辞研究者都排斥把表达者作为听众的观点，而伯克却认为表达者自己也可以成为听众——自我即听众，这是伯克修辞观的一个独特之处。

据伯克“自我即听众”的观点，笔者以为，在修辞活动中，表达者有双重身份：一方面，表达者是同义手段的选择者，是修辞活动的实施者，是修辞主体，而语境应是指相对于修辞主体以外的影响表达效果的其他因素——客体，就此而言，表达者不属于语境因素；但另一方面，表达者本身固有的特点或条件又实实在在地自觉不自觉地影响着他对同义手段的选择，影响着表达方式和表达效果，如果承认“凡修辞语境都是影响表达效果的环境”这一说法的话，那么，就此而言，表达者又是语境因素。这正如一粒种子的发芽，芽的质量、形态如何，它一方面受土地、水分、气温等外在自然条件的影响或制约，同时还受它的发出者——种子——本身质量的影响。种子既是芽的发出者，又是影响芽质量、形态的环境：种子具有双重身份。

① 张宗正：《理论修辞学——宏观视野下的大修辞》，中国社会科学出版社2004年版，第132—133页。

## 二、语言语境对同义手段选择的制约

语言语境由上下文和语体、风格构成，同义词语、同义句子的选择在语音、语义和结构三个方面都要接受这些因素的制约。

任何词语的同义都只是某些方面的同一，最主要的是理性意义的相同或相近，在其他方面总是有这样那样的细微差别，并非全同。在表达目的和主题确定的前提下对同义手段进行选择时，在语音特色方面，在音节方面，在附加的语义内容和色彩方面，在结构方面，就要考虑同上下文和谐一致，要达到这一目的，就要在众多的同义词语中，选择一个最合适的，这样才能反映事物和人的思想感情的细微差别。

在话语中，任何一个句子都不是孤立的，而是同上下文紧密联系着的。同义句式的选择要从上下文的整体需要来考虑。上下文的总体需要指的是在内容和形式方面，各个句子彼此兼容，形成一个有机整体，不可以有游离于上下文之外的句子，不能同上下文的内容和形式相互矛盾，而要彼此相互协调，就是说，同义句子的选择，也要受到上下文的影响和制约。如：

> 强烈的好奇心驱使我把凡与钱先生有关的文章、书籍都找来阅读，越来越发现钱先生的魅力和伟大，自己的学习生活似乎也“一切向钱看”了。渐渐地，我便萌发了写《钱钟书传》的念头来。（孔庆茂《钱钟书传》）

“一切向钱看”是在上下文基础上的谐音仿拟，它表现了作者对钱先生的品格、学识的由衷敬佩和研究钱学的殚思竭虑，其意义与“一切向钱钟书先生看”相同，作者在这里选用这一表达法，与上下文和谐一致，且化陈俗为新奇，恰当、幽默、风趣。如无上下文这一特定语境，“一切向钱看”便只是一个流俗用语，无推陈出新之意。

同义手段的选择首先要考虑的因素就是语体。同义词语和句子所表达的基本意义虽然大体相同，但是往往要求与不同的语体相匹配。不同的语体对同义词语和句子有不同的要求。口头语体的表达比较自由松散，话题往往是随意的；语言材料的选择比较自由，用语通俗，多用俗语、熟语，少用关联词语、专门术语及古语词；句法上多用短句及省略句；在辞格的运用方面，比喻、反复、拟人等用得较多。书面语体在用词上要求精确，要按照不同的分体，选择不同的词语，在句法上要求严密，多用长句、完整句；在修辞上也要根据不同的分体，选用不同的修辞方式。

语言风格，除了语体风格之外，还有民族风格、时代风格、地域风格、个人风格等。同义词语和句子，在理性意义基本相同或相近的前提下，大都在这些风格色彩方面有较大差异，在对其进行选择时，还要考虑它们具有不同的风格，即人们在选用同义词语和句子时，总是自觉、不自觉地受自己所处的时代、民族、地域、个人运用语言的特点等因素的影响或制约，尤其是要受到个人风格的制约，正如王希杰所说："每一个话语者首先都得保持自己独特的风格。人们对同义词语和句式总是自觉不自觉地根据自己的语言风格来选择。"① 譬如，将同一首汉语古诗翻译成现代文，把同一篇外文翻译成汉语，都会或多或少地打上不同翻译者的言语风格色彩的印迹。

### 三、非语言语境对同义手段选择的制约

对同义手段的选择除了受语言语境的制约外，还要受非语言语境的制约。非语言语境包括物理语境、文化语境和心理语境。作为交际者的人既有自然属性，如种族、性别、年龄、相貌、身材、体格等，又有社会属性，如民族、文化修养、思想性格、职业身份、经验阅历、生活习俗等，还有心理特点，因此，我们将交际者的各种属性或特点分属于三个不同的语境范畴加以叙述。

#### （一）物理语境对同义手段选择的制约

物理语境是指与语言交际有关的物理世界的各种因素，主要有时间、空间、参与者的自然属性和话题及表达意图。

任何修辞行为都是对同义手段选择的行为，而这种行为总是在特定的具体时间内发生的，时间的不同会对同义手段的选择产生影响或约束。如在10月1日这一天，我们可以说"今天是国庆节"。而在非10月1日时，我们只能说"10月1日国庆节"。虽然这两句话的意义相同，但在不同的时间却要用不同的说法来强调表达的重点：前一种说法突出的是"今天是什么节日"，后一种说法强调的是"10月1日是什么节日"。因此，表达者对同义手段的选择，一方面要充分利用时间并与特定的时间相对应，另一方面，要受到时间的制约。

空间，包括修辞行为发生的物理空间（地理位置）和具体场景。对修辞主体来说，一方面要充分发挥自己的主观能动性，尽情地利用空间条件进行同义手段的选择，一方面，又受到特定空间的制约，即同样的话题，同样的意思，在不同的空间中，尤其是在具体场景中，你要选择不同的表达方

---

① 王希杰：《修辞学通论》，南京大学出版社1996年版，第302页。

式，否则就没有好的表达效果。鲁迅在《秋夜》中这样写道：

［1］在我的后园，可以看见墙外有两棵树。一棵是枣树，还有一棵也是枣树。

作者依据自己所处的空间环境，选用了反复辞格的表达式，一是描写了居处客观景物的呆板、无变化，透露出他当时无聊、单调、彷徨、苦闷的心情；二是客观地反映了他观察事物的动态过程。如果不用反复法，直接说："在我的后园，可以看见墙外有两棵枣树。"这样的表达，同用反复法的意义倒是相同，也明确，但修辞效果却打了一个大折扣。再如，在平时，你可以对一个老人说"愿您老长命百岁"，但当在对一个九十九岁的老人祝寿时，却说这样的话，就是不合场景的，而应当选用与"长寿"意义相同的另一种表达形式，譬如"祝您老永远健康"等，这样才是得体的。这说明，场景对同义手段的选择有制约作用。

修辞活动的参与者的自然属性也是物理世界的语境因素。参与者有三种：表达者、接受者及这二者以外的其他人物，这三种人，都会影响到表达主体对同义手段的选择，尤其是前二者。

从物理世界的角度看，表达者虽然是一个物理的存在物，他有自己独有的种族、性别、年龄、相貌、身材、体格等自然属性，这些固有的自然特点对修辞主体在言语活动中同义手段的选择都产生影响，进而影响到修辞效果。

性别不同的人，对同一意义的表达会选用不同的方式，一般来说，女性的表达形式委婉，语气柔和，语调舒缓，而男性的表达则直露明快，语气刚硬，语调急促。如：

［2］一个女青年讲了一个故事：

从前有个媳妇，结婚三年了，不生育。

一天，姑嫂对话：

姑娘："嫂子，你两口子儿不呀？"

嫂子："不不呀！"

姑娘："不不怎么不呀？"

嫂子："不不还不哩，要不更不啦。"（贾大山：《干姐》，《长城》1987年第3期。）

这两个女人在谈到夫妻性生活和怀孕的话题时，她们选用的是曲折、含蓄、文雅的表达法，这首先是性别对她们制约的结果，当然还有文化的问题。下面是同这例类似的一个例子：

[3] 七婶绕着弯儿问："哎，你'来身上'是哪一日？"
大嫂翻翻嘴唇，倾下头答："初三初四，月芽儿挑刺。"
"这个月又来过了？"
"来过了。"
七婶拿指头戳戳大嫂两腿中央："你和宝山'不'吗？"
大嫂红了脸，夹紧大腿："不'不'。"
七婶指头往上移，指指小肚子："你们不'不'，那咋还不哩？"
大婶扭扭身子，缩缩肚子："谁知道不'不'，它就不嘛！"（张石山《神主神楼》）

这例中，人物的对话多次选用省略、含蓄、委婉的表达法，而不直陈其事，因为说话人是妇女，在中国文化和心理方面类似的话题是不可以公开直露地谈论的。

修辞主体的年龄也对同义手段的选择有明显的影响。同一意义，不同年龄段的人会选用不同的话语形式表达。青年人对外部世界的变化反映快捷，有强烈的好奇心和创新意识，在话语中，创新的词语丰富多彩，层出迭现。而中老年人则饱经沧桑，追求返璞归真，在表达中一般不追求华丽辞藻，喜欢平实朴素、准确到位，也喜欢选用熟语和典故等。如下面的一些同义表达，一般来说，年轻人多选用后一种网络特殊用语：看不懂——靠，见面——聚会，有钱佬——VIP，提意见——拍砖，支持——顶，强烈支持——狂顶，不忠——外遇，追女孩——泡妞，吃——撮，羡慕——流口水，乐一乐——happy，跳舞——蹦的，东西——东东，别人请吃饭——摆饭局，有本事——有料，被无数蚊子咬了——新蚊连啵，好看——养眼，网上丑女——恐龙，网上丑男——青蛙，网上高手——大虾，网上低手——菜鸟，看帖——瞧瞧去，我——偶，不错——八错……

表达者对同义手段的选择也要受话语接受者的制约。话语接受者是交际活动中一个不可或缺的重要因素，离开了接受者，根本谈不到言语交际。所以对同义手段的选择还必须看清并适应接受者即交际对象，根据不同的交际对象选用不同的表达方式。具体来说，就是要和交际对象的各种自然特点和谐一致，也就是要适应交际对象的年龄、性别、相貌、身材、体格等。

在言语交际中，除了表达者和接受者之外，在现场的也可能还有其他人，这类人虽然不是直接交际者，但其固有的各种特点也会制约表达者的表达方式。假如你和朋友在聊天，你旁边还有一个聋子或瞎子或秃子，你在话语中就不能出现“聋子的耳朵——样子货”，“瞎子点灯——白费油”或“秃子头上的虱子——明摆着”这样的表达方式，一个有修养的表达者往往选用另外一种表达法，以免刺激、伤害第三者。

话题（主题和意图）是制约表达方式的一个十分重要的因素，修辞行为的生发和运作都是以某种特定的话题为出发点的，话题的内容和性质决定了表达主体对同义手段的选择。

人们在说话或写文章时，总是要表达一定的意思或抒发某种情感，这就是主题或思想感情。表达思想、抒发感情以达到特定效果就是交际目的。交际目的是整个交际过程的内在驱动力。修辞要“适切题旨”，就是指在修饰、调整语辞时，一定要使修辞手段或方法与思想感情和说写目的相适应、相切合，也就是说，你所选择的同义手段必须为说写的目的与内容服务，不能脱离内容和目的而沉湎于形式技巧的玩味之中。言语交际的目的各种各样，但大致可分为四种类型：给予型、索取型、交换型、非给非取型。目的不同，说写的内容也就自然不同。不同的目的和内容对语言的运用都有不同的要求，不根据特定目的使用语言，说话千篇一律，做文章法雷同，就会降低使用语言的效果，达不到特定目的。要达到语言运用的目的，就要根据不同的表达内容采用不同的方法。如：谈到敌人，就要严厉斥责，无情打击；谈到人民，应该和蔼可亲，鼓励歌颂；谈乐事要喜气洋洋，谈悲事要庄严肃穆等。这些都是由于为适切不同题旨而对所用语言提出的不同要求。因此，在交际中，用哪种表达方式，完全要看题旨的要求而在同义手段中进行选择。例如：

> ［4］二诸葛到了区上，看见小二黑跟小琴坐在一条板凳上，他就指着小二黑骂道：“闯祸的东西！放了你你还不快回去？你把老子吓死了！不要脸！”区长道：“干什么？区公所是骂人的地方？”二诸葛不说话了。区长问：“你就是刘修德？”二诸葛答：“是！”问：“你给刘二黑收了个童养媳？”答：“是！”问：“今年几岁了？”答：“属猴的，十二岁了。”（赵树理《小二黑结婚》）

其实二诸葛一系列话语的意思还可以用其他的形式来表达，但作者却偏偏让他选用了现在这样的形式。在二诸葛看来，男女青年自由恋爱，就是对抗父母之命、媒妁之言的不轨行为，就是“不要脸”、“闯祸”，是败坏门风，所以他破口大骂。这一骂，深刻地揭示了二诸葛封建的包办婚姻观念，生动地表达了小说的主题——提倡恋爱自由，反对包办婚姻。此外，二诸葛对区长问话的前两次回答都只是一个“是”字，这形象而准确地刻画了他点头哈腰的虔诚和连声诺诺的窘态；他对区长的第三次回答本应只说“十二岁”就行了，可偏偏要加上“属猴的”三个字，这也是出于揭示二诸葛张口论阴阳、闭口道属相的封建迷信观念的需要。可见，同义手段的选择是要受到表达的主题和意图的影响或制约的。

（二）文化语境对同义手段选择的制约

“文化”是个内涵十分丰富而外延多向度的概念，人们对其下的定义已有一百几十种。英国文化人类学的创始人泰勒认为文化是“一种复杂的综合，包括知识、信仰、艺术、道德、法律、习俗和一个人以社会一员的资格所获得的其他一切能为习惯”①。人类是使用语言符号的物种，人类的全部文化都因语言符号的使用才得以产生和流传不绝。有语言和文化是人类区别于其他物种的本质特征。语言本身就是一种文化，同时它还负载了文化。人类对语言的运用永远笼罩在文化之中。

文化语境是指与语言交际有关的文化世界的各种因素，包括交际双方的民族文化传统、时代文化背景（交际时的社会文化氛围）和交际双方的个人文化背景三个层次。如果再细分，则有生活习惯、风俗人情、文化教育、经济体式、意识形态、传统积淀等。文化语境还同交际者所处的时代、地域、民族、阶层、职业、身份地位等相联系。文化语境是隐形的，是人类生存、生活长期积累、沉淀的对语言交际产生影响的人文环境，它看不见摸不着，但在很大程度上制约着人们的修辞行为、修辞方式，即制约着对同义手段的选择。交际活动是具有一定文化背景的人所进行的一种文化行为，在相同的物理环境中，民族文化传统、时代文化背景和交际场景的文化氛围以及交际者的个人文化背景不同，表达主体必然会对同义手段作出不同的选择。

民族文化传统对同义手段选择的制约力是强大的。

张公瑾说：“文化是各个民族或群体对特定环境的适应能力及其适应成果的总和。”② 他把文化分为物质文化、制度文化和精神文化三个层面。不同的民族有不同的文化，因而其语言运用也受到其独有的文化模式、文化传统的制约。如果说，人们运用语言表达思想、传递信息、抒发感情就是修辞

① 见罗常培：《语言与文化》，语文出版社1989年版，第1页。

② 张公瑾：《文化语言学》，教育科学出版社2004年版，第20页。

行为，而修辞行为就是自觉或不自觉地对同义手段的选择行为，那么，这种选择首先无疑地要受到民族文化传统的制约。同样一个主题，反映同样一个对象，因文化传统的不同，不同民族的人会从不同的角度选用不同的表达方式。黎运汉在《修辞学研究对象的文化透视》[①]中举过这样一个有趣的例子：

> [5] 据说几十年前，国际联盟曾以“大象”为题征文，英国人作的是《英国统治下非洲的猎象事业》，法国人作的是《象的恋爱论》，意大利人马上就哼起了《象啊，象啊……》的诗歌，德国人提笔就写思辨性很强的《关于象之研究》，俄罗斯人写的是《俄罗斯之象——世界之最》，中国人写的是《象群的“伦理纲常”》，美国人写的是《象与驴之战》（象为共和党的象征，驴为民主党的象征），而波兰人则写了一篇政论——《波兰的主权与象之关系》。

这八位作者的论题反映的都是同一客观对象——大象。大象是一种客观存在于陆地上的哺乳动物，但由于不同民族的人受各自文化背景的支配，对这同一物理现象的反映，选择了不同的角度、不同的表达方式，其修辞意象中蕴含着各自的民族性格、精神面貌、思想习惯、生活情趣等民族特征。

汉民族传统的文化观念之一是“顺天理，重人伦”，它始终支配着人们的思想，这种观念在汉语中的顽强表现就是对语序的安排。如并列关系的合成词“天地、君臣、国家、老少、父子、兄弟、姐妹”、“上下”、“高低”、“好坏”、“左右”、“东西”、“南北”、“内外”等，从构词理论和理性意义的角度看，其中的语素是可以换位的，且换位后词的结构不变，意义也不变，但汉民族却固执地选择了“天地”、“君臣”、“高低”、“左右”等说法，而毫不在意地抛弃了“地天”、“臣君”、“低高”、“右左”等形式，这显然是受“顺天理，重人伦”传统文化观念支配的结果，以为这些顺序是不能改变的，否则就是逆了天理、乱了人伦。在中国传统文化中，有重男轻女的观念，这在语言中也反映了出来，如人们只说“男女”、“夫妇”、“夫妻”、“父母”、“公婆”，而不说“女男”、“妇夫”、“妻夫”、“母父”、“婆公”，其实，这两种说法是同义的。

汉民族在长期的历史发展过程中，形成了独特的宇宙天文、建筑观念，这也是汉民族的文化传统之一。这种观念从文学作品中也可窥其一斑。北朝

---

① 《暨南学报》1994 年第 7 期。

民歌中唱道："敕勒川，阴山下。天似穹庐，笼盖四野。……"为什么诗中选用"天似穹庐"这样的表达方式而不用其他说法呢？这是受中华民族传统的"天圆地方"宇宙哲学意识的支配所致。《大戴礼记》中曾说过："天道曰圆，地道曰方。"原始人看天穹，犹如一个倒扣着的锅，大地是平的。"天似穹庐，笼盖四野"正是"天圆地方"说在古典名著中的灵光显现。当代作家莫言《红高粱》结尾处——"我奶奶"死后，"我父亲"跪着送她的魂灵时说："娘啊娘，上西南。"东、南、西、北诸方向，为什么在此处作者唯独挑选了"西南"而不说魂归"西北"呢？这还要与汉民族的宇宙观尤其是八卦图联系起来看。八卦图是华夏基本天文观念抽象的物化形式，因为它涵盖了中国传统的宇宙生成理论，为我们提供了华夏民族空间意识的模型。"八卦图中心图案，圆象征太极，内里两条'鱼'代表一阴一阳，象征'太极生两仪'。由两仪而演出坎离震兑四卦，居于北、南、东、西四正位，象征'两仪生四象'。由四正又演出'四维'。所谓'四维'，即乾、坤、巽、艮，四卦居于西北、西南、东南、东北四角。"① 《红高粱》中"我奶奶"是女性，女性属"阴"，与"坤"相对，坤所在的方向是西南方。因此，"我奶奶"的魂灵归向西南，正是"得其所哉"，与我们民族传统的文化观念相吻合，此处的"西南方"语言形式的选择就是得体的。②

民族的历史印记能影响和制约同义手段的选择。"不同民族特定的历史发展轨迹投射为不同民族的历史印记，它影响民族的思维方式、思维品质、生存态度、价值观念，等等，也影响民族的言语修辞行为。"③ 表达同样的意思，有不同历史印记的民族会选用不同的表达方式。如同时形容惨遭失败，欧洲人用19世纪法国拿破仑在比利时小城滑铁卢惨败一事作比喻：to meet one's Waterloo（惨遭滑铁卢），而汉民族则用"关公夜走麦城"的典故表达。比喻事情已经决定，再也不能改变，英语用"The die cast."（骰子已经掷下。）这是根据古罗马恺撒领兵攻打执政庞贝时的豪言壮语而来的，汉语则用"木已成舟"，取自清代冯起凤《昔柳摭谈·秋风自悼》中所记述的已成事实的婚姻。比喻下定决心去完成某事，欧洲民族根据恺撒领兵渡过鲁比河后，烧掉渡船，逼得士兵没有退路，只能勇往直前、战胜敌人的故事，因而英语说成"burn one's boats"（烧掉自己的船）；汉民族则根据项羽跟秦人打仗，过河后把锅砸碎，把船凿沉，以表示誓死抗敌的历史故事，用

① 陈江风：《天文与人文》，国际文化出版公司1988年版，第77页。
② 聂焱主编：《三一语言学导论》，宁夏人民教育出版社2008年版，第309—310页。
③ 张宗正：《理论修辞学》，中国社会科学出版社2004年版，第74页。

“破釜沉舟”来表达。[1]

民族风俗就是一个民族的风土人情，是各民族特定的生活方式所形成的风尚、礼节和习俗，这也是一种文化积淀，它对不同民族人们交际过程中同义手段的选择有明显的影响和约束。见面时，汉民族常问“吃了吗?”“上哪儿去?”而英吉利民族则常说“Ii is fine day today!”(天气不错啊!)形式不同，实质或目的都是一样的：打招呼。西方民族表达爱情常直截了当地说“I love you!”但汉民族男女之间表达爱情则常用曲折委婉的方式，如：“我给你做一辈子饭。”“我给你挑一辈子水。”甚至用“恨死你了!”、“真讨厌!”等反语来表达爱，二者的语言表达形式不同，但意义是相同的。

宗教也是一种文化。世界有三大宗教：基督教、伊斯兰教和佛教。不同的民族有不同的宗教信仰，其行为会受到不同的宗教文化的制约或影响，在言语交际中，对同义手段的选择也要受到宗教的制约。如根据《古兰经》的教义规定，伊斯兰民族禁吃猪肉，甚至讳言“猪”。中国的回族在言语交际中，如果涉及“猪”，要换用其他的表达法，如用阿语“Hencir”(狠贼尔)、波斯语“胡凯”，还有自造的“黑牲口”等，甚至禁说由“猪”而推及的与之有关的词语，如不说“杀”，而说“宰”、“赶刀”，不说“肥”而说“壮”，不说“肥肉”而说“壮肉”等。再如“胡大”、“上帝”都是不同宗教信仰的人对同一对象“天”的不同称呼。

时代文化背景对同义手段选择的制约是明显的。

每一个人都生活在特定时代，不同时代的政治、经济、思想、文化特色反映在言语中，就给言语打上了深深的时代烙印。这种烙印就是言语的时代风格，它是时代精神在言语中的客观体现。虽然传统文化对言语的影响是强大的，但时代文化有时可以突破传统的束缚，甚至颠覆传统文化，强暴地、顽强地给语言运用施加影响，尤其是该时代的主流思想(统治阶级的思想——政治思想)和社会思潮(反映一定阶级利益和要求的某种思想倾向，包括对一般社会问题的广泛观念和特定历史时期的思想潮流)会给当时的言语涂上一层浓郁的时代色彩。如中国“五四”时期的“打倒孔家店”、“文化大革命”时期的“怀疑一切、打倒一切”的口号，就是对传统文化的一种否定或颠覆。在不同的时代，即使主题、题材、体裁相同，但在表达形式上却因时代精神的影响而有不同的时代感，从中可感受到时代的气息，窥视到时代的身影。因此，可以说，时代精神时时制约着人们对同义手段的选择。

---

① 张宗正：《理论修辞学》，中国社会科学出版社 2004 年版，第 74—75 页。

如20世纪六七十年代的中国“文化大革命”时期，人们的言语受当时政治形势的影响，带上了明显的政治色彩。于根元在《二十世纪的中国语言应用研究》（书海出版社1996年）中记载了人们对“文革”书面语言特点的精妙概括——当时文章的选题是：“题目要大，上纲要高，用字要狠，感情要少”；结构是：“开头形势戴帽，接着批判开道，其次要表决心，结尾高呼口号”；不管什么体裁、什么内容的文章，都要大量引用“毛主席语录”，即使是一封家庭书信，开头也常常先写“最高指示”，把毛主席语录写在最上方，在写了收信人的称呼之后，紧接着不是问候语，而是“首先让我们共同祝愿伟大领袖毛主席万寿无疆！”那时，人们在日常的口语交际中，见面时，要选用如下之类的带有政治口号式的言语，否则就被认为是不革命：

[6] “革命大批判！我照一张相。”
“为人民服务！你照多大的相?”
“斗私批修！我照一寸的。”

[7] 顾客：“‘工人阶级要领导一切’，买香肠。”
售货员：“‘为人民服务’，买多少?”
顾客：“‘备战备荒为人民’，买三斤。”
售货员：“‘节约闹革命’，你给四块五。”
顾客：“‘要斗私批修’，你这香肠好像不新鲜?”
售货员：“‘反对自由主义’，你胡说八道！”

其实，如“革命大批判！”“工人阶级要领导一切！”等等的政治口号与当时的言语交际的真实目的和内容毫无关系，完全是游离于主题之外的。这些话语，其中有无政治口号，意义都是一样的，有，反而不伦不类，但人们却偏偏选择了这类表达方式。陈原先生在《语言与社会生活》中沉痛地说：“在文化革命期间，人们用空话、大话、废话、脏话充塞所有的文章和口语，形成了一种使人窒息的语言污染，其结果使我们祖国美丽的语言，顿时变成华而不实、又长又臭又空的一种废物。每篇文章、每段文章，每句文章都必须穿靴戴帽，下笔万言，实质上没说几句有意义的话。人们生活中大量使用被污染的语言，使胸口发闷，简直到了呼吸困难的程度。这是我们祖国语言受难的悲惨日子。”① 他还认为：那时语言的华而不实走到极点。成为

① 陈原：《语言与社会生活》，生活·读书·新知三联书店1999年版，第57页。

语言的贫乏——语言的贫困和贫困的语言："最最最最"、"最红最红最红"和林彪式的"最大最大最大"、"最小最小最小"一样，表达了最贫乏的思想状态。

特定时代的社会或思想观念对同义手段的选择也有明显的制约力。如旧社会有一个传统观念："劳心者治人，劳力者治于人"，这反映了对体力劳动和劳动人民的轻视，于是对从事某些职业的人就选用鄙视的称呼，譬如"车夫"、"马夫"、"清道夫"、"堂倌"、"伙夫"、"厨子"、"邮差"、"戏子"等等，而在新社会，人们对这些人的称呼却有尊敬的色彩："司机/驾驶员"、"饲养员"、"环卫工人/清洁工"、"服务员"、"厨师"、"邮递员"、"演员/文艺工作者"等等。

特定时代的地域文化的差异也会影响、制约同义手段的选择。如在现在的中国，城市和乡村还有不小的差别，其中就有文化环境的差异。农村人，男性把自己的配偶称呼为"俺那口子"、"俺家做饭的"、"俺小狗子他妈"等是很平常的，但在城市，男人却会选择另外一种形式称呼自己的妻子，否则就会被人笑话。这是特定时代地域文化的差异造成的。

交际双方的个人文化背景对同义手段选择的制约是直接的。

人本来是大自然的产儿，有自然属性，但人又是社会文化的产儿，有社会文化属性。言语交际双方的职业身份、文化修养、思想性格、经验阅历、生活习俗等社会因素都是人的社会属性，属于个人文化背景，这些因素都对人们的言语交际有直接的影响，对表达者的同义手段的选择也有制约作用，即表达者在选择同义手段时，会自觉或不自觉地反映出自己的职业身份、文化修养、思想性格、经验阅历、生活习俗等，同时还会考虑接受者的文化背景。

如，从事不同职业的修辞主体，对同样意义的表达会用不同的言语方式，会带上自己的职业印记。譬如，军人可能会使用一些军事术语并带有阳刚语气；官员会不自觉地使用官腔官调；法律工作者会用一些法学名词或用严密的逻辑推理；诗人可能会激情澎湃、文采绚丽，含蓄曲折；科学工作者的表达会平实、准确、严谨；工人农民的言说则朴实无华，时或夹杂粗俗词语；而教师、学者的表达一般来说文雅、有条理，时或使用科学术语，却有时会带迂腐之气，商人的话语，机巧中会带有广告味和"铜气"，等等。

再如，一个人的文化修养也会对同义手段的选择产生影响。同样一个意思，具有不同文化程度和知识储备量的修辞主体，会从不同的角度、用不同的思维方式、不同的言语方法去表达。文化程度高、知识储备量大的人，其抽象思维的能力和哲学思辨能力较强，思路开放，视野开阔，语言表达往往能调动脑中大量的知识储备，带有哲理性、深刻性，也往往会用一些表层义和深层义不一的修辞手法，如比喻、借代、拈连、移就等，如著名作家张贤亮的中篇小说《绿化树》，其中就多次引用了马克思《资本论》中的话语，传递出许多政治经济学知识，此外小说中还谈到了古今中外大量的著名思想家、哲学家、文学家、音乐家的作品及其思想，还涉及到了宗教人物、宗教故事、宗教知识以及社会政治知识、民俗风情、西部民歌、数学知识、运筹学原理等，使作品内容十分丰厚，显示出修辞主体深厚的学养。钱钟书学贯中西，其长篇小说《围城》运用了大量的修辞手段，尤以多种多样的比喻为最，使作品显示出别样的风格。而文化程度不高、学养不够的人，写同样一部题材的作品，也可能会很成功，但作品中的知识含量、知识的类别广度、深度就相对地单薄一些，语言表达、修辞手法的运用也相对地会平白、粗浅一些。文化水平的不同，在日常言语交际中也会制约表达者对同义手段的选择。张贤亮的小说《绿化树》有这样一个情节：

> [8] 我（章永璘）充溢着一种静默的感动，为她感动，为爱情感动，为“超越”了的“自己”感动，我情不自禁地说：“亲爱的，我爱你！”
>
> ……
>
> 我说了那句话后，她忽然抽出了她的手，整个上身扑在我的肩膀上，脸贴着我的脸，不胜惊奇地问：
>
> “你刚才叫我啥？”
>
> “叫你……叫你‘亲爱的’呀。”
>
> “不，不好听！”她搂着我的头，嘻嘻地痴笑着。
>
> “哪叫你什么呢？”我诧异地问。
>
> “你要叫我‘肉肉’！”她用手指戳着我的太阳穴教导我。
>
> 我想起海喜喜唱的民歌，不禁笑了。
>
> “那你叫我什么呢？”我用戏谑的口吻又问道。
>
> “我叫你‘狗狗’！”

知识分子章永璘和农村妇女马樱花是两个教育程度和文化水平不同的表达者，同样是表达“爱”，一个选用“亲爱的”，而另一个则选用“肉肉”、“狗狗”这样的称呼，并认为这样称呼才好听。可见，不同学养的人，在选择同义手段时，各自会用不同的言语形式，会表现出不同的言语风格。

此外具有不同思想性格、经验阅历、生活习俗等的修辞主体在表达同样的意思时，也会选择不同的言语形式或方法，在此不赘。

修辞主体在选择同义手段时，不仅要受自身各种社会文化因素的制约，还要受到交际对象的职业身份、文化修养、思想性格、经验阅历、生活习俗等社会文化因素的制约。即在表达时，要看清交际对象具有怎样的社会文化背景：是领导干部还是一般群众，是知识分子还是文盲，是思想深邃的哲学家还是只掌握了一般操作技术的工人，是饱经沧桑的长者还是初出茅庐的牛犊，是见过大世面的人还是从未走出山沟的孤陋寡闻者，是长期在城市生活的人还是在农村生活的人，等等。只有看清了对象的文化背景，对不同的人采用不同的语言手段或方法，积极主动地适应对方，才能达到预期的交际效果。不管是在书面语中还是口语中，都要看清交际对象，否则，就是犯了毛泽东给党八股定的第三条罪状："无的放矢，不看对象。"毛泽东在《反对党八股》中说："射箭要看靶子，弹琴要看听众，写文章做演说倒可以不看读者，不看听众吗？我们和无论什么人做朋友，如果不懂得彼此的心，不知道彼此心里想些什么东西，能够做成知心朋友吗？"这可以说是对修辞要受交际对象制约的精辟论述。

明代赵南星《笑赞》中有一例因不看交际对象的文化修养而致使交际失败的笑话：

> [9] 一秀才买柴。曰："荷薪者过来！"卖柴者因"过来"二字明白，担到面前。问曰："其价几何？"因"价"字明白，说了价钱。秀才曰："外实而内虚，烟多而焰少，请损之。"卖柴者不知说甚，荷担而去了。

秀才与卖柴者的交际之所以中断，责任和可笑都属酸秀才而不怪卖柴者，是秀才不看对象的文化修养而咬文嚼字造成的，同样的意思，如果他选用适合卖柴人的文化修养来表达，他们的交易就会成功。在一次外国记者招待会上，一记者问周恩来总理："中国的国库有多少存款？"总理很快地回答："有十八元八角八分。"人们沉默了。总理接着解释说："人民币的面值为十元、五元、二元、一元、五角、二角、一角、五分、二分、一分。合计为十八元八角八分。"总理话音未落，全场一片掌声。周总理传递给对方的信息实际上是"无可奉告"，但他并未选用这种方法，而是针对交际对象的身份等文化背景，既通俗而又策略地回答了外国记者的提问，又保守了国家机密，收到了极好的修辞效果。

#### （三）心理语境对同义手段选择的制约

心理，有民族心理、社会时代心理和个人心理。

人类的心理虽有共同之处，但不同的民族又有自己独特的心理，这种独特的心理往往同本民族的文化交织在一起，二者互相影响，即一个民族长期的文化积淀形成的文化传统会影响民族心理的形成，反过来，不同的民族心理会影响不同的民族文化的产生。

同一民族虽然有自己较为稳定的心理特征，但在不同的时代，受当时社会的政治、经济、文化、思潮等各种新因素的影响，也会产生一些新的心理因素，这就是社会时代心理。

作为个体的人，总是处在一个特定的民族、特定时代中的，他的心理既有本民族文化心理的特点，又会受时代心理的影响，但同时他（她）还是一个独立的人，不会消融自己的心理个性，因此，每一个人在心理上都有不同于他人的心理区别性特征，这就是个人心理，个人心理，不但把人和动物区别开来，而且把这一个人同那一个人区别开来。

心理还可从不同角度分类：从心理学的角度看，交际双方的心理可分为自觉意识、潜意识和无意识；从常态与变态的角度看，心理可分为常规心理和超常心理；从交际双方的角度看，心理可分为表达者的心理和接受者的心理。

心理语境指的是制约言语交际活动的交际双方的心理状态或心理空间。人类的交际活动是交际双方的一种特定的双向心理活动。严格地说，任何话语的真正的涵义都是交际双方心理活动的产物。每一个交际者都是自觉不自觉地根据自己的心理世界的需求来理解和创造会话涵义的。在交际中，是交际双方的心理活动制约着表达者对同义手段的选择，制约着接受者对话语的理解和接受，同时也决定了交际的效果。同一句话，同一个人在不同的心理状态下说出，其涵义可能不同；同一句话，具有不同心理的不同的人说出，涵义可能不同；同一句话，具有不同心理状态的接受者可能会理解为不同的涵义。交际双方特定的心理状态是影响和制约着交际效果的一个重要原因。只有充分考虑到这种心理状态，交际活动才能顺利地进行下去，才能获得比较好的交际效果。修辞学的主要研究对象是表达者为提高表达效果对同义手段进行选择的规律、规则，因此，我们拟从修辞主体对同义手段选择受交际双方心理状态制约的角度来讨论问题。

修辞主体对同义手段的选择，首先受自己心理状态的制约。

郁达夫《南迁》里有这样一句话："伊人下来到祈祷室里，见有两个日本的男学生和三个女学生已经在那里了。""两个日本的男学生和三个女学生"，从句法结构看，会被人理解为"两个男学生是日本的，三个女学生不是日本的"，但从上下文语境看，意思却是"两个男学生和三个女学生都是日本的”。作者为什么要选用可能使人误解的言语形式来表达呢？对此，王希杰做过这样的分析：“这其实是他的潜意识在起作用：这小说带有自传性质，创作的时候，作者显然已化作伊人，他是从伊人的心理态势来描述的。而在伊人的心目中，那两个日本的男学生是情敌，是仇人；三个女学生，是可爱的，是爱恋的对象，对于所爱的人那是没有国籍之分的，伊人从没有把她们当作什么日本人——他所憎恶的日本人。这个形式和意义的矛盾，从伊人的潜意识上看，是合理的，强调两个男学生是日本人，为的是表现他的敌对的心理状态；而不愿意提起三个女学生的国籍，是他心理上的一种需求。”① 同样的意思，本可以明确地表达为“日本的两个男学生和日本的三个女学生”，但作者却故意选择了很可能使人误解的歧义表达形式，这是作者的心理语境制约的结果。下面一个例子讲的是某机关副厅长王洛去世了，他生前的秘书张一为之起草悼词的过程和内容：

［10］他定神斟酌一番，拭了拭不知何时流出的泪水，挥笔疾书——

“我出生在一个贫苦农民家里……”

慢。不对头。直觉告诉他，刚才写的一行字里头出了毛病，一定出了毛病。

“我，出，生，在，一，个，贫，苦，农，民，家，里——哦！”

他圈掉最后一个“里”字，换成“庭”。

“我出生在一个贫苦农民家庭，”对，顺口——不对，还是不对头。

“我，出，生。……出生？出身？……”

他拿过一个废信封，写下“出身，出生”，划了一条线，在另一边写下“×年×月”和“××家庭”，审视良久，毅然把“出生”改成了“出身”。他吁了一口气，暗暗告诫自己，集中精力，集中精力。

“我出身于一个贫苦的农民家庭，1944年在家乡参加……”

糟糕，笔头不听使唤。心里总不踏实，总像有什么问题。他把稿纸拿起来，斜放在灯下，仔细检查。

“我出身于……啊！”

他大惊失色。居然出现了这种笔误?！他呆呆地看着这行文字的头一个字，无论如何不敢相信不愿相信不能相信。但不能不相信。把“王洛同志”写成了“我”。我的精力衰竭到这种程度了吗？也只是一

① 王希杰：《修辞学通论》，南京大学出版社1996年版，第152页。

天一夜没休息，就糊涂到如此地步？（李国胜：《笔误》，《小说月报》1988年第9期。

张秘书的笔误还不仅仅是把“王洛同志”写成了“我”，更有甚者的是，在悼词的最后，他竟然把“王洛同志永垂不朽！”写成了“我永垂不朽！”这些笔误的产生并非他疲劳过度的结果，后来，“他明白了，他不可能区别‘王洛同志’和‘我’这两个概念。他写‘我’时，所指即‘王洛同志’。这已经是近三十年来的习惯了。他多少次写过‘我……’、‘我代表××讲几点意见……’、‘我对机关工作的几点建议……’、‘我的自传……’、‘我的年度小结……’，甚至‘小丽爱女：来信我已收到……’所以，当现在应该写下‘王洛同志出身于一个贫苦农民家庭’时，‘我’不可避免地、自然而然地、天经地义地、大势所趋地、顺理成章地、不假思索地、条件反射地、鬼使神差地、阴差阳错地、出人意料地、触目惊心地、顽固地、固执地、执拗地、拗也拗不过地出现了！”① 可见，张一（这个名字也是王洛逼迫他改的）这个老秘书几十年来总是遵照领导的旨意、按照领导的口吻为领导写讲话稿甚至写家信，在他的心目中，“我”就是“王洛同志”，“王洛同志”就是“我”，“我”与“王洛同志”是同义的，这已经形成了一种心理定势或心理惯性，他选择“我……”而不选择“王洛同志……”，这是他的潜意识的产物，是他本人的心理状态制约的结果。

[11] 时乐濛正在编配乐曲。眼前的电话铃响了。

“请问你是哪里？”

“我是大三和弦，大三和弦！”时乐濛回答。

“您怎么称呼？”

“我叫到米扫，唱名叫到米扫！”

“请麻烦到米扫同志叫时乐濛接电话。”

“不客气。”时乐濛走到楼道里高声喊将起来：“时乐濛！时乐濛接电话！”

人们从各个屋里探出头来向后廊上看——怎么听着好像是时乐濛的声音在喊时乐濛？

“时乐濛，听见了没有？有你的电话！”时乐濛继续喊。

楼道里立刻喷出一片笑声：“您就是时乐濛，您还喊谁？”

① 李国胜：《笔误》，《小说月报》1988年第9期。

“哦！”时乐濛一怔，才从音乐里醒过来，连忙跑回屋里，拿起话筒：“对，我就是时乐濛！”（《读者》1997 年第 11 期）

音乐家时乐濛此时完全沉浸在编配乐曲的音乐世界中，他完全忘记了自我的存在，所以当对方问他是“哪里”时，他回答“我是大三和弦”，当问他的名字时，他说“我叫到米扫”。他的心理已经发生了变异，心理状态已经超越了现实，除了音乐之外再无别的，故而，他用“大三和弦”、“到米扫”代替了“时乐濛”；他还将自己与“时乐濛”异化，在他的心理中，时乐濛不是他本人，而是另外一个人，所以，当对方请他接电话时，他又喊自己的名字，以至于闹出笑话。时乐濛不自觉地选择这样的表达形式，完全是受到潜意识制约的结果。

修辞主体对同义手段的选择，还要受到话语接受者心理状态的制约。

说话写文章归根到底是为了要在接受者身上产生预期效果，而接收者的心理状态是影响话语解码的一个重要因素。提高表达效果的一个重要原则是话语能够适应接受者，其中最重要的又是适应其心理状态。因此，表达者为了使自己的话语能产生好的效果，就要对表达方式进行选择，于是在组织话语时，就受到了话语接受者心理状态的制约。人们正常的心理状态是希望别人对自己尊重、信任、同情、关爱，希望人们赞美自己年轻、漂亮，希望吉祥如意等，对同义手段就要针对对方的这些心理需求而进行选择。

讲演家曲啸 1983 年应邀到某市向青年劳教人员讲话，他用的称呼不是“同志”（因对方还不够格），不是“罪犯”（恐对方有心理反感），而是“触犯了国家法律的年轻的朋友们”，话刚脱口，立即引起了全体罪犯的热烈掌声，有的当时就掉下了感动的泪水。在这特定场景中，“触犯了国家法律的年轻的朋友们”同“青年罪犯”是同义的，但讲演者所选用的表达形式适应了对象的社会处境和心理状态，或者说他受对象的希望尊重、信任、同情、关爱等心理语境的制约，才选用了这种表达法。

希望年轻、希望青春永驻是成年人尤其是女性成年人的一种普遍心理。要想取得好的表达效果，就须在掌握话语接受者的这种心理后，选用同这种心理相一致的话语形式，即接受对方心理需求的制约，否则会引起对方的不快或反感。钱钟书的《猫》有这样一段文字：

［12］上月李太太做生日，她到了愿意人记起她的生日而不愿知道她的生年的时期，当然对客人说自己老了。大家都抗议说：“不老！不老！”只有陈侠君说：“快该老了，否则年轻的姑娘们都给你比下去了，

再没有出头的日子啦!”

李太太愿意别人记起她的生日而不愿别人知道她的生年，就是不喜欢人们说她“老”，大家说她“不老！不老！”固然是迎合了她希望年轻的心理，而陈侠君的一段话更比直接说“不老”高出一筹，其中“快该”二字含义丰富，“快”是说李太太将老而未老，“该”是说如果她再不老的话，“年轻的姑娘们都给你比下去了……”，这是对她漂亮美丽的赞颂，正符合她的心理需求。

人人都希望自己吉祥如意，也愿意接受吉利的话语，吉利的话语能引起人们愉快的联想，符合“向善”的审美心理。这就要求表达者从满足接受者要求吉利的心理出发，选择话语形式。阿凡提的故事里有一则《解梦》:

[13] 皇帝做了个梦，梦见一个人把他的牙齿全拔光了。皇帝惊醒后再没有睡好。第二天皇帝把梦讲给群臣听，问何人能解。

丞相道:“陛下全家将比陛下先死。”

皇帝听了大怒，把丞相处了极刑。这时，正好阿凡提来到皇宫。皇帝又把梦景说给阿凡提，问他主何吉凶。

阿凡提说:“陛下将比你所有的家属长寿。”

皇帝非常高兴，赐给了阿凡提一件锦袍。

丞相的话与阿凡提的话是同义的，等值的，只是在表达形式上不同而已。但在皇帝的心理中，以为丞相的话是在诅咒他的全家，是大不吉利的，而阿凡提的话是在为他祝福，于是他处死了丞相而重赏了阿凡提。这一方面说明了皇帝的愚蠢，但一方面又说明一样意思可以百样说，但有对方在心理上能否接受的问题。阿凡提掌握了人们希望吉利的心理需求，并接受了这种心理的制约，他的话皇帝乐意接受，而丞相则相反，于是二人受到了不同的待遇。

正如下列情况一样：我们每一个人生活在地球上，身体内的各种运动首先是从属于自身的系统来进行的，然后也随着地球的自转而运动，还得随着地球绕太阳一同运动，还得随着太阳在银河系中运动，还得随着银河在宇宙中运动。我们对同义手段的选择活动，首先受到语言系统内的因素制约，然后受到上下文的制约，还得受到交际中物理环境、文化环境、心理环境的制约。所以，四个世界的语境是修辞学中最重要的因素。一切同义语言材料只有放置到四个世界的具体的语境中，才会出现一个选择问题。也只有依据四个世界的语境，才能够对同义语言手段作出合理的有效的选择。换一句话说，同义手段的选择是四个世界语境所需要的，也是以四个世界的语境为根据的。

## 第二节　同义手段的选择和得体性原则

### 一、得体性原则概说

同义手段的选择要同语境相适应，但在特定的交际环境中，交际者选择同义手段的时候是有更重要的原则的，这个原则就是得体性原则。

所谓得体是指在运用语言时，言语思维主体能够根据不同的目的和题旨，根据不同的文体、语体、交际情况、交际对象以及表达方式的需要等因素，选择适合该诸因素的词语，给人以恰切、舒适、和谐、很有分寸的感觉。所谓得体性就是言语主体所使用的语言材料对广义的语言环境的适应性或适应程度。"得体"是对言语主体、言语表达的最高要求。这一原则要求言语思维主体在进行言语交际时在质和量上都要适应题旨、适应情境、适应人物和适应语体等。所以，"得体性原则"中的"体"，不仅仅指"语体"，它是指与特定的言语交际有关或影响、制约言语交际的一切因素。

"得体性原则归根到底是交际活动的主体——社会的人、文化的人——的社会文化心理的价值评价、对语言运用材料和语言运用方式的一种主观评价、一种集体的有意识的或者无意识的评价。"① 交际是在人与人之间进行的语言双向交流的动态活动，是人际关系的一种反映。语言运用的得体性实际是社会的人、文化的人能动地追求人际交往中的和谐美。所谓得体性原则正是人际关系能动地反映在言语交际领域中的最基本最重要的原则。在言语交际这个双向交流的动态过程中。言语主体针对题旨、语境、对象等而随时调整言语表达，体现出极强的能动性，这是由于：第一，语言和社会都是变动的，语言是一个变数，社会是另一个变数，两个变数互相影响、互相作用、互相制约、互相变化，这就是共变。语言体系的变化如果完全从自己内部寻找原因，不与外部交换能量和信息，那么体系自身将趋于死寂，因此，实际上语言体系正是经常不断地同人类和社会交换着信息。第二，无论是说写还是听读，语言思维主体都是个能动的、积极自觉的表达与接受的主体，而决非被动消极的。说与写的实践证明，语言运用是受个人的各种因素制约

① 王希杰：《修辞学通论》，南京大学出版社 1996 年版，第 345 页。

的不断变化的动态过程；言语交际的实践也证明，在听读过程中，对言语的理解不是固定不变的，也是一个由于受到主客观多种因素制约而不断变化逐步加深的动态过程，而且说写者与听读者之间尤其是说听者之间又有着相互影响相互调整双向交流的关系。第三，作为言语交际双方的语言思维主体都有着一个内在的“潜世界”，这个充满混乱和冲动的世界，才真正体现了人与人之间的关系，人与人之间的交流是通过“潜”世界来进行的。既然言语交际体现了主体极强的主观能动色彩，那么，衡量言语交际效果的得体性原则自然具有主体能动色彩，这种能动色彩无疑是言语思维主体个性和主观能动性在语言运用上的必然反映。

得体性具有层次性，这是由语言环境的多层次性决定的。王希杰认为，得体性可以分为小语境得体性和大语境得体性。小语境得体性就是微观得体性、静态得体性。这种得体性就是在特定上下文中，一个词语、一个句子同其他相关词语或句子要搭配得当，同整个话语协调一致、和谐统一，形成有机组合。大语境得体性就是宏观得体性、动态得体性。这种得体性指的是对物理语境、文化语境和心理语境的适应度。同大语境相一致的就是得体的，反之就是不得体的。时代、地域和民族正是制约着话语大语境得体性的三大要素，而这三者都体现在物理世界、文化世界和心理世界方面。在交际活动中，低一个层面（微观）的得体性，只是高一个层面（宏观）得体性的基础，它从属于高层面的得体性，受到高层面得体性的制约和控制。在交际中，话语本身的微观的得体性并不一定就能够得到好的交际效果；相反，那些本身不一定得体的话语，只要和宏观语境和谐一致，有时也能取得令人惊喜的表达效果，这就是对得体性原则的正偏离。不难理解，对得体性原则的正偏离只指对得体性诸因素中某一个因素的突破，是低层次的突破，这种突破或偏离是受到高层次得体性的支持的，如果突破和偏离了得体性的高层控制，这就是得体性的负偏离，这种偏离必然导致语言交际的失败。

语言运用所提倡所追求的得体性，是不包括不美或很丑的那种得体性在内的，因为适应语境的话语不一定都是美的，而美的话语不一定都适应语境。只有既美又适应语境的话语才具有真正意义上的得体性。我们反对那种脱离了得体性原则控制的单纯孤立的美。我们所倡扬的得体性是同美质原则保持一致的得体性，它一方面受美质原则的控制，另一方面又是对美质的追求，它是和谐和美质的统一，即和谐中有美、美中有和谐。在一般情况下，得体性原则同美质原则是一致的，但有时候也有区别。对实用修辞来说，美质原则从属于、服从于得体性原则。对文学艺术作品来说，尤其是诗歌，得体性原则可以说就表现为美质原则，两者几乎合而为一，甚至美质原则有时候可以位于得体性原则之上。

语言运用的得体性原则涉及了与交际有关的一切方面，既包括语言世界，也包括物理世界、心理世界和文化世界，既包括说什么（内容），也包括怎么说（形式），是关系到内容和形式的统一体原则，体现了语言运用者强烈的主体色彩，是评价话语好坏、提高话语表达效果的唯一重要的标准和原则，因而它是语言运用的最高原则。抓住了得体原则，就抓住了修辞学的纲领。尤其是对于实用修辞学来说，得体性原则就是它的生命线、它的总纲。

## 二、同义手段的选择与得体性原则

得体性原则是语用原则、修辞原则，自然也是修辞主体对同义手段进行选择的原则，如果承认一切修辞活动都是对同义手段进行选择、一切修辞现象都是对同义手段选择的结果的话。修辞的选择活动中，同义手段本身的美丑好坏固然也重要，但最重要的还是它同语境之间的关系，只有符合得体性原则的才是美的，才能取得最佳表达效果。在某种意义上，语言同义手段的选择问题，本质上也不只是一个语言问题，其实是从非语言的角度对语言的一种选择。因此，只把握语言同义手段本身的特点，还不能保证正确地选择好、运用好同义手段。必须从语言同义手段同非语言的物理世界、文化世界、心理世界之间的关系模式出发，才能选择好同义手段。同义手段本是一种客观存在，只有在特定语境中，才能谈到对其进行选择，但选则必须遵守一定的原则，于是，同义手段、交际环境、得体性原则三者就是不可决然分离的。因此，对同义手段进行选择时，只有把它同运用语言的各种因素尤其是非语言因素联系起来，和得体性原则联系起来一同考察，才是真正完整全面的科学的选择。

如果说，上节我们谈论“同义手段的选择同语境”的侧重点在于说明语境对同义手段选择的制约，强调的是语境的功能，那么本节论述的侧重点则是选择同义手段如何才能做到得体，使言语具有得体性，强调的是修辞主体在选择同义手段过程中所应遵守的原则及对语境适应的积极能动性。

“得体”就是同语境因素和谐一致。这里的“体”是指由与选择同义手段有关的语言因素和非语言因素共同组成的整体，因此，要说清楚同义手段选择与得体性原则的关系，还必须同语境相联系，因为，离开了语境，谈不到“选择”，不以语境作为“选择”的参考框架，也就无所谓得体不得体。

根据语境因素，我们将同义手段的选择与得体性原则的关系概括为如下四个方面，姑且称之为“四适”：适题、适境、适位、适度。其实，这是对上节所论及的“同义手段的选择与语境”问题从另一角度的阐述。

（一）适题

适题，就是选择的同义手段适合说写的题旨和表达的意图，适合前提。

在说写的题旨或话题确定的前提下，选择的同义手段应当是切题的，切题的话语才是得体的，否则就是不得体的。切题是语用学中合作原则的一个要求，要切题就得合作，不切题就是不合作。如果要表达的思想是甲，而实际表达的则是乙，那就是“跑题”，也就是不适题，就是不得体；或者只追求语言形式的华美而不顾及内容的表达，也是不得体。北齐文学家颜之推在《颜氏家训·勉学篇》里说：“……田野间人，音辞鄙陋。风操蚩拙（恶劣），相与专固（独断），无所堪能，问一言辄酬数百，责其指归，或无要会。邺下谚云：‘博士买驴，书卷三纸，无有“驴”字。’”这就是“博士买驴”或称“三纸无驴”这个成语的来历。这个成语正是人们用来嘲讽那些写文章长而不得要领的人。所谓“下笔千言，离题万里”，也是对那些夸夸其谈但不着题旨边际的文风的写照。《战国策·魏策四》中说：

［1］今者臣来，见人于大行，方北面而持其驾，告臣曰：“我欲之楚。”臣曰：“君之楚，将奚为北面？”曰：“吾马良。”臣曰：“马虽良，此非楚之路也。”曰：“吾用多。”臣曰：“用虽多，此非楚之路也。”曰：“吾御者善。”臣曰：“此御者善，而离楚愈远耳。”

这就是南辕北辙的故事。这个故事比喻背道而驰，行为和目的相反。故事中的欲之楚而北行之人的回答全是“跑题”的，因而是不得体的。不切题、不合意图的表达不管有多华丽，都是不能达到目的的，正如南辕北辙的人，不管条件多么优越，终究是不能到达楚国的。

一般来说，切题的话语就是得体的，但还有得体程度的不同，这就需要在众多切题的话语中选择得体程度高的表达形式。如：

［2］问：你是干什么的？

答：我是大学教师。

问：你是大学教师吗？

答：是。/我是大学教师。/难道我不像大学教师吗？/我当然是大学教师。/你看我哪一点不像大学教师？/我还是北京大学的教师呢。/我不是大学教师，难道只有你才有资格当大学教师？/……

在这一系列的切题回答中，结合问话人的意图，也许只有一种回答是得体性程度最高的。

在切题和切合意图的情况下，选择的同义手段还必须考虑到是否适合前提。“前提”就是表达者和接受者在这个言语行为之前的共有知识，也称“预设”。前提制约着表达者的话语形式和接受者对话语的理解，也制约着交际效果。话语的真正含义是由于话语的前提所决定的。同样的话语，在不同的前提下说出，就会有不同的含义，接受者就会有不同的理解。要做到话语得体，你选择的表达形式就必须与双方共知的前提相和谐。有一篇小说叫作《相亲》，主人公收到一份电报，只有九个字：“28 岁　4 分　高中　中教。”这份电报的内容只有发报人和收报人明白，他人都等于是看天书。为什么？因交际前提在作怪。这九个字的实际所指是找对象的标准：对方年龄是 28 岁，相貌 4 分（中上），文化程度是高中，职业是中学教师。发报人这样表达，收报人这样理解，是因为交际双方都事先拥有共同的话语前提，外人不知道与之有关的前提，所以看不懂。在双方掌握了话语前提时，发报人才选择了这样的形式来表达，这是得体的，如果没有共同的前提，这样表达，就是不得体的，若要对方理解，就得选择另外一种表达形式。

（二）适境

适境，就是适合语境。这里所说的“语境”指的是除了交际意图、题旨和交际者之外的对同义手段选择有制约作用的诸因素，包括语言的和非语言的。语言的有：具体的上下文（前言后语）、语体风格；非语言的有：文化传统（包含礼、俗在内），时代背景，特定的交际时空（场景）。所选择的同义手段只有适合语境的这些因素，才能在交际对象的文化心理上产生呼应和沟通，收到预期的交际效果。

1. 适合上下文和语体风格

选择同义手段，首先要适合语言语境，要在语言语境上具有得体性。语言语境的得体性，一是指在上下文中，一个词语、一个句子同其他相关的词语和句子的搭配要得当，同整个话语协调一致，形成有机组合；二是指选择的同义手段同语体风格相和谐。话语的构成单位必须服从话语整体的大局。只有成为话语的必不可少的有机组成部分、同其他成分和谐一致的语言单位，才是符合得体性要求的。同义手段同语言语境的得体性，从小处看，是指同前后文搭配得当；从大处说，是指同语体风格和谐一致。

（1）适合上下文

在语言语境中，同义手段选择的得体性，首先是指所选用的言语形式要在语音、语义、语法三个方面同上下文搭配得当。这里我们重点谈谈语音的得体性。

在语音方面，同义手段选择的得体性，从微观的静态的角度看，是指所选择的语言材料同上下文搭配之后，和谐、上口、入耳。主要包括音节、协音、韵律、节律、声律等方面的搭配。

单双音节搭配协调。汉语的词有单数音节的，也有双数音节的，二者之中有不少的是同义词。单从意义看，似乎用哪一个都可以，但从音节搭配的角度来考虑，就需作出单一的选择，即根据实际情况来选用音节长短不同的词，使其互相协调，这就是音节搭配的得体性。所以，“汉语音乐性的一个重要表现，就是音节的搭配，又主要表现在单双音节的配合上。”① “汉语的音乐性产生在单双的问题上”。“汉语对音节看得比意义重要。”②

汉语词语音节搭配的得体，可从下面几个方面来考虑：

第一，单音节配单音节，双音节配双音节。

刘勰说：“偶语易安，奇字难适。”（《文心雕龙·丽辞》）双数音节的词是自足的，具有均衡稳定感；单数音节的词是相对不自足的，具有运动变化感。所以，一般情况下，单数音节词同单数音节词相配，构成双数音节词，化奇为偶；双数音节词配双数音节词，构成更大的双数音节词，就能给人以均衡协谐感。说“打扫街”就不和谐，而说“打扫街道”就协调自然；说“美的青春”就不和谐，说“美丽的青春”就和谐。

第二，通过音节的“3 +3”形式的组合，达到对称美、均衡美。如：

[3] 秋已尽，日犹长，仲宣怀远更凄凉。（李清照《鹧鸪天》）

[4] 意似痴，心如醉，清减了小腰围。（王实甫《西厢记》）

这不仅更加和谐，而且既保持了三字格的动态飞扬感，又具有双数的自足稳定感。

第三，通过音节的“3 +3 +3”式组合或三音节词的连续使用，达到语音的动态感和稳定感的统一。如：

[5] 出画阁，向书房，离楚岫，赴高唐，学窃玉，试偷香，巫娥女，楚襄王，楚襄王敢先在阳台上。（王实甫《西厢记》）

[6] 东边路| 西边路| 南边路，

---

① 王希杰：《修辞学导论》，浙江教育出版社 2000 年版，第 574 页。

② 郭绍虞：《汉语语法修辞新探》，商务印书馆 1979 年版，第 244、444 页。

五里铺｜七里铺｜十路铺，
行一步｜盼一步｜懒一步，
霎时间｜天也暮｜日也暮｜云也暮。
斜阳｜遍地铺，
回首｜生烟雾，
兀的不｜山无数｜水无数｜情无数！（无名狮《［正宫］塞鸿秋》）

第四，单双音节交错搭配，以避免节拍单调，从而造成一种整齐、和谐、匀称、错落有致的韵律美。如：

［7］自别后｜遥山隐隐，更哪堪｜远水粼粼。见杨柳｜飞绵滚滚，对桃花｜醉脸醺醺。透内阁｜香风阵阵，掩重门｜暮雨纷纷。（王实甫《［中吕］十二月过尧民歌》）

这是三音节同四音节搭配，三音节在前，四音节在后。

［8］大漠｜孤烟｜直，长河｜落日｜圆。（王维《使至塞上》）

［9］黄鹤｜一去｜不｜复返，白云｜千载｜空｜悠悠。（崔颢《黄鹤楼》）

这是两个音节同一个音节相配，单音节或在句末，或在句中。

单双音节的不同位置，表现出不同的风格、韵律和节奏。

回避拗口，使语音协和。为了上口入耳，在选择同义手段时，回避在上下文中读起来拗口的词语。如，“言语与语言/陈老与于老/刘红同童利/战争和和平/山地的堤底的低地”这些短语中有些词语同音，读起来绕口，可改选下面的同义说法，在就上口顺耳得多了：

言语和语言/言语同语言
陈老和于老/陈老同于老
刘红与童利/刘红和童利
战争与和平/战争同和平
山地里的低坝下面的低地

合辙押韵，流韵回环。押韵就是韵母上相同或相近的音节在话语中有规律地出现的模式。押韵又称“合辙”。是否为同一个韵，主要看韵腹和韵尾是否相同或相近。押韵有头韵、腹韵和脚韵，而最常见的是脚韵，就是韵字出现在句子的末尾。所以，人们说：押韵，就是在句子末尾的位置上使用韵母相同或相近的字。押脚韵的字就叫“韵脚”。语言的声音美同押韵有密切关系：如果押韵了，话语就有了韵律美。

押韵是诗歌的特征和生命。清人袁枚说：“欲作好诗，先选好韵。”（《随园诗话》）明人陆时雍说：“凡情无奇而自佳，景不丽而自妙者，韵使之也。”“有韵则生，无韵则死；有韵则雅，无韵则俗；有韵则响，无韵则沉；有韵则远，无韵则局。”（《诗境总论》）臧克家认为，押韵是加强节奏的一种手段，有如鼓点，它可以使诗的音强更加响亮，增加读者听觉上的美感；押韵是为了诗句更完美、更响亮、更动人。在诗歌中，韵脚出现在哪一行，情况比较复杂。大概有下面几种：

在四行为一节的诗中，韵脚的出现情况是：

有第一、二、四行押韵的，如：

［10］渭城朝雨浥轻尘，客舍青青柳色新。
劝君更进一杯酒，西出阳关无故人。（唐・王维《渭城曲》）

有第一、四行押一个韵，第二、三行押另一个韵的，这叫“抱韵”，如：

［11］边霜昨夜堕关榆，晓角当城汉月孤。
无数塞鸿飞不度，秋风卷入小单于。（唐・李益《听晓角》）

有第一、三行押一个韵，第二、四行押一个韵，这叫“交韵”或“间韵”，如：

［12］总得叫大车装个够，
它横竖不说一句话，
背上的压力往肉里扣，
它把头沉重地低下。（臧克家《老马》）

也有第一、二行押一个韵，第三、四行押另一个韵的；还有只第一、三行或第二、四行押韵的；还有四句都押韵的。

超过四行的长诗，如果双句押韵，就叫“偶韵”，单句押韵就叫“奇韵”，如果句句押韵，一韵到底，就叫“句句韵”或“排韵”，如果以两句（或三句、四句）为单位，押同一个韵，每组换韵，就叫“随韵”。如：

［13］东南路尽吴江畔，正是穷愁暮雨天。
鸥鹭不嫌斜两岸，波涛欺得逆风船。
偶逢岛寺停帆看，深羡渔翁下钓眠。
今古若论英达算，鸱夷高兴固无边。（章竭《变体诗》）

这首诗一韵到底，可以看作排韵；但单句押仄声韵，双句押平声韵，又可以看作“交韵”的扩展形式。

［14］春华秋月何时了，
往事知多少！
小楼昨夜又东风，
故国不堪回首月明中。

雕栏玉砌应犹在，
只是朱颜改。
问君能有几多愁？
恰似一江春水向东流。（李煜《虞美人》）

这首词每两句押一个韵，不断换韵，共有四个韵，就是“随韵”。

还有一种奇体诗，诗的每句或偶句的最后一字全用相同的字来押韵，这种诗叫“一字韵诗”，这种韵可以叫做“同字韵”。如：

［15］头鸣不是这头名，
皆因老父好功名。
秋蝉识鸣不识名，
迷信兆头失功名。①

这首诗每句的最后一字都押“名”韵。

① 张剑：《中国古典奇体诗》，兰州大学出版社 1997 年版，第 120 页。

[16] 其一

家住闽山东复东，其中岁岁有花红。

而今再到花红处，花在旧时处处红。

其二

家在闽山西复西，其中岁岁有莺啼。

而今再到莺啼处，莺在旧时处处啼。[①]

这两首诗的偶句最后一字分别押“红”、“啼”韵。

语言符号的音并不单纯是义的载体，它还有联想的审美意味，特别是在文学作品中。例如，长音有宽敞、纡缓、沉静、广大、闲逸等韵味与情趣；而短音则有急促、急剧、狭小等意味和情趣。清音能引起小、少、强、锐、快、明、壮、美、贤、善、静、虚、轻、易等联想；而浊音能引起大、多、弱、钝、慢、暗、老、丑、愚、恶、动、重、难等联想。不同的韵是与人们不同的感情相联系的。因此用韵时应当注意到韵的审美功能、感情色彩和心理联想的方向。[②] 戈载在《词林正韵》中说：“词谐不谐，恃乎韵之合不合。韵各有其类，亦各有其音，用之不紊乱，始能融入本调，收足本音耳。”押韵不仅仅是形式，也有意义。它能补充表意，具有审美义、感情义和心理价值。如唐朝诗人岑参的边塞诗《走马川行奉送出师西征》：

[17] 君不见，走马川行雪海边，平沙莽莽黄入天！

轮台九月风正吼，一川碎石大如斗，随风满地石乱走！

匈奴草黄马正肥，金山西见烟尘飞，汉家大将西出师！

将军金甲夜不脱，半夜军行戈相拨，风头如刀面如割！

马毛带雪汗气蒸，五花连钱旋作冰，幕中草檄砚水凝！

虏骑闻之如胆慑，料知短兵不敢接，军师西门伫献捷！

这首诗每三句一韵。台湾修辞学家黄永武在《中国诗歌学》中分析说：“天、边”押韵，显示旷远的走马川的路程；“吼、斗、走”押韵，有曲折起伏之感觉，显示行途多石多风、崎岖艰险的景象；“肥、飞、师”押韵，有平铺延伸的感觉，显示大军西行、逐渐行进的景象；“脱、拨、割”押韵，有挫折不畅的感觉，显示塞外苦寒、举步维艰的景象；“蒸、冰、凝”

① 张剑：《中国古典奇体诗》，兰州大学出版社1997年版，第122页。

② 王希杰：《修辞学导论》，浙江教育出版社2000年版，第558页。

押韵，有向上渐进的感觉，显示凝聚力量、突破困境的景象；“慑、接、捷”入声押韵，有急促萎缩的感觉，显示敌骑逃逸、我军奏捷的景象。

总之，押韵是诗歌音乐美的基本条件，它使诗歌抑扬顿挫，流韵回环。韵字关上连下，犹如一条红线，把分散的诗句、跳跃的内容、奔腾的感情串联起来，形成一个和谐的整体，以加强结构和形象的完整性，达到传情感人的目的。

同样的意思，如果在该押韵的位置选择押韵的字，就是合辙，就是得体，就有韵律，话语就有了音乐美，否则，效果就相反。毛泽东《七律·人民解放军占领南京》：“钟山风雨起苍黄，百万雄师过大江。虎踞龙盘今胜昔，天翻地覆慨而慷……”其中“慨而慷”本是在双声词“慷慨”中插入“而”，但为什么不说“慷而慨”呢，是因为这样说不押韵，而“慨而慷”同全诗的韵脚一致。

节奏鲜明，节拍衡定，节律优美。“节律”就是节奏的规律。何伟棠说：“节律要求这一个个时值相似而音长结构不尽相同的语节规律化地排列起来，从而使吟诵者心中引出一种平衡、稳定和有比例的感觉印象，一种感官印象上的对称与重复，一种我们习惯上称之为‘节奏’的格律效应。”①节律包括下列语音因素的有规律地交替出现：A. 长短、快慢、停顿；B. 高低；C. 不同音色的音节（如双声、叠韵及韵脚）；D. 重音与非重音等。

节律产生的美感效应就是“节奏”。“节奏”最早出现于《礼记·乐记》，其中说：“文采节奏，声之饰也。”在音乐和语言中，节奏是由声音的强弱、长短、高低、轻重、徐疾和音色等因素的有规律的交替出现而形成的。

言语满足了节奏要求，即使是杂乱的排列，读起来也能有一种美感；没有或节奏感不强，即使意义上有联系，读起来也感觉别扭不顺。如：

［18］乙　你都保管些什么？
甲　螺丝、螺帽、光点圈，
锛凿、斧刨、圆锯片，
砂布、卡尺、手摇钻，
扫帚、铁桶、蜡木杆，
焦炭、块煤、耐火砖，……

① 《汉语诗歌格律结构新论——节律论》，王希杰主编：《汉语修辞和汉文化论集》，河海大学出版社 1996 年版，第 231 页。

乙　你保管的物资挺多。（孙洪彬《态度问题》）

甲所保管的物资名称的这种排列很顺口，很有节奏感；如果换成另外一种排列，读起来恐怕就很拗口。所以，可以说，节奏就是美。

“节拍”指的是语言节律中语音的长短、快慢及停顿的有规律的交替，也就是相等的音节或音步的交替出现。有节拍也是语言音乐美的表现之一。

汉语节拍的最基本模式是两个音节构成一个音步。尤其是在古代汉语中。如：

四音节构成两个音步：

［19］昔我 | 往矣，杨柳 | 依依。今我 | 来思，雨雪 | 霏霏。
行道 | 迟迟，载渴 | 载饥。我心 | 伤悲，莫知 | 我哀。
（《诗经·小雅·采薇》）

这节诗的强烈的感染力量不仅来自真情实景，还来自动人的语音节奏。
五音节构成三个音步：（2+2+1 或 2+1+2）如：

［20］城阙 | 辅 | 三秦，风烟 | 望 | 五津。
与君 | 离别 | 意，同是 | 宦游 | 人。
海内 | 存 | 知己，天涯 | 若 | 比邻。
无为 | 在 | 歧路，儿女 | 共 | 沾巾。
（王勃《送杜少府之任蜀州》）

六音节也构成三个音步，每两个音节是一个音步。（2+2+2）
七音节构成四个音步：（2+2+2+1 或 2+2+1+2）如：

［21］天门 | 中断 | 楚江 | 开，碧水 | 东流 | 至此 | 回。
两岸 | 青山 | 相对 | 出，孤帆 | 一片 | 日边 | 来。
（李白《望天门山》）

［22］早岁 | 哪知 | 世事 | 艰，中原 | 北望 | 气 | 如山。
楼船 | 夜雪 | 瓜洲 | 渡，铁马 | 秋风 | 大 | 散关。
塞上 | 长城 | 空 | 自许，镜中 | 衰鬓 | 已 | 先斑！
出师 | 一表 | 真 | 名世，千载 | 谁堪 | 伯仲 | 间！
（陆游《书愤》）

在现代汉语中，一个音步的音节要灵活一些，有两音节的，也有三音节的等。如：

[23] 这清香 | 怕不是 | 梅花 | 所有？
这清香 | 怕吐自 | 你的 | 心头？
这清香 | 敌赛过 | 百壶 | 春酒。
这清香 | 战颤了 | 我的 | 诗喉。（郭沫若《瓶·第十六首春莺曲》）

不但诗歌与骈文讲究节拍，散文也讲究节拍。好的日常口语也是讲究节拍的。

同样的意思，节拍不同，给人的节奏感就不同，话语的节律、风格就不相同。如毛泽东的七律《长征》，根据内容和诗律的要求，其节奏应是铿锵有力，于是，它的音步也与之相应的是2+2+2+1或2+2+1+2：

[24] 红军 | 不怕 | 远征 | 难，万水 | 千山 | 只等 | 闲。
五岭 | 逶迤 | 腾 | 细浪，乌蒙 | 磅礴 | 走 | 泥丸。
金沙 | 水拍 | 云崖 | 暖，大渡 | 桥横 | 铁索 | 寒。
更喜 | 岷山 | 千里 | 雪，三军 | 过后 | 尽开 | 颜。

假如把这首七言律诗改成八言诗，每两个音节组成一个音步，于是其音步就是2+2+2+2：

[25] 红军 | 不怕 | 远征 | 艰难，万水 | 千山 | 只视 | 等闲。
五岭 | 逶迤 | 腾涌 | 细浪，乌蒙 | 磅礴 | 走动 | 泥丸。
金沙 | 水拍 | 云崖 | 温暖，大渡 | 桥横 | 铁索 | 冷寒。
更喜 | 岷山 | 千里 | 冰雪，三军 | 过后 | 尽开 | 笑颜。

改诗虽然与原诗理性意义相同，但由于音步的变化，诗的节律显得缓慢，从而也减弱了铿锵有力的阳刚气势。

平仄交错，声律抑扬。汉语是有声调的语言。声调是指一个音节语音高低升降的变化，是以语音中的音高为主要特征的。古代汉语的声调分平、上、去、入四声，又可分为两大类：平声，仅指平声；仄声，包括上、去、入三声。现代汉语普通话的声调分阴平、阳平、上声、去声，也可分为两大类：平声，包括阴平、阳平；仄声包括上声、去声。平声的特点是平而长，不升不降；仄声中，上声是高升的，去声是下降的，入声是短促急迫的，共同点是不平不长。平声属于扬调，仄声属于抑调。平声高昂平直，仄声婉转低沉，平仄交错，就能使声调发生抑扬顿挫的变化，创造出汉语的声律美。所以声律就是通过音节和音节群之间的声调的同异对立而显示出来的一种间歇停顿、抑扬顿挫的结构模式。沈约在《宋书·谢灵运传论》中说："夫五色相位，八音协畅，玄黄律吕，各适物宜，欲使宫羽相变，低昂舛节，若前有浮声，则后须切响。一简之内，音韵尽殊，两句之中，轻重悉异。"其中的"宫羽"、"低昂"、"浮声"、"切响"都指的是汉语的平仄声调。沈约在这里指出了声调组合搭配的美学原则，即不管是横向（"一简之内"）还是竖向（"两句之中"）都应当平仄对立（"音韵尽殊"、"轻重悉异"），这才是得体的，美的，否则，便是不得体，不美。

作近体诗最讲究的两件事就是平仄和对仗。不讲平仄和对仗，就不叫律诗。

近体诗中，平仄协调的基本规则有三条，见第七章第六节中的"语音同义句"。

平仄协调在律诗、绝句里最为讲究。

五律平仄有两种基本模式，见第七章第六节中的"语音同义句"。

七律是五律的扩展，只是在五字句的前面加一个两字的头，仄上加平，平上加仄。其平仄的基本模式是：

A　仄起式

**书　愤**　　　　陆游

［26］仄仄平平仄仄平，平平仄仄仄平平。
早岁哪知世事艰？中原北望气如山。
平平仄仄平平仄，仄仄平平仄仄平。
楼船夜雪瓜洲渡，铁马秋风大散关。
仄仄平平平仄仄，平平仄仄仄平平。
塞上长城空自许，镜中衰鬓已先斑。
平平仄仄平平仄，仄仄平平仄仄平。
出师一表真名世，千载谁堪伯仲间？

另一式，第一句改为仄仄平平平仄仄，其余不变。（注：加方框处是可平可仄的，下同。）

B　平起式

**长　征　　　　早雁**　　　　　　　杜牧

[27] 平平仄仄仄平平，仄仄平平仄仄平。
金河秋半虏弦开，云外惊飞四散哀。
仄仄平平平仄仄，平平仄仄仄平平。
仙掌月明孤影过，长门灯暗数声来。
平平仄仄平平仄，仄仄平平仄仄平。
须知胡骑纷纷在，岂逐春风一一回。
仄仄平平仄仄，平平仄仄仄平平。
莫厌潇湘少人处，水多菰米岸莓苔。

另一式，第一句改为平平仄仄平平仄，其余不变。

五言绝句平仄的基本模式是：

A　仄起式

**登鹳雀楼**　　　　　　　王之涣

[28] 仄仄平平仄，平平仄仄平。
白日依山尽，黄河入海流。
平平平仄仄，仄仄仄平平。
欲穷千里目，更上一层楼。

另一式，第一句改为仄仄仄平平，其余不变。

B　平起式

**听　筝**　　　　　　　李端

[29] 平平平仄仄，仄仄仄平平。
鸣筝金粟柱，素手玉房前。
仄仄平平仄，平平仄仄平。
欲得周郎顾，时时误拂弦。

另一式，第一句改为平平仄仄平，其余不变。

七言绝句平仄的基本模式是：

A　仄起式

**为女民兵题照**　　　　　　　毛泽东

[30] 仄仄平平仄仄平，平平仄仄仄平平。

飒 爽英姿五尺枪，曙 光初 照演兵场。

平平仄仄平平仄，仄仄平 平仄仄平。

中 华儿女多奇志，不 爱红 装爱武装。

另一式，第一句改为仄仄平平平仄仄，其余不变。

B　平起式

**早发白帝城**　　李白

[31] 平平仄仄仄平平，仄仄平平仄仄平。

朝 辞白 帝彩云间，千 里江陵一日还。

仄仄平平平仄仄，平平仄仄仄平平。

两 岸猿 声啼不住，轻 舟已过万重山。

另一式，第一句改为平平仄仄平平仄，其余不变。

古代诗人的游戏之作中有所谓四声诗，就是在一首诗歌中所有词语的声调都是相同的，读起来很拗口。阅读声律抑扬的诗歌，可以进一步体会到平仄交错的音乐美。

词的用字也有严格的平仄要求，如《望江南》的平仄模式是：

**望江南 ·超然台作**　　辛弃疾

[32] 平平仄（平仄仄），春未老，

仄仄仄平平。　风细柳斜斜。

仄仄平平平仄仄，试上超然台上望：

平平仄仄仄平平，半壕春水一城花，

仄仄仄平平。　烟雨暗千家。

平平仄（平仄仄），寒食后，

仄仄仄平平。　酒醒却咨嗟。

仄仄平平平仄仄，休对故人思故国，

平平仄仄仄平平，且将新火试新茶，

仄仄仄平平。　诗酒趁年华。

现代汉语在平仄上虽不像古人那样刻意追求，但适当注意句内的平仄搭配，形成音节上的高低、缓急、轻重、长短的变化，做到有扬有抑，有顿有挫，利用语调的变化来增强艺术的感染力，也是很有必要的。

现代诗歌写作，对平仄要求虽不严，但也要做到平仄大致相协，显出声调的抑扬之美。如：

[33] 望三门，门不在，　　仄平平，平仄仄，
明日要看水闸开。　　平仄仄仄仄平平。
喝令李白改诗句，　　平仄仄平仄平仄，
"黄河之水手中来"！平平平仄仄平平！
银河星光落天下，　　平平平平仄平仄，
清水清风走东海。　　平仄平平仄平仄。
（贺敬之《三门峡·梳妆台》）

一般文章是不大讲究平仄的，但写散文是否完全不考虑声调的协调呢？老舍先生讲过："即使散文，平仄的排列也还得考究。是'张三李四'好听，'张三王八'就不好听。前者二平二仄，有起有落，后者是四字皆平，缺乏抑扬。四个字尚且如此，那么连说几句就更应该好好地安排一下。"组织语句，尤其是几句话连说时，要注意协调字词的声调，使之有变化。说话像和尚敲木鱼，调门一律，就念起来不流畅，听起来也不悦耳。

意义相同或相近的一组词语，人们在选择时，除了为表意的准确外，还往往考虑是否符合平仄要求。如贾岛的"鸟宿池边树，僧敲月下门"。同"敲"意义相近的除了"推"之外，还有"叩"等，贾岛选择"敲"固然是为了创造"门响夜更幽"的意境，但选择"叩"也能创造这样的意境，但为什么没选择"叩"呢？我想，"叩"是仄声，而上句中的"宿"也是仄声，这样一来，就不符合格律诗一联中的上下句要平仄相对的规则，所以选择平声字"敲"就是得格律诗之体的。

在语义方面，从微观的静态的角度看，同义手段选择的得体性，是指所选择的语言材料同上下文搭配之后，符合逻辑和情理。符合逻辑就是符合人类的思维规律或认识规律。人类的思维在形式上要遵守四大基本规律，即同一律、不矛盾律、排中律和充足理由律。在内容上，要遵守客观规律，即事物总是不断变化的，事物之间总是有某种联系的等等。情理就是人的常情和事情的一般道理。如说"绿色的宝石"、"银色的月亮"，词语之间的搭配是符合逻辑事理的，而说"红色的绿宝石"、"紫色的蓝月亮"则是不符合逻辑事理的；说"黄河在咆哮"，"雷，你咆哮吧"，这是用拟人的手法，虽然是通过心理想象而达成的，但有一定的客观基础，即河水、雷自身都可以发

出声音，但如果说“月亮在咆哮”、“太阳在咆哮”，则是不可能的。说“甲生疮，甲是中国人，所以中国人生疮”，这个复句是不符合语义组合的规律的，从形式逻辑的角度看，这个三段论推理的结论犯了“小项”扩大的逻辑错误。说“北京是中华人民共和国首都，因为1+1=2”，这是一个错误的语义组合，因为两个组成部分之间并没有因果关系，从形式逻辑的角度看，这个推理违犯了充足理由律。不合乎逻辑事理的语义搭配是语义病句，就是不得体的。再如：

[34] 新体育杂志社出版增刊《健康之友》，和北京邮局交涉发行时被拒绝了，后来由服务部自行销售，现已售出三十多万册。……上海邮局得到消息后，特地打来电话要求征购三万册。①

“订购”、“征购”这两个词虽然在“购买”上是同义的，但在使用对象方面是有差别的。

“征购”是国家向个人征集购买；“订购”是个人或单位向对方预订购买。上海邮局向新体育杂志社购买杂志，应该选用“订购”，却用了“征购”，在语义搭配上是不得体的。

[35] 杜芸芸将十万元遗产上缴国家。（转引自李衍华主编《逻辑病例分析》，南开大学出版社1984年，29页）

“十万元遗产”是杜芸芸本人的还是她继承的？如果是本人的，在她死之前就不能说“遗产”，她死后也不能自己上缴国家；如果是她继承的，就应该说成“杜芸芸将继承的十万元遗产捐献给国家”。“上缴”、“捐献”都有“交出”的意思，但“上缴”是指按照某种规定把收入的财物、利润和节余等缴给上级，而“捐献”则是指自愿将财物送给国家或集体。此例有两处逻辑或语义错误：一是“十万元”之前缺少必要的语义限制，二是该用“捐献”却误 选了“上缴”，所以这是个语义搭配不当的句子，是不得体的。

在语法方面，同义手段选择的得体性，从微观的静态的角度看，是指所选择的语言材料同上下文搭配之后，符合词语的语法功能和习惯。

首先，在语法上要得体，所选择的语言材料同上下文搭配之后，就应符

① 转引自李衍华主编：《逻辑病例分析》，南开大学出版社1984年版，第7页。

合词语的语法功能。语法就是词、短语、句子等语言单位的结构规律。“语法的内涵就是语言结构的内在组合关系。汉语语法的内涵就是汉语各级语言结构内在的组合关系。汉语语法最核心的东西，也就是‘语法结构的基础’，就是陈述和被陈述的主谓关系，支配和被支配的动宾关系，补充和被补充的补充关系，限制和被限制的偏正关系，相互并列的联合关系。这五种组合关系，从古代汉语到现代汉语，从合成词的构成、短语的组合、直到句子的结构，‘一以贯之’，对应整齐。它们就是汉语语法构造的基础，是汉语最基本的组合关系。”① 所选择的语言材料之间的搭配如果符合这些语言结构的内在组合关系，那在语法方面就具有了得体性，否则就是不得体的。如果我们把汉语的词类按照数量是否有限、是否可以列举，分为开放性的和封闭性的两大类，那么一般名词、动词和形容词就是开放性的词类，而其余的大都是封闭性的。这两大类中的每一个小类的词都有其语法功能，即充当句法成分的能力。如果所选用的词语进入句法结构时，符合了其语法功能，那么它就是得体的，否则就是不得体的。如名词的主要语法功能是：（1）能受数量短语的限制，组成偏正短语。（2）可受动词、形容词的陈述，组成主谓短语。（3）可受动词支配，组成动宾短语。假如把名词误用为动词或形容词，就是一种语法意义上的负偏离选择。如：

［36］特别是新中国成立以来，这一先进演剧艺术方法丰富和营养了我们的戏剧艺术，对此应有实事求是的估计。（1979 年度月 21 日《光明日报》）

“营养”在结构上同“丰富”组成联合短语共带一个宾语“我们的戏剧艺术”，超越了名词的语法功能，“营养”是名词，不能带宾语，所以，选择“这一先进演剧艺术方法丰富和营养了我们的戏剧艺术”的说法是不得体的；“丰富”是个动/形兼类词，可以当使动用法带宾语，因此，前说可以改为“这一先进的演剧艺术方法丰富和提高了我们的戏剧艺术”，这样，才是得体的。

［37］可是由于讲得比较概念，群众还没有完全听懂。（1974 年 6 月 7 日《文汇报》）

① 王明仁：《语法学习和教学》，北京语言学院出版社 1993 年版，第 4—5 页。

“讲得比较概念”有两处语法错误，一是“概念”是名词，不能受程度副词“比较”的修饰；二是“比较概念”是名词性“结构”（不合语法的硬性组合，其实算不上什么结构），名词性词语没有做补语的功能，因此，这种表达是语法的负偏离形式，是不得体的，如果将“概念”改为形容词“抽象”，说成“讲得比较抽象”，就是一种合乎语法的表达，就是得体的了。

此外，在语法上要得体，所选择的语言材料同上下文搭配之后，就应符合人们的语言习惯。不同的民族，在语言的运用上有不同的习惯，当把一种语言的话语翻译成别一种语言的话语时，在语法结构上应选择符合别一种语言的语法习惯的形式，这样才是得体的。如把下列英语被动句翻译成带有“被”字的汉语句，就不符合汉语的语法习惯：

[38] That door hasn’ t been used for twenty years.
那个门已经有二十年没有被使用过了。

[39] Books in the Reference Library must not be taken away.
参考书阅览室里的书一定不可以被拿走。

[40] The item can be discuseed.
这一项可以被谈论。

[41] You are required to go to the ciurt.
你被要求去法庭。

上四个英语句，如果翻译成下列表达式，就是符合汉语语法习惯的，因而也是得体的：

那个门已经有二十年没有开过了。
阅览室里的参考书一定不能拿走。
这一项可以讨论。
法院传你去法庭。

在这里顺便要提及的是，语义病句和语法病句是不同的，而许多语言研究者却往往将二者混为一谈。语义病句是指语义搭配不合逻辑事理，不一定在语法上有毛病，如“喝石头”，只是其中的两个词在意义上不能组合，但在语法上却是合“法”的，动词在前，名词在后，二者之间构成动宾关系。而语法病句则是指词语的搭配不符合语法的某种规则，如“特别电灯”、

“跑得很”，违犯了程度副词不能修饰限制名词、不能做动词的补语的规律。在微观层面上，不合语法的组合，在语义上也是不搭配的，或者说是不知所云的。如果一种搭配既不合语义组合规则，又违语法结构规则，那它就是语义—语法病句，是双料的不得体形式。

（2）适合语体风格

在语言语境中，同义手段选择的得体性，还指所选用的言语形式适合已经选定的语体风格，包括口语语体风格和书面语语体风格。

言语交际，首先要选定语体。选用何种语体，不仅受交际环境的制约，也受交际内容的制约，甚至还要受到交际者的文化素养的制约。言语的得体性原则要求言语表达根据对象、内容选用最恰当的语体，以造成和谐的言语氛围，取得最佳的交际效果。语体具有较大的封闭性，一旦选定了某种语体，得体性原则就要求在用词造句方面必须同该语体的语言特征协调一致。同样的意思，日常交谈时，就要用适合口头语体的言语形式，它口语化，轻松自然；公文往来时，就要使用公文体语体的表达形式，它程式化，庄重严肃。在文艺作品中，可以用夸张、借代、比喻、拟人等大量的具有艺术魅力的辞格，但在合同、介绍信、请假条、病历、法律判决书等公众事务语体中绝对不可用这些辞格。假如你在病历、法律判决书中用夸张的修辞手法，那结果如何，就是可想而知的。

电影《林则徐》中写林召见外商，申明中国政府关于严禁贩卖鸦片的命令，其中说到如有违令者“货船交公，人即正法”。有外商问：“什么叫‘正法’？”旁边一位中国官员答：“正法就是杀头。”在这里，林则徐说的是法令，所以用的是庄严典雅的书面语词“正法”，那位官员是口头对话，所以用的是浅显易懂的口语词“杀头”，他们分别选用了符合语体的同义手段，都是同语体很协调的，因而是得体的。

2. 适合文化传统

言语交际中选择的同义手段，适合民族文化传统的，就是得体的，否则就是不得体的。文化传统的范围很广，在前文的文化语境中已经谈过。这里我们只从适合礼仪和习俗两个方面谈谈同义手段选择的得体性。

适礼，就是适合礼貌原则。中国是礼义之邦，言语文明是中华民族的美德，几千年来，我们积累了许多礼貌用语，也明确了许多交际忌语。在交际中讲礼貌，是得体性的重要内容。礼，不仅在人类社会活动中有重要意义，在言语交际中也是非常重要的。要想交际成功，在使用语言表情达意时，特别要注意讲究礼貌。“言为心声”，说话是否有礼貌，反映了一个人的思想素质。思想素质高，尊重别人，说话就有礼貌；反之，不尊重别人，说话就缺少礼貌。讲礼貌，言语才能得体，才可能达到交际目的。言语讲礼貌是人们必须具备的基本素质。在言语交际中，经常使用的尊称语、亲昵语、祝颂语乃至避讳语都体现了礼貌原则，这里以尊称语为例来说明适礼原则。

“称谓是人类社会中体现特定的人在特定的人际关系中的特定身份角色的称呼。这种称呼总是反映着一定社会文化或特定语言环境中人与人之间的关系。”① 因此称谓是人际关系的语言符号。称谓有一般称谓和礼仪称谓。在人际交往中，使用礼仪称谓，尤其是使用对他人的尊称，就是适礼的，就是遵守了礼貌原则。我国古人所用的尊称语是很多的，有许多至今还在沿用。如称呼对方时，倘若对方是尊长者，用表示尊长身份的词语称呼，有承认其地位的作用，有敬重意味。如对老师称“老师、师长、师傅、先生”等，对长者称“老人家、老爹、老爷爷、老奶奶、老伯、叔叔”等。平辈男子间互称“兄、仁兄、老兄、长兄、师兄”等，这样称呼有尊重意，因此并不严格以年齿为序，对幼于己者表示亲昵时，则称“贤弟、师弟、老弟、兄弟”等，对平辈友人称“足下”，显得庄重。平辈女性间一般按年齿称“姐妹”。对僧人称“长老、法师”等，称说对方的亲属及与对方有关的事物，通常用“美称”以表示敬重，如称对方的父母为“令尊、令翁、令母、令堂、令慈、尊堂”等，称呼对方的兄弟姐妹为“令兄、令弟、令姐、令妹、尊兄、尊姐”等，称呼对方的子女为“令郎、令爱”等，称呼对方的谈论为“高见、高论”，称呼对方的论著为“大作、大著”，称年长者对方的年龄为“高寿”，等等。

三国时期，东吴孙权想加强孙刘联盟，愿和关羽结成儿女亲家，派使者为儿子求婚。但关羽出言不逊，说什么“俺虎女焉能嫁犬子!”导致孙刘联盟破裂，自己掉了脑袋、丢了荆州，还连累张飞、刘备相继身亡，蜀国国力受到严重削弱。记得小时候看《岳飞枪挑小梁王》画册，岳飞手下的牛皋问一位当地老人：“老儿，去大校场如何走?”老人理也没理他。这都是言语失礼所造成的后果。同样的意思，如果牛皋换用礼貌性的语言——“老人家，去大校场如何走?”——则会是另外一种结果吧。

[42] 1959年，美国副总统尼克松赴苏联主持一个展览会的开幕典礼。这时，美国国会通过了一项被奴役国家决议，攻击苏联。当尼克松与当时苏联领导人会晤时，赫鲁晓夫质问尼克松说：“我不理解为什么你们国会在这么重要的一次国事访问前夕，却通过这种决议。这使我想

① 戴昭铭：《文化语言学导论》，语文出版社1996年版，第211页。

起俄国农民的一句谚语，‘不要在茅房吃饭！’”赫鲁晓夫怒气冲冲地说：“这个决议臭极了，臭得像刚拉下来的马粪，没有比马粪更臭的东西了！”显然，赫鲁晓夫出言鄙俗，有失外交礼貌，使来访的尼克松不无难堪。尼克松决定回敬对方，他盯着赫鲁晓夫的眼睛，用很平静的腔调说：“我想主席先生大概搞错了，比马粪还臭的东西是有的，那就是猪粪。”译员刚刚把话译出，赫鲁晓夫脸上马上泛出羞涩的红晕（因为他年轻时曾当过猪倌），连忙岔开话题，以解窘境。（杨君游等《雄论巧辩100术》中国国际广播出版社）

在严肃的外交场合谈严肃的大事，两位大国的领导人却满嘴喷“粪”：茅房、马粪、猪粪，既失外交礼貌，又失体统！

[43] 德国大诗人海涅是犹太人，常常遭到别人攻击。在一次晚会上，一位旅行家对他说：“我发现了一个小岛，这个岛上竟然没有犹太人和驴子！”这分明是讽刺。海涅则不动声色地说：“看来，只有你我一起去那个岛上，才能弥补这个缺陷。”说得对方面红耳赤。（刘明光等《论辩论》中国青年出版社）

那位旅行家把“犹太人”和“驴子”相提并论，是对犹太人的侮辱，也是对海涅的侮辱，这是旅行家没有教养的表现，是很不礼貌的。而海涅暗里把那位旅行家比作驴子，虽然是以其人之道还治其人之身，表现了他的机智，但终究难脱粗俗之嫌，也是没有礼貌的。

有人称礼貌是“畅行千里的通行证”，“是化天堑为通途的法宝”，此言不虚也。当前，我们正处于一个交际非常广泛的时代，更需要讲礼貌，尤其要做到言语得体。只有这样，才有利于我们处理好人际关系，增进团结，促进和谐。

适俗，就是适合民俗。民俗是广泛流行于民间的风俗习惯，风俗习惯其实是历史传统、文化意识的长期积淀，是一种文化现象。是不同国家、民族、地区的社会群体在长期生活中相沿而成的一种表现在生产活动、交换方式、家庭和社会组织、婚丧嫁娶、节日庆祝、文学艺术活动以及服饰用具等方面的惯例。风俗习惯，虽然在不同的民族、不同的地区中因文化心理的不同而有不同的形式，即俗语所谓“千里不同风，百里不同俗”，但却有其共性：集体性、模式化、时间上的传承性和空间上的扩布性、符号性。

言语交际是文化心理上的呼应与沟通，所以，话语只有“适俗”，才会有文化心理上的呼应与沟通，才能交流思想，互通信息。俗话说："入乡随俗。"随俗就是言行合乎某个群体的风俗习惯。言语的随俗就是话语同某个民族、某个地区的风俗习惯相适应。同特定群体风俗习惯相适应的话语就是得体的话语。反映同一对象，表达同样的意思，具有不同风俗的群体会选用适合于自己风俗的表达法。

譬如不同的民族在作比喻时，本体和喻体之间的相似点是相同的，整个比喻所蕴涵的意义也基本一样，但选择的喻体却会因民族风俗的不同而不同。如：

［44］汉语　　英语

| 汉语 | 英语 |
|---|---|
| 瘦得像猴子 | as thin as a shadow.（瘦得像影子） |
| 挥金如土 | to spend money like water.（花钱如流水） |
| 水底捞月 | fishing in the air.（空中钓鱼） |
| 无风不起浪 | No smoke without fire.（无火不冒烟） |
| 一国三公 | Too many cooks spoil the broth　（厨师太多难做汤）① |

"无火不冒烟"在俄语、法语中也有此类说法。不仅是中、西方民族在作比时有"喻义相同，喻体不同"的情况，即使在中国这个多民族的大家庭里，也有这种情况。西绕拉姆在《藏语中常见的动物比喻》中将藏、汉语中的动物比喻作了比较，这里引用其中一部分：

> 猫打哈欠，形容时间短促："人生就像猫打哈欠"，类似汉族"白驹过隙"的比喻。汉族爱用猴子形容人的聪明，而藏族则用兔子形容人的聪明，在民间故事中兔子是智慧的化身。藏族取笑人眼睛太大，就说"像牛饮水时的眼睛"。用羊头形容物体的大小，形容大："拾到了像羊头大的金块"；形容小："羊头马肚"（形容人的个头虽小，而饭量却很大）。②

这些例子也说明，同是东方民族，由于生活习俗、文化背景等的不同，即使喻义相同，但在选择喻体时也会不同；藏族选用的喻体，汉族不一定选

① 引自廖文丽：《比喻中的中西方文化差异》，载《湘潭大学社会科学学报》2001年6月。
② 中国华东修辞学会编：《修辞学研究》第七辑，南京大学出版社1997年版，第322页。

用，即不同民族对喻体的选择是适合自己民族的文化心理和风俗习惯的，因而，这样的表达就是得体的。

再如，同样是见面时的问候语，具有不同风俗习惯的民族会选用不同的语言形式。汉族人见面爱问“上哪儿去?”“干什么去?”“吃了没有?”而英国人则以谈论天气的话语形式表示问候。汉文化是不太尊重隐私权的，汉族人往往以“多大年龄？收入多少？有几个孩子?”等等以表示对对方的关心，双方都感到很亲热，这是得体的；而在西方，这样的问语就是不得体的，因为它涉及个人隐私，属于禁区，不可涉入，所以与西方人交往时，就要注意不可唐突地去问不该问的事，而应当用另外一种适合对方民族习惯的方式表达关心或亲热。

3. 适合时空环境

人们的特定的言语交际一定是在特定的时空环境中进行的，特定的时空环境制约着人们对话语形式的选择，也就是制约着对同义手段的选择。因此，言语交际要达到好的效果，所选择的同义手段就要适合特定的时代背景和空间环境。

首先，选择的同义手段或言语方式要同时代背景与社会环境和谐。鲁迅处在黑暗势力统治的半殖民地半封建的社会，“惯于长夜过春时”，没有言论自由，他只能选用杂文形式作战。他的如匕首、似投枪的杂文，嬉笑怒骂，冷嘲热讽，有时含蓄曲折到令人难懂的地步。所谓“鲁迅笔法”，正是鲁迅自己所选择的同当时大的社会环境相适应的表达手法的必然产物。而在我们这个言论相对民主、自由的时代，人们针砭时弊、批评不良现象，大多用直言不讳的表达方式，较少用折绕曲折之法。我国著名语言学家王力（1900—1986）先生曾写过这样一首诗：

［45］自愧庸材无寸功，不图垂老受尊崇，感恩泥首谢群公。
浩劫十年存浩气，长征万里趁长风，何妨发白此心红。
王力时年八十有六

这首诗作于1986年，作者时年86岁。当时的社会背景是十年浩劫的“文化大革命”结束后的第十年，我国正处于改革开放的开端。在十年浩劫中，像王力先生这样的大学者和爱国知识分子“英雄无用武之地”。十年浩劫后，国家进入了新的历史纪元，百废待兴。当时作者虽然年事已高，但精神振奋，满腔热情，想为祖国作出新贡献。“浩劫十年存浩气，长征万里趁长风，何妨发白此心红。”这样的诗句正好表达了他“老骥伏枥，志在千里；烈士暮年，壮心不已”的心情，是同当时的社会背景十分和谐一致的。

其次，选择的同义手段或言语方式要同交际的具体时间和谐。如第二次世界大战时期，美国总统罗斯福于1941年12月8日向美国参众两院发表的争取国会同意对日宣战的演讲中多次选用了时间词，这种时间词语的运用的得体性，除适应了当时大的时代背景外，还适应了演讲中涉及到的具体事件发生的时间以及演讲的时间：

[46] 副总统先生、议长先生、参众两院的各位议员们：

昨天，1941年12月7日——一个遗臭万年的日子——美利坚合众国遭到了日本帝国海空部队突然和蓄谋的进攻。……

昨天对夏威夷群岛的进攻，给美国陆海空部队造成了严重的损失，我遗憾地告诉各位，很多美国人丧失了生命。此外，据报，美国船只在旧金山和檀香山之间的公海上也遭到了鱼雷的袭击。

昨天，日本政府已发动了对马来西亚的进攻；

昨夜，日本军队进攻了香港；

昨夜，日本军队进攻了关岛；

昨夜，日本军队进攻了菲律宾群岛；

昨夜，日本军队进攻了威克岛；

今晨，日本军队进攻了中途岛。

因此，日本在整个太平洋地区采取了突然的攻势。昨天和今天的事实不言自明。合众国的人民已经形成了自己的见解，并且十分清楚这关系到我们国家的安全和生存。

“昨天，1941年12月7日——一个遗臭万年的日子”三个同义词语连用，其中有两个是时间词语，用以强调事件发生的具体时间；后面的演讲用“昨天”、“昨夜”、“今晨”、“今天”这些时间名词，按顺序陈述日本对太平洋地区的军事进攻，以强调日本军事行动的快速和后果的严重性、形势的危急性。如果不充分利用这些时间词，只说日本进攻了什么地方，强调的效果就不能很好地显示出来，就不能传达事态的急迫感，从而也就不能快速达到争取国会同意对日宣战的目的。

第三，选择的同义手段或言语方式要同交际的具体场景和谐。言语交际总是在特定场景之中进行的，场景能决定话语的具体意义，对表达方式的制约是直接而又具体的，因为在不同的场景中有不同的物理因素、文化氛围，交际者有不同的心理状态，尤其是面对面的口语交际。选择的同义手段或言语方式要同交际的场景和谐一致，也就是要“得”场景之“体”。“得”场景之“体”，也就是话语同当时的物理语境、文化心理语境协调，这样必能取得好的表达效果。

交际场景是有不同层次的。有大场景，如某个地区、某座城市、某个校园等的人文自然生态环境；也有小场景，如课堂上、会场里、书房里、餐桌旁等。

《论语·乡党》记载：“孔子于乡党，恂恂如也，似不能言者。其在宗庙朝廷，便便言，唯谨尔。朝，与下大夫言，侃侃如也；与上大夫言，訚訚如也，君在，踧踖如也，与与如也。”孔子在家乡，显得很恭顺温和，好像不会说话的样子。在祖庙里或朝廷上，说话就直率而流畅，只是说得很少。在朝房里，和下大夫谈话，温和而快活；和上大夫谈话，正直而恭敬。国君坐朝，他恭敬而小心翼翼，行为安详而恰到好处。这说明孔子在不同的场景对不同的人采用不同的谈话态度，做到了言语与交际场景的得体。孔子在两千多年前的某一天站在河边，见河水迅急，一刻也不停息，于是大发感慨：“逝者如斯夫，不舍昼夜！”孔子正是充分利用了“迅急的河水”这个特定的自然场景，以不息的川流作比，来说明时间步伐的永不停歇和流逝之快。选择这种表达法是十分得体的，既形象具体，又有哲理性，所以，这句话，几千年来，成为人们叹息时间的口碑之语。

（三）适位

适位，就是适合交际双方的身份、地位。天地万物，各有所位。“出其所位，非位；位其所位，正也。”（《公孙龙子·名实》）人生活于社会群体，各处于不同的“位”上，有社会之“位”，也有家庭之“位”，身份各异，位置不同，讲话的内容、角度应各不一样，这就是言语的“适位”。“适位”包括适说写者之“位”和听读者之“位”，就是言语主体针对不同“位”的人讲不同“位”的话。如果在任何场合，对任何人都以同样的身份、职业、地位、经历、思想、文化修养、心理状态等说话，必然不会有好的效果。前举孔子对乡党，对各级官吏，对国君根据不同人的身份选择不同的言语方式和态度，既是对场景的得体，也是对自我和交际对象的得体。

适位，首先要求表达者的话语要同自身的条件一致。如：

[47] 足球运动员的妻子说：“我最讨厌我丈夫把吃剩菜叫做‘打加时赛’。”

电视导演的妻子说：“我丈夫管那叫‘节目重播’。”

殡仪师的妻子说："我丈夫更绝，他管那叫'向遗体告别'。"[①]

从做妻子的嘴里得知，从事不同职业的三位丈夫把"吃剩菜"分别比喻为"打加时赛"、"节目重播"、"向遗体告别"，这些表达法同他们的职业角色相适应，既有个性，又幽默风趣，这是适"位"的同义手段选择，是得体的，效果自然是好的。

运用比喻，如果不保持自我而"出位"，就会抹杀自我价值和地位，就会使自己成为修辞的奴隶，会使自我丧失，丧失了自我的修辞是没有个性的修辞，严重者会导致丧失人格，这也是严重的"非位"。有位同学写自己与母亲去果园摘采荔枝，看到果园里到处是挂着红彤彤的荔枝果，母亲禁不住发出了感慨："多亏了党的富民政策，多亏了科技兴农！'三个代表'思想让咱果农走上了小康路！"试想，一个普普通通的农村妇女会说出这样的"心里话"吗？显然这个学生让他的母亲说这样的话，是不合母亲之"位"的。司马光在《资治通鉴》里记载了这样一件事，来嘲讽那些说话时丧失了自我的人："（杨）再思为相，专以谄媚取容……时人或誉张昌宗之美曰：'六郎面似莲花'。再思曰：'不然。'昌宗问其故，再思曰：'乃莲花似六郎。'"以"六郎面似莲花"为比喻曲意谄媚张昌宗的人，已是没有人格之辈，而身为宰相的杨再思却又以"乃莲花似六郎"拍马阿谀张昌宗，也是丧失人格的表现。

适位，还要求表达者的话语要同接受者的条件一致，即要看准接受者是何人。据说，清朝年间，河间才子纪晓岚有一次在背地里称乾隆为"老头子"，被皇帝听见。乾隆对他说："你何故叫我老头子？有说则生，无说则死。"众人都为他捏一把汗，不想他却从容答道："皇上称万岁，岂不是老？皇帝居万民之上，岂不是头？皇帝便为天子，所以称子。"于是乾隆皇帝不但赦他无罪，且赐誉为"淳于髡后身"。纪昀及时调整话语，将"老头子"三字分开进行曲解，取悦于上，化险为夷，这是他灵活变通、言语适合了皇帝之心理世界的结果。

有位小青年被调去搞人口普查工作，他到一户人家调查时，问一位没有文化的老太太："您有配偶吗？"老太太愣了半天答不上来，直到旁边有人解释说"他是问你有老伴没有"，老太太才恍然大悟。这位青年显然没有给老太太定好"位"，未能考虑到老太太的文化背景和知识层面，而是站在自己的"位"上说话了。玛拉沁夫在《女部长》中，写一个女秘书在为许多

① 《专业用语》，《网上幽默》，《人民日报》网站，2000 年 5 月 17 日。

个部长起草文件时，准确把握了讲话人的身份、根据不同人的特点为之选择不同的表达方式而成功的事情。

> [48] 她对每一位部长的特点也了如指掌。有的部长讲话只给列出几条提纲就行，他会拿那几条提纲，洋洋洒洒讲一个上午或下午；有的部长则习惯于一字不落、一字不加地照稿宣读，对这位部长的讲话稿，就需要格外细心地斟字酌句；有的部长实际工作经验多，也擅长讲话，但文化水平低，给这位部长写讲话稿。就得避免使用成语典故、生僻字句，要写得明明白白。朴素简洁；有的部长年纪大了，眼睛老花，讲话稿需要写毛笔大字；有的部长身体虚弱，中气不足，讲话稿要简短扼要……

女秘书在为部长们写讲话稿时，把这许许多多细枝末节都照顾到了。后来她升为副部长了。女秘书如此写讲话稿，就她本人来说，是适应了对方（部长）之"位"，就部长来说，他们拿这样的讲稿对听众讲话，是适应了自己之"位"。这都是女秘书遵照得体性原则的结果。

在交际中，表达者的话语既要保持自我，又要适应对象，这二者其实是一对矛盾。解决这一矛盾的关键是要努力使双方保持动态的和谐。正如王希杰所说："这个问题，需要的是保持某种平衡，动态的平衡。一味地强调自我，完全不顾交际对象，这是傲慢无礼的作法；一味地取悦交际对象，这就是'媚俗'，没有自己的风格。"① 所以，在言语交际中，既要不丧失自我，又要适应对方，在二者之间保持相对平衡，这是一门很高明的艺术，那些外交大师们往往就是掌握了这种艺术的人。而要保持这种平衡，就要依赖于修辞主体在修辞实践中的话语角色（"位"）规范及话语角色期望认知的加强，依赖于修辞主体在交际过程中对各自话语角色规范的遵守和对交际对象的角色期望的满足。

（四）适度

适度，就是无过无不及，恰到好处。这是建立在中国传统的"中庸之道"哲学基础上的得体观。《论语·庸也》："中庸之为德也，其至矣乎。"中庸，即"中行"、"执中"、"时中"，就是中和可常行之道。故《礼记·中庸》中说："君子中庸，小人反中庸。"用我们现在的话来说，中庸就是持之有节，掌握分寸，不偏不倚，适度得体。在言语交际方面就是：说多少

① 王希杰：《修辞学通论》，南京大学出版社 1996 年版，第 376 页。

要适当，如何说要适宜，从质和量两方面都做到适度得中，即恰如其分，恰到好处。格赖斯提出的四条合作原则中有两条涉及到了“度”的问题。其中第一条是适量准则：（1）所说的话语应当包含交谈所需要的信息；（2）所说的话语不应当超出所需要的信息，这说的是“量”要适中。第二条是质真准则：（1）不要说自知是虚假的话语；（2）不要说缺乏足够证据的话语，这说的是“质”要可信。话语既有量的适中，又有质的可信，就是适度的，也就可能是得体的。

适度是儒家文化的重要内容之一，是具有中国传统文化特色的言行得体观。也是得体性原则的要求之一。言语表达也有个“度”的问题。记得在上小学时，我班有一个同学学习很好，另一位同学在日记里写道：“我一定要学习××同学刻苦学习的伟大精神。”老师将“伟大”一词删除了，是因为话说得过了度。任何超“度”或不足“度”的表达都不会有好的效果，这就存在着对表达适度的同义手段的选择问题。夸张是一种常用辞格，但要“夸而有节，饰而不诬”，即在量上要有适度感，在质上要有存在感。李白《秋浦歌》里说“白发三千丈，缘愁似个长。”人们一看就是艺术夸张，就理解为言愁之深长，而如果说“白发三十尺”，作为夸张就不够“度”。医生写疾病诊断书，就要严格遵守适度原则，如果病人发烧，本来体温是38度，而却写成42度，就是严重超“度”，就是极不得体的。在“词的同义手段”中，我们谈到了同义词在意义上的轻重不同，也就是“度”的问题。如“错误”和“缺点”都指不对，但前者在“度”上重，而后者则轻。

再以比喻的运用为例。比喻是人们喜用且经常使用的一种辞格。就比喻本身的语义结构而言，本体和喻体是等值的，即同义的，选择喻体有个新颖度和雅俗度的问题；就对比喻和非比喻构成的同义手段的选择而言，使用比喻在数量上也有“度”的问题。我们认为。比喻运用的“度”包括这样三个方面：新颖度、量度和雅俗度。

第一，新颖度要适当。“比喻的重要性就是要给人以新奇感，比喻就是为了满足人们的心理上对新奇感的需要而创造出来的。比喻越是生僻，本体同喻体之间的差距越是大，越是出乎预料之外，越是难以理解，就越能给人以新奇感，但是却给听读者的解码活动带来了巨大的困难，常常会造成交际短路现象。”① 这说明新颖度对比喻来说，既不能缺少，又不能过火。

运用比喻要求新颖，能引起人们的想象和回味，以满足人们追求新奇的心理需求。因此，运用比喻应不落俗套，具有独创性。金兆梓说：“不可用

① 王希杰：《修辞学导论》，浙江教育出版社2000年版，第347页。

过陈旧之譬喻，譬喻一陈旧，既不觉动目，且令读者生厌。”[①] 吴曾祺认为，运用比喻应反对“熟而不鲜，袭取旧闻，不得新义”。（《涵芬楼文谈·设喻第十九》）英国作家王尔德说：“第一个用花比美人的是天才，第二个再用的是庸才，第三个就是蠢才了。”这些论述都说明比喻要创新，不要陈旧，陈陈相因的比喻会使人生厌腻烦。比喻之新应表现在：与语境的联系要新颖；对思维推理要有启迪性；语言表达形式要多种多样，不拘一格。

但比喻的新颖是建立在适度的基础之上的，超越了对方的理解“度”，给听读者的解码带来巨大困难，妨碍了理解，对方不知道你说的是什么，还有什么好的表达效果可言呢？“过犹不及”正说的是这个意思。人们提倡比喻要创新，是为了禁止陈词滥调，并非只强调无限度地“创新”。人们常说，李贺、李商隐的有些诗晦涩难懂，在很大程度上是其所用比喻超过了人们能够理解或感受的“度”的范围，几乎成了难解之谜。人们之所以往往强调比喻要“易懂”，就是要求所用比喻能使听读者理解。比喻的运用既反对熟而不鲜，要求新颖独特，又要通俗易懂，这就是一对矛盾，因此好的艺术的比喻就要求在这两者之间保持一定的平衡。下面的比喻描绘水生的媳妇坐在用洁白的苇秆编成的苇席上的情状，就既明白易懂，又新颖优雅，富有诗意：

[49] 这女人编着席。不久在她的身子下面，就编成了一大片。她像坐在一片洁白的雪地上，也像坐在一片洁白的云彩上。（孙犁《荷花淀》）

第二，用喻量要适当。好的比喻可以提高语言表达效果，可以帮助人们认知世界和人类自身，但用量不可过多。否则，效果会适得其反。关于这个问题，前人早有论说。高崎在《文章一贯》中说：“譬喻忌稠叠，每用当以正意陷之，又有逐段设譬喻者，今变其法，上下错综不拘。”是说比喻不要繁稠重叠，堆砌滥用，如果每言皆用喻，是会妨害正意表达的。比喻当用则用，不当用则止，即使当用，也要“上下错综不拘”，才能使文章起伏跌宕、富于变化，以便产生好的效果。谢榛说：“比喻多而失于难解”（《四溟诗话》），也提醒人们，比喻不要过多，否则会给理解带来困难。金兆梓在《实用国文修辞学》（1932 年）中说得更为清楚透彻：“譬喻本用以曲达情意，情意达，则得鱼而筌可忘矣。若过事铺张，则不免贻喧宾夺主之讥，”

① 金兆梓：《实用国文修辞学》，1932 年。

因而“用譬喻不可过多”。这些议论都是颇有见地的。不要以为比喻有积极意义，就可使用无度。无度用喻，一是害正意，二是难理解，三是倒胃口，在表达效果上不免南辕而北辙。

第三，雅俗度要适当。“雅”是典雅、文雅、高雅、雅致等，“俗”是通俗，在很大程度上指浅显易懂，而不是粗俗、庸俗、俗气、低俗。雅和俗实际上是一组对立的审美范畴。在语言的表现风格中，有雅俗之别，在比喻的运用中，也有雅喻和俗喻。比喻的雅俗之别主要体现在喻体的选用上。

典雅比喻的喻体词语往往格调优美文雅，其所指的对象是人们认为雅致的、令人喜欢、崇敬的物事，如：

> [50] 那醉人的绿呀，仿佛一张极大极大的荷叶铺着……她松松地皱缬着，像少妇拖着的裙幅；她轻轻地摇摆着，像跳动的初恋的处女的心；她滑滑地明亮着，像涂了“明油”一般，有鸡蛋清那样软，那样嫩，令人想着所曾触过的最嫩的皮肤；她又不杂那些儿尘滓，宛然一块温润的碧玉，只清清一色——但你却看不透她！（朱自清《绿》）

上例连用的六个比喻的喻体都是那么高雅而优美，一个俚俗的词语都没有，描写出的梅雨潭的美也是优雅之美，令人陶醉的美。

通俗比喻的喻体词语往往是人民大众所熟悉的，以口头词语为主，其所指的对象往往是人们日常生活中或现实中的平常物什，如：

> [51] 一个安谧的夜晚，三个孩子听罢妈妈讲完故事后，各自准备洗漱。突然，小弟弟惊叫起来，原来他发现自己的袜尖儿让大拇指甲给戳破了。妈妈帮他洗完脚后又赶紧给他剪指甲。这时一弯新月正好斜挂窗外，妈妈灵机一动，遥指月亮问道：“你们看，月亮弯弯像什么？”大哥略一思忖说道：“像河上行驶的船帆。”二姐却说：“我看像割草的小镰刀。”偏是小弟弟调皮，歪着脑袋想了一会，这才笑眯眯地答道：“最像我刚才剪下来的指甲。”一句话，引得大家轰笑起来。（引自顾设《比喻的主观性》）

小孩儿们把弯弯的月亮比作“河上行驶的船帆”、“割草的小镰刀”、“剪下来的指甲”，这都是平常之物什，甚至是无用的东西（如“剪下来的指甲”），但却形象生动，自然可亲，富有童趣，通俗易懂。

但是，比喻如果过度追求“雅”，就会给人以“不食人间烟火”的距离感，甚至把许多词语排斥在喻体之外，缩小喻体的范围，这对创造比喻，对言语交际都没有好处。同样，比喻的运用如果过分追求“俗”，就会滑向粗俗、低俗的泥淖，这也是用喻的一种不良倾向，是人们的文化、心理都不易接受的。

总之，选择同义手段要遵守得体性原则。得体，就是言语表达者要“得”与特定的言语交际有关的一切因素之“体”，就是要适应特定的题旨、特定的语境、特定的交际者，在信息的传递上要从质和量两方面都做到适度得中，即恰如其分，恰到好处。

## 第三节　同义手段选择的单一性和共现性

有人将同义手段的选择误会为：聚合轴上的语言材料，是纵向的、联想的，在言语的组合体中只能是在多种多样的同义手段中选择其中的一个甚至是唯一的一个，不能多选。其实在交际活动中，并非对多种多样的同义手段只能选择其一，而是也可以选择多个，使其同时共现。正如王希杰所说：“聚合轴上的同义手段仓库中的手段也是可以在组合轴中同时共现的。”① 于是对同义手段的选择就有单一性和共现性。

### 一、同义手段选择的单一性

一组具有同等价值的成员——同义手段（包括词、短语、句子等），在言语现场中只出现一种表达形式，其余的只处于联想中，我们把这种同义手段的选择称为单一性选择。前文已举例许多，这里再举鲁迅先生作品中的一组：

[1] 华大妈在枕头底下掏了半天，掏出一包洋钱，交给老栓。（《药》）

[2] 我没有思索地从外套里抓出一大把铜元，交给巡警说：“请你给他。”（《一件小事》）

[3] 孔乙己……对柜里说：“过两碗酒，要一碟茴香豆。”便排出九文大钱。（《孔乙己》）

[4] 他从破衣袋里摸出四文大钱，放在我手里，见他满手是泥，原来他便用这手走来的。（《孔乙己》）

---

① 王希杰：《汉语修辞论》，当代世界出版社2003年版，第232页。

上例四个动词“掏”、“抓”、“排”、“摸”都是写拿钱的动作，但作者在不同语境中只作了单一的选择，以刻画人物的不同动态。“掏”写出了华大妈的钱藏在保密的地方，也反映了虽舍不得但满怀希望的神态；“抓”表示了懊悔慌张、不暇细数的急切心情；早期孔乙己虽穷酸，但还有钱打酒，“排”显示出高傲自尊、洋洋自得的神态；后期孔乙己穷困潦倒，腿被打断，“摸”表现他袋中缺钱，而且反映出他已经残废、衰老、麻木。鲁迅先生对这四个同义动词的单一选用，正如福楼拜所说，是把唯一需要的词放到了唯一需要的位置上，是准确地反映了动作的细微差别。

## 二、同义手段选择的共现性

一组具有同等价值的成员——同义手段（包括词、短语、句子等）在言语现场中出现两种以上的不同表达形式，我们把这种同义手段的选择称为共现性选择，如：“语言有语言的天地，逻辑有逻辑的世界。”“天地”、“世界”同义共现；“说凤阳，道凤阳，凤阳是个好地方。”“说”、“道”一起出现在线性序列中。同义手段选择的共现性的主要作用有三点：一是增大气势，使表达更为厚实，以加强认知深度；二是变换视角，使表达更为全面，以扩展认知广度；三是变换句类，表示不同的情态语气，以使意义表达更加细腻。

### （一）厚实语义，加强认知深度

在话语中，单一性的同义手段，语义显得单薄，力度不足，对事物认知的程度相对较浅，而几种同义说法共现，则能增大气势，使表达更为厚实，从而也就加深了认知的程度。如：

[1] 秦孝公据崤函之固，拥雍州之地，君臣固守以窥周室，有席卷天下，包举海内，囊括四海之意，并吞八方之心。（贾谊《过秦论》）

“据”、“拥”都是“占有”的意思，二者同义共现，增强了“占有”的气势和语义；“席卷天下”、“包举海内”、“囊括四海”、“并吞八方”四个动宾短语同义，“意”、“心”二词同义，进而将“席卷天下，包举海内，囊括四海之意”和“并吞八方之心”同义连用，既加强了语势，又表达了秦孝公的野心勃勃（或雄心壮志），从而增大了人们对秦孝公的认识深度。再多看几例：

[2] 老乡们，全新的生活，幸福的生活，今天、此刻、脚下，开

始了！（林斤澜《春潮》）

［3］有来犯者只要好打，我党必定站在自卫立场上，坚决、彻底、干净、全部消灭之。（毛泽东《中国共产党关于向同国民党进行和平谈判的通知》）

［4］船随山势左一弯，右一转，每一曲，每一折，都向你展开绝好的风景画。（刘白羽《长江三日》）

［5］我知道他说到北京机场送他的女友、他的恋人、他的未婚妻、他的性伙伴、他的可供思念者张丽华去了。（吴若增《世界已经不再确实》）

［6］虎力大王说："陛下，左右是棋逢对手，将遇良才。"（吴承恩《西游记》四十六回）

［7］他依依稀稀恍恍惚惚仿仿佛佛觉得，主语不应当是"张一"，或者说，"张一"不应当是主语，也就是说，他不应当叫"张一"，"张一"不是他。（李国文《笔误》）

［8］"他东张张，西望望，瞅瞅小李。看看老刘，端详一下大陈，最后才把目光集中在书本上。"

［9］母亲呵怕女孩儿春心荡，百般巧计关防，倒赚她鸳鸯比翼、黄莺作对、粉蝶成双。（关汉卿《［中吕］普天乐·催张十六事》）

（二）变换视角，扩展认知广度

对同一对象，可从不同角度或不同视点去观照，用多种不同的话语形式去表达，这样，就扩展了对该对象的认知面，使认识更为全面。

［10］老茶客总结说，官员的女人叫太太；南方乡下人的女人，叫堂客，北方的叫孩子他娘。工人的女人叫老婆，农民的女人叫婆娘；军人的女人叫家属；商人的女人叫妇人。秀才的叫贱内；文人的女人叫糟糠；洋人的女人叫甜心；酒鬼的女人叫贱货。（王跃《老茶客闲话·女人称谓》，四川文艺出版社 1999 年 106 页）

上例对"男性的配偶"从不同角度称呼，扩展了人们对有不同丈夫的"女人"的文化认知。

［11］

狡兔死，走狗烹；
飞鸟尽，良弓藏；
敌国破，谋臣亡。
（司马迁《史记·淮阴侯列传》）

这是一个复句式比喻，其喻体是“狡兔死，走狗烹；飞鸟尽，良弓藏”，同义共现；本体是“敌国破，谋臣亡”。比喻中的本体和喻体是建立在相似性联想基础上的两个同义单位，二者相加，并未改变命题的真值条件，也没有在已知信息的基础上增加新信息，而仅仅是对已知信息从不同角度的一种新颖的表达。本体和喻体虽然不同，但它们是从互相指涉而不是区别的角度排列在一起的，共同表达了一个美的意象。

在比喻中，本体和喻体是同义的，但在博喻中又是用几个不同的喻体来解说同一本体，不仅本体同几个不同的喻体是同义共现的，而且几个不同的喻体之间也是共现的同义手段，只不过是对喻体的陈说视点不同而已。从几个不同的视点来陈说同一对象，自然是扩展了认知的广度。如：

［12］其得于阳与刚之美者，则其文如霆，如电，如长风之出谷，如崇山峻岭，如决大川，如奔骐骥；其光也，如杲，如火，如金镠铁；其于人也，如凭高视远，如君而朝万众，如鼓众勇士而战之。其得于阴与柔之美者，则其文如升初日，如清风，如云，如霞，如烟，如幽林曲涧，如沦，如漾，如珠玉之辉，如鸿鹄之鸣而入寥廓；其于人也，漻乎其如叹，邈乎其如有思，暖乎其如喜，愀乎其如悲。（姚鼐《复鲁絜非书》）

这是桐城派主要人物姚鼐论文章之阳刚与阴柔之美的话语，他想要呈现给听读者的是阳刚之文与阴柔之文的美质特点，要把其立体的美质特点通过线性话语表达出来，必然要借助于听读者的联想和想象，否则听读者是难以具体感知文章之阳刚与阴柔之美的，为此，作者在自己的已有经验中选寻出与认知对象的不同侧面相应的立体形象——与阳刚之美相应的立体形象：就“其文”而言的有“霆”、“电”、“长风之出谷”、“崇山峻岭”、“决大川”、“奔骐骥”，就“其光”而言的有“杲”、“火”、“金镠铁”，就“其于人”而言的有“凭高视远”、“君朝万众”、“鼓众勇士而战之”；与阴柔之美相应的立体形象，就“其文”而言的有“升初日”、“清风”、“云”、“霞”、“烟”、“幽林曲涧”、“沦”、“漾”、“珠玉之辉”、“鸿鹄之鸣而入寥廓”，就“其于人”而言，又从不同角度的有“漻乎其如叹”、“邈乎其如有思”、“暖乎其如喜”、“愀乎其如悲”。作者所筛选的与认知对象相应的这一系列意象图式或为事物，或为动作，或为状态，它们与认知对象构成了两个博喻，每个博喻的几个喻体既分别同本体同义共现，又互相同义共现。博喻的多个喻体多角度多侧面地反映同一本体，这自然扩展了对本体的认知广度。

诗人流沙河在诗歌《理想》中是这样用同义共现的博喻来表达“理想”这一对象的：

［13］理想是石，敲出星星之火；
理想是火，点燃熄灭的灯；
理想是灯，照亮夜行的路；
理想是路，引你走到黎明。

饥寒的年代里，理想是温饱；
温饱的年代里，理想是文明。
离乱的年代里，理想是安定；
安定的年代里，理想是繁荣。

理想如珍珠，一颗缀联着一颗，
贯古今，串未来，莹莹光无尽。
美丽的珍珠链，历史的脊梁骨，
古照今，今照来，先辈照子孙。

理想是罗盘，给船舶引导方向；
理想是船舶，载着你出海远行。
但理想有时候又是海天相吻的弧线，
可望不可即，折磨着你那进取的心。
……
理想是闹钟，敲碎你的黄金梦；
理想是肥皂，洗濯你的自私心。
理想既是一种获得，
理想又是一种牺牲。
……

“理想”是什么？《辞海》：“①同奋斗目标相联系的有实现可能性的想象。如：伟大理想。②符合希望的；使人满意的。如：十分理想；不够理想。”[①] 含义①是一种指称，是一种心理现象，是名称；含义②是一种程度，

① 《辞海》，上海辞书出版社 1980 年版，第 1213 页。

是一种性状。这些解释都是从常规思维的角度对“理想”的理性认识，抽象而冷静。但诗人却另辟蹊径，以主观意志为驱动，用奔放的热情，大量运用联想和想象，将指称意义上的“理想”比喻为“石”、“火”、“灯”、“路”、“温饱”、“文明”、“安定”、“繁荣”、“珍珠”、“罗盘”、“船舶”、“海天相吻的弧线”、“闹钟”、“肥皂”等，这些用作喻体的词语，既跟“理想”同义共现，本身又是同义共现的。用这种表达方式解说“理想”，“理想”就既不是抽象的纯理性的“同奋斗目标相联系的有实现可能性的想象”，而是具体的、形象的、融入了认知者对生活积累和多方切身体验的、情感的、丰富多彩而立体的“意象图式”，扩展了对“理想”认知的广度。

> [14] 台湾读者最熟悉的该是散文家梁实秋，尤其是《雅舍小品》的作者。其次，该是翻译家梁实秋，尤其是莎士比亚的传人。再其次，该是学者梁实秋，尤其是中文版英国文学史的作者。一般学生熟悉的，则是各种英汉字典的编者梁实秋。台湾读者认识的梁实秋，是一位智者，字里行间闪动着智慧与谐趣。（叶永烈《梁实秋的梦》）

“散文家梁实秋”、“《雅舍小品》的作者”、“翻译家梁实秋”、“莎士比亚的传人”、“学者梁实秋”、“中文版英国文学史的作者”、“各种英汉字典的编者梁实秋”，这些不同形式的短语所表达的概念的外延是全同的，指的是同一个人，但角度不同，从不同角度观照同一个人，会使我们的认知更为全面。

> [15] 它只是一片沉着的鼓声，鼓舞着你，鼓动着你，鼓励着你，用最高限度的热与力活着。（闻一多《时代的鼓手》）

由于“鼓舞”、“鼓动”、“鼓励”三个词是外延有交叉关系的近义词，于是“鼓舞着你”、“鼓动着你”、“鼓励着你”也是一组近义短语，这三者同时共现，从不同角度准确地表达了那一片沉着的鼓声对人在心灵上的多种作用。

（三）变换句类，表示不同语气

同一意义，同时共现不同句类的表达法，可以表示不同的情态语气，使语意表达更为细腻。如：

> [16] 近两年，容儿家里的生活明显变化，她不是不知道——哪能

不知道呢？（周克芹《山月不知心里事》）

上例先用“她不是不知道”这一双重否定式的陈述句表示“她知道”，然后又用“哪能不知道呢”这一否定式反问句同样表示“她知道”，两种句类同时使用，各自表达了不同的情态语气。

因此，在言语中，多项同义手段的共现，不仅能给人们认识世界增添深度，也能增添广度，有的还能表示不同的情态语气。

# 第十四章　修辞研究的方法和策略

## 第一节　修辞研究的方法

### 一、方法及其重要性

提出一个问题往往比解决一个问题更重要。因为解决问题也许仅是一个数学上的或实验上的技能而已，而提出新的问题，新的可能性，从新的角度去看旧的问题，却需要创造性的想象力，而且标志着科学的真正的进步。"① 这里所说的"提出新的问题，新的可能性，从新的角度去看旧的问题"，不仅是一个技能问题，从根本上来说是一个方法问题。没有能发现问题的真正的科学的方法，是不可能提出新问题的。方法的创新和先进，确实"标志着科学的真正的进步"。所以，在科学研究中，应当高度重视方法。

什么是方法？

《苏联大百科全书》说："方法是为解决某一具体问题，从实践或理论上掌握现实所采取的手段和方式的总合。""科学方法的基本内容是被实践检验过的科学理论。"舒哈尔特说："对我来说，真正的进步在于完善认识的方法，而不在于增加研究对象的数量。"方光焘说："方法是'对待现实、认识自然现象和社会现象的一种手段'。"② 方法具有多样性，可分为哲学方法、一般科学方法和专门科学方法。还可以分为广义的方法和狭义的方法：前者的范围很广，是相对于不具有科学性、不能达到预期效果的方法而言的，指的是正确的、郑重的、不荒唐的手段；后者则是指人们在某一范围内所采用的方法。

### 二、修辞研究的辩证法

在众多的方法中，对科学研究来说，具有指导意义和统帅作用的方法就

---

① A. 爱因斯坦、L. 英费尔德：《物理学的进化》，上海科技出版社 1962 年版，第 66 页。

② 《方光焘语言学论文集》，江苏教育出版社 1986 年版，第 151 页。

是辩证法。修辞学是一种科学，对于修辞研究来说，有许多行之有效的方法，诸如归纳法、演绎法、类比法、比较法等等，但最重要的具有指导意义的方法也还是辩证法。

修辞研究之所以把辩证法当作首要的、最重要的方法，是因为：

第一，语言本身就充满了辩证法，即矛盾的对立统一。如：

词语中充满了辩证法。首先，一个词语具有互为相反的两个意义，从古到今都有这种情况。如古汉语的“相反为训”：一个动作行为涉及到有关的两个方面，是由双方共同完成的，那么，两个相反的动作概念就可用同一词来表示，此为“施受同词”，如“受”有“接受、授予”二义；朴素的辩证观点对事物的性质有相对的认识，这认识可用同一词来表达，此为“美恶同词”，如“祥”有“吉、凶”二义；事物向反面转化时，两个互为相反的意义也可同归一词，如“干”有“求、犯”二义（跨过真理一步即为荒谬），“多”有“量大、仅只”二义（多得只见其一），“乱”有“纷乱、治理”二义（物极必反）。现代汉语中有的词本身也具有两种相反的意义，如“老”既可指“年岁大”（老教授、老师傅），又可指“末了的、最小的”（老儿子、老闺女）。其次，有些词语是语素意义矛盾对立的组合体，如：小老头、未婚妻、红墨水、大小姐、男保姆、东西、好歹、是非、女士。

句子中也充满了辩证法。列宁就曾指出：“从最简单的、最普通的、最常见的东西开始，从任何一个命题开始，如树叶是绿的；伊万是人；哈巴狗是狗等等。在这里，（正如黑格尔天才地指出过）就已经有辩证法：个别就是一般……”① 此外我们平时说的“好危险”与“好不危险”，“果然”与“果不其然”等都是肯定式和否定式同义的。

第二，语言运用或修辞活动中充满着辩证法。修辞研究必须坚持辩证法，这是因为修辞活动中充满了矛盾。修辞活动中充满着各种各样的矛盾，诸如思想和语言的矛盾、语言和言语的矛盾、语音和语义的矛盾、语言意义和情景意义的矛盾、自我和对象的矛盾、准确和模糊的矛盾、模仿和创新的矛盾，个人同社会、时代的矛盾。当然，还有语言的有限性和表达思想感情的无限性的矛盾、语言的稳定性和话语的多变性的矛盾、话语和情景的矛盾、语言的理想状态和现实的矛盾、话语和其他三个世界（物理世界、文化世界、心理世界）的矛盾等等。要提高语言的表达效果，修辞主体就要抓住修辞中的主要矛盾，抓住矛盾的主要方面，就要注意主要矛盾和次要矛盾的相互转化，注意矛盾的主要方面和矛盾的次要方面的相互转化，就要重

---

① 《列宁选集》第3卷，人民出版社1972年版，第713页。

视次要矛盾和矛盾的次要方面的干扰，总之，就得研究修辞活动中的矛盾，就得保持这些矛盾双方的对立统一，也就是保持和谐或动态平衡。因为“就本来的意义说，辩证法就是研究对象的本质自身中的矛盾”①。这，就是修辞活动中的辩证法。

第三，修辞的任何一条规则本身都是辩证的：任何一条修辞规则都有自己特定的适应范围，同时它也和其他规则相互联系、相互制约。因此“在运用有助于提高表达效果的规则的时候，我们不可以把任何一条规则绝对化，必须看清楚它的适应范围。因为任何一条规则，一旦超越了自己的适用范围，就有可能丧失其有助于提高表达效果的作用，甚至适得其反。同时也不可以孤立地看待任何一条规则。因为任何一条规则都是和其他规则处在相互联系、相互制约的关系之中的。只有把握住某一规则和其他规则的相互联系、相互制约的关系，这一规则的运用才有可能有助于提高表达效果，否则，也会适得其反。”② 这就是说，不仅修辞规律、规则本身是辩证的，而且对其运用时，也要用辩证的眼光和思路：即要求“适应范围”，要求适度，要求“联系”，要求和谐，要求动态平衡。

总之，修辞活动是一个复杂而多变的动态过程，其中存在着多种因素和矛盾。如果孤立地静止地看待修辞活动，只抓住其中的个别因素和矛盾，忽视了其他的相关因素和矛盾，都是很难取得最佳表达效果的。为了提高表达效果，就需要全面地动态地把握交际活动中的各种因素，抓住主要矛盾和矛盾的主要方面，善于处理矛盾双方的对立和统一，善于促成对立面的相互转化，妥善地处理多种因素的平衡关系。因此，我们的修辞研究也就必须坚持辩证法，避免形而上学。

我们说，修辞研究要坚持辩证法，决不是只喊一些空口号，只引用一些辩证法的概念和定义，玩弄一些辩证法的词句，而是要把辩证法的基本规律和基本范畴尤其是把作为辩证法的实质和核心的对立统一规律有意识地自觉地运用到观察、描写、分析、解释一切修辞现象中去，使我们的认识尽可能靠拢客观存在的提高语言表达效果的规则和规律，指导人们更好地进行语言实践。那么，在修辞研究中如何较好地坚持辩证法呢？当然，涉及的策略面较多，本文只谈以下三个问题：联系性策略、分化性策略和转化性策略。

---

① 列宁：《黑格尔〈哲学史讲演录〉一书摘要》，《列宁全集》第38卷，人民出版社1960年版，第278页。

② 王希杰：《修辞学和辩证法》，载何伟棠主编：《王希杰修辞学论集》，广东高等教育出版社2000年版，第237页。

## 第二节　修辞研究的策略

辩证法是修辞研究的大法，总法，但在研究中要落实这一大法，还必须采用一些策略，那就是联系性策略、分化性策略和转化性策略。

### 一、修辞研究的联系性策略

联系性策略是指不要把观察、描写的修辞现象孤立起来，而要同其得以产生、存在的内外诸因素联系起来进行观照，将其视为依赖于特定“环境”而存在的具有相对性的对象。

任何修辞现象都不是孤立地存在的，它总是同与之有关的语言的、非语言的诸多因素相互联系、相互依赖、相互制约、相互作用着的。无条件的绝对的修辞现象是不存在的，即使存在，也是难以认识的。任何研究对象只有在其相对于其他事物的存在、运动、变化、发展过程中，通过比较、对照才有可能认识。这就要求我们将认识对象置于“联系”之中，置于对象所存在、运动的“环境”之中，以“联系”或“环境”作为参照量进行观照，否则是无法真正认识研究对象的。这正如我们在高速公路上坐汽车感受车子是否向前行驶一样：只有当我们把车窗外的建筑、蓝天、远树、山岭等外景作为参照物，看见它们向后运动时，才能感受到汽车在向前运动，否则就难以感受汽车是否在前进。这就是说，对汽车的“静止”与“运动”的判断是通过对同其有联系的其他因素的存在、变化的考察而实现的，汽车的“动”与“静”是同其参照物相对而言的。

修辞研究也必须以“相对”的眼光，采用联系性策略，才能认识“庐山”真面目。修辞现象中存在着许多“相对性”，诸如“同”和“异”的相对性，“零度”和“偏离”的相对性，“显”和“潜”的相对性，同义手段的相对性，“得体度”同语言世界、文化世界、心理世界、物理世界尤其是同文化心理世界的相对性，语音的美化、词语的选择和意义的锤炼、句式的选用、辞格的选用及它们的表达效果分别同四个“世界”、语言风格（包括语体风格、时代风格、民族风格、地域风格、个人风格、表现风格）的相对性，得体度大小的相对性，各种语言风格的相对性等等，这些都必须用联系的策略去观察、去审视。再譬如积极修辞的价值就具有相对性。积极修辞的生动、形象、具体，具有艺术美是同消极修辞的准确、明白、通顺相对而言的。比喻、比拟、夸张的价值一方面存在于它同所适切的语体（如艺术语体）相联系，一方面存在于它是否准确地刻画了反映对象的形象和特性，正确地表达了修辞主体的思想和感情倾向。我们说，比喻、比拟、夸张是几种很好的修辞方式，并不是割断同这三种修辞方式对应的题旨和情境的联系，静止地孤立地评价它们，而是根据将它们同与之出现的“环境”和要表达的思想感情相联系而产生的好的修辞效果作出的价值判断。比喻、比拟、夸张在文艺语体和政论语体里恰当运用能产生好的修辞效果，而在公文事务语体（如请假条或疾病诊断书）里出现，其产生的效果是正是负就可想而知了。

修辞学是语言运动学中的一个最重要的组成部分。如果说语言作为一个非自足系统，它的各个子系统之间是相互联系又相互制约转化的，那么，以运用中的语言和语言的运用作为研究对象的修辞，虽然是整个的语言系统结构的运动，但它也是不自足的，它的运动的产生和价值不但要同语言系统内部其他子系统（如语音、词汇、语法）交换能量和信息而实现，而且，还离不开种种非语言因素的配合、影响和制约。也就是说，修辞现象是同其环境（参照量）相依存的，它的价值不仅取决于它自身，也取决于它所依存的环境。一个绝对孤立的不同其他因素发生联系的修辞现象不是修辞学研究中观察、描写、解释的主要目标和最终目标。因此，修辞学研究的每一个修辞现象不仅本来就具有相对性，而且研究主体必须视其为具有相对性。这就是科学的实事求是的态度，这就是辩证地看待问题。

既然修辞现象及其价值是相对于其环境而存在的，那么，修辞研究也就不仅应当区分被研究的“对象”及其相对于的“环境”，而且也要研究“环境”。研究“环境”的目的是为了探寻“对象”存在的条件及其产生不同价值（或正价值或负价值）的条件或原因。

总之，因为唯物辩证法是关于普遍联系的科学，所以，修辞研究要坚持辩证法，就要用联系的眼光去对待修辞现象，在“联系”中发现修辞现象的相对性，并对这些具有相对性对象中存在的规则和规律进行科学的观察和描写。

## 二、修辞研究的分化性策略

分化性策略是指将修辞现象中混沌复杂的整体分化成一个个相对独立的个体，通过对分化过程和分化结果所释放信息的观察和捕捉，达到研究整体的目的。

“分化性策略”和“联系性策略”从操作程序看，其方向是相反的，但目的却是相同的，都是为了更好地观察、描写修辞现象。修辞现象往往是诸多内外因素（包括语言的和非语言的）相互作用构成的囫囵的矛盾整体，不容易直接观照，而用分化手段，使其构成要素或成分暂时地相对独立，观察并分析这些相对独立的要素的性质、特点及其相互关系，从而确定各要素在整体中的主次、地位、功能，达到掌握整体构成的内部机制的目的。“分化”实际上是对“联系”的诸因素的区别对待。因此，可以说“分化性策略”和“联系性策略”是异曲同工，殊途同归的，这本身就是辩证的。

这里所说的“分化”包括划分和分解两种手段。

“划分（含分类）”是科学研究中明确概念外延的逻辑方法，就是把一个外延较大的属概念分成几个外延较小的并列的种概念，每一个种概念都具有属概念的属性。划分在修辞研究中是不可或缺的一种方法，它有助于我们对不同层次修辞范畴的观察、描写和解释。修辞学中的概念所反映的修辞现象的范围不同，为了明确修辞概念所反映的研究对象是哪些，可根据概念所反映对象具有的属性的不同，把研究对象分成不同的类。划分必须以一定的属性作为标准。同一个修辞概念可以有不同的划分标准，但必须遵守下列规则：每次划分的根据必须同一；划分出的子项外延之和必须同母项的外延相称；划分出的子项应当是互相排斥的；划分应当按照属种层次进行，不能越级。如我们可以：

把全部修辞问题划分为“语言的修辞”和“言语的修辞”两类，言语的修辞是语言的修辞在交际市场上的投射，是对语言的修辞的具体化、动态化；

根据是否规范，把全部修辞现象划分为“零度修辞”和“偏离修辞”，把全部“偏离修辞”又可划分为“正偏离修辞”和“负偏离修辞”；

根据是否成为现实，把全部修辞现象划分为“显修辞”和“潜修辞”；

把“同义手段”划分为“语言的同义手段”和“言语的同义手段”，还可根据不同的标准、不同的层次，把“同义手段”划分为：语言的同义词和言语的同义词、语言的同义语句和言语的同义语句、辞格的同义手段和非辞格的同义手段、显同义手段和潜同义手段、零度同义手段和偏离同义手段、正偏离同义手段和负偏离同义手段、四个世界（语言、文化、心理、物理）的同义手段、不同表现风格的同义手段、聚合类同义手段和组合类同义手段等等；

把辞格划分为显辞格和潜辞格；

从传递信息的表里是否一致来看，把辞格可划分为表层修辞（如设问、反问、反复、排比、层递、摹状、对偶、顶真、回环、对照、衬托、反复等）和深层修辞（如比喻、比拟、借代、夸张、婉曲、双关、移就、跳脱、转品、反语等）。

孟华从符号学的角度把“表层修辞”称为“辞格中的线性结构”，把“深层修辞”称为“辞格中的非线性多级符号结构”。

划分的粗细程度可根据修辞研究的特定目的而定。但总的来说，应以能揭示修辞规则和规律为准则，以能很好地指导或帮助人们提高言语表达效果、和谐人际关系为目的。在我国修辞学界，关于修辞概念的划分还很有一些不尽如人意之处，仅如修辞格的分类而言，至少存在下面一些问题：

第一，辞格同非辞格的界限不很清楚，辞格的领地不断扩张。我国第一本辞格专著唐钺的《修辞格》中列有 21 种辞格；1932 年，陈望道在《修辞学发凡》中总结出了 38 种辞格；1984 年，黄民裕的《辞格汇编》（湖南人民出版社 1984 年）中的辞格增至 78 种；1991 年，成伟钧、唐仲扬、向宏业主编的《修辞通鉴》（中国青年出版社 1991 年）列举大辞格 106 种；汪国胜、吴振国、李宇明主编的《汉语辞格大全》共收辞格条目 691 个，其中独立的辞格 231 个，等。近十几年来，人们又发现了许多新辞格，看来，辞格家族还在不断繁衍。语言是在不断发展的，新辞格的不断产生是语言发展的必然结果，发现并描写、解释这些修辞现象是修辞研究者的任务和职责。但问题是，把有些非辞格的语言现象也硬塞到辞格队伍中去，使辞格不断膨胀，就是不适当的了。我们知道，辞格是具有特定结构、特定方法、特定功能、符合一定类聚系统要求的、为社会所公认的言语模式，其中，同时具有“特定结构”和“特定功能”是一种言语现象之所以成为辞格的最重要的最基本的条件。但已入辞格之籍的有些“辞格”仅有“特定功能”或者说仅有好的表达效果，并无“特定结构”，如“幽默”、“警策”等，它们能不能算作辞格？从某种意义上说，一切言语现象可分为两类：辞格的和非辞格的。如果把不具备辞格条件的言语现象也算作“辞格”，岂不混淆了分类的界限？

第二，分类繁琐零碎，不便于把握其结构、格式等方面的特点。科学的原则是简明性原则，修辞问题的分类也以简单明了为好，如果搞得鸡零狗碎，琐细不堪，反而使人不得要领，如堕五里雾中，还怎么能起指导作用？有些修辞现象本应根据其“同”概括为同一辞格，再遵照简明性原则作下位分类即可，但却硬要分成几个并列“辞格”。如：

［1］世界上最快而又最慢，最久而又最短，最易被人忽视而又最令人后悔的就是时间。（矛盾格）

［2］飘逸的庸俗。敏感的麻木。洞察一切的愚昧。一往无前的退缩。（戴厚英《人啊，人》）（反饰格）

[3] 这一伟大发现，虽在意外，也在意中：合伙吃我的人，便是我的哥哥。(鲁迅《狂人日记》)(相反相成格)

[4] 团泊洼是静静的，但那里时刻都会轰轰爆炸！(郭小川《团泊洼的秋天》)(自言相违格)

[5] 她什么都不缺，就缺一个说话的对象。(田夫《白头吟》)(舛互格)

[6] 大巧若拙，大辩若讷，大勇若怯者，吾师乎！吾师乎！(《陈确集·别集·名利》)(精警格之“奇说”)

[7] 泥瓦匠，住草房。纺织娘，没衣裳。卖盐的，喝淡汤。……(民谣《泥瓦匠》)(映衬格)

但明眼人一看就会发现：例 [1] 是两个并列关系的矛盾概念，并列项互相矛盾；例 [2] 是四个偏正关系的矛盾概念，修饰语和中心语相矛盾；例 [3] [4] 都是联言判断，是对同一主体所具有的性质既肯定又否定，两个肢判断相矛盾；例 [5] 是对某一事物既全部肯定又部分否定的联言判断，两个肢判断之间是典型的矛盾关系；例 [6] [7] 都是主项与谓项相互矛盾的直言判断。概而言之，它们或是矛盾概念，或是矛盾判断，“矛盾”是其最突出的共性，只是“矛盾”的思维形式不同而已，根据科学的简单性原则，我们完全有理由将其归入“矛盾”格，但辞格研究的现实却告诉我们，它们被分成七个不同的辞格了，甚至有些“格”是出现在同一个研究者的同一部著作之中，同比喻、借代等辞格并列的，如“反饰”、“相反相成”、“自言相违”就是骆小所《现代修辞学》(云南人民出版社 1995 年 11 月 2 版) 的分类法。如大家都照此思路将辞格分类，那可真是让人们望“格”兴叹了！

第三，同一次分类的标准不同一。科学分类的原则之一就是：对母项的所有子项来说，每一次分类的标准必须同一，这样才能保证分出的子项之间不相互包容或交叉，这就要求我们在分类时必须遵守同一性原则，否则就会造成分类的混乱，而混乱的分类是难以揭示“规则”和“规律”的。遗憾的是，对辞格的分类并未较好地坚持同一性原则。

如我有一位老师，他在繁忙的中等学校教学管理工作之余编写了一部《修辞格分类新探》(以下简称《新探》)，虽然其探索的精神可嘉，但未能坚持分类的同一性原则。他将 41 种辞格分成七大类，类别名称分别是：

生动具体类　　鲜明突出类　　整齐连贯类　　委婉含蓄类
袭变求同类　　借配引用类　　合离增损类

“吾爱吾师，吾尤爱真理。”（亚里士多德语）我看了之后，就直言不讳地指出：“角度不同一，标准不一致。”作者自己在“前言”中也说：“本书对所收编的修辞格从效果方面可分为：生动具体、鲜明突出、整齐连贯、委婉含蓄四大类共17种修辞格”，“从修辞格构成的方式方面可分为：袭变求同、借配引用、合离增损三大类共24种辞格。”显然，这是在同一分类过程中从两个不同的角度前后用了两个不同的标准，违反了同一性原则的，但他却认为，陈望道在《修辞学发凡》中也曾把38种辞格从不同角度分成了四类：（甲类）材料上的辞格；（乙类）意境上的辞格；（丙类）词语上的辞格；（丁类）章句上的辞格。并且说：“我以为陈先生的这种分类方法，为我们今天研究修辞格分类，树起了一块路碑，值得我们去借鉴。”但陈先生曾在《修辞学发凡》的“结语”中说：“一切科学都不能不是时代的，至少也要受时代所要求所注重，及所鄙弃所忽视的影响。何况修辞学，它的成事成例原本是日在进展的。成事成例的自身既已进展，则归纳成事成例而成的修辞学说，自然也不能不随着进展。”“所以修辞学的述说，即使切实到了极点，美备到了极点，也不过从空前的大例，抽出空前的条例来，作诸多后来居上者的参考。”我们以为，《发凡》虽然是中国现代修辞学的第一座里程碑，其中对辞格作了系统的描述和分类，然而在同一次分类中未能自始至终坚持同一标准是显而易见的。一切科学研究成果都受时代、个人认识和其他条件的局限，难免有这样那样的不足。后人不仅要继承前人遗产，而且必须有发展的观点，要改正前人的错误，弥补前人的不足，要超越前人，不能认为前人尤其是权威、名人的思想都是无懈可击、亘古不变的真理。何况，陈先生也是希望后人超越前人的呢！《新探》的作者还以人们对衣服和戏剧的分类为例来反驳我的批评并对自己的这种分类辩护，如他说：“好像文人们对戏剧分类时其角度也是极为不同一的。从内容性质上可分为悲剧、喜剧和正剧；从表现手法上则又分为话剧、歌剧、舞剧、哑剧等；从结构角度讲有独幕剧、多幕剧；从反映题材的角度出发有古典历史剧、现代历史剧和现代戏；如果从唱腔和地域的角度去分，则名目更为众多，如，京剧、越剧、秦剧等。诸如对戏剧的多角度的分类，谁又能说它不同一、不恰当、不科学呢?”略有逻辑知识的人都知道，对同一对象是可以从不同角度作出多次分类的，但同一次分类的标准应当是同一的，不能将对象的一部分用甲标准而另一部分用乙标准。人们将戏剧分为悲剧、喜剧和正剧，从内容的性质上来说，是涵盖了“戏剧”这一概念的所有外延的，其他角度的分类，也是在每一“这一次”的分类中将同一标准贯彻始终的，这样将戏剧分类是完全正确的。但将41种辞格中的17种用“表达效果”分类，24种用“构成方式”分类，这怎么能跟文人们对戏剧的正确分类相比呢？假如我们在同一次分类中将“戏剧”分成“悲剧、歌剧、独幕剧、现代剧、京剧”，这难道没有不牛不马、不伦不类的感觉吗？

“分解（切分）”是在思维中把一个整体对象分成几个部分，各个部分并不具有整体的属性。分解，实际上就是将一个有机体进行解剖，使系统之间的联系中断，便于进行微观的观察。分解的目的在于观察事物内部机制的联系。“分解”或“切分”作为一种策略性方法，对于语言学研究具有普遍意义，对语言中的音节、语素组、词、短语、单句、复句、句群甚或篇章都可通过切分，观察其内部机理。分解也是研究修辞现象时常用的一种方法。如把一个具体的辞格可切分为几个不同的构件或要素：

比喻的要素：本体、喻体、相似点；

比拟的要素：本体、拟体；

借代的要素：本体、借代体；

象征的要素：象征本体、象征体；

双关的要素：表层义、深层义；

反语的要素：本义、反义；

夸张的要素：夸张点、夸张形象；

对偶的要素：出句、对句。

切分之后，对其各个构成部件的性质、特点、功能、地位、隐显等情况进行细致的观察、分析和描写，进而达到对辞格整体的宏观观照。如把“比喻”切分成三个要素之后，通过对大量比喻实例的观察、分析，我们可以作出如下简要的描写：

比喻的本体是人们认知的主体对象，即认知主体所要描写、说明、灵化、强化的客体：当本体是具体类时，本体便是被描写或被灵化的对象，当本体为抽象类时，本体便是被说明或被强化的对象；喻体是比喻中人们用以认知某种主体对象的辅助对象，即认知主体用以描写、说明、灵化、强化某种主体对象的辅助客体：当喻体是具体类时，它对本体起描写或说明作用，当喻体为抽象类时，它对本体起灵化或强化作用。本体和喻体必须是本质不同的对象。相似点是比喻中本体和喻体具有的相似之处，或者说是本体和喻体具有的同一性，它是联系比喻对象和被喻对象的纽带；比喻中两对象的相似点可以是一个，也可以是多个；相似点是借助相似联想来反映的；相似点不仅在比喻的构成中是核心，而且在对比喻的理解上也是关键。本体和喻体相互以对方的存在为自己存在的先决条件，它们是比喻的基础；相似点是喻体同本体的非本质共性，是构成比喻的灵魂。尽管在比喻的表层结构受语言表达形式的制约，这三者可有隐有显（喻体在任何一类比喻中必须出现），但在其深层结构中却是缺一不可的。因此，比喻是借助相似联想、用同甲对象本质不同而又有相似之处的乙对象来描写、说明或灵化、强化甲对象的一种修辞手法。我们认为，用切分式的方法观察、描写、解释比喻的诸要素，既揭示了比喻诸要素的相对独立性特点，又揭示了其内在联系，能实现对比喻的整体把握。

## 三、修辞研究的转化性策略

在修辞研究方面运用转化性策略，当包含两个方面的意思：

### （一）要树立“修辞学就是一门转化之学”的研究观

“修辞学是一门转化之学”，这是王希杰的著名论断。“修辞学研究的是从语言到言语的投射过程，即一般的抽象的共同的语言是怎样转化而为具体个别的千差万别的言语的呢？是哪些因素在影响制约着这一投射转化过程的呢？”① “修辞学是一门转化之学”，是指从宏观的角度说，它研究的是从静态的模式化的语言转变到动态的具体化的言语的过程及条件，从其他角度看，它也研究的是修辞现象相互转化的过程及条件。如从“四个世界”的范畴、从“零度和偏离”的范畴、从“显和潜”的范畴、从“深层与表层”等的范畴看，修辞学都研究的是修辞现象相互转化的过程及条件。关于“修辞学就是一门转化之学”的观点，王希杰在《修辞学通论》里已作了系统而有说服力的论证，确实科学地揭示了修辞学的本质，作为修辞学研究者，在研究中应当树立“转化”观，因为它符合辩证法的事物的运动变化、对立统一规律。

### （二）在观察、分析修辞现象时，可采用转化式操作手段

我们这里所说的“转化”即指在一定条件下的“转换或变化”。所谓修辞研究的转化式操作手段，是指在一定条件下通过对有关修辞现象的成分进行位置上的变换，来发现修辞现象的（1）变动不居中相对稳定的本质即变换下不变性的规律或（2）变换前后的本质差异及出现差异的原因或条件，以达到揭示研究对象性质的一种方法。“转换”其实就是从不同的角度、状态观察修辞现象性质的方式。通过转换，可以发现：

（1）在变动不居中具有相对稳定本质的修辞现象是异构同质现象，即同义手段。如：

① 王希杰：《修辞学通论》，南京大学出版社1996年版，第49页。

①丁丁打碎了玻璃杯。
②丁丁把玻璃杯打碎了。
③玻璃杯被丁丁打碎了。
④玻璃杯丁丁把它打碎了。
⑤玻璃杯丁丁打碎了。

这五个句子可相互转换，尽管语词顺序不同，词语也有增减，但其深层语义关系却未发生变化：丁丁——施事，打——动作，玻璃杯——受事。这是异构同质现象。

（2）转换前后出现本质差异的修辞现象是同构异质现象，如多义结构或歧义结构：

①我不看病了——→我不给患者看病了
　　　　　　——→我不要医生给我看病了
②在墙壁上写字——→把字写在墙壁上
　在教室里看书——→把书看在教室里（?）

例①的两个转换句深层语义关系不同，但原句的表层结构却是相同的；例②的两个原句表层结构模式相同，但转换后的两个句子没有对应关系。通过转换，我们发现，这两例的原句都是同构异质现象。

"转换"是乔姆斯基"转换—生成语法"中一个十分重要的概念，原来是指把一个句子的深层结构（deep strueture）投射、衍生、变化成为表层结构（surface strueture）。如果把它运用到修辞学研究中来，就能揭示部分同义手段产生的机制，即凡是从同一个深层结构投射、衍生、变化而来的修辞方式，就是同义手段，凡是在表层结构里具有平行、并列、对应关系的可以有条件代替的修辞方式也都是同义手段。现代汉语中的句法转换的方式和类型是多种多样、丰富多彩的。句类中的陈述句、疑问句、祈使句、感叹句，句型中的单句、复句可有条件地相互转换；句式中的"把"字句、"被"字句、一般带宾主谓句等可有条件地相互转换；肯定句和否定句，长句和短句、整句和散句、列举句和分承句可有条件地相互转换；此外，复句和句群、向心结构和离心结构等等，都可有条件地相互转换。这些在一定条件下可互相转换的语言结构都是同义手段。修辞格也有同义的，凡是从同一个深层的辞格结构转换而来的表层辞格也都是同义辞格，如比喻，在深层有由本体、喻体、相似点三要素构成的结构模式，而在表层结构中，有明喻、暗喻、借喻、较喻以及种类繁多的变体比喻模式，尽管它们的表达形式变化多端，甚至有些要素可以不显现，然而都是同一个深层比喻结构模式的投射、衍生、变化体，这就是“同义比喻”或“比喻的同义手段”。当然，这是就“模式”的转换而言的，具有较大的抽象性，但可以具体化，如：在深层结构中，本体：祖国；喻体：母亲；相似点：有生身养育的血缘关系；喻词：像。在表层结构中，就成了具有不同语言形式的具体的比喻——

“祖国如母亲。”

“祖国是母亲。”

“祖国像母亲。”

“祖国——我的母亲！”

“祖国像母亲一样。”

“祖国啊，我的母亲！”

“祖国母亲（就在这里）。”

“祖国如同母亲一般。”

“母亲一般的祖国。”

“比母亲还亲的祖国。”

“祖国，你不是母亲甚似母亲！”……

“转换”手段不仅可用于句法、辞格的修辞范畴中，也应该能用于“语言风格”的修辞范畴中。〔参见第十一章第一节“风格与同义手段”二〕可见，利用转换手法不仅可以分析修辞中低层次的、小范畴的同义手段，还可以分析高层次的、大范畴的同义手段。“转换”从“类”分析的角度为修辞学研究同义手段提供了一个切入口。

## 第三节 修辞研究的策略与唯物辩证法的关系

修辞研究的首要的主要的方法是唯物辩证法。

我们之所以主张在修辞研究中坚持“联系性”策略，是因为唯物辩证法是关于普遍联系的科学，它认为，任何事物都处于一定的联系之中，只有在一定的联系中才有它的存在，才有它的发展。离开了这种具体的联系，任何事物的存在和发展都会成为不可能和不可理解的东西。一切修辞现象即一切言语现象也总是同其内外因素相互联系而存在而发展的。唯物辩证法的“联系”观完全符合修辞现象的实际，适合于指导修辞研究。

我们之所以主张在修辞研究中坚持“分化性”策略，是因为唯物辩证法就是研究对象的本质自身中的矛盾的科学，它认为，任何事物尽管是一个统一的整体，但它又分裂为两个既相互联系、相互依赖又相互排斥、相互对立的部分、方面和趋势。每一种修辞现象都是矛盾对立的统一体，在这个矛盾统一体中，有主要矛盾和非主要矛盾，有矛盾的主要方面和次要方面。修辞研究就是要抓住主要矛盾和矛盾的主要方面。要做到这一点，就必须将对立统一的矛盾体进行分化或分解，以便找到并抓住修辞现象中的主要矛盾和矛盾的主要方面，从而揭示修辞现象的本质和产生的规律。

我们之所以主张在修辞研究中坚持“转化性”策略，是因为唯物辩证法认为，矛盾着的对立的双方互相斗争的结果，无不在一定条件下互相转化。一切修辞现象无不在一定条件下互相转化，如在宏观上，“零度”修辞和“偏离”修辞的相互转化，“显”修辞现象和“潜”修辞现象的相互转化，深层修辞和表层修辞的相互转化等；在微观上，各种句型、句式、句类、修辞手段、同义表达手段、句子成分等等的相互转化。转化现象在修辞中是普遍存在的。我们如果抛弃了“转化”观，把一切修辞现象看作僵死的、一成不变的东西，就等于否认了修辞现象内部矛盾的对立和斗争，等于否认了修辞现象的生命活力（因为修辞现象内部矛盾的对立和斗争才使之永葆生命活力），从而也就从根本上否认了修辞现象的存在。

总之，在修辞研究中，我们之所以主张坚持联系性、分化性、转化性策略，为的是使我们的研究尽量多一些辩证法，少一些形而上学。唯其如此，我们的修辞研究才能真正揭示修辞现象的本质及其规则和规律，我们的修辞理论才具有指导人们更好地运用语言、实现和谐人际关系的实际意义。

# 主要参考资料


[瑞士] 费尔迪南·德·索绪尔:《普通语言学教程》,高铭凯译、岑麒祥、叶蜚声校注,商务印书馆 2005 年版。

王希杰:《汉语修辞学》(修订本),商务印书馆 2004 年版。

王希杰:《修辞学新论》,北京语言学院出版社 1993 年版。

王希杰:《修辞学通论》,南京大学出版社 1996 年版。

王希杰《修辞学导论》,浙江教育出版社 2000 年版。

王希杰:《汉语修辞论》,当代世界出版社 2003 年版。

何伟棠主编:《王希杰修辞学论集》,广东高等教育出版社 2000 年版。

冯广艺:《变异修辞学》(修订本),湖北教育出版社 2004 年版。

聂焱、杨苏平:《现代汉语语法简明教程》,民族出版社 2001 年版。

聂焱主编:《王希杰修辞思想研究》(中),国文联出版社 2004 年版。

聂焱主编:《王希杰修辞思想研究续辑》,中国文联出版社 2005 年版。

聂焱主编:《三一语言学导论》,宁夏人民教育出版社 2008 年版。

李晗蕾:《辞格学新论》,黑龙江人民出版社 2004 年版。

张宗正:《理论修辞学》,中国社会科学出版社 2004 年版。

吴士文:《修辞讲话》,甘肃人民出版社 1982 年版。

骆小所:《现代修辞学》,云南人民出版社 1994 年版。

王德春、陈晨:《现代修辞学》,上海外语教育出版社 2001 年版。

黄伯荣、廖序东主编:《现代汉语》(增订三版),高等教育出版社 2002 年版。

戴昭铭:《文化语言学导论》,语文出版社 1996 年版。

王铁民:《语言运用与思维美学》,华南理工大学出版社 1997 年版。

马清华:《文化语义学》(修订本),江西人民出版社 2006 年。

曾毅平、刘凤玲主编:《修辞·语体·风格》,香港文化教育出版社有限公司 2000 年版。

袁晖、李熙宗主编:《汉语语体概论》,商务印书馆 2005 年版。

宗守云:《修辞学的多视角研究》,中国社会科学出版社 2005 年版。

钟敏:《汉语修辞文化概论》,中国文联出版社 2006 年版。

刘大伟:《比喻、近喻与自喻》,上海教育出版社 2001 年版。

曹石珠:《汉字修辞学》,西安出版社 2004 年版。

谭全基:《修辞荟萃》,安徽大学出版社 2001 年版。

王铭玉:《语言符号学》,高等教育出版社 2004 年版。

王明仁:《语法学习和教学》,北京语言学院出版社 1993 年版。

黎千驹:《现代汉语同义修辞研究》,湖南人民出版社 2003 年版。

李名方:《修辞学:言语得体学》,载李名方主编《得体修辞学》河海大学出版社 1999 年版。

郑庆君:《同义手段的语篇视野》,载《求索》2006 年第 3 期。

# 后　　记

## 一

不同的修辞研究者，在不同的语言观指导下，用不同的修辞观、不同的方法论、不同的学术眼光从不同的角度可以建立不同的修辞学体系。

例如：

陈望道的《修辞学发凡》（初版大江书铺 1932 年），把修辞学的任务概括为总结修辞现象的条理和修辞观念的系统；提出了“修辞以适应题旨情境为第一义”的修辞原则，建立了以积极修辞和消极修辞两大分野为纲的修辞学体系。

张弓的《现代汉语修辞学》（初版天津人民出版社 1963 年），是以语言因素与修辞、修辞方式和寻常词语艺术化、修辞和语体为框架，以语音、词汇、语法这语言的三要素为基础，以变通为中心，联系现实语境，以达到美好的表达效果为目的而构建的一个修辞学体系。

王希杰的《修辞学通论》（南京大学出版社 1996 年），“是力求遵循科学的最简单性原则”（《修辞学通论·前言》），在严格区分语言和言语的前提下，以“三组核心范畴：四个世界——语言世界、心理世界、文化世界、物理世界，零度和偏离、显性和潜性及一个原则——得体性原则构建的一个理论体系”，（聂焱主编《三一语言学导论·序一》）被修辞学界称为“三一”体系。

## 二

不少学者都认为，修辞学其实是研究为提高语言的表达效果而对同义手段进行选择的一门学问。

吕叔湘先生在《我对“修辞”的看法》中说：修辞学，照我的看法，“应该是在各种可供选择的语言手段之间——各个（多少是同义）词语之间，各种句式之间，各种篇章结构之间，各种风格（或叫做‘文体’、‘语体’）

之间——进行选择，选择那最适合需要的，用以达到当前特定的目的。”① 虽然，王希杰认为：“如果说全部修辞学的问题都可以归结为同义手段说，同义手段说就是修辞学的全部，这也并没有什么错儿。我们完全可以在同义手段说的基础上建立一个全新的修辞学体系。”② 并且在《汉语修辞学》和《修辞学通论》中以专章对同义手段作了阐述，尤其是《修辞学通论》阐述得更为详尽深刻，但毕竟没有建立较为完整系统的同义修辞学体系。虽然，有李维琪、王玉堂、王大年、李运富的《古汉语同义修辞》（湖南师范大学出版社1989年版），以同义手段为纲建立了一个修辞学体系，但那仅仅是关于古代汉语的，而且是对《说苑疏证》中的同义手段的分类。虽然，有黎千驹的《现代汉语同义修辞研究》（湖南人民出版社2003年版），但这本书只是把“同义”限制在理性意义相同或相近上，是狭义的实用同义修辞学著作。总之，中国修辞学界至今尚未见到一个古今汉语兼顾、理论和实用兼顾、具有较大覆盖面和较强解释力的广义同义修辞学体系。

如果说，修辞学是研究提高语言表达效果的规律、规则的学问，那么，提高语言的表达效果，是要通过选择同义手段或语言变体才能实现的。所以，修辞学的研究对象就是对同义手段或语言变体的选择问题。因此，以广义的同义手段的选择为纲，建立一个古今汉语兼顾、理论实用兼顾、具有较大覆盖面和较强解释力的修辞学体系，即广义同义修辞学体系，就是应该的，也是可能的。

## 三

在观察对象时所选角度不同，则观察结果自然不同。自同者观之，万物皆同；自异者观之，万物皆异。同者，对象之共性也，本质也，规律也；异者，对象之个性也，表象也，现象也。观察对象的层类愈高，则其同愈多，其异愈少；层类愈低，则其同愈少，其异愈多。对语言也应如是观照。

索绪尔在《普通语言学教程》中认为，语言存在于两种形式中：联想段（聚合）和组合段。愚以为，如果从高层次用大眼界观察语言及言语，其实任何一个联想段就是一个类。任何分类中的“类”都可看作是一种同义集合体，最高层次的同义是“类”范畴的同义。因为任何“类”中的分子都有这个类的共同属性，否则就不是同类，即凡是同类的对象在某方面具

① 转引自王希杰：《修辞学通论》，第257页。

② 王希杰：《修辞学新论》，北京语言学院出版社1993年版，第323页。

有共同的“意义”。就此而言，语言中的任何一种类聚都可看作同义手段的集合体。不仅“同义”的语言材料可构成同义手段，就是具有反义、类义、上下义关系的语言材料在特定情境中也能构成同义手段。如果我们这样理解同义手段，也就不难理解“修辞学的研究对象就是对同义手段的选择”、“修辞学的一切问题都是围绕着对同义手段的选择”的说法了。

人类的一切活动、行为都是对具有同类“意义”的行为的选择，人类的一切言语都是对同义手段选择的结果，或直接或间接、或自觉不自觉、或有意或无意的。因此对“同义”应从广义上理解，不能仅仅将其限域在“理性意义的相同、相近”这座象牙塔里。

综观我国修辞学界的历史与现状，参考前贤与时秀的研究成果，再加上本人对同义、对修辞学与同义手段选择关系问题的上述思考，我产生了以广义同义手段为纲写一本修辞学著作的念头，但信念还不坚定，当时是 2007 年 10 月份。当我把这一想法告诉了老朋友王希杰先生时，他热忱地鼓励我，并希望我能尽快付诸实施。这增加了我的信心。从 2007 年 11 月起到次年 4 月，花了近半年时间，我完成了 35 万字的初稿。其间，从提纲的拟定到文稿的完成，王先生都给我提了许多宝贵的意见和建议，经断断续续地多次修改后，最后定名为《广义同义修辞学》。

## 四

王希杰先生在给本书写的序言中说：“每次阅读他的提纲与文稿，都非常担心，出版之后，其中的某些地方，也可能、很可能会引来非议的。因为，其中有些观点、说法，我也很是迟疑不决，一时间还很难想得通。……而我对于他的论著，尚且还有所保留，其中有些说法，我还没有想明白，甚至也还有怀疑之处，——任何新的独创的理论，叫其他人百分之百地赞同，这是不可能的事情。——那么，对于那些反对同义手段论者，就很难接受了，站出来开炮，就是很正常的了。”王先生对本书中有些观点的“担心”、“迟疑”、“一时间还很难想得通”是可理解的。因为，我说：“语言中的任何一种类聚都可看作同义手段的集合体”，等等，这是一反之前的研究者的思路的，比之传统的只是“理性意义相同或相近”的同义观，它大大扩展了同义手段的范围，是对“传统”的背离甚至颠覆。

本书问世后，肯定会有人提出异议，甚至被斥之为“胡闹”，“胡说八道”，“不可思议”等。但无论如何，我是思考了，是将自己的想法付诸实施了。我曾在我的第一本书《现代汉语论集》的后记中说：“认识，探索，是人类的本性。认识过去，探索未来。”“认识，自然有正确，也有错误；探索，自然有成功，也有失败。但只要是真诚的，认真的，它便终归是有益的，也是可贵的。我自以为是这样。”就本书而言，我的认识和探索也是真诚的，认真的，或许，它对中国修辞学的发展也终归是有些许好处的吧，尽管肯定有这样那样的不足甚至错误。我真诚地期待着同行的批评和指正，我更期待着同仁们将同义修辞学的研究进一步引向深入。

## 五

在本书问世之际，我要真诚地感谢各方面对我的支持和关怀：

感谢我国著名语言学家、南京大学教授、博士生导师王希杰先生给予我探讨上的鼓励和指导！

感谢北方民族大学科研处和文史学院给我以出版资助！

感谢中国社会科学出版社出版这本书！

北方民族大学　聂　焱

2009.3.28 于贺兰山下